高等职业技术教育精品教材——铁道机车类

电力机车控制

（第 3 版）

主　编　付　娟　林　辉
副主编　王小刚
主　审　邢永红

西南交通大学出版社
·成　都·

图书在版编目（CIP）数据

电力机车控制 / 付娟，林辉主编. —3版. —成都：西南交通大学出版社，2020.7（2024.1重印）
ISBN 978-7-5643-7511-9

Ⅰ. ①电⋯ Ⅱ. ①付⋯ ②林⋯ Ⅲ. ①电力机车–控制–高等职业教育–教材 Ⅳ. ①U264.91

中国版本图书馆 CIP 数据核字（2020）第 133256 号

Dianli Jiche Kongzhi

电力机车控制

（第 3 版）

主编　付娟　林辉

责任编辑	王　旻
特邀编辑	王玉珂
封面设计	曹天擎

出版发行	西南交通大学出版社 （四川省成都市金牛区二环路北一段 111 号 西南交通大学创新大厦 21 楼）
邮政编码	610031
发行部电话	028-87600564　028-87600533
网址	http://www.xnjdcbs.com
印刷	成都蜀通印务有限责任公司

成品尺寸	185 mm×260 mm
印张	18.25
插页	3
字数	404 千
版次	2020 年 7 月第 3 版
印次	2024 年 3 月第 11 次
定价	46.00 元
书号	ISBN 978-7-5643-7511-9

课件咨询电话：028-81435775
图书如有印装质量问题　本社负责退换
版权所有　盗版必究　举报电话：028-87600562

第 3 版前言

"电力机车控制"是电力机车驾驶与检修专业的一门核心课程。本书根据高职教育电力机车驾驶与检修主要教学计划"电力机车控制"课程教学标准编写，结合我国目前铁路动力牵引的实际情况，本书以和谐型电力机车控制技术为主，兼顾韶山型电力机车控制技术。主要介绍电力机车调速控制技术、电气制动技术和牵引控制技术；分析和谐型电力机车、韶山型电力机车电气线路，并对常见故障进行判断处理；重点介绍了交流传动电力机车的调速及控制策略、牵引变流器及微机网络控制等多项新技术。

本书在保留《电力机车控制》(第二版)原有内容的基础上，针对铁路职业教育特点，结合现场运用和实践要求进行修订。重点介绍了电力机车控制基础、电气线路和高低压试验。由于交流传动技术是现代电力机车的核心技术与标志，本书选择 HXD_3、HXD_{1C} 型电力机车作为主要车型，对其主线路、辅助线路和控制线路进行分析，并介绍其操纵方法及注意事项、高低压试验程序和常见故障判断处理。为了更好地理解电力机车电气线路，本书增加了相应的数字资源。为了便于学生自主学习和复习，本书参考电力机车司机考试题库，编写了相应的课后思考题。

本书由西安铁路职业技术学院付娟、林辉担任主编，湖南高速铁路职业技术学院王小刚担任副主编。参加编写的有西安铁路职业技术学院付娟（绪论、第一章、第三章、第七章）、林辉（第二章、第五章）、侯艳（第四章）、王博（第六章），毛小刚（第八章）。

本书由中国铁路总公司西安局集团公司邢永红主审。主审在审阅过程中提出了许多宝贵意见和建议，在此表示衷心感谢。

由于水平有限，书中难免有疏漏和不足之处，殷切希望读者批评指正。

编　者
2020 年 5 月

第1版前言

近年来我国电力牵引领域发展迅速，在"引进先进技术、联合设计生产、打造中国品牌"的发展战略思想指导下，高速动车组和大功率交流传动电力机车已成为我国牵引动力发展的主流。根据铁路 2020 年中长期发展规划中的牵引动力发展目标，结合我国目前铁路牵引动力的实际情况，本教材以和谐型电力机车、CRH 高速动车组控制技术为主，兼顾韶山型电力机车控制技术，主要介绍电力机车的工作原理，调速控制技术，电气制动技术，主型电力机车、动车组的电气线路，电气动作试验与故障应急处理，电力机车操纵。重点介绍了交流牵引传动、高速动车组、微机网络控制等多项新技术。

"电力机车控制"是电力机车驾驶与检修专业的一门核心课程，为了培养学生技术应用的能力，本教材选择铁路干线货运主型机车 SS_{4G}、HXD_3 型电力机车和客运主型机车 SS_{7E} 电力机车、高速动车 CRH_2 作为典型机型，通过多方搜集现场运用资料，整理总结现场运用经验，补充了 SS_{4G}、SS_{7E}、HXD_3 型电力机车高低压试验及电气线路应急故障处理，HXD_3 型电力机车操纵，为学生近距离上岗奠定了基础。

结合铁路牵引动力的变革和现场运用实际，遵照循序渐进的原则，首先介绍 SS_{4G}、SS_{7E} 型电力机车，然后着重介绍 HXD_3 型电力机车、CRH_2 型高速动车组。在编写过程中借鉴国内外优秀教材的良好做法，多采用图、表、实例等方式呈现知识和机车电气线路结构，努力让学生明白"是什么，如何做"。在编写格式上，章前有概述，阐明学习目标；章后有小结，梳理知识结构；附有复习思考题，以便于学生自主化学习。

本书由西安铁路职业技术学院付娟任主编、林辉任副主编，西南交通大学陶若冰教授担任主审。参加编写的有西安铁路职业技术学院付娟（绪论、第一章、第三章、第四章）、林辉（第五章、第六章）、薛振洲（第八章第一至第四节），宝鸡机车检修厂韩永生（第二章、第八章第五节），西安铁路局邢永红（第七章）。

本书虽然经编写人员和现场相关工程技术人员多次讨论修改，但由于编者水平所限，书中难免有疏漏和不足之处，恳请读者指正。

编　者
2013 年 10 月

目 录

绪 论 ······001

第一章 电力机车速度调节 ······007
  第一节 概 述 ······007
  第二节 直流传动电力机车的调速 ······008
  第三节 励磁调节 ······010
  第四节 相控调压 ······013
  第五节 电力机车功率因数的改善 ······018
  第六节 交流传动电力机车的调速 ······021
  本章小结 ······023
  复习思考题 ······024

第二章 电力机车起动及电气制动 ······027
  第一节 电力机车的起动 ······027
  第二节 电气制动概述 ······032
  第三节 直流传动电力机车的电阻制动 ······034
  第四节 直流传动电力机车的再生制动 ······038
  第五节 交流传动电力机车的电气制动 ······040
  本章小结 ······044
  复习思考题 ······045

第三章 交-直型电力机车电气线路 ······048
  第一节 概 述 ······048
  第二节 电力机车的保护 ······054
  第三节 联锁方法及重联线路 ······058
  第四节 SS_{4G} 型电力机车主电路 ······060
  第五节 SS_{4G} 型电力机车辅助电路 ······066
  第六节 SS_{4G} 型电力机车控制电路 ······070
  本章小结 ······091
  复习思考题 ······092

第四章 电力牵引交流传动技术 ... 096
- 第一节 概　述 ... 096
- 第二节 交流传动机车的工作原理 ... 100
- 第三节 牵引变流器的组成及工作原理 ... 105
- 第四节 变流装置的结构组成及冷却 ... 117
- 第五节 交流传动电力机车的调速控制 ... 121
- 第六节 交流传动机车的牵引特性与控制策略 ... 127
- 本章小结 ... 130
- 复习思考题 ... 131

第五章 HXD_3型电力机车电气线路 ... 134
- 第一节 概　述 ... 135
- 第二节 HXD_3型电力机车主电路 ... 136
- 第三节 HXD_3型电力机车辅助电路 ... 143
- 第四节 HXD_3型电力机车控制监视系统使用 ... 152
- 第五节 HXD_3型电力机车控制电路 ... 161
- 第六节 HXD_3型电力机车操纵与试验 ... 181
- 本章小节 ... 190
- 复习思考题 ... 191

第六章 HXD_{1C}型电力机车电气线路 ... 195
- 第一节 HXD_{1C}型电力机车主电路 ... 196
- 第二节 HXD_{1C}型电力机车辅助电路 ... 204
- 第三节 HXD_{1C}型电力机车网络控制系统 ... 207
- 第四节 HXD_{1C}型电力机车控制电路 ... 213
- 第五节 HXD_{1C}电力机车操纵 ... 222
- 本章小节 ... 227
- 复习思考题 ... 227

第七章 电力机车自动控制系统 ... 230
- 第一节 电力机车自动控制的基本概念 ... 230
- 第二节 相控电力机车的闭环自动控制 ... 232
- 第三节 SS_{4G}型电力机车的自动控制 ... 235
- 第四节 直流电力机车微机控制系统 ... 240
- 第五节 交流电力机车的微机控制 ... 242
- 第六节 HXD_3型电力机车的特性控制 ... 245
- 本章小结 ... 248
- 复习思考题 ... 248

第八章　电力机车高低压试验与常见故障处理 ………………… 250
第一节　概　述 ……………………………………………… 250
第二节　SS_{4G}型电力机车高低压试验 ……………………… 253
第三节　HXD_{1C}电力机车高低压试验 …………………… 259
第四节　HXD_3型电力机车高低压试验 …………………… 264
第五节　SS_{4G}型电力机车电气线路常见故障处理 ………… 270
第六节　HXD_{1C}型电力机车常见故障判断与处理 ……… 272
第七节　HXD_3型电力机车常见故障判断与处理 ………… 276
本章小结 ……………………………………………………… 279
复习思考题 …………………………………………………… 279

参考文献 ……………………………………………………………… 282

绪　论

> 学习目标

电力机车是通过受流器从接触网上获得电能，由电动机驱动的机车或动车。由于电力机车自身不带能源，属于非自给式机车，所以在提高铁路运输能力、合理利用资源、保护生态环境方面已成为铁路最理想的牵引动力。

一、电力机车的分类

电力机车是电力机车和电动车组的总称，包括牵引列车的电力机车和担任客运的城际电动车组与地下铁道电动列车。

1. **按用途分类**

   客运电力机车：用来牵引客运列车，其特点是牵引力不大，运行速度高。

   货运电力机车：用来牵引货物列车，其特点是牵引力大，运行速度不高。

   客货两用电力机车：用来牵引客运或货运列车，其牵引力和速度介于客运、货运电力机车之间。

2. **按轴数分类**

   按轴数机车可分为四轴、六轴、八轴等电力机车，一般动轴数少的用作客运电力机车，动轴数多的用作货运电力机车。

3. **按传动形式分类**

   具有个别传动的电力机车：电力机车每一轮对都有单独的牵引电动机驱动，每个轴都是动轴。

具有组合传动的电力机车：电力机车某几个轮对（通常为一个转向架上的几个轮对）互相连接成组，然后由一台牵引电动机驱动。

4. 电力机车按电流制-传动形式分类

（1）直流供电-直流牵引电动机驱动的直-直型电力机车。

接触网网压 1 500～3 000 V，采用直流串励牵引电动机。我国大部分工矿用电力机车、城市无轨电车、城轨电动列车都属于这一种。在城市轨道交通运输中速度要求不高，常采用直流供电方式。

电力机车的受流方式依据供电方式的不同分为接触网受流方式和第三轨受流方式。其供电方式除高架接触网供电外还有第三轨供电方式。第三轨供电是指在列车行走的两条钢轨以外，再加上带电的钢轨，这条钢轨通常设在两轨之间或其中一轨的外侧。列车受流器（集电装置，也叫集电靴或取流靴）在带电钢轨接触并滑行，把电能传到列车上。

（2）交流供电-直（脉）流牵引电动机驱动的交-直型电力机车。

又称交-直型整流器电力机车。我国生产的韶山（SS）系列电力机车即属于此种车型。该型电力机车是目前世界上各个国家普遍采用的一种机车形式。

（3）交流供电-变频器环节-三相异步电动机驱动的交-直-交型电力机车。

该型电力机车是目前世界发达国家采用的主导机车形式。我国生产的和谐（HXD）系列电力机车即属于此种车型。

（4）交流供电-变频器环节-三相同步电动机驱动的交-交型电力机车。

对于采用单相交流供电的系统，变频器只能改变频率提供单向电源，不能向三相交流电动机供电，至今这种电力机车还没有应用的范例。

交流供电按接触网供电频率的不同可分为单相低频（25 Hz 或 16 Hz）制和单相工频（50 Hz）制。目前，世界上绝大多数国家都采用单相工频交流电网供电。此外，世界上还有多电流制电力机车，这是针对不同电力牵引供电系统的铁路，为了在两种或多种供电系统衔接区段的连续运输和其他特定需要生产的，主要为交直流两用电力机车。

二、国产电力机车发展历程

电力传动技术随着电力电子技术、计算机技术及控制理论的发展而发展。电力机车的发展经历了直-直型电力机车、交-直型电力机车和交-直-交型电力机车 3 个大的发展阶段。

1. 国产交–直电力机车的发展

我国电力机车自1958年诞生至今,已走过了60多年的历程,形成了四代产品。目前我国干线交-直型电力机车,一般采用多段桥顺序控制的晶闸管相控无级调压。国产相控电力机车的发展历程如表0.1所示。

表0.1 我国交-直型电力机车的发展历程

产品	年代	型号	轴列式	机车功率/kW	电机功率/kW	悬挂方式	最高速度/(km/h)	用途
第一代	1958	SS_1	C_0-C_0	3 780	630	抱轴	90	客货两用
	1969	SS_2	C_0-C_0	4 620	770	抱轴	100	客货两用
第二代	1978	SS_3	C_0-C_0	4 350(持续)	800	抱轴	100	客货两用
第三代	1985	SS_4	2(B_0-B_0)	6 400	800	抱轴	100	货运机车
	1990	SS_5	B_0-B_0	3 200	800	抱轴	140	客运机车
	1991	SS_6	C_0-C_0	4 800	800	抱轴	100	货运机车
	1992	SS_7	B_0-B_0-B_0	4 800	800	抱轴	100	货运机车
	1992	SS_{3B}(4000)	C_0-C_0	4 350(持续)	800	抱轴	100	客货两用
	1993	SS_{4G}	2(B_0-B_0)	6 400	800	抱轴	100	货运机车
	1994	SS_8	B_0-B_0	3 200	800	架承	170	客运机车
	1995	SS_{6B}	C_0-C_0	4 800	800	滚抱	100	货运机车
	1997	S_4B	2(B_0-B_0)	6 400	800	滚抱	100	货运机车
	1997	TM_1	B_0-B_0	3 200	800	架承	140	客运机车
	1998	SS_{7B}	B_0-B_0-B_0	4 800	800	滚抱	100	货运机车
	1998	SS_9	C_0-C_0	4 800/5 400	800/900	架承	170	客运机车
	1999	DDJ_1	B_0-B_0	4 000	1 000	架承	200	客运机车
	1999	SS_{7C}	B_0-B_0-B_0	4 800	800	滚抱	120	货运机车
	2001	SS_{7D}	B_0-B_0-B_0	4 800	800	架承	170	客运机车
	2001	SS_{7E}	B_0-B_0	4 800	800	架承	170	客运机车
	2002	SS_{3B}	2(C_0-C_0)	2×4 350(持续)	800	滚抱	100	货运机车

第一代产品SS_1电力机车,采用调压开关33级变压器低压侧有级调压,二极管全波整流。第二代产品SS_3电力机车,采用调压开关8级低压侧有级调压和级间晶闸管相控调压。第三代产品均采用多段桥晶闸管相控调压。第一代至第三代产品均为交-直流传动方式,仅以调压调速方式和单轴功率等级来区分。

2. 国产交流电力机车的发展

第四代产品交-直-交型电力机车集中了当今科技发展的最新成果,代表了现代牵引动力发展的方向,其发展历程如表0.2所示。

表 0.2 我国交-直-交型电力机车发展历程

产品	年代	代号	轴列式	机车功率/kW	电机功率/kW	悬挂方式	最高速度/(km/h)	用途
	1996	AC4000	B_0-B_0	4 000	1 025	滚抱	120	货运
	2000	DJ(熊猫)	B_0-B_0	4 800	1 200	架悬	210	客运
	2000	DJJ_1(蓝剑)	B_0-B_0	4 800	1 200	半悬挂	210	客运
	2001	DJ_2(奥星)	B_0-B_0	4 800	1 200	架悬	210	客运
	2001	DJF_1(中原之星)	B_0-B_0	3 200-4(4×200)	200	架悬	160	客运
	2001	先锋号	B_0-B_0	4 800-4(4×300)	300	架悬	200	客运
	2002	DJJ_2(中华之星)	B_0-B_0	4 800	1 225	架悬	270	客运
	2002	天梭	B_0-B_0	4 800	1 200	架悬	200	客运
	2003	SS_{J3}	C_0-C_0	7 200	1 250	滚抱	120	货运
	2003	KAZ_4	B_0-B_0	4 800	1 200	架悬	210	客运
第四代		CRH_1	5动3拖	5 300-5(4×265)	265	架悬	200	客运
		CRH_2	4动4拖	4 800-4(4×300)	300	架悬	200	客运
		CRH_3	4动4拖	8 800-4(4×550)	550	架悬	350	客运
		CRH_5	5动3拖	5 500-5(2×550)	550	架悬	220	客运
	2006以后	HXD_1	2(B_0-B_0)	9 600	1 200	滚抱	120	货运
		HXD_{1B}	C_0-C_0	9 600	1 600	滚抱	120	货运
		HXD_{1C}	C_0-C_0	7 200	1 200	滚抱	120	货运
		HXD_{1D}	C_0-C_0	7 200	1 200	滚抱	160	客运
		HXD_2	2(B_0-B_0)	9 600	1 200	滚抱	120	货运
		HXD_{2B}	C_0-C_0	9 600	1 600	滚抱	120	货运
		HXD_{2C}	C_0-C_0	7 200	1 200	滚抱	120	货运
		HXD_3	C_0-C_0	7 200	1 200	滚抱	120	货运
		HXD_{3B}	C_0-C_0	9 600	1 600	滚抱	120	货运
		HXD_{3C}	C_0-C_0	7 200	1 200	滚抱	120	货运
		HXD_{3C}	C_0-C_0	7 200	1 200	滚抱	160	客运
		HXD_{3D}	C_0-C_0	7 200	1 200	滚抱	120	客运

交流传动机车是近代铁路牵引技术的重大突破。交流传动简单可靠，具有良好的防空转性能、优异的牵引特性和制动特性。20世纪80年代初，交流传动技术开始应用于电力机车，并取得了快速发展。我国从1991年开始研制交流传动电力机车，

经过了 20 多年的发展，交流传动机车正在逐步取代直流传动机车，使货运机车单轴功率 1 000～1 200 kW，客运机车单轴功率 1 200～1 400 kW 的电力机车成为主流。

三、电力机车与电气化铁道

电力机车、电动车组（EMU）由架设在铁道线上方的接触网供电，而接触网则由牵引供电系统的变电所供电，电力机车（EMU）和牵引供电系统共同组成电气化铁道。图 0.1 所示为电气化铁道牵引供电系统结构。

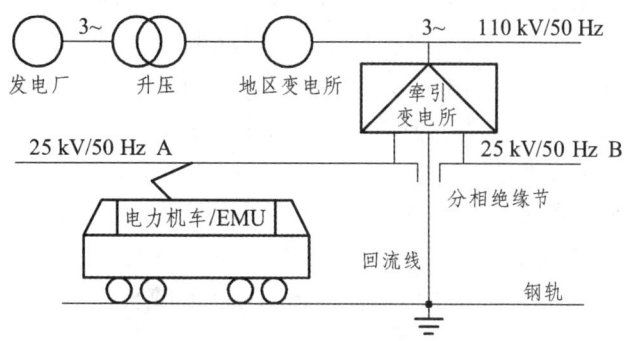

图 0.1 电气化铁道牵引供电系统结构

电气化铁道一般以受电弓为分界点，受电弓以上为牵引供电系统，主要包括牵引变电所和接触网。受电弓以下为电力机车（EMU）部分，即从受电弓、高压电器、牵引变压器、牵引变流器和牵引电动机的主电路部分。交-直型电力机车（EMU）的工作原理如图 0.2 所示。

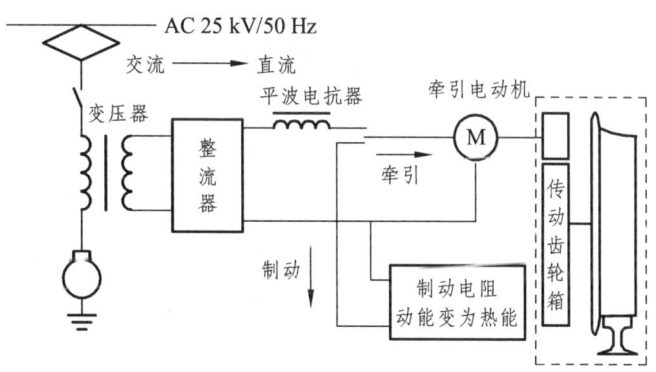

图 0.2 交-直型电力机车（EMU）的工作原理

牵引变电所将来自国家电网的高压三相交流电，经变压器降压转换成 25 kV，并以单相形式供给接触网。机车通过受电弓将 25 kV/50 Hz 单相交流电引入牵引变压器一次绕组，电流流过一次侧绕组，经车体接地装置传到钢轨，通过回流线与牵引变电所连接形成高压供电回路。同时经牵引变压器降压后，在二次侧绕组输出

1 000 V左右的单相交流电压,供给可控整流器,进行相控调压,输出交流分量较大的脉动电压,经过平波电抗器输出滤波后,向直流(脉流)牵引电动机提供电能。直流牵引电动机将电能转化为机械能,产生转矩驱动轮对旋转,通过轮轨之间黏着产生牵引力,驱动列车前进。

四、电力牵引控制系统

在轨道交通运输中,采用电动机驱动来满足车辆牵引的电气传动部分,称为电力牵引传动系统。电力牵引传动系统以牵引电机为控制对象,通过开环或闭环控制对牵引电机的转速和转矩实施控制,以达到对驱动对象的控制与调节,满足车辆牵引和控制特性的要求。如干线电力机车、内燃电传动机车、城轨交通电动车组等都是采用电力牵引控制系统。

根据驱动电机类型的不同,电力牵引控制系统分为两大类:采用直流(脉流)牵引电动机的称为直流传动系统,直-直型和交-直型的电力机车也称为直流传动电力机车;采用交流牵引电动机作为驱动设备的称为交流传动控制系统,交-直-交和交-交型电力机车也称为交流传动电力机车。

国产电力机车牵引控制系统的发展是随着电力电子技术、微电子技术、计算机技术的发展而不断发展的,经历了有节点控制:SS_1型电力机车,模拟控制:SS_3、SS_{4G}型电力机车,微机控制:SS_8、SS_{4B}、SS_9、DDJ_1、SS_{7D}和SS_{7E}型机车的发展历程。随着电力电子技术的发展,控制理论的不断完善,变频调速技术取得了突破性进展,为交流异步电动机的平滑调速提供了可靠支持,使交流传动逐渐取代直流传动。

第一章 电力机车速度调节

学习目标

电力机车作为电气化铁道的牵引动力，为充分发挥其功率，提高运输能力，要求机车的牵引力和速度能在宽广的范围内均匀而经济地调节。本章着重学习机车的速度调节，分析机车的调速控制机理。通过本章学习，应达到以下目标：

电力机车
速度调节PPT

（1）了解整流电流脉动对牵引电动机的影响及其减小措施。
（2）熟悉直流传动电力机车的调速方法，会分析三段不等分桥顺序调压。
（3）熟悉相控机车磁场削弱方法及其应用，会分析无级磁场削弱。
（4）掌握提高电力机车功率因数的方法。
（5）掌握交流传动电力机车的调速方法和调速特性。

第一节 概 述

机车调速是指人为地改变牵引电动机的工作参数使其速度发生变化的运行过程，它有别于因外部扰动（网压变化、线路纵断面变化等）引起的转速变化。

一、机车的运行状态

一般情况下机车牵引列车的整个过程是由停车状态开始，经过起动加速再逐渐提高速度，直到机车工作在其自然特性上，此后司机根据列车运行图的要求及线路纵断面的变化随时进行速度调节。进站停车前进行制动，降低机车速度，直至最后停车。列车的整个运行过程，情况虽然很复杂，但概括起来，却只存在起动、调速、制动3种基本的运行状态。这3种基本运行状态，其实质都是速度的调节，起动和制动是调速的两种特殊形式。因此，机车速度调节是牵引列车运行时最为根本的任务之一，也是完成运输任务的主要手段之一。

二、电力机车调速的本质

电力机车是以牵引电动机作为传动设备的，其调速本质是牵引电动机转速的调节。电力机车的类型不同、选用牵引电动机的类型不同，其调速的方式就不同，而调速方式又会影响机车的牵引性能和功率因数。

直-直型和交-直型电力机车采用直流（脉流）牵引电动机作为驱动电机，其调速实质是对直流电动机进行调速。

交-直-交型电力机车采用三相异步牵引电动机作为驱动电机，其调速实质是对三相异步电动机进行调速。

三、电力机车调速的基本要求

电力机车无论采用何种调速方式，从运行安全的角度出发，必须满足以下要求：

（1）宽广的调速范围。只有具备宽广的调速范围才能满足列车运行速度不断提高的需要。

（2）冲击力小，牵引力变化连续。速度调节应力求平稳，不间断牵引电动机的供电，并且尽可能多的速度运行级，从而避免电流和牵引力的冲击。

（3）调速经济。在保证速度范围的情况下，附加设备要少，且尽量减少附加能量损耗。

（4）运行可靠，控制简单，操作方便。

第二节 直流传动电力机车的调速

一、直流传动电力机车速度表达式

直流传动（包括直-直型和交-直型）电力机车选用直流（脉流）牵引电动机作为牵引动力，其转速表达式为：

$$n = \frac{U_d - I_a R_a}{C_e \Phi} \quad (1.1)$$

式中　U_d——牵引电动机端电压（V）；

　　　I_a——牵引电动机电枢电流（A）；

　　　Φ——牵引电动机每极磁通（Wb）；

　　　R_a——牵引电动机电枢电阻（Ω）；

　　　C_e——电动势常数。

机车动轮周线速度与电动机转速的关系为：

$$v = \frac{\pi D}{60 \mu_c} n \ (m/s)$$

将电动机的转速 n 换算为机车的运行速度 v，可推导出机车速度计算式为：

$$v = \frac{60 \pi D}{1\,000 \mu_c} \cdot \frac{U_d - I_a R_a}{C_e \Phi} = \frac{U_d - I_a R_a}{C_V \Phi} \ (km/h) \quad (1.2)$$

式中　C_V——机车速度常数，$C_V = 1\,000 C_e \mu_c / 60 \pi D$；

　　　D——机车动轮直径（m）；

　　　μ_c——机车齿轮传动比。

二、交-直型电力机车调速方法

根据公式（1.2）可知交-直型电力机车的调速方案应有下列几种：

1. 改变牵引电动机电枢回路电阻

在牵引电动机电枢回路中串入启动调压电阻，通过改变电阻阻值来调节机车的速度。由于牵引电动机回路电压较高，电流较大，附加调节电阻的损耗会使牵引电动机效率降低，调速不经济，并且启动调压电阻本身分段，在调速过程中会造成机车牵引力有冲击。因此，在机车上并不采用这种调速方法。

2. 改变牵引电动机的端电压

现代直流电力机车如城轨电动列车、无轨电车，利用斩波的原理可以对牵引电动机的端电压进行连续、平滑的调节，实现调压调速。

在交-直型电力机车上，接触网电压需经牵引变压器降压和整流装置整流后，再供给牵引电动机。若调压在变压器环节，可通过改变变压器一次侧或二次侧绕组的匝数进行调压，称为变压器有级调压，国产 SS_1 型电力机车就采用低压侧有级调压方式；若调压在整流环节，利用晶闸管整流元件，通过改变晶闸管移相角调节整流输出电压，从而进行平滑无级调速，称为相控调压。国产交-直型电力机车除 SS_1、SS_2 和 SS_3 机车外均采用相控调压。

3. 改变磁通量

如果保持牵引电动机的端电压不变,则机车的速度随着磁通的减弱而提高,即所谓的磁场削弱调速(详见本章第三节励磁调节)。

交-直型电力机车,以调压调速为主,弱磁调速为辅。机车在额定速度以下采用调压调速,在额定速度以上采用磁场削弱调速。无论调节电压或调节磁通量,都不会产生附加的能量损耗,因而得到的速度级称为经济运行级。机车在经济运行级上可以长时间运行。

第三节 励磁调节

所谓励磁调节,就是通过调节流过牵引电动机的励磁电流,从而改变牵引电动机的主极磁通,达到调速的目的,亦称磁场削弱调速。一般情况下,要进行磁场削弱调速,必须是在牵引电动机端电压已达到额定电压,而牵引电动机电流比额定值小时实施。磁场削弱的目的是扩大机车的速度运行范围,充分利用机车功率。

一、磁场削弱系数

磁场削弱系数用 β 表示,其定义是:在同一牵引电动机电枢电流下,磁场削弱后(削弱磁场)牵引电动机主极磁势与磁场削弱前(满磁场)牵引电动机主极磁势之比。其表达式为:

$$\beta = \frac{(IW)_\beta}{(IW)_m} \times 100\% \tag{1.3}$$

式中 $(IW)_\beta$ ——磁场削弱后主极磁势(安·匝);

$(IW)_m$ ——磁场削弱前(满磁场)主极磁势(安·匝)。

磁场削弱系数表明牵引电动机主极磁势削弱的程度。β 越小,表明磁场削弱越深。当电动机磁路不饱和时,可以用磁通代替磁势。

二、磁场削弱方法

交-直型电力机车采用保持励磁绕组匝数不变,通过对励磁绕组分流,使牵引电动机电枢电流中的一部分流过励磁绕组,以实现磁场削弱。

1. 电阻分路法

在励磁绕组的两端并联电阻对励磁电流进行分路，从而达到削弱磁场的目的，如图 1.1 所示。电阻分路法的磁通不能连续变化，适用于交-直型货运电力机车。磁场削弱系数的表达式为：

$$\beta = \frac{(IW)_\beta}{(IW)_m} = \frac{I_L W}{I_a W} = \frac{I_L}{I_a} = \frac{I_L}{I_L + I_R} = \frac{R_1}{R_1 + R} \quad (1.4)$$

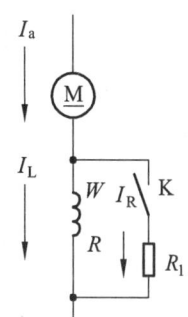

图 1.1 电阻分路法原理

式（1.4）表明，磁场削弱系数 β 取决于励磁绕组与分流电阻的阻值大小，而与电机励磁绕组匝数无关。要改变磁场削弱系数，只需改变分路电阻的大小。为了降低磁场削弱时的电流冲击和牵引力冲击，避免分路电阻过多造成的控制线路复杂，附加设备增多，一般磁场削弱取三级左右。

2. 晶闸管分路法

晶闸管分路法是利用晶闸管元件的连续、实时、可控，对牵引电动机的励磁电流进行旁路，从而达到削弱磁场的目的，这种方法也称无级磁场削弱法，适用于交-直型客运电力机车，其原理如图 1.2 所示。

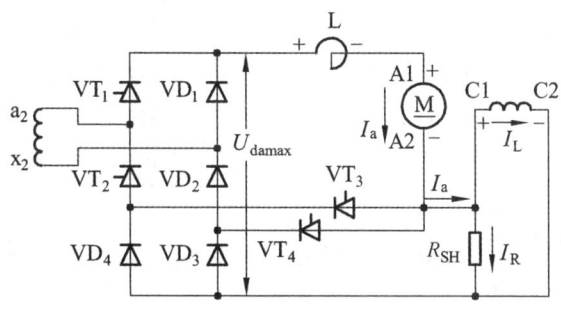

（a）满磁场时的电路

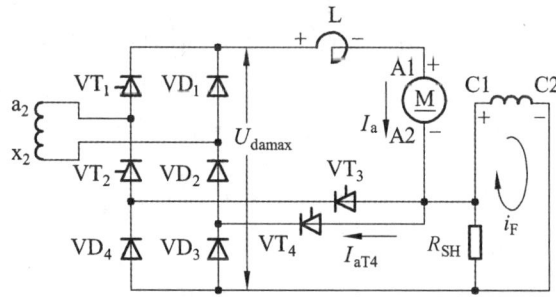

（b）磁场削弱正半周时的电路

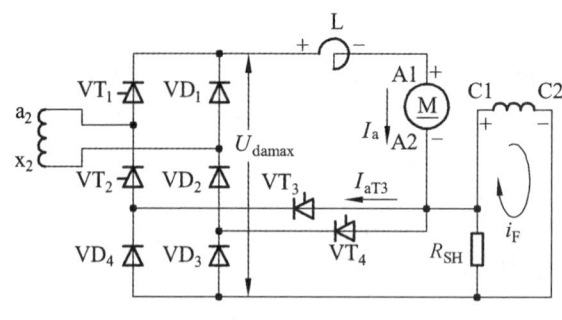

(c)磁场削弱负半周时的电路

图 1.2 晶闸管分路法原理图

图中 a_2x_2 为变压器二次侧绕组,晶闸管 VT_1、VT_2 和二极管 $VD_1 \sim VD_4$ 构成半控桥整流电路,VT_3、VT_4 为分路晶闸管,L 为平波电抗器,C1C2 为牵引电动机 M 的励磁绕组,A1A2 为牵引电动机 M 的电枢绕组,R_{SH} 为固定分路电阻,以交流电压一个周波为例,分析其工作原理:

图(a)为满磁场,半控桥满开放时的工作情况。正半周 a_2 为高电位时,半控桥 VT_1、VD_3、VD_2 导通;负半周 x_2 为高电位时,半控桥 VD_1、VD_4、VT_2 导通。分路晶闸管 VT_3、VT_4 由于未触发,故均不参与工作。此时,半控桥整流输出的电压全部施加在平波电抗器 L、牵引电动机的电枢绕组 A1A2、励磁绕组 C1C2 上。

图(b)、(c)为半控桥满开放、磁场削弱时的工作情况。正半周 a_2 为高电位时,图(b)半控桥仍为 VT_1、VD_3、VD_2 导通,分路晶闸管 VT_4 在 $\omega t = \alpha$ 时刻触发,由于 VT_4 加有正向电压,其值等于励磁绕组 C1C2 两端的电压,故触发 VT_4 导通。而半控桥中的二极管 VD_3 由于 VT_4 的导通而承受反向电压迅速截止。当 $\omega t = \alpha \sim \pi$ 时,VT_4 一直导通,导通角为 θ。此时,电枢电流 I_a 经分路晶闸管 VT_4,半控桥的 VD_2、VT_1,变压器二次侧绕组 a_2x_2 构成回路。电枢电流 I_a 不经过励磁绕组 C1C2 和固定分路电阻 R_{SH}。励磁电流 i_F 仅靠励磁绕组中的电感作用与固定分路电阻 R_{SH} 构成最小电阻回路。

负半周 x_2 为高电位时,图(c)由于半控桥工作在满开放状态,所以当 $\omega t = \pi$ 时,触发 VT_2,VD_1、VD_4、VT_2 导通,VT_1、VD_2 自然关断。当 $\omega t = \pi + \alpha$ 时,VT_3 触发导通,VT_4 关断,当 $\omega t = (\pi + \alpha) \sim 2\pi$ 时,电枢电流 I_a 经 VT_3 短路,励磁绕组仍与固定分路电阻 R_{SH} 自成最小电阻回路。此时磁场削弱系数为:

$$\beta = \frac{(IW)_\beta}{(IW)_m} = \frac{W(\pi - \theta)I_a}{W\pi I_a} = \frac{\pi - \theta}{\pi} = \frac{\alpha}{\pi} \quad (\alpha \neq 0) \tag{1.5}$$

式(1.5)说明只要调节分路晶闸管的控制角 α 就可以连续调节磁场分路,由于分路晶闸管 VT_3、VT_4 是靠电源电压过零点自然换相,为了获得磁场削弱系数,要求半控桥必须满开放工作。

三、磁场削弱的应用

当牵引电动机由满磁场运行转换为磁场削弱运行时，这个过程是很短暂的。此时，机车由于巨大的惯性，速度来不及变化，因此磁场削弱后电机的反电势减小，电枢电流增加，机车的输出功率和牵引力均有所提高。此时，若列车运行阻力不变，则机车牵引力不变，机车速度便可提高，故在平直道实施磁场削弱可提高运行速度。若在上坡道实施磁场削弱，可增大机车牵引力，保持牵引速度不变，即所谓的恒速爬坡。

使用励磁调节的方法调节机车速度，是以牵引电动机主极磁场的减少来获得机车高速运行的，并且磁场削弱越深，机车的速度越高。但是磁场削弱深度是有限的，否则由于牵引电动机主极磁场过分削弱，在大电流、高速运行情况下会使牵引电动机换向恶化，容易发生牵引电机环火。故一般情况下脉流牵引电机的最小磁场削弱系数 β_{min} 为 0.35~0.40。实用值 44%~50%，保留一定的裕量。

第四节 相控调压

交-直型电力机车调压方式取决于整流电路和主变压器二次侧绕组的结构，分析调压方式就是分析整流电路。机车整流电路分为单相不可控整流电路和单相可控整流电路，对应的调压方式有变压器有级调压和相控无级调压两大类。采用不可控整流电路，变压器低压侧调压的 SS_1 型电力机车已基本退役。目前正在服役的交-直型电力机车均采用单相可控整流电路，调压方式均为相控调压。

一、单相全控桥式整流电路

晶闸管 VT_1、VT_4 组成一对桥臂，晶闸管 VT_2、VT_3 组成另一对桥臂，全控整流电路如图 1.3 所示。

当变压器二次侧电压 U_2 为正半周时，在控制角 $\omega t = \alpha$ 的瞬间给 VT_1、VT_4 送入触发脉冲，VT_1、VT_4 导通。电流从电源 a 端 →VT_1→PK→M→VT_4→流回电源 b 端，由于在电枢回路串入了电感量足够大的平波电抗器 PK(L_d)，所以整流输出电流 I_d 的波形基本

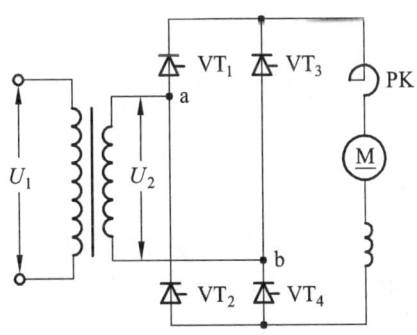

图 1.3 单相全控桥式整流电路

为一条直线。在此期间 VT_2、VT_3 均承受反向电压而截至。当电源电压过零变负时，由于平波电抗器 PK（L_d）的作用，使 VT_1、VT_4 仍承受正向电压而继续导通，因而 U_d 的波形出现负值部分，此时 VT_2、VT_3 上虽然已经施加了正向电压，但由于触发脉冲尚未到来因而没有导通。

当 $\omega t = \pi + \alpha$ 时，给 VT_2、VT_3 送入触发脉冲，VT_2、VT_3 导通，VT_1、VT_4 即承受反向电压而自行关断。此时，电流从电源 b 端→VT_3→PK→M→VT_2→流回电源 a 端。下一周期重复上述过程，输出波形如图 1.4 所示。

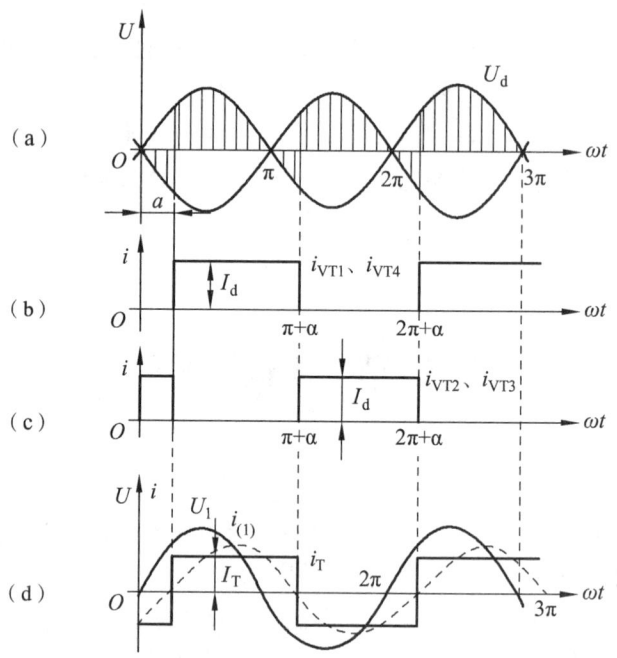

图 1.4 全控桥式整流电路波形

输出电压的平均值为：

$$U_{d\alpha} = \frac{1}{\pi}\int_{\alpha}^{\pi+\alpha} \sqrt{2}U_2 \sin\omega t\, d(\omega t) = \frac{2\sqrt{2}}{\pi}U_2\cos\alpha = 0.9U_2\cos\alpha \quad (1.6)$$

当 $0 \leqslant \alpha < \pi/2$ 时，$U_{d\alpha} > 0$　　整流状态
当 $\alpha = \pi/2$ 时，　　$U_{d\alpha} = 0$　　中间状态
当 $\alpha > \pi/2$ 时，　　$U_{d\alpha} < 0$　　逆变状态

全控桥式整流电路的移相范围仅为：$0 \sim \pi/2$，当 $\alpha > \pi/2$ 时，将进行有源逆变，适用于采用再生制动的相控电力机车。

二、单相半控桥式整流电路

图 1.5 为晶闸管不共阴极接法（指两晶闸管阴极不接在同一点）的半控桥整流电路，相控机车普遍采用这种电路。

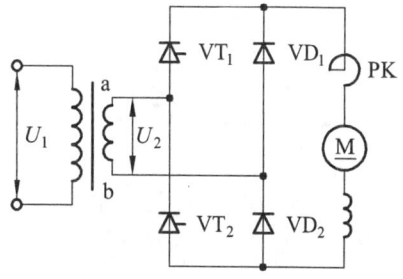

当变压器二次侧电压 ab 为正半周时，VT_1 承受正向电压，在控制角 $\omega t = \alpha$ 的瞬间给 VT_1 送入触发脉冲，VT_1、VD_2 导通。电流从电源 a 端→VT_1→PK→M→VD_2→流回电源 b 端，电动机有整流电流 I_d 流过，在此期间 VT_2、VD_1 承

图 1.5 不共阴极半控桥整流电路

受反向电压而截至。当电源电压过零变负时，由于平波电抗器 PK（L_d）的作用，VD_1 导通，VT_1 关断，VT_2 因未触发处于截止状态。此时，由同时导通的 VD_1、VD_2 构成电动机回路，电流不经过变压器二次侧，而是经 PK→M→VD_2→VD_1 构成回路。在此期间 VD_1、VD_2 仅起一个续流作用，称为续流二极管。变压器二次侧绕组电流为零，输出电压为零，牵引电动机的端电压为零。

当变压器二次侧电压 ab 为负半周时，VT_2 承受正向电压，在控制角 $\omega t = \pi+\alpha$ 的瞬间给 VT_2 送入触发脉冲，VT_2 导通，VD_2 即承受反向电压截止。此时，电流从电源 b 端→VD_1→PK→M→VT_2→流回电源 a 端。到电源又变正时，仍由 VD_1、VD_2 提供续流回路，直至下一个周期波晶闸管触发脉冲的到来。根据各元件导通的情况，可做出电压、电流波形如图 1.6 所示。

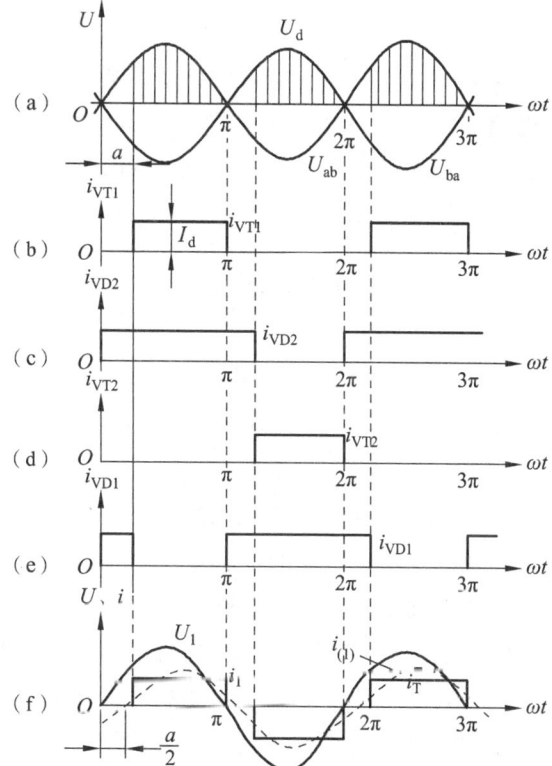

图 1.6 不共阴极半控桥整流电路波形

半控桥式整流输出电压的平均值为：

$$U_{d\alpha} = \frac{1}{\pi}\int_{\alpha}^{\pi}\sqrt{2}U_2 \sin\omega t \, d(\omega t)$$

$$= \frac{2\sqrt{2}}{\pi}U_2 \frac{1+\cos\alpha}{2} = 0.9 U_2 \frac{1+\cos\alpha}{2} \tag{1.7}$$

由于半控桥式整流电路结构简单,功率因数较高,控制角范围为 $0\sim\pi$,适用于电阻制动的相控电力机车。

三、整流电压(电流)的脉动

交-直型电力机车由于在一个周期中最多只有两个半波,因此电压有很大的脉动,这必将引起电流的脉动。整流电压、电流的脉动情况用脉动系数来表示。全波整流电路整流电压的脉动系数为:

$$K_\mathrm{u} = \frac{交流分量的脉动幅值}{直流分量的脉动幅值} = \frac{\frac{2\sqrt{2}}{\pi} \times \frac{2}{3} U_2}{\frac{2\sqrt{2}}{\pi} U_2} \approx 0.66 \quad (1.8)$$

式(1.8)表明整流电压的脉动系数近似一常数,达到66%。电压的脉动必然引起电流的脉动。整流电流的脉动与负载性质有关。对于电力机车,整流电路的负载为反电势负载,如不加平波电抗器,电流脉动要比电阻负载更大些。在工程设计中,电流脉动系数按下式计算:

$$K_\mathrm{I} = 0.33 \frac{U_{\mathrm{d}0}}{\omega L_\mathrm{d} I_\mathrm{d}} \quad (1.9)$$

式中 $U_{\mathrm{d}0}$——整流输出电压平均值(V);

L_d——平波电抗器电感值(H);

I_d——整流输出电流平均值(A)。

式(1.9)表明电流脉动系数不是一个常数,它与整流输出电压、电流的平均值有关,还与平波电抗器的电感量及交流电的角频率有关。整流输出电压越大,脉动越大;整流输出电流越小,脉动越大。

脉动电流不仅使牵引电动机的损耗增加,而且使牵引电动机的机械换向恶化。为了减小电流脉动,交-直型电力机车除了在牵引电动机结构上作特殊设计外,在电气线路中将牵引电动机励磁绕组两端并联磁场分路电阻,利用励磁绕组(电感)电流不能突变的特点,将脉动电流引入电阻支路,净化电机励磁电流,以改善牵引电动机的换向。这个并联的磁场分路电阻称为固定磁场分路电阻(R_0)。同时在牵引电动机支路中串联足够大的电感,这个带铁心的大电感称为平波电抗器。根据楞次定律,当电流发生变化时,平波电抗器产生自感电势将阻止电流的变化,从而起到减小、敷平电流脉动的作用。

对于交-直型电力机车的脉流牵引电机,当负载电流在较大范围变化时,要求电流脉动系数保持不变,规定整流电流的脉动系数为 $K_I \leq 25\% \sim 30\%$。由于平波电抗器的电感量是变化的,要求 $I_d L_d =$ 常数,以保证 $K_I =$ 常数,即负载电流 I_d 与平波电抗器电感 L_d 之间按反比例变化,使电流脉动系数 K_I 保持恒定不变,基本满足牵引电动机换向的要求。

四、机车功率因数

在正弦交流电路中,功率因数 $\cos\varphi$ 的定义为:

$$\cos\varphi = \frac{\text{有功功率}\ P}{\text{视在功率}\ S} = \frac{UI\cos\varphi}{UI} \tag{1.10}$$

在相控机车的电网中,变压器一次侧电压 U_1 为正弦波,由于平波电抗器的作用使变压器一次侧电流 I_T 畸变成了矩形波,产生了较大的高次谐波。只有与电源电压同频率的基波电流 $I_{(1)}$ 才产生有功功率,其他高次谐波只能产生无功功率,因此机车功率因数 PF 定义为:

$$PF = \frac{P}{S} = \frac{U_1 I_{(1)} \cos\varphi_1}{U_1 I_T} = \frac{I_{(1)}}{I_T} \cos\varphi_1 = \lambda \cos\varphi_1 \tag{1.11}$$

式中　P——变压器一次侧有功功率(W);
　　　S——变压器一次侧视在功率(V·A);
　　　λ——电流波形畸变系数, $\lambda = I_{(1)}/I_T$。

式(1.11)表明交-直型电力机车的功率因数 PF 等于基波功率因数 $\cos\varphi$ 和电流畸变系数 λ 的乘积。要想提高机车功率因数就要降低高次谐波,减小基波电压与基波电流之间的相位差(也称为延迟角)。

机车的功率因数与整流电路的结构形式有关,图 1.7 给出了不同整流电路的功率因数。图中,不可控整流电路功率因数最高,全控整流电路功率因数最低,半控整流电路介于两者之间。

在相控调压机车中,采用全控桥式整流电路可以进行再生制动,理论上能够节约能源。但是由于机车再生制动时,功率因数很低,通常只有 0.5~0.6,谐波分量很大。为了提高机车功率因数,需要增加补偿设备。从经济的角度看往往不合算,因此相控调压机车较少采用再生制动。

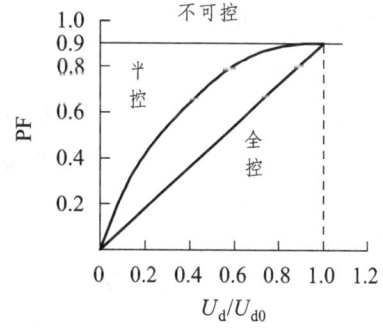

图 1.7　不同整流电路的功率因数

第五节 电力机车功率因数的改善

相控调压最大的优点是可以实现无级调速，避免调压过程中的电流冲击，使牵引电动机的力矩变化平缓，充分利用机车的黏着，发挥较大的牵引力。最大的缺陷是功率因数偏低，谐波干扰电流较大，对电网和通信设施产生不利影响，这就需要对机车功率因数进行补偿，对谐波电流加以限制。

一、评价相控调压的两个指标

评价相控调压性能有两个重要指标，即功率因数和谐波干扰。采用相控调压的电力机车在理想情况下，由于整流和平波电抗器的作用，使变压器二次侧电流 i_2 为一方波，从而使变压器一次侧电流 I_T 为非正弦波，造成接触网电流波形发生畸变，产生高次谐波电流，使机车功率数降低，降低了设备的利用率，影响了电网的供电质量，对电网造成严重污染。此外，国家电力和通信部门对电网用户的功率因数和谐波电流都有明确的要求，并作为强制标准必须贯彻执行。一般晶闸管相控机车的功率因数仅为 0.78～0.80，谐波电流为 $I_{pmax} > 9.2A$（等效干扰电流的最大值），远不能满足 $PF = 0.9$、$I_{(3)} = 3.9$、$I_{(5)} = 4.0$ 的限制要求。

二、提高机车功率因数的方法

根据机车功率因数 $PF = \lambda \cos\varphi_1$，要想提高机车功率因数就需要增大波形畸变系数 λ，尽量减小高次谐波电流，同时减小基波电压与基波电流之间的相位差 φ_1。常用的方法为多段桥顺序控制和功率因数补偿装置。

1. 多段桥顺序控制

为了改善机车的功率因数，降低谐波干扰，机车上广泛应用多段整流桥顺序控制，即把多段整流桥串联起来供电，常用的有二段半控桥、三段不等分桥和经济四段桥。下面仅以三段不等分桥为例分析其工作原理。

图 1.8 为三段不等分半控桥整流电路。图中，变压器二次侧绕组分成电压相等的两段 a_2x_2 和 a_4x_4，其中 a_2x_2 接成一般半控桥整流电路，a_4x_4 接成中抽式半控桥，由于中抽式绕组

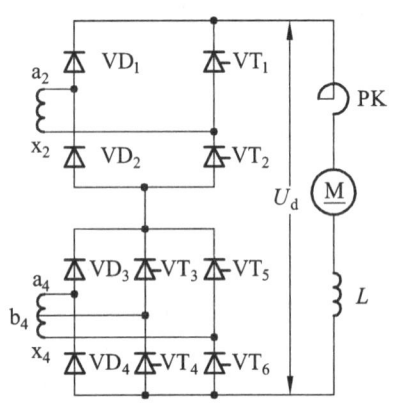

图 1.8 三段不等分半控桥整流电路

可看成两段绕组 a_4b_4 和 b_4x_4，故变压器二次侧绕组可视为三段不等分，各段绕组的比例为 $a_2x_2:a_4b_4:b_4x_4=2:1:1$。$VD_1\sim VD_4$ 提供直流续流通道。

三段半控桥顺序控制，其升压过程如下：

第I段桥：在机车起动时，需要逐步升高电压。a_2x_2-$VT_1VT_2VD_1VD_2$ 工作，大桥调压。晶闸管的控制角为 α_1，封锁晶闸管 $VT_3\sim VT_6$ 的触发脉冲，即第II段桥晶闸管的控制角 α_2 和第III桥晶闸管的控制角 α_3 均为 π。负载电流流经 a_2x_2、VT_1VT_2、VD_1VD_2、PK、M、VD_3VD_4。输出电压、电流、变压器绕组中电流的波形如图 1.9（a）所示。

第I段桥整流输出电压的平均值为：

$$U_d = 0.9 U_{a_2x_2}\frac{1+\cos\alpha_1}{2} = \frac{1}{2}U_{d0}\frac{1+\cos\alpha_1}{2}, \ (0<\alpha_1<\pi) \tag{1.12}$$

当 $\alpha_1=\pi$ 时，$U_d=0$；当 $\alpha_1=0$ 时，$U_d=\frac{1}{2}U_{d0}$。

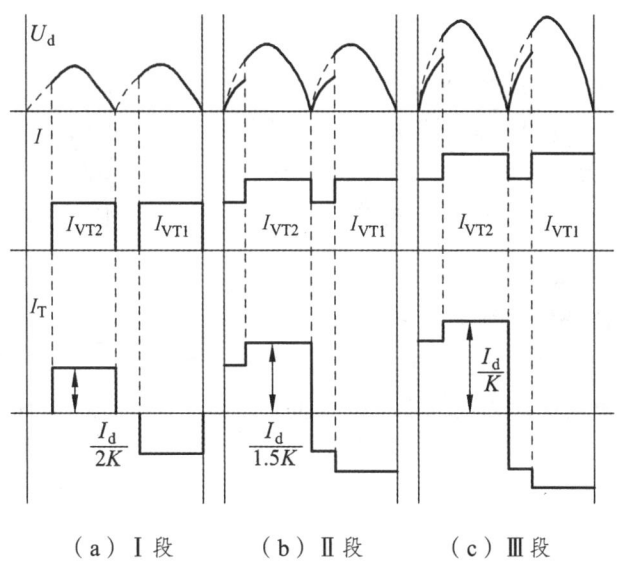

（a）I 段　　（b）II 段　　（c）III 段

图 1.9　三段不等分桥顺序调压波形

第II段桥：维持 VT_1VT_2 满开放即 $\alpha_1=0$，a_4b_4-$VT_3VT_4VD_3VD_4$ 投入工作，四臂小桥调压。晶闸管的控制角为 α_2，封锁晶闸管 VT_5VT_6 的触发脉冲即 $\alpha_3=\pi$。负载电流流过 a_2x_2、VT_1VT_2、VD_1VD_2、PK、M、a_4b_4、VT_3VT_4、VD_3VD_4。此时输出电压、电流、变压器绕组中电流的波形如图 1.9（b）所示。第II段整流输出电压的平均值为：

$$U_d = \frac{1}{2}U_{d0} + 0.9 U_{a4b4}\frac{1+\cos\alpha_2}{2}, \ (0<\alpha_2<\pi) \tag{1.13}$$

当 $\alpha_2=\pi$ 时，$U_d=\frac{1}{2}U_{d0}$；当 $\alpha_2=0$ 时，$U_d=\frac{3}{4}U_{d0}$。

第Ⅲ段桥：维持 $VT_1 \sim VT_4$ 满开放，即 $\alpha_1 = \alpha_2 = 0$。$b_4x_4\text{-}VT_5VT_6VD_3VD_4$ 工作，调压桥调压。晶闸管的控制角为 α_3。负载电流流过 a_2x_2、VT_1VT_2、VD_1VD_2、PK、M、$a_4b_4x_4$、VT_5VT_6、VD_3VD_4。此时输出电压、电流、变压器绕组中电流的波形如图 1.9（c）所示。第Ⅲ段整流输出电压的平均值为：

$$U_d = \frac{3}{4}U_{d0} + 0.9U_{b_4x_4}\frac{1+\cos\alpha}{2}, (0 < \alpha_3 < \pi) \tag{1.14}$$

当 $\alpha_3 = \pi$ 时，$U_d = \frac{3}{4}U_{d0}$；当 $\alpha_3 = 0$ 时，$U_d = U_{d0}$。

降压顺序控制过程与上述控制过程相反，从第Ⅲ段调压桥开始到第Ⅰ段大桥结束，依次控制 VT_5VT_6、VT_3VT_4、VT_1VT_2 的控制相位角从满开放状态到关断状态（$\alpha = 0 \to \pi$），顺序完成三段半控桥整流电路的降压调节过程。

图 1.9 显示三段半控桥式整流电路的变压器原边电流由阶梯波代替了矩形波，波形接近正弦波，功率因数显著提高。国产的 SS_{4G}、SS_{3B}、SS_8、SS_9 型电力机车均采用三段半控桥式整流电路。

不同段数半控桥的功率因数如图 1.10 所示，从图中可以看出机车功率因数为：Ⅲ段桥>Ⅱ段桥>Ⅰ段桥，说明半控桥段数越多，机车功率因数越高。但半控桥段数过多会使变压器抽头数增加，整流装置复杂，在一定程度上降低了机车运行的可靠性，故干线电力机车一般不超过四段半控桥。

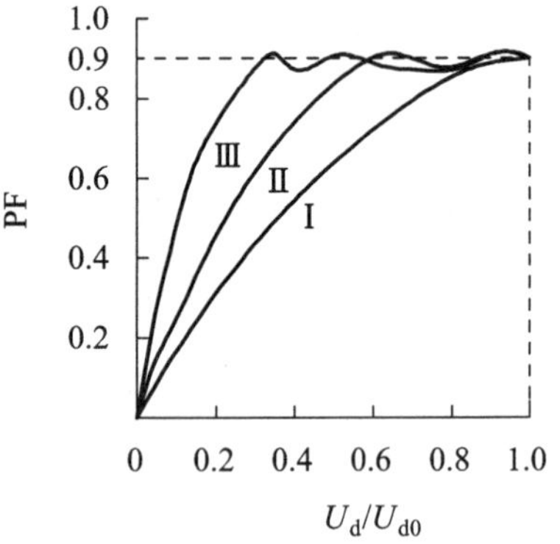

2. 功率因数补偿器

功率因数补偿装置兼作滤波器，简称 PFC 装置，一般常用的形式有 LC、RC、RLC，如图 1.11 所示。功率因数补偿装置跨接于机车主变压器二次侧绕组的两端，其工作原理如图 1.12 所示。

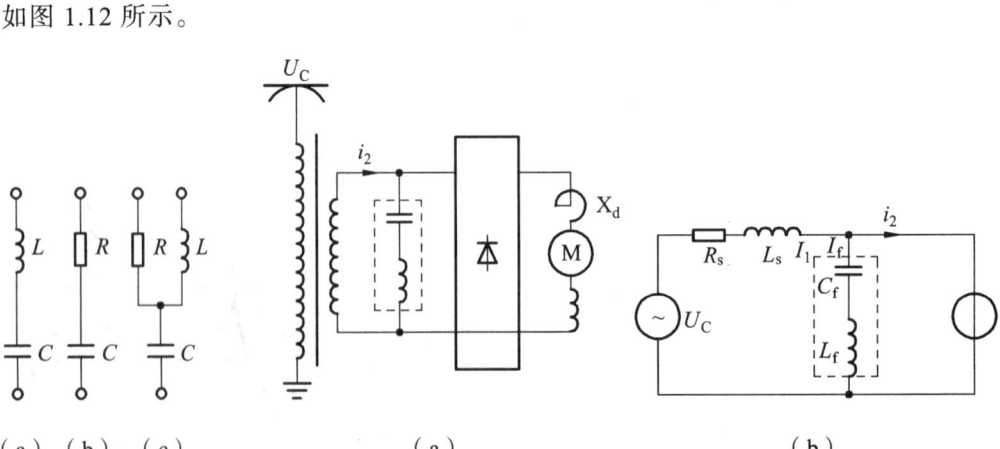

图 1.10 不同段数半控桥的功率因数

图 1.11 常用滤波电路

图 1.12 机车滤波器工作原理

谐波电流主要是 3、5、7 次谐波，加上功率因数补偿装置后，将 R、L、C 连接成某一频率的谐振电路（一般在靠近 3 次或 5 次谐波频率处）。在基波网压的作用下对基波呈容性，提供容性无功电流，减少滞后的负载电流，从而提高机车的功率因数。同时对 3、5 次谐波呈低阻性，使绝大部分 3 次、5 次谐波电流通过功补装置被吸收掉，以减少流向电网的 3 次或 5 次谐波电流，也减少了等效干扰电流。机车加装了功率因数补偿装置以后，提高了机车的功率因数，降低了接触网和机车主变压器的损耗，同时也减少了接触网对沿线通信线路的干扰。

第六节 交流传动电力机车的调速

交流传动电力机车应用广泛，按传动形式分为交-直-交和交-交型电力机车。

一、交-直-交型电力机车调速方法

交-直-交型电力机车采用异步牵引电动机作为牵引动力，根据异步电动机的转速表达式：

$$n = \frac{60 f_1}{P}(1-s) \tag{1.15}$$

式中　n——牵引电动机转子转速（r/min）；

　　　s——异步电动机转差率；

　　　P——定子极对数；

　　　f_1——供电频率（Hz）。

可知，异步电动机的调速方法有以下 3 种：

1. 改变电动机定子极对数

由式（1.15）可知在电源频率不变时，改变定子极对数 P 可以改变电机的转速。一般将定子绕组分成若干独立分段，改变各分段引出线的连接方式达到改变极对数的目的。变极调速会使异步电动机结构复杂，运行可靠性下降，故交流传动电力机车不采用这种调速方法。

2. 改变转差率

改变转差率 s 调速，也叫串级调速，是在转子回路串入电阻或附加电动势进行调速，适合绕线型异步电动机。由于目前电力牵引交流传动系统中绝大多数采用鼠笼型异步电动机作为牵引电动机，这种电机的转子绕组是"短路绕组"，因而无法在转子上采取措施。

3. 改变电源频率

变频调速，就是连续改变加在异步电动机定子上的供电电源频率 f_1，从而改变旋转磁场的同步转速，达到平滑调节转子转速的目的。变频调速的首要条件是需要一套调节范围较大的变频电源，在一定频率范围内，能够连续改变输出频率供给牵引电动机，实现无级调速。

电力牵引交流传动系统对交流电源进行直接变频（交-交变频）不能满足机车牵引调速的要求。只能采用间接变频（交-直-交变频）的方法，首先将交流电源整流成直流电源，通过中间环节储能和滤波后，获得平直的直流电压（电流），再将其逆变为三相变压变频（VVVF）的等效正弦交流电，供给牵引电动机使用。目前，异步电动机传动的电力机车采用由四象限脉冲整流器和三相逆变器组成的牵引变流器进行调速，解决了机车功率因数和谐波干扰问题。

异步牵引电动机的变压变频（VVVF）调速特性如图1.13所示。对于不同的负载，变频调速分为恒磁通控制和恒功率控制两种。变频调速时为了使励磁电流和功率因数基本保持不变，希望磁通保持不变，电动机的过载能力也保持不变；当电源电压调到额定值或最大值后，开始进入磁场削弱状态，按照恒功率控制。

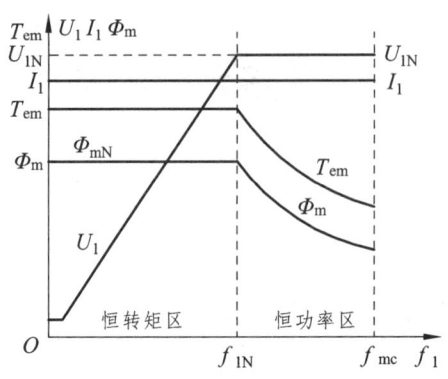

图1.13 异步牵引电机的 VVVF 调速控制特性

（1）恒磁通控制。

根据异步电动机每相定子感应电势 E_1 的表达式：

$$U_1 \approx E_1 = 4.44 f_1 N_1 K_{\omega 1} \Phi_m \tag{1.16}$$

式中 U_1——定子电压（V）；

f_1——定子频率（Hz）；

N_1——定子每相串联匝数；

$K_{\omega 1}$——基波绕组系数；

Φ_m——气隙磁通（Wb）。

在基频（50 Hz）以下，当电源电压一定时，如果降低定子频率 f_1，则气隙磁通 Φ_m 将增大，使磁路过饱和，励磁电流增加，铁心损耗增加，这是不允许的，因此调频时一定要调节电势，保持感应电势与频率的比值不变，以保持气隙磁通不变。由于感应电势难以检测，当电动势较高时，可忽略定子绕组中的漏阻抗压降，用定子电压 U_1 代替定子电动势 E_1。只要使 $U_1/f_1 =$ 常数，即在控制定子电压 U_1 的同时控制定子频率 f_1，使异步电动机的气隙磁通 $\Phi_m \propto U_1/f_1 = C$，从而维持气隙磁通基本恒定。

机车起动阶段采用恒磁通控制，能够产生恒定的牵引力，起动过程平稳，可获得较大的起动加速度。

（2）恒功率控制。

在恒磁通控制中，随着频率和转速的上升，定子电压 U_1 也相应提高，异步电动机的输出功率增大，但电压的提高受到电动机功率或逆变器最大电压的限制。通常调节频率大于基频（$f_1 > f_{1N}$）时，即当电压提高到一定数值后维持不变或不再正比于 f_1 上升，此后电动机磁通开始减小，将进入恒功率控制方式。

二、交-交型电力机车调速方法

交-交型电力机车采用三相同步牵引电动机，其调速方法和直流电动机的调速原理相似，只要改变同步电动机的端电压就可以改变输入同步电动机的功率，从而调节同步电动机的转速，获得与直流电动机相似的调速特性。同步电动机也可以采用调节励磁磁通的方法来实现调速。在调节同步电动机端电压或磁通时，必须调节同步电动机端电压的频率，以保证该频率与绕组中产生的感应电势频率相适应。因而，具有同步牵引电动机的交-交型电力机车调速必须采用自动调频的可控硅调压变频器，同时在电机轴上装检测器，根据检测器送出的信号去控制可控硅，以保证电机同步。

本章小结

电力机车是以牵引电动机作为传动设备的，其调速的本质上是牵引电动机转速的调节。机车的3种运行状态：起动、调速和制动，其实质都是机车速度的调节。

交-直型电力机车主要采用相控调压调速。通过改变晶闸管移相角调节整流输出电压，从而进行平滑无级调速，也称为移相调压。相控调压的优点是无级调速，避免了调压过程中的电流冲击，使牵引电动机的力矩变化平缓，充分利用机车的黏着，发挥较大的牵引力。缺点是机车功率因数低，谐波干扰大。

磁场削弱调速作为机车的辅助调速手段，是在牵引电动机端电压已达到额定电压，而牵引电动机电流比额定值小时实施，其目是扩大机车的速度运行范围，充分利用机车功率。机车在平直的线路上实施磁场削弱可以提高运行速度；在上坡线路上实施磁场削弱可以提高机车牵引力，实现恒速爬坡。

相控调压电力机车功率因数低的原因是变压器绕组中电流畸变，造成接触网电流波形发生畸变，降低了供电设备的效率。同时高次谐波分量增加，对沿线通信产生干扰。机车的功率因数与整流装置的形式有关，不可控整流电路功率因数最高，全控整流电路功率因数最低，半控整流电路介于两者之间。再生制动的电力机车采用全控桥式整流电路，电阻制动的电力机车采用半控桥式整流电路。由于再生制动机车功率因数低，所以相控机车较少采用再生制动。

提高机车功率因数和降低高次谐波电流，对于节约电能，提高电能利用率具有重要意义。根据机车功率因数表达式可知，要想提高机车的功率因数就需要增大波形畸变系数 λ，减小基波电压与基波电流之间的相位差 φ_1。相控调压的电力机车主要采用多段桥顺序控制和功率因数补偿装置来提高机车功率因数，降低谐波干扰。

交-直-交型电力机车采用异步牵引电动机作为牵引动力，主要采用变频调速，在基频以下采用恒磁通控制，在基频以上采用恒功率控制。交-交型电力机车采用三相同步牵引电动机，其调速方法和直流电动机的调速原理相似，可以采用调节励磁磁通的方法实现调速。

复习思考题

一、填空题

1. 调速是指_____的改变牵引电动机的工作参数使其速度发生变化的运行过程，它有别于因_____引起的转速变化。

2. 列车的整个运行过程只存在起动、_____和_____3 种基本的运行状态。

3. 列车有 3 种基本运行状态，其实质都是_____的调节，起动和_____是调速的两种特殊形式。

4. 机车起动时，要求能够充分利用_____，使机车产生足够的_____牵引力，保证机车顺利起动。

5. 电力机车起动电流可以接近_____限制线，以产生足够大的_____，获得较大的起动加速度。

6. 直流传动电力机车选用_____牵引电动机，其调速实质是对_____进行调速。

7. 直流传动电力机车以_____调速为主，以_____调速为辅，这两种调速方式都不会产生附加损耗，因而得到的速度级称为经济运行级。

8. 使用磁场削弱的条件是牵引电机端电压_____，电流_____。

9. 使用磁场削弱的目的是扩大机车的_____，充分利用机车的_____。

10. 励磁调节是通过调节流过牵引电机的_____，从而改变牵引电机的_____。

11. 磁场削弱系数表明牵引电机磁场_____。磁场削弱系数越小，表明_____越深。

12. 客运电力机车采用_____磁场削弱，货运电力机车采用_____磁场削弱。

13. 电力机车在平直道上实施磁场_____可以提高机车的_____，在上坡道上实施磁场_____可以提高机车的_____，实现恒速爬坡。

14. 交-直型电力机车由于在一个周期内最多只有_____个半波，因此电压有很大的_____。

15. 评价相控调压电力机车的两个指标是＿＿＿＿＿＿和＿＿＿＿＿＿。

16. 交-直型电力机车最大的缺陷是＿＿＿＿＿＿低，＿＿＿＿＿＿大。

17. 提高机车功率因数的方法是采用＿＿＿＿＿控制和装＿＿＿＿＿装置。

18. 交流传动电力机车按照传动形式分为＿＿＿＿＿电力机车和＿＿＿＿＿电力机车。

19. 交-直-交型电力机车采用变频调速，在基频以上采用＿＿＿＿＿控制，在基频以下采用＿＿＿＿＿控制。

20. 整流电流的脉动使牵引电机损耗增加，换向困难。为了减小电流脉动系数，交-直型电力机车在电枢回路串联＿＿＿＿＿，在励磁回路并联＿＿＿＿＿。

二、选择题

1. 交-直型电力机车采用（ ）传动。
   A. 组合　　　　　B. 个别　　　　　C. 液压

2. 交-直型电力机车不采用（ ）调速。
   A. 调压　　　　　B. 弱磁　　　　　C. 电枢串电阻

3. 交-直型货运电力机车采用（ ）级磁场削弱。
   A. 2　　　　　　 B. 3　　　　　　 C. 4

4. 交-直型电力机车最深磁场削弱系数实用值为（ ）。
   A. 0.4~0.5　　　 B. 0.44~0.5　　　C. 0.35~0.4

5. 交-直型电力机车电流脉动系数为（ ）。
   A. 0.2~0.3　　　 B. 0.25~0.3　　　C. 0.35~0.4

6. 机车功率因数等于（ ）功率因数与电流畸变系数的乘积。
   A. 基波　　　　　B. 谐波　　　　　C. 电源

7. 为了提高机车功率因数，需要（ ）电流畸变系数。
   A. 增大　　　　　B. 减小　　　　　C. 调整

8. 功率因数补偿装置主要消除（ ）次谐波。
   A. 2、4　　　　　B. 3、6　　　　　C. 3、5

9. 变频调速时，为了使励磁电流和功率因数基本保持不变，希望（ ）保持不变。
   A. 电压　　　　　B. 功率　　　　　C. 主磁通

10. 交-直-交型电力机车采用（ ）调速。
    A. 变极　　　　　B. 变转差率　　　C. 变频

11. 交-直-交型电力机车采用三相（ ）牵引电机。
    A. 脉流　　　　　B. 同步　　　　　C. 异步

12. 交-直型电力机车采用三相（ ）牵引电机。
    A. 脉流　　　　　B. 同步　　　　　C. 异步

13. 变频调速就是连续改变加在异步牵引电机（ ）上的供电电源频率。
    A. 转子　　　　　B. 定子　　　　　C. 转子和定子

14. 交-直-交型电力机车变频调速是（ ）调速。

A. 有级　　　　　　B. 无级　　　　　　C. 直接

15. 交-直-交型电力机车变频调速是（　　）的调速。

    A. 有损耗　　　　B. 无损耗　　　　　C. 不确定

16. 对于交-直型电力机车，其调速方法主要采用（　　）。

    A. 改变供电电源频率　　　　　　B. 改变电源电压或励磁磁通

    C. 改变牵引电机极对数

17. 交-直型电力机车的励磁调速原理为：通过（　　）电机励磁电流，来（　　）励磁磁通，进而增大电机转速。

    A. 减小　减小　　B. 减小　增大　　　C. 减小　减小

18. 磁场削弱调速方法主要包括电阻分路法和晶闸管分路法，以下关于电阻分路法说法正确的是（　　）

    A. 实现无级调速　　B. 速度变化连续　　C. 三级有级调速

19. 对于直流电力机车，在起动时会发生较大的电流冲击，因此直流电力机车采取（　　）的方法起动。

    A. 降低电枢阻抗　　B. 降低电机端电压　　C. 增大电枢阻抗

20. 交-交型电力机采用（　　）牵引电机，（　　）调速。

    A. 三相同步　变频　　B. 三相异步　变压　　C. 直流或脉流　调压

三、简答题

1. 脉动电流对电力机车有什么不利影响？
2. 简述平波电抗器和固定分路电阻的作用。
3. 简述电力机车的基本运行状态及其实质。
4. 什么是磁场削弱？机车实施磁场削弱的条件是什么？
5. 什么是相控调压？相控调压有何优缺点？
6. 如何来提高机车功率因数？
7. 什么是机车功率因数？写出其表达式并说明其含义。

四、综合题

1. 磁场削弱有何应用？
2. 电阻分路法一般有几级磁场削弱？为什么？
3. 分析晶闸管分路法的原理及 β 的确定。
4. 什么是多段桥顺序控制？画图分析三段桥升压控制过程。
5. 相控调压的电力机车功率因数为什么低？有何影响？
6. 相控调压运行的电力机车对变电所有何影响？
7. 分析机车功率因数补偿的作用和补偿原理。

第二章 电力机车起动及电气制动

学习目标

起动和电气制动是机车运行中的两个基本状态，其实质是调速的一种特殊形式，前述的调速原理对起动和电气制动依旧适用。通过本章学习，应达到以下目标：

（1）掌握电力机车的起动方法，熟悉电力机车的控制方式及控制特性。
（2）会分析电阻制动原理，掌握加馈电阻制动线路的构成。
（3）掌握再生制动原理，了解再生制动的调节过程。
（4）熟悉电力机车牵引特性和制动特性的工作范围。
（5）了解非黏着制动的工作原理及其应用。

电力机车
起动与制动 PPT

第一节　电力机车的起动

起动是机车最先实现的工作状态。机车在起动牵引力作用下，克服列车静止时的阻力并产生加速度，最终运行在机车自然特性上，这一过程称为起动。

一、起动的基本要求

按照中华人民共和国《铁路技术管理规程》（简称《技规》）的规定，对机车起动的基本要求是：起动平稳、加速快、防止列车冲动和断钩。机车起动平稳可以使机车电气设备免受电流冲击，机车和列车免受机械冲击，所以希望列车速度变化平滑。机车加速快，可以减少起动时间，提高平均运行速度，对机车运行有重大意义。为了使机车加速快，就要求有较大的起动电流，以产生较大的起动牵引力。

二、机车的起动

机车起动时处于静止状态，对直流传动电力机车施加电压时，由于牵引电动机反电势为零，其起动电流为：

$$I_{st} = \frac{U_d}{R_a} \quad (A) \tag{2.1}$$

由于电机回路的阻值很小，会产生很大的起动电流，以致破坏电机的安全换向，超越线路黏着条件的限制，造成很大的电流冲击和机械冲击，使机车和列车都受到损伤。因此，机车的起动必须采取适当方法以限制起动电流和牵引力。

1. 降压起动

在机车起动时，降低加在牵引电动机上的端电压，以限制起动电流和起动牵引力，称为降压起动。采用直流斩波的直-直型电力机车、采用整流器的交-直型电力机车及采用变频器的交-直-交型电力机车均采用这种起动方法。起动原理与调速原理相同，起动过程和调速过程没有严格的界限。对于相控调压的电力机车，降压起动时机车的功率因数非常低，整流电流的脉动也将增加。

2. 起动电流和起动牵引力的限制

机车起动时，轮对发生空转前所能发挥的最大牵引力称为起动牵引力，机车起动牵引力受线路黏着条件的限制，应满足下列条件：

$$F_{st} \leqslant F_\mu = P_j \mu_j g \quad (kN) \tag{2.2}$$

式中　P_j——机车黏着质量（整备质量）（t）；

　　　μ_j——机车黏着系数；

　　　F_μ——机车黏着牵引力（kN）。

机车黏着系数并不是一个恒定值，它随线路条件、轨面情况、机车起动方式等因素而变化，是一个范围值。机车的黏着限制曲线并非只有一条而是一个限制带。为了使机车起动时具有较大的牵引力，就应充分利用机车的黏着条件。即机车起动时，牵引力尽可能接近黏着限制线。起动牵引力对应的牵引电动机的电枢电流（定子电流）称为最大起动电流 I_{stmax}，这一电流应小于牵引电机自身的最大允许温升电流。

三、机车的控制方式及控制特性

电力机车为了获得良好的起动性能,希望能最大限度地利用机车的黏着条件。另外在机车运行过程中,不仅希望机车特性适合牵引,做到调速范围广,而且还希望机车具有良好的防空转性能和良好的起动性能。单纯依靠牵引电动机的机械特性已不能满足机车运行的要求。因此需要对机车的运行方式加以控制,以保证机车具有良好的牵引性能,提高机车运行的可靠性和运输效率。

直流传动电力机车的控制方式有恒流控制、恒速控制和特性控制3种。它们是通过电子控制系统或微机控制系统对机车的自然特性加以控制,此时机车的特性称为控制特性。

1. 恒流控制

恒流控制是指机车起动时维持起动电流为一恒定值,该值可以非常接近黏着限制线,以充分利用黏着条件,达到最大起动牵引力,从而缩短起动时间。恒流控制原理如图2.1所示,图中,采用电流反馈,使起动电流维持恒定值。图2.2所示为恒流起动控制的牵引特性,它是一组平行于横轴的直线,其值随级位指令变化。

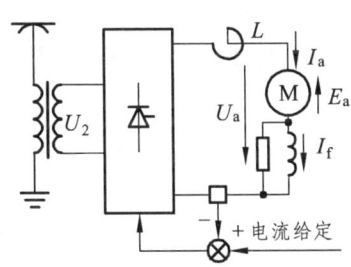 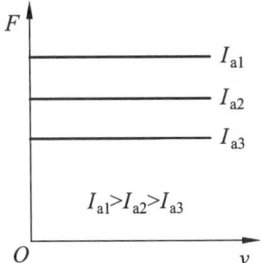

图 2.1 恒流控制原理图　　　　图 2.2 恒流控制的牵引特性

机车采用恒流起动时,一旦发生空转,由于起动电流维持不变,起动牵引力维持不变,会使转速进一步上升,不利于黏着条件的再恢复。因此,必须有可靠的防空转检测和保护措施,以保证机车顺利起动。

2. 恒速控制

恒速控制是指机车恒流起动、恒速运行的方式,其控制原理如图2.3所示。图中,恒速控制采用速度反馈,使机车速度按一定规律变化。恒速控制牵引特性如图2.4的虚线所示,它是一组平行于纵轴的直线,其值随速度指令变化,只要速度有微小变化,牵引力就会产生很大波动,不利于机车平稳运行。

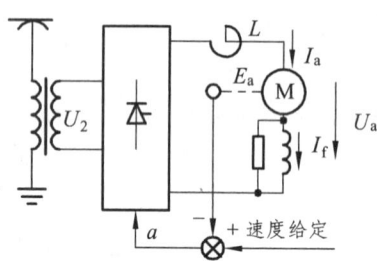

图 2.3 恒速控制原理图

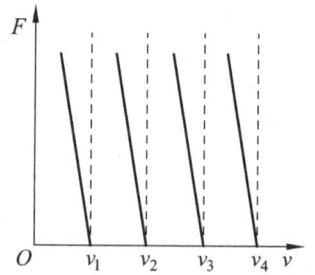

图 2.4 恒速、准恒速控制的牵引特性曲线

恒速控制方式下机车牵引特性很硬。不管牵引力如何变化，机车速度一直保持恒定数值，因而防空转性能好，有利于机车再黏着，但是由于牵引特性过陡，当阻力发生变化时，牵引力的波动很大，使车钩承受的冲击力过大，严重时会造成断钩事故。通常机车不采用恒速控制，而是采用准恒速控制，如图 2.4 的实线所示。

3. 特性控制

特性控制是指机车按恒流方式起动，起动完毕后按理想的牵引特性曲线运行。理想的牵引特性曲线是介于自然特性与恒速特性曲线之间的斜线（也叫准恒速特性曲线），如图 2.5 所示。

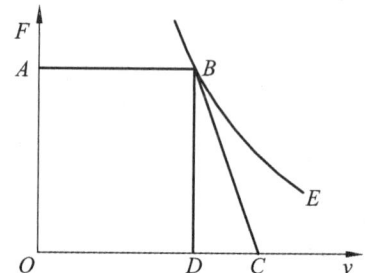

AB、BD——恒速控制的牵引特性曲线；
AB、BC——特性控制的牵引特性曲线；
BE——自然牵引特性曲线。

图 2.5 恒速特性与准恒速牵引特性比较

四、机车的牵引特性

机车牵引特性是指机车轮周牵引力 F 与机车速度 v 的关系，即 $F=f(v)$。它是表征机车特性的重要指标，是列车进行牵引计算的依据。

将电动机的转速 n 换算为机车的运行速度 v，电动机的转矩 T 换算为机车轮周的牵引力 F_k，可得到直流传动电力机车的牵引特性表达式：

$$F_k = \frac{m}{1\,000} \cdot \frac{U_d I_a}{v} \eta_d \eta_c \quad (\text{kN}) \tag{2.3}$$

式中　m——机车配用电动机数目，对于个别传动机车为机车动轴数；

　　　η_d——牵引电动机效率；

　　　η_c——传动装置效率。

由于机车的牵引特性 $F=f(v)$ 是从牵引电动机的机械特性 $T=f(n)$ 归算至机车轮周的特性，所以机车牵引特性曲线与牵引电动机的机械特性曲线具有相同的趋势。机车牵引特性曲线一般由机车型式试验测出。SS$_{4G}$ 型电力机车牵引特性如图 2.6 所示。

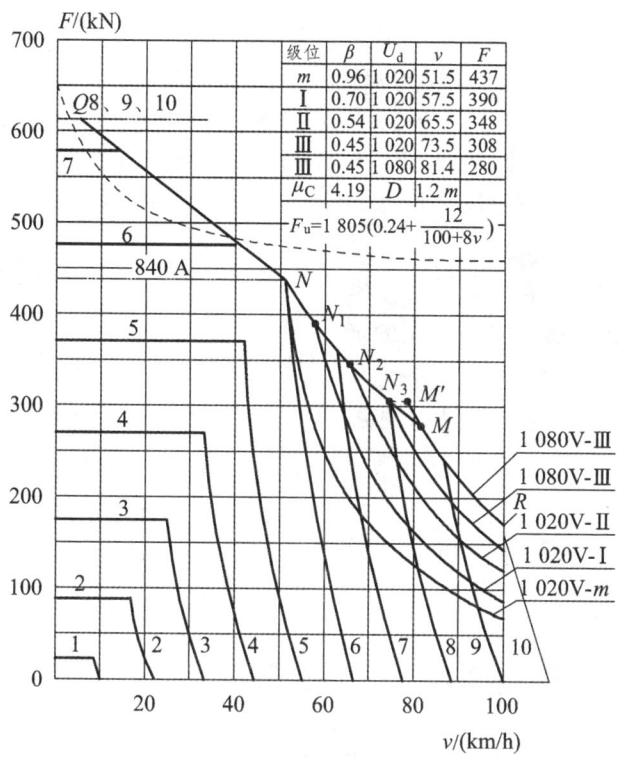

图 2.6 SS₄G 型机车牵引特性曲线

图中 QN 为恒流起动阶段，按照式（2.4）的关系进行起动，每级电流差为 150 A，设定速度点的运行符合准恒速控制曲线 $600X-54v$。

$$I_a = \min \begin{cases} 150X \\ 600X - 54v \quad (A) \\ 1\,096 \end{cases} \tag{2.4}$$

式中 X——司机控制器牵引调速手轮的级位，$X = 1 \sim 10$ 级，实际级位是连续的；

v——机车的速度（km/h）；

1 096——牵引电动机平均起动电流限制。

MN 为恒功区，随着调速的进行，机车速度不断提高，牵引电动机电压由额定电压自动线性超压至限制电压，相应的电动机电流由额定值线性下降，使牵引力线性下降，维持机车功率不变运行。MR 为自然特性，此时机车速度若继续增加，则保持限制电压不变，采用磁场削弱的方法将磁场分路系数由 96% 减小至 45%。

特性控制曲线与机车基本特性曲线是一致的，所不同的是机车的基本特性是由牵引电机自身参数决定的，没有人工干预。而控制特性曲线则是通过外加装置人为改变牵引电动机的运行条件，如机车起动过程中保持电枢电流不变的恒流控制。

机车的牵引特性受整流器、牵引电动机、机车结构速度等因素限制，这些限制如图 2.7 所示。

图中：黏着限制（曲线 1）；牵引电动机允许最大电流 I_{amax} 限制（曲线 2 和曲线 2'）；

牵引电动机允许最高电压 U_{amax} 限制（曲线 3）；整流器输出特性确定的最大电压 U_{dmax} 限制（曲线 4）；

牵引电动机功率 P_{Mmax} 限制（曲线 5）；电动机最高端电压时，最深磁场削弱 β_{min} 限制（曲线 6）；

整流器最大输出电压时，最深磁场削弱 β_{min} 限制（曲线 7）；机车构造速度 v_g 的限制（曲线 8）。

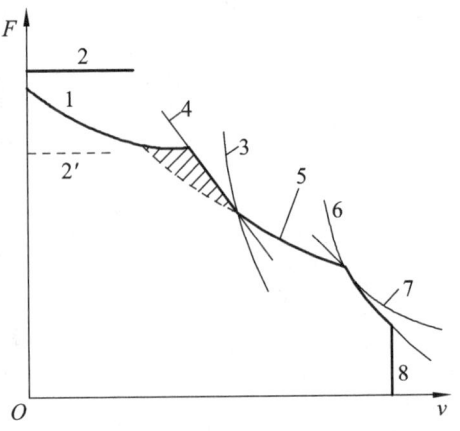

1—黏着限制；2，2'—I_{amx}；3—U_{amax}；4—U_{dmax}；
5—P_{Mmax}；6—$U_{amax} - \beta_{min}$；
7—$U_{dmax} - \beta_{min}$；8—v_g。

图 2.7 交-直型电力机车牵引特性限制曲线

直流机车的牵引特性应在图 2.7 粗实线决定的范围内。对于采用无级磁场削弱的直流机车，可以工作在上述范围内的任意一点；对于有级磁场削弱的直流机车，在满磁场工作于限制范围的任一点，而磁场削弱区将工作于曲线 3 和曲线 6 间的磁场削弱曲线上，如图 2.6 中的曲线 1 020V-Ⅰ、1 020V-Ⅱ、1 020V-Ⅲ和 1 080V-Ⅲ。

第二节　电气制动概述

电传动机车一般有两套制动系统：一是空气制动系统即机械制动系统，包括闸瓦制动和盘型制动；二是电气制动系统，包括电阻制动和再生制动，高速列车还有磁轨制动和涡流制动。

制动是机车基本运行工作状态之一，当列车需要减速、停车或在长大下坡道上运行限制列车速度时，都必须采取制动措施。现代铁路运输的安全性在很大程度上取决于机车制动性能的好坏。

一、电气制动原理

电气制动（也称动力制动）是利用电机的可逆性原理。机车在牵引工况时，牵引电机作电动机运行，将电网的电能转换为机械能，轴上输出牵引转矩以驱动列车运行；在电气制动时，列车的惯性力带动牵引电机，牵引电机作发电机运行，将列车动能转换为电能，输出制动电流的同时，在牵引电机轴上产生反转矩并作用于轮对，形成制动力使列车减速或以一定的速度运行。

二、电气制动形式

根据电气制动时电能的消耗方式，电气制动分为电阻制动和再生制动。如果将电气制动时产生的电能利用电阻使之转化为热能消耗掉，称为电阻制动。如果将电气制动时产生的电能重新回馈给电网并加以利用，称为再生制动。

采用电气制动可以提高列车运行的安全性，提高列车的下坡速度，最小限度地使用空气制动，以减小轮缘和钢轨间的磨耗，降低运输成本。

三、电气制动的基本要求

在实施电气制动时，制动系统必须满足以下几点要求：
（1）具有电气稳定性并保证必要的机械稳定性。
（2）具有广泛的调节范围，制动过程要平稳，冲击力要小。
（3）机车由牵引状态转换为电气制动状态时线路应简单，操纵方便，有良好的制动性能，负载分配力求均匀。

四、制动稳定性的概念

1. 机械稳定性

机械稳定性是指由于偶然因素（电网电压波动、线路纵断面变化等）引起机车速度变化，不会破坏原有的运行状态，制动力要能适应速度的变化。此时，制动系统若能建立起新的平衡状态或当偶然因素消失后能恢复到原来的平衡状态，这种系统就称为稳定系统，否则就称为不稳定系统。机械稳定性判断的条件是

$$\frac{\mathrm{d}B}{\mathrm{d}v} > 0 \tag{2.5}$$

即制动力具有向上的特性，系统才具有机械稳定性。实际上电力机车无论是电阻制动还是再生制动，其制动特性在高速区、保持制动电流恒定的条件下，特性曲线的变化率均大于零，故电气制动在高速区具有机械稳定性。

2. 电气稳定性

电气稳定性是指电传动机车在正常运行时，不会由于偶然因素，电流发生微量变化，而使牵引电机的电平衡状态遭到破坏。电气稳定性的数学判断式为：

$$\frac{\mathrm{d}C_\mathrm{v}\varPhi v}{\mathrm{d}I_\mathrm{z}} < \frac{\mathrm{d}I_\mathrm{z}(R_\mathrm{z}+R_\mathrm{a})}{\mathrm{d}I_\mathrm{z}} \tag{2.6}$$

式（2.6）表明电阻压降的斜率必须大于电机电势曲线的斜率，系统才具有电气稳定性。

第三节　直流传动电力机车的电阻制动

在直流传动电力机车中，一般采用串励牵引电机。由于串励电机的特性很软，若作为发电机运行，输出电压稳定性很差，因此在进行电气制动时需将串励电机改为他励电机。

一、电阻制动的基本原理

采用他励电阻制动时，首先切断牵引电机电枢与电网的连接，使电枢绕组与制动电阻结成回路，励磁绕组则由其他电源供电，并且励磁电流方向与牵引时相反，以改变电磁转矩方向。电机作他励发电机运行，其工作原理如图 2.8 所示。

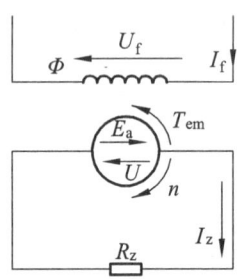

图 2.8　他励电阻制动原理

二、电阻制动特性

制动特性是指制动力 B 与机车速度 v 之间的关系，即 $B=f(v)$。当他励发电机进入稳定工作状态时，电势平衡方程式为：

$$E_\mathrm{a} = C_\mathrm{v}\varPhi v = I_\mathrm{z}(R_\mathrm{z}+R_\mathrm{a})$$

由此得出机车电阻制动时的速度表达式为：

$$v = \frac{I_\mathrm{z}(R_\mathrm{z}+R_\mathrm{a})}{C_\mathrm{v}\varPhi} \quad (\mathrm{km/h}) \tag{2.7}$$

将电机的制动转矩 $T=C_\mathrm{T}\varPhi I_\mathrm{z}$ 换算为机车轮周制动力 B 则有：

$$B = \frac{0.06mC_e\Phi\mu_c}{\pi D\eta_c\eta_d}I_z \quad (\text{kN}) \qquad (2.8)$$

由速度特性表达式（2.7）和制动力特性表达式（2.8）可求出机车电阻制动时，制动力-速度表达式为：

$$B = \frac{m\mu_c^2}{\pi^2 D^2\eta_c\eta_d(R_z+R_a)}(C_e\Phi)^2 v \quad (\text{kN}) \qquad (2.9)$$

式（2.9）表明，对于某一固定的励磁电流（即 Φ 值固定），制动力 B 与速度 v 成正比，并且励磁电流越大，特性曲线越陡，如图 2.9 所示。图中 $I_{L4}>I_{L3}>I_{L2}>I_{L1}$，说明他励电阻制动具有机械稳定性，随着机车速度的增加其制动力也增加。

由图 2.9 可知保持励磁电流为常量（即 Φ 值固定），机车速度越高，制动力越大，制动效果越明显；机车速度越低，制动力越小，故电阻制动一般不能用于制停。

如果保持制动电流 I_z 为常量，此时机车制动力-速度表达式为：

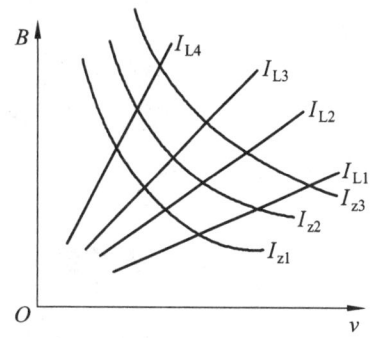

图 2.9　电阻制动特性曲线

$$B = \frac{0.0036m(R_z+R_a)}{\eta_c\eta_d}\cdot\frac{I_z^2}{v} \quad (\text{kN}) \qquad (2.10)$$

式（2.10）表明，制动电流 I_z 保持恒定时，机车制动力 B 与机车速度 v 成反比，特性曲线为一双曲线，且 $I_{z3}>I_{z2}>I_{z1}$，制动力在很宽的范围内随速度的升高而降低，因而不具有机械稳定性。

由以上分析可知，制动力的大小可以通过两种方法来改变：一是改变励磁电流以改变牵引电机磁通，二是改变制动电流。

三、电阻制动的工作范围

直流传动电力机车在制动时，由于受机车速度、制动电流、励磁电流等因素的限制，只允许在一定范围内使用电阻制动，其工作范围如图 2.10 所示。

（1）最大励磁电流的限制。OA' 线的右下方为励磁电流的允许工作区域。若超过此限制值，励磁绕组会发热烧损。此外磁路饱和，磁通增加不明显，调节效果不明显。

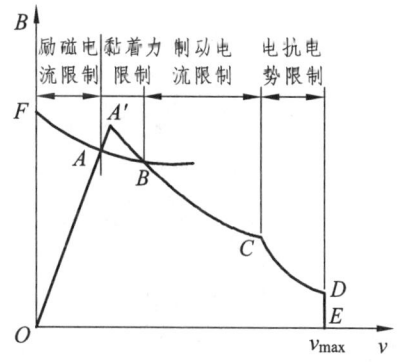

图 2.10　电阻制动的工作范围

（2）最大制动电流的限制。最大制动电流是根据牵引电机电枢绕组、制动电阻的允许发热容量而定的。由于牵引电机热容量大，因此最大制动电流一般取决于制动电阻的热容量。

（3）黏着力的限制。计算制动时的黏着系数应比牵引时低20%。如果制动力大于此值会造成滑行。

（4）牵引电机换向条件的限制。牵引电机安全换向取决于电抗电动势 e_r 和片间最高电压 U_{Hmax}，前者可能引起火花，后者可能引起环火。

（5）机车构造速度的限制。主要受机车走行部机械强度限制，实际上还可能受线路允许速度的限制。

综合以上5个限制条件，可以获得直流传动电力机车在电阻制动时的工作范围 OABCDE，其制动特性是按照制动电阻等于固定阻值时取得的。制动工作范围所限定的面积等于制动功率，该面积越大，表示制动功率越大，调节范围越大。

四、电阻制动的控制方式

电阻制动的工作范围受到以上5个因素的限制，但在允许的工作范围内，究竟采用何种制动控制方式，则要根据实际需要来决定。

1. 恒磁通控制

恒磁通控制是指他励电机的励磁电流固定，制动力的调节依靠制动电阻的大小来进行，由于这种控制方式是有级调速，速度调节不连续，并且电路比较复杂，在直流传动电力机车上不单独使用，而仅作为一种弥补手段。在低速区域制动力明显不足时，为扩大机车制动力，可短接（减少）一部分制动电阻，进行分级电阻制动。

2. 恒电流控制

恒电流控制是指保持制动电流不变，制动力的调节依靠调节他励电流来实现，机车特性呈恒功率曲线，此种方式能够充分利用机车的制动功率，但机械稳定性差，工作特性使用范围受限，机车在低速区一般采用此种控制方式。

3. 恒速控制

恒速控制是指随着外界加速度的变化相应地调节电机的励磁电流，使机车制动时保持恒定速度，实现恒速下坡。例如，机车在长大下坡道上运行，欲使机车以某一速度恒速下坡，首先司机给定机车速度为某恒定值，若机车速度高于给定值，则加大励磁电流，使机车制动力增加，迫使机车速度下降；若机车速度低于给定值，则减小励磁电流，使机车制动力减小，机车速度会自动上升。

比较以上3种控制特性，恒速制动是一种较为理想的制动特性，对稳定列车下坡速度，提高平均速度十分有利。但其所需的制动功率要足够大，由于受制动功率的限制，较难满足要求，因此机车一般采用准恒速制动。

五、电阻制动的不足及克服方法

从制动特性曲线可以看出电阻制动最大的缺点是：低速时制动力直线下降，制动效果不明显。因此，电阻制动不能完全代替空气制动，一般只能作为减速制动，不能作为停车制动。为了提高低速时的制动力，直流传动电力机车一般采用下述两种方法。

1. 分级电阻制动

利用改变制动电阻阻值来改变制动特性，即将制动电阻分成若干级，低速时由于发电机电势随机车速度（电机转速）的降低而正比地降低，对于一定的制动电阻，制动电流也正比减小，因而不能维持一定制动力时所需的电流，若将制动电阻短接一部分，则尽管由于机车速度的降低使发电机电势下降，但由于制动电阻的减小，制动电流仍能保持较大的值，以维持低速时有较大的制动力。例如 SS_3 型电力机车制动电阻 R_z 分成 1.000 52 Ω 和 0.60 Ω 两级，低速时制动力扩大近 1 倍，如图 2.11 所示。图中虚线表示"低速制动"时的制动特性。

2. 加馈电阻制动

加馈电阻制动又称"补足"电阻制动，电阻制动在低速区由于制动电流减小而使制动力下降，为了维护制动电流不变，克服机车制动力在低速区减小的状况，在制动回路外接附加制动电源来补足。其原理如图 2.12（a）所示。

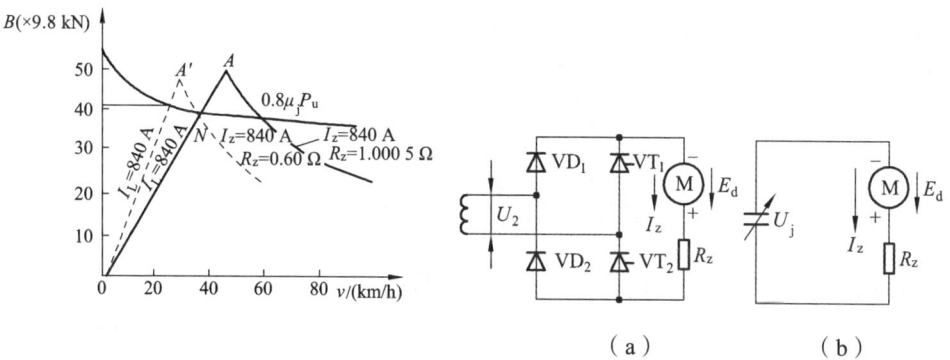

图 2.11 SS_3 型电力机车电阻制动特性曲线   图 2.12 加馈电阻制动原理

根据图 2.12（b）可以列出电压平衡方程式为：

$$U_j + E_d = I_z(R_z + R_a) \tag{2.11}$$

推导出制动电流为：

$$I_z = \frac{U_j + E_d}{R_z + R_a} \quad (A) \tag{2.12}$$

由于需要根据实际制动电流及时补足发电机电势减少部分，故要求附加制动电源连续可调。一般相控调压的电力机车不另设加馈电源，而是使用牵引时整流调压电路在制动工况作为加馈电源。

根据图 2.12（b），表达式（2.12）又可改写成：

$$I_z = \frac{E_d + 0.9U_2 \frac{1+\cos\alpha}{2}}{R_z + R_a}, \quad 0 < \alpha < \pi \text{ (A)} \tag{2.13}$$

调节半控整流电路中晶闸管的移相角 α 可以调节加馈电源输出，及时补足制动电流的减小，使制动电流维持不变。显然，加馈电阻制动时需要消耗部分电网能量，有计算表明，所需外加制动功率几乎与机车额定功率相等。

从理论上讲，加馈电阻制动可使机车制停，而实际上由于牵引电机换向器不允许在机车速度很低时，长时间流过额定电流，以防止换向器过热而烧损。故在机车速度低于一定值时，应切除加馈电阻制动，改用空气制动使机车停车。

第四节 直流传动电力机车的再生制动

电力机车进行再生制动时，牵引电机作发电机运行，并且将电能回馈给电网。此时，电力机车相当于一个移动的发电站。目前在线的直流传动电力机车中，只有少量的机车使用再生制动。但在交流传动电力机车/EMU 中再生制动已作为其主要的制动方式。

一、再生制动的基本原理

再生制动时，机车必须采用全控式整流电路，以实现有源逆变，其原理如图 2.13 所示。

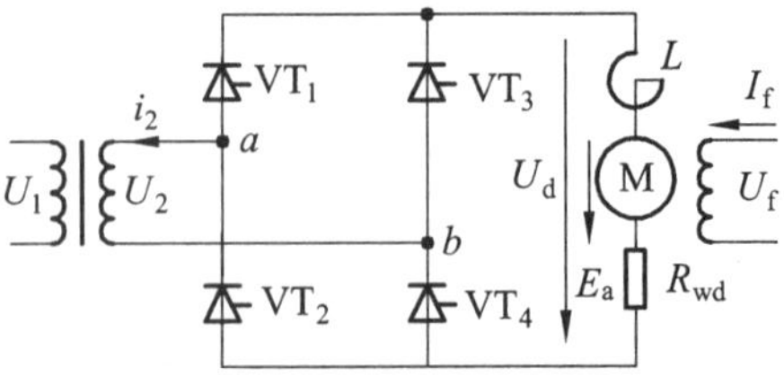

当控制角 $\alpha > 90°$ 时，整流电压的平均值为负值，即 $U_d = 0.9U_2\cos\alpha < 0$。再生制动电流表示为：

$$I_z = \frac{E_a - |U_d|}{R_{wd} + R_a} = \frac{C_v \Phi_v - |U_d|}{R_{wd} + R_a} \text{ (A)} \tag{2.14}$$

图 2.13 交-直型电力机车再生制动原理

电机电枢回路串有稳定电阻 R_{wd}，一方面使并联工作的各电机负载分配均匀，另一方面使发电机再生制动时具有差励磁特性，保证其电气稳定性。

式（2.14）表明调节牵引发电机感应电势 E_a（调节励磁电流 I_f）或逆变器电压 U_d（改变控制角 α）可以调节制动电流 I_z 的大小。

再生制动机车的速度可表示为：

$$v = \frac{|U_d| + I_z(R_{wd} + R_a)}{C_v \Phi} \text{ (km/h)} \tag{2.15}$$

式（2.15）表明，当发电机主极磁通 Φ 为常量时，机车速度特性曲线为一直线，即机车速度越高，其再生制动电流越大。另一方面，机车速度和他励电流（主极磁通 Φ）成反比。想在一定制动电流下维持再生制动的稳定性，可在机车速度下降时，加大电机的励磁，并且再生制动电流越小，电机的励磁越强，机车的速度越低。

二、再生制动调节过程

由表达式（2.14）可知，欲调节制动电流，可采用调节发电机励磁电流或逆变器电压来实现。再生制动调节过程大致分为3个阶段，如图2.14所示。

第一阶段：调节励磁电流。

机车在高速区进行再生制动时，为了提高功率因数，可以维持逆变器输入电压 U_d 基本恒定且为最大值，通过改变励磁电流 I_f 来调节制动电流，如图2.14中 AB 段所示。随着励磁电流的增加，机车运行速度减小，直到励磁电流达到额定值为止。

励磁电流的最小值受电机安全换向的限制，一般不应小于牵引电机额定

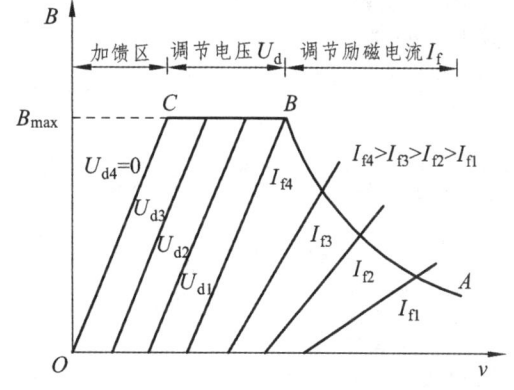

图 2.14 再生制动三个区域的特性

电流的40%。励磁调节的优点是调节功率小，可实现平滑调节，缺点是由于受电机磁路饱和的限制，随着机车速度的增加，制动力会相应减小。

第二阶段：调节逆变器电压。

在励磁电流调节到额定值之后维持不变，调节逆变电路晶闸管的控制角 α，改变逆变器电压 U_d。减小 U_d 以维持制动电流 I_z 为常数，即维持制动力不变，直至控制 $U_{d\alpha} = 0$ 为止，其特性如图2.14中 BC 段所示。

第三阶段：加馈电阻制动。

在此阶段变流器由逆变状态转而工作在整流状态，电压 U_d 的极性改变。由式（2.14）可知，此时制动电流由发动机电势和整流电压共同产生，以保持低速时制动力不变，如图2.14中 $B_{max}C$ 段虚线所示。加馈制动时曲线 OA 的斜率取决于制动电阻的大小，制动电阻越小，斜率越小，C 点速度越低。

上述 3 个阶段中，只有前两个阶段为再生制动工况，向电网回馈能量；第三个阶段为加馈电阻制动，从电网吸收能量，以产生维持低速时的制动力不变。

三、再生制动控制方式

机车的功率因数取决于再生制动的控制方式。目前，再生制动的控制方式有以下两种。

1. 维持逆变角 $\beta = C$

逆变角 $\beta = \gamma + \delta$，一般取裕度角 $\delta = 20°$。换向重叠角 γ 的大小随制动电流 I_z、回路电抗 X_c 和电压 U_d 而变化。固定逆变角 β 的控制方式必须考虑最不利的情况，由此计算 $\gamma = 40° \sim 50°$。例如从日本引进的 6K 型电力机车采用 $\beta = 55°$。这种控制方式下的机车功率因数较低，回馈能量小。

2. 维持裕度角 $\delta = C$

选取足够的裕度角 δ，使其为恒定值，则 $\beta = \gamma + \delta$ 将随着 γ 的变化而自动调节。γ 减小，β 亦减小，功率因数将有所提高。但这种方法需要精确的检测出 γ 的大小。例如从法国引进的 8K 型电力机车采用 $\delta = 18° \sim 22°$。

四、再生制动的特点

（1）再生制动将发电机发出的电能回馈给电网，经济效益较好。
（2）调速范围广，防滑性能好，减少了闸瓦与轮缘的磨耗。
（3）控制系统复杂。再生制动时，制动力的调节既可通过调节励磁电流来实现，也可通过调节逆变器的电压来实现，使得控制系统复杂且精度要求高。同时，为了提高系统的稳定性，在制动回路中设有稳定电阻 R_w，以限制制动电流的变化。
（4）再生制动必须采用全控整流电路，造成机车功率因数低，谐波干扰大，对触发系统可靠性要求高。

第五节　交流传动电力机车的电气制动

在交流传动电力机车中，异步牵引电机也需要应用机械制动和电气制动来降低列车的运行速度。现代高速动车组普遍采用电气制动将列车储存的大量动能转换为热能或者电能。

一、电气制动原理

异步牵引电机在低于同步转速下作电动机运行,将电网的电能转换为机械能,产生牵引力驱动列车前进,此时转差率 $s > 0$,电磁转矩为动力转矩。在电气制动时,异步牵引电机转子转速超过同步转速,即转差率 $s < 0$。此时,异步牵引电机作发电机运行,将列车储存的动能转换为电能,输出制动电流的同时,在牵引电机轴上产生反转矩并作用于轮对,形成制动力使列车减速或以一定的速度运行。

电气制动也称动力制动,其制动力受轮轨之间黏着系数的限制,属于黏着制动。电气制动分为电阻制动和再生制动。

二、电阻制动

在电阻制动时,牵引电机将动能转换为交流电能,通过逆变器将交流电能转化为直流电能,该直流电能通过制动电阻以热能的形式消耗掉,其工作原理如图 2.15 所示。

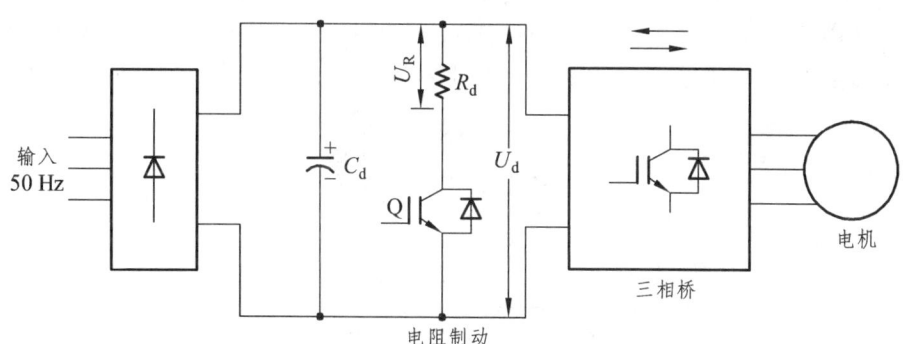

图 2.15 电阻制动的工作原理

此时牵引电机作发电机运行,逆变器工作在整流状态,其输入端为二极管整流桥的三相脉宽调制逆变器。由于直流电流无法通过二极管整流桥流回电网,它将给滤波电容 C_d 充电,导致直流环节电压上升,制动电阻 R_d 将并联在电容器两端,用于消耗多余的能量。电阻制动可以看成一个降压的直-直变流电路,采用斩波控制将直流电压限制在一定范围。制动电阻两端的电压为:

$$U_R = \frac{t_{on}}{T}U_d = 2.34\frac{t_{on}}{T} \cdot U_{an}\cos\alpha = 2.34\rho \cdot U_{an}\cos\alpha, \quad \left(\alpha \leqslant \frac{\pi}{3}\right) \quad (2.16)$$

式中　ρ ——占空比,$\rho = \dfrac{t_{on}}{T}$,其中 t_{on} 为斩波器导通时间;

　　　T ——斩波周期(s),$T = t_{on} + t_{off}$,其中 t_{off} 为斩波器关断时间;

　　　U_{an} ——三相桥整流输出电压平均值(V)。

由于直流电压恒定,因此制动电阻吸收的最大功率为 U^2/R_d,此时 IGBT 处于全导通状态。通过调节 IGBT 的占空比,可以使逆变器-电机的功率与消耗在制动电阻上的功率相匹配。这种制动方式仅用于小功率系统。

三、再生制动

交流传动机车的网侧变流器大多采用四象限脉冲整流器,能实现能量的双向流动,方便地进行牵引和再生制动的转换。另外交流传动机车采用三相异步电机,相同速度下发电机电势要高于直流电机,能量转换效率及经济性明显好于直流传动机车,因此交流传动机车的电气制动一般采用再生制动。

机车由牵引工况转换为制动工况,通过降低牵引电机定子的供电频率,转子的机械惯性将使转子转速维持在高于同步转速的状态,此时转差率变为负值,牵引电机进入发电机状态,其三相定子绕组切割旋转磁场产生三相交流电。

再生制动时,牵引变流器工作状态发生改变,逆变器仅由每个主逆变器元件并联的二极管组成桥式不可控整流电路,将牵引发电机交流电能整流成直流电能,输出直流电能给中间环节。然后由四象限脉冲变流器将中间直流环节储存的直流电能逆变为单相工频交流电能回馈给电网。再生制动模式下交流电力机车的传动特性如图 2.16 所示。

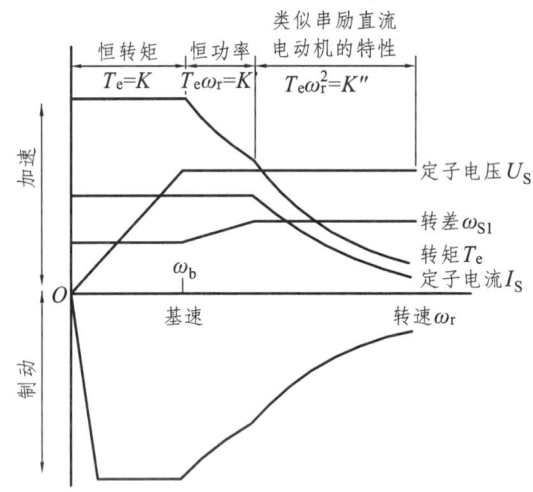

图 2.16 再生制动模式下交流电力机车的传动特性

四、非黏着制动

随着列车运行速度的提高,轮轨间的制动黏着系数下降,制动距离加长,而制动能量近似与机车运行速度的平方成正比,尤其是当速度超过 300 km/h 时,轮轨制动已经不能满足高速制动的需求。为了获得较高的减速度和较短的制动距离，列车可采用非黏着制动。非黏着制动是指不受轮轨之间黏着系数限制的电制动方式。非黏着制动主要有电磁轨道制动和电磁涡流制动两种。

1. 电磁轨道制动

电磁轨道制动是将制动电磁铁吸附在钢轨上，由电磁铁的摩擦块与钢轨摩擦产生制动力，其原理如图 2.17 所示。

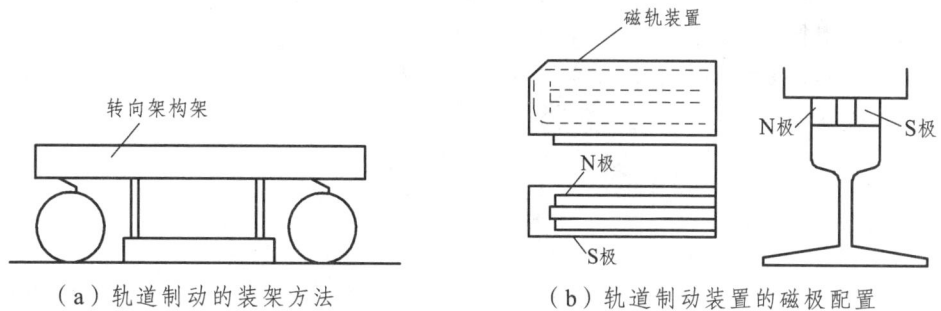

（a）轨道制动的装架方法　　　（b）轨道制动装置的磁极配置

图 2.17　电磁轨道制动

电磁铁的摩擦块安装在转向架构架上。制动时，由励磁控制器向电磁铁的励磁线圈励磁，同时提升筒充气，使制动电磁铁降至轨面。电磁铁和钢轨面相吸，产生摩擦制动力。制动力通过连杆装置传到转向架上。由于制动力不经过轮对，因此与黏着无关。缓解时，励磁控制器使电磁铁失电，同时提升筒放气，使制动电磁铁回到悬空位置。

电磁轨道制动的特点是功率消耗小，对轨道表面有清洁作用，有利于提高黏着系数。不足之处是由于制动作用以摩擦块为基础，因此磨损大，会引起钢轨的局部过热磨损，严重时会导致钢轨损伤，因此此种制动方式仅限于紧急制动或安全制动。

2. 涡流轨道制动

涡流轨道制动是利用涡流效应来产生制动力。与电磁轨道制动不同的是，磁铁和钢轨不接触，始终保持 7~10 mm 的距离，其原理如图 2.18 所示。列车制动时，利用磁场交变，在钢轨内产生感应涡流，从而产生涡流制动力。

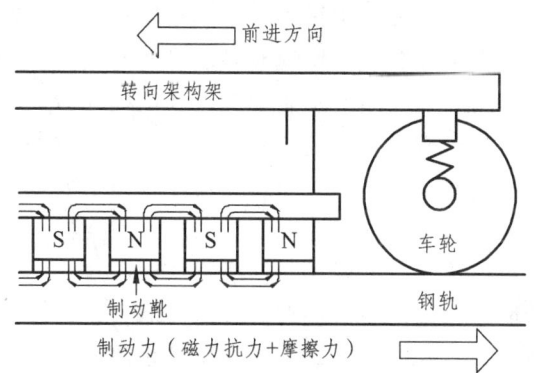

图 2.18　涡流轨道制动原理

涡流制动的特点是可以无磨损地进行紧急制动和常规制动，无须维修。其制动力可以调节控制，在高速范围内具有良好的制动特性。但是涡流制动所需制动功率较大，制动时会产生轨道局部高温现象，且对轨道电路有一定的干扰作用。

高速时列车的动能转移方式由多种形式复合而成，即复合制动。一般复合制动系统主要包括空气制动、电气制动和非黏着制动。其能量分配的原则是：

（1）在正常制动情况下，优先发挥电气制动的制动能力，不足部分再以空气制动作为补偿。

（2）失电情况下，以空气制动为主。

（3）在紧急制动情况下，除空气制动和电气制动外，还应该有非黏着制动起保证安全的作用。

本章小结

起动和制动是电力机车/EMU运行中的两个基本状态。在起动时，要求能够充分利用黏着条件，使机车产生足够的牵引力，保证机车顺利起动。起动的基本要求是起动过程平稳，要产生足够大的起动牵引力，获得一定起动加速度。

相控电力机车一般采用恒流起动，起动电流可以接近黏着限制的最大起动电流，以产生足够大的起动力矩，获得较大的起动加速度。采用恒流起动时，动轮一旦发生空转，由于起动电流维持不变，会使空转转速进一步上升，不利于黏着条件的再恢复。因此，必须有可靠的空转检查、保护措施，以保证机车可靠、顺利地起动。

牵引和制动是一对矛盾，制动是调速的特殊形式。电气制动是利用电机的可逆性原理，把牵引工况的电动机转换为制动工况的发电机，产生与转子旋转方向相反的电磁转矩，即制动转矩。制动的目的是减速、限速、快速停车。根据电气制动时能量的消耗形式将电气制动分为电阻制动和再生制动。

电阻制动是目前直流传动电力机车普遍采用的一种控制方式。其电路结构简单，只需将串励电机的励磁绕组与电枢绕组分离，电枢绕组连接制动电阻，励磁绕组单独接励磁电源。电阻制动易于实现自动控制，可以采用恒磁通控制、恒电流控制和恒速控制。恒电流控制可以充分利用机车的制动功率；恒速控制可以提高机车通过长大坡道的平均速度。为了克服机车低速时制动力的不足，可采用加馈电阻制动和分级电阻制动，两者不同的是加馈电阻制动要消耗电网能量。

再生制动作为一种节能措施在直流传动电力机车上也有一定应用。再生制动因需要将发电机产生的电能回馈给电网，故对变流器有以下要求：

（1）采用全控整流电路，工作在有源逆变状态，逆变器电压可调。

（2）逆变器的触发系统工作可靠，防止颠覆。

再生制动电路的稳定性差，为了提高系统的可靠性，在制动回路中设有稳定电阻。再生制动时，制动力的调节一般有两种方法3个阶段。一种方法是调节他励电流，一般用于高速粗调；另一种方法是调节励磁电压或采用$\delta=C$控制或采用$\beta=C$

控制，一般用于细调。为了获得低速时良好的制动效果，可采用再生加馈制动，此时变流器已工作在整流状态，从电网获得能量补足制动电流。

交流再生制动，由于牵引变流器可以方便地实现能量回馈，因此它是交流传动电力机车的主要制动方式。交流再生制动时无须改变电路，只需将电机的定子供电频率降低，使转差率变为负值，从而使牵引电机工作在发电机状态，变流器只需改变控制状态即可实现能量回馈。此时，逆变器工作在整流状态，由主逆变元件上并联的二极管组成的三相不控整流电路，将三相异步发电机发出的交流电整流成直流电，输出直流电给中间环节。四象限脉冲变流器工作在逆变状态，将中间环节储存的直流电能逆变成单相 50 Hz 交流电反馈回电网。

随着机车速度的提高，仅靠轮轨制动已不能满足制动的要求，因此交流传动机车或高速列车还采用了新型制动方式——非黏着制动。非黏着制动分为电磁轨道制动和涡流轨道制动两种。并且可采用复合制动形式，将电机的动能通过机械制动、电气制动或非黏着制动等方式消耗掉，对列车实施制动，以保证行车安全。

复习思考题

一、填空

1. 按照中华人民共和国《铁路技术管理规程》的规定，对机车起动的基本要求是：起动平稳、加速快，防止_____和_____。

2. 机车起动时，轮对发生_____前所能发挥的最大牵引力称为起动牵引力，机车起动牵引力受_____条件的限制。

3. 恒流控制是指机车起动时维持_____为一恒定值，该值可以非常接近黏着限制线，以充分利用黏着条件，达到_____起动牵引力，从而缩短起动时间。

4. 机车采用恒流起动时，一旦发生_____，由于起动电流维持不变，起动牵引力维持不变，会使转速进一步上升，不利于_____条件的恢复。

5. 恒速控制是指机车起动、_____运行的方式，其值随速度指令变化，只要速度有微小变化，牵引力就会产生很大波动，不利于机车_____运行。

6. 特性控制是指机车按_____方式起动，起动完毕后按理想的_____曲线运行。

7. 机车牵引特性是指机车_____与机车_____的关系，它是表征机车特性的重要指标，是列车进行牵引计算的依据。

8. 将电气制动时产生的电能利用电阻使之转化为热能消耗掉，称为_____制动。将电气制动时产生的电能重新回馈给电网并加以利用，称为_____制动。

9. 串励电机的特性很软，若作为发电机运行，输出电压_____，因此在进行电气制动时需将串励电机改为_____。

10. 电阻制动最大的缺点是低速时_____，制动效果不明显。因此，电阻制动不能完全代替空气制动，一般只能作为_____制动，不能作为停车制动。

11. 交流传动机车的网侧变流器大多采用_____整流器，它能实现能量的_____流动，方便地进行牵引和再生制动的转换。

12. 从理论上讲交-直-交型电力机车的调速方法有_____调速、_____调速和变频调速3种，实际采用_____调速。

13. 交-直型电力机车在起动时由于_____很小，如果不采取有效措施，起动电流会非常大，这样会破坏直流电机的_____，造成很大的机械冲击。

14. 电力机车上一般装有两套制动系统，分别为_____制动系统和_____制动系统。

15. 机车电气制动是利用电机的_____原理，包括电阻制动和_____制动。

16. 由于电阻制动在低速阶段制动电流与_____较小，因此不能用于电力机车的_____。

17. 电力机车采用再生制动时，电机工作在_____模式，可实现能量的_____向_____流动。

18. 机车实施电气制动时应该具有_____稳定性，并保证必要的_____稳定性。

19. 直流传动电力机车有恒流控制、_____控制和_____控制3种。

20. 非黏着制动主要有_____制动和_____制动两种。

二、选择题

1. 为了使机车加速快，就要求有较大的起动（　　），以产生较大的起动牵引力。
   A. 电压　　　　　B. 电流　　　　　C. 功率

2. 和谐电力机车由牵引工况转换为制动工况，通过降低牵引电机定子的供电（　　），使转差率变为负值，牵引电机进入发电机状态。
   A. 电压　　　　　B. 电流　　　　　C. 频率

3. 在直流传动电力机车中，一般采用串励或（　　）牵引电机。
   A. 并励　　　　　B. 他励　　　　　C. 复励

4. 电阻制动不能完全代替空气制动，一般只能作为（　　）制动，不能作为停车制动。
   A. 减速　　　　　B. 常用　　　　　C. 紧急

5. 机械稳定性是指由于偶然因素引起机车（　　）变化，不会破坏原有的运行状态，制动力要能适应速度的变化。
   A. 电压　　　　　B. 电流　　　　　C. 速度

6. 电气稳定性是指电传动机车在正常运行时，不会由于偶然因素，（　　）发生微量变化，而使牵引电机的电平衡状态遭到破坏。
   A. 电压　　　　　B. 速度　　　　　C 电流

7. 制动力的大小可以通过两种方法来改变：一是改变（　　）电流以改变牵引电机磁通，二是改变制动电流。
   A. 励磁　　　　　B. 电枢　　　　　C. 补偿

8. 电力机车进行再生制动时,牵引电机作( )运行,并且将电能回馈给电网。
   A. 电动机　　　　B. 发电机　　　　C. 补偿机
9. 现代高速动车组普遍采用( )制动将列车储存的大量动能转换为热能或者电能。
   A. 动力　　　　　B. 复合　　　　　C. 电气
10. 交流传动电力机车主要采用( )制动方式。
    A. 电阻　　　　　B. 再生　　　　　C. 恒流

三、简答题

1. 机车起动有哪些要求?交-直型电力机车一般采用什么起动方式?
2. 什么是起动牵引力?起动电流和起动牵引力受那些条件限制?
3. 交-直型电力机车一般采用电阻制动还是再生制动,为什么?
4. 什么是加馈电阻制动?实施加馈电阻制动的条件是什么?
5. 什么是非黏着制动?主要有哪些形式?
6. 什么是复合制动?包括哪些制动形式?

四、综合题

1. 什么是相控机车的特性控制?画出相控机车的特性控制曲线。
2. 什么是机车的牵引特性?画图说明交-直型电力机车牵引特性的工作范围。
3. 什么是机车的制动特性?根据机车的制动特性阐述机车制动力的调节方法。
4. 交-直-交型电力机车实施再生制动时,牵引电动机如何转换为牵引发电机?
5. 交-直型电力机车有哪几种控制方式?各有何优缺点?
6. 交流传动电力机车一般采用电阻制动还是再生制动?为什么?

第三章

交-直型电力机车电气线路

> **学习目标**

电气线路就是将各电气设备在电方面连接起来构成一个整体，用以实现一定的功能，通常由主电路、辅助电路和控制电路3部分组成。通过本章学习应达到以下目标：

（1）掌握交-直型电力机车主电路的组成及结构特点，会分析 SS_{4G} 型电力机车主电路。

（2）掌握旋转劈相机的启动方法，熟悉辅助变流器工作原理会分析 SS_{4G} 型电力机车辅助电路。

（3）掌握电力机车通用符号和联锁方法，能看懂交-直型电力机车控制电路，会分析 SS_{4G} 型电力机车控制电路。

SS_{4G} 型电力机车电气线路 PPT

第一节 概　述

机车的电气线路通常由主电路、辅助电路和控制电路组成，各种保护设在主、辅、控三大线路之中，在电方面不独立存在。机车三大线路在电方面相互独立，通过电磁、机械或电空传动相互联系。

一、主电路

主电路是指将牵引电动机及其相关电气设备（如牵引变压器、主断路器、变流器等）用导线（或铜排）连接而成的线路。

1. 主电路的组成及作用

电力机车主电路一般由变压器一次侧电路、变流及调压电路、负载电路和保护电路组成。由于机车主电路的电压为牵引电动机端电压，电流为牵引电动机电流，因此该线路具有电压高，电流大的特点，又称高压线路。

主电路的作用是产生牵引力和制动力，又叫动力电路。机车主电路要进行功率传递，其结构决定了机车的类型，同时在很大程度上也决定了机车的基本性能，直接影响机车性能的优劣、投资的多少、维修费用的高低等技术经济指标。

2. 机车主电路结构分析

衡量电力机车主电路性能一般从以下 4 个方面进行考察。

（1）调压方式。

交-直型电力机车的变流调压方式主要有变压器高压侧调压、变压器低压侧调压、晶闸管级间平滑调压和相控调压。国产机车没有采用高压侧调压，仅 SS_1 型电力机车采用变压器低压侧有级调压，目前该车型已基本淘汰。SS_3 型电力机车采用晶闸管级间平滑调压，自 SS_{3B} 以后的车型均采用晶闸管移相调压。

（2）供电方式。

牵引电机和变流装置的连接方法称为供电方式，供电方式可分为集中供电、半集中供电及独立供电。

集中供电是指由一套调压变流装置给所有的牵引电机供电。集中供电的特点是供电线路简单，变流装置的容量较大；当一组变流器故障时，将使整台机车的功率降低一半。国产 SS_1 型电力机车采用集中供电，如图 3.1 所示。

半集中供电电路如图 3.2 所示。机车主电路有两组变流装置，每组变流装置给一半牵引电动机供电，这种供电电路的特点是每组变流器的容量可以相对小一些，但当一组变流器故障时，也将使整台机车的功率降低一半。对于 C_0-C_0、B_0-B_0 轴式的机车，半集中供电也叫转向架独立供电，目前使用的干线直流传动机车多采用半集中供电。

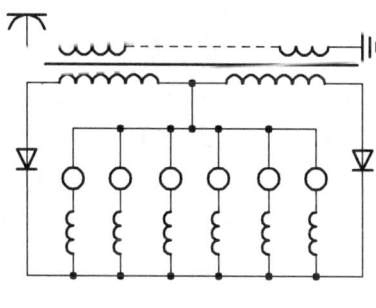

图 3.1 集中供电线路

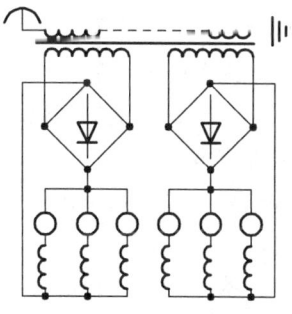

图 3.2 半集中供电线路

独立供电就是一套变流装置给一台牵引电动机供电,若一组变流器故障时,仅切除相应的一台牵引电动机而不影响其他支路,HXD 型电力机车采用独立供电。

(3)磁场削弱方式。

机车上常用磁场削弱的方式有电阻分路法及晶闸管分路法两种。电阻分路法是在励磁绕组旁并联电阻使流过励磁绕组中的电流减小,达到磁场削弱的目的,通常用两个电阻实现三级磁场削弱。晶闸管分路法是在励磁绕组旁并联晶闸管,对牵引电动机的励磁电流根据要求的磁场削弱系数进行旁路,实现削弱磁场。一般客运电力机车采用晶闸管分路法以实现无级调速。

(4)电气制动方式。

电气制动分为电阻制动和再生制动两种方式。目前大功率电力机车都配备有电气制动。

电阻制动时,一般将牵引电机接为他励,各牵引电机的电枢分别与制动电阻接成独立回路,各牵引电机的励磁绕组串联后由半控桥供电。电动机转为发电机运行,电能消耗在制动电阻上。为了提高低速时的制动性能,直流传动电力机车普遍采用加馈电阻制动。

再生制动时,牵引电机励磁电路与电阻制动时相同,所不同的是电枢回路,变流器此时作为逆变器,将发电机的电能反馈到电网中去。变流器必须采用全控整流线路才能实现逆变要求,此外在电枢回路中还应串联再生稳定电阻。

二、辅助电路

辅助电路是指将辅助电机(如静止逆变器、劈相机、压缩机电机、通风机和油泵等)和辅助设备(如取暖设备、电热玻璃和空调等)及其相关的电气设备连接而成的线路。其工作电压视辅助电机类型而定,一般采用交流 380 V、220 V 或直流几百伏。辅助电路的作用是保证主电路设备正常工作,改善司乘人员工作条件。

1. 辅助电路组成

电力机车辅助电路主要由供电电路、负载电路、保护电路 3 部分组成。

供电电路由牵引变压器辅助绕组提供单相 380 V 和 220 V 交流电源,其中单相 380 V 交流电通过分相设备分成三相 380 V 交流电供给各辅助机组。采用列车供电的客运机车还设有列车供电电路,由牵引变压器供电(采暖)绕组提供 870 V×2 单相交流电,经双路独立的不控桥式整流滤波后向列车提供 DC 600 V 电源,满足客车车厢空调、采暖、照明等电器的用电需求。由于列车供电电路相对独立,该电路设有独立的过载、短路及接地等保护。

负载电路包括三相负载和单相负载。三相负载主要有空气压缩机电动机、通风机电动机、油泵电动机,通过三相交流接触器控制其工作。单相负载主要有加热、取暖设备及空调,由转换开关控制其工作。

保护电路主要是在辅助系统发生过流、接地、过电压、欠电压和单机过载故障时,使相应电器动作,从而达到及时保护的目的。

2. 分相设备

在单相电流供电的电力机车辅助系统中,一般选用三相异步电动机作为辅助电机,因此机车内须设有分相设备,以便将单相交流电变换为三相交流电供给辅助电机。分相设备有旋转式异步劈相机和辅助变流器两种。早期的电力机车辅助系统大多采用旋转劈相机向辅助电路供电,但这种供电方式存在噪声大、不节能,三相交流输出电压不平衡且随输入电压变化等缺点。随着电力电子和开关器件的发展,采用 IGBT 的辅助变流器正在替代传统的旋转劈相机,其优点是节能环保、高效、噪声小,三相输出电压平衡且稳定。

(1)旋转劈相机。

旋转劈相机是单相电动机与三相发电机的组合体,自身无起动转矩,必须有一定的启动方式,常用直接启动方式。劈相机直接启动的原理线路如图 3.3 所示。

在接入单相电源时,闭合接触器 A,电流一路通过 C1C4C2 绕组,另一路经 C1C4C3 绕组再经接触器 A、起动电阻 R 到 C2 与电源构成回路。前一回路可近似看作纯电感负载,其电流滞后电源电压为 90°;而后一路为电阻-电感负载,其电流滞后电源电压不到 90°,当

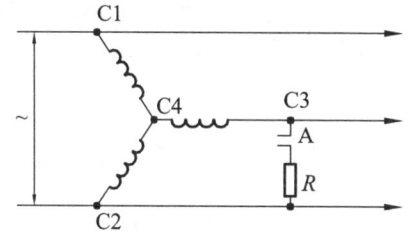

图 3.3 劈相机的直接启动原理

电阻值较大时,电流可与电压相位接近,这样两回路绕组在空间布置上有一角度差,就满足了单相电动机启动的两个基本条件,在电机内将产生一个椭圆形的旋转磁场,在旋转磁场的作用下,电枢转动。当电机电枢转动起来以后,在定子的三相绕组中产生三相感应电势,由 C1、C2、C3 输出三相交流电。绕组 C1C4、C2C4 称为电动相,绕组 C3C4 称为发电相。在劈相机启动完成后,接触器 A 断开,切除启动电阻。

(2)辅助变流器。

辅助变流器又称辅助电源。辅助变流器由整流器、中间环节、逆变器、输出电压滤波器、冷却介质及各种控制电路等组成。在此以 SS_{7E} 型电力机车为例,介绍辅助变流器工作原理,其电路如图 3.4 所示。

SS_{7E} 型电力机车采用四象限辅助变流器,双电路供电。以一路为例分析如下:

图中,K1 为主接触器,K3 为充电接触器,$R1$、$R3$ 为充电电阻,UR1 为四象限整流模块,UA1 为 IGBT 逆变模块,FLT1 为输出 EMC 滤波器,K5 为冷却风扇接触器,FAN 为冷却风扇。

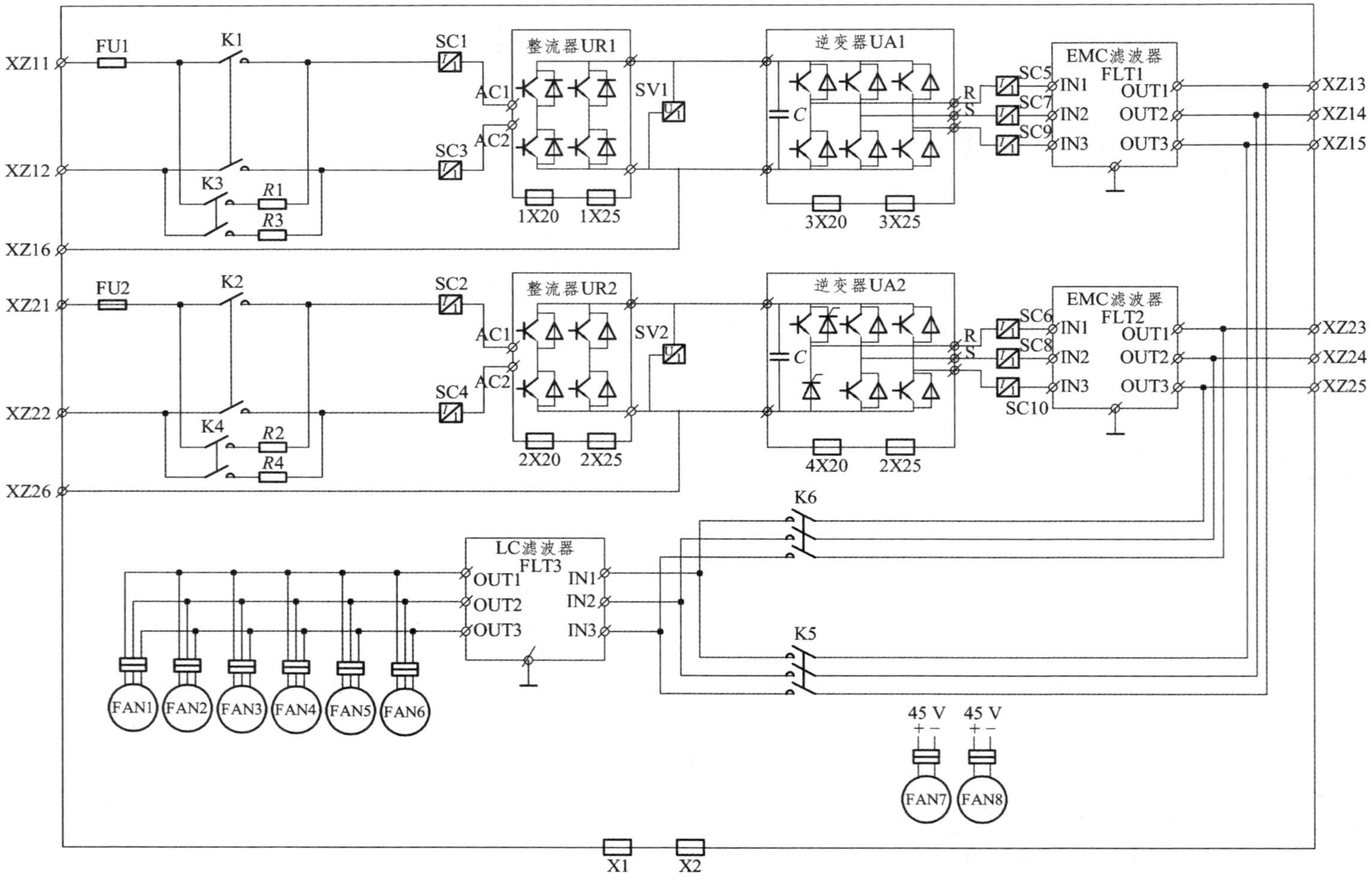

图 3.4 SS₇ₑ型电力机车辅助变流器原理电路

正常情况下，当机车 DC 110 V 电源工作时，首先充电接触器 K3 吸合，从牵引变压器辅助绕组输入单相 340 V 交流电对充电电阻 $R1$、$R3$ 充电，同时对 UA1 中电容器进行预充电，以防止电源电压变化时对电容器造成过大的冲击。当电容器充电电压接近电源电压时，闭合主接触器 K1，四象限整流模块 UR1 投入工作，输出稳定的 DC 600 V 电源，然后由 IGBT 逆变模块 UA1 开始按照恒压频比控制其工作，产生三相交流 PWM（脉宽调制）输出，经 FLT1 输出 EMC 滤波器降低电压上升率后，输出 380 V 三相交流电，为机车辅助负载提供三相电源。由 K5 冷却风扇接触器控制冷却风扇 FAN 工作，强迫通风以改善辅助变流器的工作条件。

分相设备是辅助电路的关键设备，同时又是辅助电路的薄弱环节，为了提高机车的可靠性，采用旋转劈相机的机车辅助系统通常设置有两台劈相机共同工作，或者设置一台劈相机，由一台通风机兼作劈相机用。这样如果劈相机出现故障，另一台劈相机或通风机仍能保证辅助电路的正常供电。采用辅助变流器的机车辅助系统通常设置两个变流器柜，多套逆变器分散供电。对于重要的辅机，通过电路的连接保证有备用逆变单元，如果某一变流器故障，则由其余正常的变流器均衡分担故障变流器的负载。

3. 辅助机组的启动

机车辅助机组一般不需要调速，因此采用直接启动方式。但是直接启动时起动电流较大，若所有辅助机组同时启动，将会因从电网取用电流过大而使网压过分降低，严重时会导致辅助机组启动失败。所以辅助机组通常采用分别启动的方式解决电机同时启动带来的电流冲击问题。

三、控制电路

机车控制电路是一种逻辑线路，属于低压直流小功率电路，主要由司机控制器、低压电器、主电路与辅助电路中的各电器电磁线圈、联锁、开关等构成，通过司机台上的按键开关和司机控制器手柄位置操纵，完成对主电路、辅助电路中各电气设备工作的控制，从而实现机车牵引、制动的操纵和控制。

控制电路是机车三大线路中最复杂的部分，就机车运行中出现的故障而言，控制电路中故障也较多。因此，熟练地掌握控制电路原理，就能在平时对机车进行全面保养，在发生故障时能迅速准确地进行分析与处理，以确保行车安全。

四、机车电气线路相关说明

由于电力机车电气设备种类繁多，电气线路复杂，为了读图方便，对机车电气线路图做以下说明：

（1）各电气设备在电气线路图中除用相应符号表示外，在符号旁边还应标明该电气设备在电路中的代号。如在接触器线圈旁注上 205KM 表示 205 号接触器线圈，且在所有 205 号接触器各联锁触头旁边也注明 205KM，说明是同一电器在电路中不同位置的控制关系。

（2）导线也是电气线路图中的一部分，特别是一些重要的导线应在电路图中标明导线代号，不同类型和不同作用的导线可用字母表示其不同。

（3）常开联锁、常闭联锁（也称正联锁、反联锁）是指电器的工作线圈未通电、电器处于释放状态的联锁位置而言，若其联锁触头是打开的即为常开联锁，若其联锁触头是闭合的即为常闭联锁。当电器工作线圈通电使电器动作后，其常开联锁闭合，常闭联锁打开。在 SS 系列电力机车电气线路中，联锁位置采用"上开下闭，左开右闭"的画法，即将常开联锁画在导线的左边和上边，将常闭联锁画在导线的右边和下边。也有些机车采用相反的画法，如法国制造的 6G 型电力机车。

（4）并不是所有的电器联锁都有常开、常闭的概念。对于某些组合电器（如位置转换开关）的联锁触头，这类联锁除标出其所属电器的代号外，还应标明该联锁在何位置接通。这类联锁又称为位置联锁，或指定位闭合联锁。

（5）对于凸轮控制器或鼓型控制器，在电路图中将这类圆形的触头闭合次序展开为一个平面的触头闭合电路图，简称展开图。在某工作位置若联锁是接通的，则在该位置相应的导线下方以黑点（或黑线段）表示；在某工作位置若联锁是断开的，则在该位置相应的导线下方无黑点（或黑线段）。

（6）有些比较复杂的电器在电路中不易标出动作位置和触头闭合次序，一般采用在电路旁附上工作位置的图表，如调压开关等组合电器的触头闭合表。

（7）国产电力机车电路图中所示的接触元件和联锁触头的开、闭位置表示原则和操作位如下：司机控制器在零位；位置转换开关在机车Ⅰ端向前、牵引位；各按键开关在水平断开位；空气断路器在开断位；各刀开关在运行位；各保护自动开关在开断位；继电器、接触器和电空阀在无电释放位；LCU 在非工作状态。

第二节　电力机车的保护

为了保证机车可靠运行，在机车的线路中必须设置一系列的保护，使机车在发生故障时能迅速切断相应电路，避免电气设备遭到损坏或防止故障进一步扩大。当机车故障不能及时排除时，能够方便地组成故障电路，使机车能在故障情况下维持运行。

根据机车故障现象的不同性质，电路中的保护一般分为过流保护（包括短路和过载保护）、接地保护、过电压保护、欠电压保护及其他一些特殊保护。保护的方式则根据故障对机车电路、电气设备及列车运行的影响大小而不同，主要有：

（1）切断机车的总电源。
（2）切断故障电路的电源。
（3）仅给司乘人员以某种信号引起注意。
（4）在故障发生后自动予以调整。

一、过电流保护

过电流是指电气设备过载、设备及电路短路引起的电流剧增。过电流容易造成电气设备的绝缘老化，设备烧损，严重时引起火灾。过电流保护包括过载保护和短路保护两种。机车上通常采用断路器、自动开关和熔断器进行过电流保护。

短路保护一般采用高速自动开关或主断路器。机车变压器的一次侧设有过流保护继电器，当变压器一次侧或二次侧发生短路时，均引起变压器一次侧电流剧增，超过保护继电器动作值而使其动作，引起主断路器跳闸。

相控电力机车采用直流传感器检测牵引电机电流，并将过载信号送入牵引过载继电器，此时不但要切断机车总电源，还要封锁电子触发线路。电气制动时，牵引电机过流也可用过载继电器，但一般不切断机车总电源，只切断励磁回路电源，同时封锁相应的电子触发电路。

辅助电路的过电流保护有两种方式：一种是辅助系统过流，通过辅助过流继电器，使主断分闸，切断机车总电源。另一种是辅组机组过流，断开相应辅机的空气开关，切断辅助机组电源。

对于控制电路及其他部件（如电炉、电热玻璃等）的过载一般采用熔断器、自动开关等进行保护。

二、过电压保护

过电压是指对电气设备绝缘有危险的电压升高，它是由系统的电磁能量发生瞬间突变所引起的。机车过电压有大气过电压和操作过电压两种。大气过电压是由外部直击雷或雷电感应突然加到机车上引起的。操作过电压是由于电路本身的变化产生的，如切断感性电路、整流装置换相故障等引起机车内部电磁能量的震荡、聚集和释放。由于这两种过电压产生时，电压增长速度很快，以冲击波的形式出现，因而一般不用带有传动件的电器进行保护。

为了防止大气过电压带来的危害，在机车顶部装有放电间隙或氧化锌避雷器。当大气过电压袭击时，若电压大于放电间隙的击穿电压，则放电间隙被击穿成短路状态直接接地，将过电压的能量排泄掉，使其不致进入机车内部。由于放电间隙被击穿后不能恢复，引起变电所跳闸，故现在多用避雷器。

对于低于放电间隙击穿电压的过电压，则可以进入机车内部，仍能损坏机车内部的电气设备。另外，机车操作过电压及硅整流元件反向恢复过电压对电气设备也有损害。这两种过电压的保护采用阻容吸收电路。过电压保护如图3.5所示。

阻容吸收电路由电阻与电容串联而成，并接在变压器二次侧绕组处。电容元件具有端电压不能跃变的特性，可抑制尖峰状过电压。为了避免电容与电感产生谐振现象，在保护电路中串入阻尼电阻。

除大气过电压和操作过电压外，机车运行中还会出现缓慢增加的过电压，如由于网压的波动有时会引起牵引电动机的电压超过额定电压。这种过

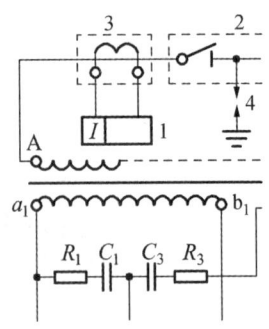

1—原边过流继电器；2—主断路器；
3—电流互感器；4—放电间隙或避雷器。
图3.5 过电压保护

压增长速度比较缓慢，且幅值不是太大，因而危害也小些，不需要专设保护装置，仅靠仪表监视或给司机以某种信号（如装设过电压音响信号），引起司机注意，通过操作来消除。

三、零电压和欠电压保护

零电压和欠电压的产生是由于接触网的电压突然消失或过低。当接触网电压消失时，机车因无电要停止运行，如果网压又突然恢复，会造成很大的电气和机械冲击，这是不允许的。如果接触网电压过低，机车就不能以正常功率运行，辅助机组不能正常工作，再生制动时很容易发生逆变失控。

在交-直型电力机车上，一般在变压器的辅助绕组上装设零（欠）压继电器或电子装置，当电压低于某一数值或者失压时间超过2 s时，通过零（欠）压继电器或电子装置使主断路器跳闸。需要注意的是，机车运行过程中由于振动而造成受电弓短暂离线，若时间不超过2 s是允许的，一旦离线超过2 s则按失压进行保护。

四、接地保护

接地是指机车上电气设备或电路因绝缘破坏、飞弧或其他意外情况，使带电导体与金属部分接触。根据接地点是否稳定分为"死接地"和"活接地"。与车体钢结构直接接触的为"死接地"；裸露导线部分通过空气对钢结构放电或通过绝缘物表面对钢结构爬电的为"活接地"。接地将导致短路故障而烧损设备和导线，因此在机车的主电路、辅助电路和控制电路中必须设有接地保护。

交-直型电力机车主要采用接地继电器进行保护，以 SS_1 机车主电路接地保护装置为例进行分析，如图 3.6 所示。

SS_1 型电力机车采用集中供电，主电路只有一套接地保护装置。正常运行时，接地继电器 J 中不通过电流而处于释放状态。当主电路中任一点接地时，直流电源 E 可通过接地继电器 J 与接地点构成回路，使接地继电器 J 动作。这种保护装置采用有源保护，以消除保护"死区"，保证接地保护的可靠性。

由于主电路对地电位处于浮动状态，在回路与地（车体）之间具有潜布的电容电流，有可能造成接地继电器误动作。为此在接地继电器线圈两端并联分流电阻 R_1，以减小接地继电器中的电容电流，使其不致误动作。

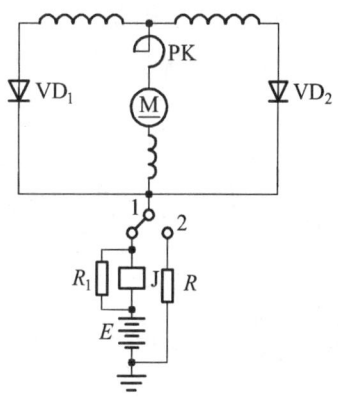

图 3.6 接地保护装置

机车发生接地故障后，如运行途中不能及时处理而需要维持运行时，在确认只有一点接地时，可以用故障转换开关将接地继电器切除，在图 3.6 中将转换开关由 1 位转至 2 位，将主电路经大电阻 R 接地，维持机车运行。

五、其他保护

除了以上介绍的几种保护以外，在电力机车上还有一些其他的保护，如防空转保护、再生制动保护以及油流、风速监视等。

1. 空转/滑行保护

大功率的货运机车在牵引状态下运行，或在有雾潮湿天气、轨面不洁等情况下运行时，容易发生空转现象。当发生空转后，黏着条件被破坏，造成牵引力丧失，牵引电机转速剧增，易造成转子绑线甩开、绝缘损坏形成"扫膛"等。同时空转/滑行也会增加机车轮箍的磨耗，因而在机车上应设有防空转/滑行保护装置。

2. 失压短路保护

机车再生制动时，如果电网电压突然消失，即变压器二次侧绕组电势消失，相当于发电机的负载消失而造成失压短路。因此，这种机车除对受电弓的性能要求较高、再生制动工况实施双弓运行外，还可利用高速开关切断发电机电路。

3. 油流、风速监视

机车上的变压器、牵引电机、整流机组、平波电抗器等都用油冷、风冷等强迫冷却，因而对它们的冷却系统要有监视，以免在冷却系统不正常时使电气设备因过热损坏。一般采用油流继电器和风速继电器进行监视，一旦冷却系统故障，通过油流和风速继电器的联锁切断相应的回路或引起降级。但这类保护应有一定的延时，以免因冷却系统瞬时故障影响机车的正常运行。

第三节　联锁方法及重联线路

一、常用联锁方法

机车控制电路必须设置机械联锁和电气联锁，以满足主、辅电路对控制电路的要求，如电器按一定的次序动作，司机按一定的顺序操作等。

1. 机械联锁

为避免司机误操作造成人身及设备伤害，机车上设置有机械联锁，目前采用的机械联锁主要有：

（1）司机控制器换向手柄和调速手轮间的机械联锁。

（2）司机台上的按键开关与电钥匙的联锁。

（3）换向手柄、电钥匙与钥匙箱的联锁。

2. 电气联锁

电气联锁种类较多，主要有串联联锁、并联联锁、自持联锁、延时联锁和经济电阻线路等。串联联锁、并联联锁比较简单，在此不作分析。

（1）自持联锁。

在某些电器工作线圈前的电路中并联有该电器本身的常开联锁，这个联锁称为自持联锁，如图 3.7 所示。

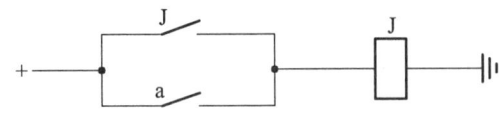

图 3.7　自持联锁

图中在继电器 J 线圈的电路中并有 a、J 的常开联锁，当 a 电器处于吸合状态时常开联锁闭合，继电器 J 线圈得电，该继电器吸合，其常开联锁闭合。此后即使 a 电器释放，继电器 J 的线圈仍由自身的常开联锁供电保持吸合状态。只有在其常开联锁以外的电路断开时，继电器 J 的线圈才会失电。

这种电路的特点是：电器吸合时需要一定的条件，在电器吸合后这种条件可能消失，但电器此时仍能保持吸合状态，只有在电路其他部分断开时，该电器才能释放。自持联锁用于电器工作的条件构成后可能又消失，但又需要在构成条件消失后，必须保持该电器持续工作的场合。

（2）延时联锁。

延时联锁是指电器的线圈得电、失电与其联锁动作不同步，其符号如图3.8所示。

（a）延时闭合正联锁　　（b）延时断开正联锁　　（c）延时闭合反联锁　　（d）延时断开反联锁

图3.8　延时联锁的种类

实现延时的方法有很多种，图3.9所示为在电器的工作线圈旁并联一电容，在线圈断电后，电容通过电器线圈放电，从而使电器延时释放。

（3）经济电阻线路。

为了使接触器或继电器可靠吸合，同时又提高自身的返回系数，即提高电器动作的灵敏度，可在电器工作线圈的控制电路中接入电阻，构成经济电阻电路，如图3.10所示。

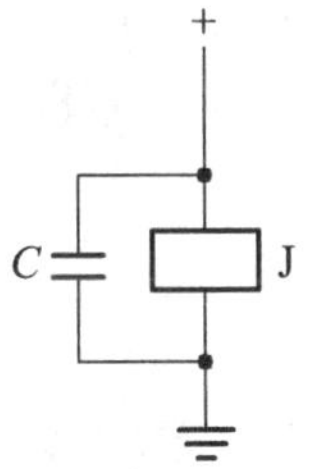

图3.9　并联电容的延时作用 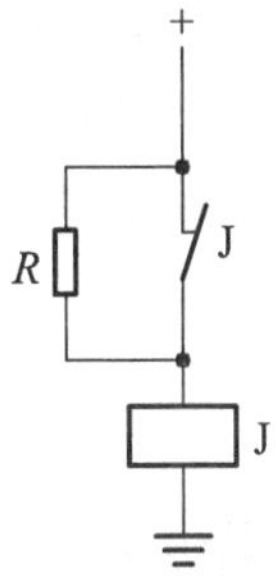　　　　图3.10　经济电阻线路

在继电器闭合瞬间，经济电阻被电器本身的常闭联锁短路，使继电器的安匝数得以提高，继电器可靠吸合。在继电器吸合后，其常闭联锁打开，经济电阻接入电路中，使流过继电器的电流减小，从而使继电器返回系数有所提高。

二、迂电电路及其保护

某一电器或支路在某一时刻本不应该有电，却通过其他支路窜电到该支路，这种窜电电路称为迂电电路。迂电电路会引起电器的误动作，破坏电器动作的逻辑关系，造成电路工作紊乱。迂电电路产生的原因主要是设计时考虑不周，在多条控制电路组合时产生。在机车运用或检修中接错线也会形成迂电电路。

防止迂电电路的主要方法是在电路中串入防迂电二极管，利用二极管的单向导电性来满足要求，在日常检查中需注意二极管是否击穿。

三、重联运行

随着铁路运输的不断发展，在铁路干线电力牵引运行中，单台机车牵引有时不能满足运输要求，或遇长大坡道单台机车牵引力不足，需要多台机车牵引增加总的牵引力。采用多机牵引可以使线路的通过能力大大增加，提高铁路的运输经济指标。

在干线上使用多机牵引时，可以由几名司机各操纵一台机车相互配合，也可以由一名司机在一台机车上操纵，而将各台机车通过机车两端的多芯电缆插头使其电气线路连接起来，实现由一名司机操纵多台机车，后一种运行方式称为机车的重联运行。司机操纵的那台机车称为本务机车，非操纵机车称为重联机车。

机车采用重联运行的方式可以减少乘务人员，在电动车组中一般只有一组乘务人员操纵一台机车。在干线电力机车上，一般是两台机车重联，一台机车故障后，会对整列列车运行产生较大影响，可采用一组乘务人员操纵本务机车，而在重联机车上设专人进行监视，发现故障时及时予以处理，这样既可以减少乘务人员，又减轻了乘务人员的劳动强度，相应提高了生产率。

对于多机牵引，各台机车均单独操纵时，虽然不能达到同步运转，但只要各位司机技术熟练，配合默契，仍可以得到较好的效果。特别是采用补机在列车尾部推进的方式，可以减小车钩拉力，在通过无电区时，分别断电从而保持一台机车的牵引力，有利于列车运行。

第四节　SS_{4G}型电力机车主电路

机车主电路是完成能量转换，产生牵引力和制动力，实现机车起动、调速和制动3个基本功能的电路，按其功能及电压等级分为：网侧高压电路、整流调压电路、牵引电路、制动电路、功率因数补偿电路和保护电路6部分。

SS_{4G}型电力机车由完全相同的两节车重联后组成一台车，其功率为6 400 kW，是干线主型货运机车。SS_{4G}型机车主电路的特点是：采用交-直传动形式，转向架独立供电方式，三段不等分半控整流调压电路，加馈电阻制动，具有三级磁场削弱，利用平波电抗器滤波。

SS_{4G}型机车每节车的主电路完全相同且独立，依靠重联电缆和插座联通整台机车的主电路，以一节车为例，主电路见附图1。

一、网侧高压电路

网侧高压电路的主要功能是从接触网获取电能。高压部分主要设备有受电弓

1AP、主断路器 4QF、高压电压互感器 6TV、高压电流互感器 7TA、避雷器 5F、主变压器 8TM 的高压绕组 AX，以及两节车之间的 25 kV 母线用高压联接器 2AP。

网侧电流路径：接触网单相工频 25 kV 交流电→受电弓 1AP→车顶母线分两路→一路进本节车→主断路器 4QF→主变压器原边绕组 AX→车体→车体与转向架间连接软线→轴箱电刷→车轮→钢轨→变电所。另一路经高压连接器 2AP 到另一节车的车顶母线。

低压部分有自动开关 102QA、网压表 103PV、电度表 105PJ、PFC 用电压互感器 100TV、PFC 用电流互感器 109TA，以及接地电刷 110E~140E。这些电气设备所组成的电路主要用于检测机车网压和提供电度表用的电压、电流信号。

二、整流调压电路

为实现转向架独立控制方式，每节车采用两套独立的整流调压电路，分别向相应的转向架供电，牵引绕组 $a_1b_1x_1$ 和 a_2x_2 供电给主整流器 700 V，组成前转向架供电单元；牵引绕组 $a_3b_3x_3$ 和 a_4x_4 供电给主整流器 800 V，组成后转向架供电单元。以前转向架供电单元为例，分析三段不等分整流桥顺序升压过程。

第 Ⅰ 段桥：首先投入 a_2x_2-$VT_5VT_6VD_3VD_4$，触发 VT_5VT_6，大桥调压。封锁 VT_1~VT_4 的触发脉冲，VD_1VD_2 起续流作用。整流电压在 $0→1/2\ U_d$ 之间调节。

电流流通路径：在电源正半周时，电流经 $a_2→VD_3→71$ 号导线→平波电抗器→电动机→72 号导线→$VD_2→VD_1→VT_6→x_2$；在电源负半周时，电流经 $x_2→VT_5→71$ 号导线→平波电抗器→电动机→72 号导线→$VD_2→VD_1→VD_4→a_2$。

第 Ⅱ 段桥：当 VT_5 和 VT_6 满开放时，投入 a_1b_1-$VT_1VT_2VD_1VD_2$，触发 VT_1 和 VT_2，四臂小桥调压，封锁 VT_3VT_4 触发脉冲。整流电压在 $1/2\ U_d→3/4\ U_d$ 之间调节。

电流流通路径：在正半周时，电流经 $a_2→VD_3→71$ 号导线→平波电抗器→电动机→72 号导线→$VT_2→b_1a_1→VD_1→VT_6→x_2$；在负半周时，电流经 $x_2→VT_5→71$ 号导线→平波电抗器→电动机→72 号导线→$VD_2→a_1b_1→VT_1→VD_4→a_2$。

第 Ⅲ 段桥：当 VT_1VT_2、VT_5VT_6 满开放时，触发 VT_3VT_4，投入 b_1x_1-$VT_3VT_4VD_1VD_2$，调压桥调压。整流电压在 $3/4\ U_d→U_d$ 之间调节。

电流流通路径：在正半周时，电流经 $a_2→VD_3→71$ 号导线→平波电抗器→电动机→72 号导线→$VT_4→x_1a_1→VD_1→VT_6→x_2$；在负半周时，电流经 $x_2→VT_5→71$ 号导线→平波电抗器→电动机→72 号导线→$VD_2→a_1x_1→VT_3→VD_4→a_2$。

牵引绕组各段电压为：$U_{a_2x_2}=U_{a_1x_1}=2U_{a_1b_1}=2U_{b_1x_1}=695$ V，而牵引电动机的额定电压 $U_{DN}=1\ 020$ V，故第 Ⅲ 段桥并未达到满开放，而是维持在牵引电动机的最大限制电压 $U_{DN}×1.1=1\ 120$ V 左右。

在整流器的输出端分别并联了两个电阻 75R 和 76R，其作用一是在机车做高压空载限压试验时，作整流器的负载，起续流作用；二是正常运行时，能够吸收部分过电压。

三、牵引电路

1. 电路构成

SS_{4G}型机车采用转向架独立供电。Ⅰ架1M电机与2M电机并联，由主整流器700 V供电；Ⅱ架3M电机与4M电机并联，由主整流器800 V供电。两组供电电路完全相同并且独立。

每一牵引电机支路的电流路径基本相同，以1M电机为例分析电流路径：正极母线71→平波电抗器11L→线路接触器12KM→电流传感器111SC→电机电枢A11-A12→位置转换开关的"牵-制"鼓107QPR1（牵引位）→位置转换开关的"前-后"鼓107QPV1（前位）→主极磁场绕组D11-D12→位置转换开关的"前-后"鼓107QPV1（前位）→1M电机隔离开关19QS→位置转换开关的"牵-制"鼓107QPR1（牵引位）→负极母线72。

固定分路电阻14R与主极绕组并联，固定磁削系数为0.96。接触器17KM闭合，Ⅰ级磁场削弱电阻15R并入电机励磁绕组，Ⅰ级磁削弱系数为0.70。接触器18KM闭合，Ⅱ级磁场削弱电阻16R并入电机励磁绕组，Ⅱ级磁削系数为0.54。当接触器17KM和18KM同时闭合时，15R和16R同时并入电机励磁绕组，Ⅲ级磁削系数为0.45。

2. 电动机接线

为了均衡轴重，减小轴重转移，同一转向架上的两台牵引电机背向布置，故其相对旋转方向应相反。以第一转向架前进方向为例，从1M电动机非整流子侧看去，电枢旋转方向应为顺时针方向；从2M电动机非整流子侧看去应为逆时针旋向。同样，第二转向架3M电动机为顺时针方向，4M电动机为逆时针方向。由此，各牵引电动机的电枢与主极绕组的相对接线方式是

     1M：A11A12、D11D12
     2M：A21A22、D22D21
     3M：A31A32、D31D32
     4M：A41A42、D42D41

3. 主要设备的作用

由于单相整流器电压波形有很大脉动，即含有相当大的高次谐波电压，因此在电机支路中串有平波电抗器11L～41L，用以抑制该支路中谐波电流分量，改善电机换向。

线路接触器12KM～42KM有3个作用：一是当牵引电机过流或其他故障时断开相应支路，保护牵引电机；二是防止位置转换开关带电转换，在位置转换开关动作之前，线路接触器必须先开断电路；三是与牵引电机隔离开关配合，故障时完全隔离电机。

在牵引电机主极绕组上并联固定分路电阻 14R~44R，其作用是分流电枢电流中的交流分量，使机座及主极中的涡流损耗减小，改善牵引电机换向和减小主极温升。

牵引电机故障隔离开关 19QS~49QS 均为单刀双投开关，有上、中、下三个位置。"上"为运行位，"中"为牵引工况故障位，"下"为制动工况故障位。机车牵引工况时，若 1M 电机或相应的牵引通风机故障，将 19QS 置中间位，其相应常开联锁触点打开线路接触器 12KM，使 1M 电机支路与供电电路完全隔离，不投入工作。若误将隔离开关 19QS 置"下"位，导线 14 与 16 相连，1M 电机在电位上并不能与主电路完全隔离，若为接地故障，则仍会引起接地继电器动作。

库用开关 20QP 和 50QP 为双刀双投开关，有两个位置。在正常运行位时，其主刀与主电路隔离，相应辅助接点接通受电弓升弓电磁阀，方可升弓。在库用位时，其主刀将库用插座 30XS 或 40XS 的库用电源分别与 2M 电机或 3M 电机的电枢正极引线 22 或 32 及负极引线 72 或 82 连接，其辅助接点断开受电弓升弓电磁阀的电源线，使其在库用位时不能升弓。只要 20QP 或 50QP 之一在库用位，即可在库内动车。在库用位可通过 12KM~42KM 使 1M~4M 电机通电，达到试验电机转向、出入库及旋轮的目的。

空载试验转换开关 10QP 和 60QP 为三刀双投开关。当机车处于正常运行位时，10QP、60QP 将电压传感器 112SV、142SV 分别与 1M、4M 的电枢相连，电压传感器检测牵引电机的端电压。当机车处于空载试验位时，10QP、60QP 将 112SV、142SV 分别与主整流器 700 V 和 800 V 的输出端相连，同时短接 76R 和 86R，使电动机和整流器脱开，确保空载试验的安全性，此时传感器检测的是整流装置的输出电压。

牵引电机电枢电流、励磁电流采用电流传感器 111SC~141SC、199SC 测量，电压传感器 112SV~141SV 并联在电机 1M~4M 的电枢两端，测量其端电压。传感器除提供司机室电压表、电流表的信号外，还提供电子电路的反馈信号，并可实现高、低压电路的隔离。

机车的方向控制由转换开关 107QPV、108QPV 完成。利用 107QPV、108QPV 的转换改变励磁电流方向，从而改变电机的转向。以牵引电动机 1M 的励磁绕组为例，当机车在I端前位时，励磁电流由 14→D11-D12→15；而机车在I端后位时，$107QPV_1$ 左移，励磁电流由 15→D12-D11→14。必须注意：机车运行中若要改变方向，必须是在司机控制器零位并且机车停车后才能转换，否则会损坏机车。

四、制动电路

机车电制动时，位置转换开关 107QPR、108QPR 转至制动位，牵引电机的电枢绕组和励磁绕组脱离，与制动电阻串联，并且同一转向架的两台电机电枢支路并联后，与主整流器串联构成回路。此时，每节车的四台电机的主极绕组串联连接，经励磁接触器与励磁整流器构成回路，由主变压器励磁绕组供电。现以 1M 电机为例，叙述电路电流路径。

1. 全电阻制动

当速度高于 33 km/h 时，机车处于全电阻制动状态。其制动电流路径为：71 号母线→平波电抗器 11L→线路接触器 12KM→电流传感器 111SC→1M 电机电枢 A11-A12→位置转换开关"牵-制"鼓 107QPR1（制动位）→制动电阻 13R→72 号母线→VD_2→VD_1→73 号母线→VD_4→VD_3→71 号母线。

2. 加馈电阻制动

当速度低于 33 km/h，机车处于加馈电阻制动状态。当电源处于正半周时，其制动电流路径为：a_2→VD_3→71 号母线→11L→12KM→111SC→（1M）A11-A12→107QPR1（制动位）→13R→72 号母线→VD_2→VD_1→73 号母线→VT_6→x_1；当电源处于负半周时，电流路径为：x_2→VT_5→71 号母线→11L→12KM→111 SC→（1M）A11-A12→107QPR1（制动位）→13R72 号母线→VD_2→VD_1→73 号母线→VD_4→a_2。

加馈电阻制动时，主变压器的励磁绕组 ax_5 经励磁接触器 91KM 向励磁整流器 99 V 供电，并与 1M～4M 电机主极绕组串联，且励磁电流方向与牵引时相反，由下往上。从励磁整流器 99 V 的输出端开始，其电流路径为：

91 号母线→199SC→90 号母线→107QPR1（制动位）→19QS→107QPV1（前位）→（1M）D12-D11→107QPV1（前位）→14 号母线→107QPR2（制动位）→29QS→107QPV2（前位）→（2M）D21-D22→107QPV2（前位）→24 号母线→108QPR4（制动位）→49QS→108QPV4（前位）→（4M）D41-D42→108QPV4（前位）→44 号母线→108QPR3（制动位）→39QS→108QPV3（前位）→（3M）D32-D31→92KM→82 号母线。

负极母线 82 为主整流器 80 V 与励磁整流器 99V 的公共点，由此形成两个独立的接地保护电路系统。第一转向架牵引电机 1M 和 2M 电枢，制动电阻及主整流器 700 V，接地继电器 97KE 组成第一转向架主接地保护系统；第二转向架牵引电机 3M 和 4M，制动电阻及主整流器 800 V，励磁整流器 99 V，主接地继电器 98KE 组成第二转向架接地保护系统。

机车制动工况时，当一台牵引电机或制动电阻故障，将相应隔离开关置向下位，线路接触器打开。电枢回路被甩开，主极绕组无电流但有电位。

五、PFC 电路

SS_{4G} 型电力机车有 4 组完全相同的 PFC 装置。该装置是通过滤波电容（172C、173C、182C、183C）和滤波电抗（171L、170L、181L、180L）的串联谐振，可降低机车的 3 次谐波含量，提高机车的功率因数。PFC 电路中设置有故障隔离开关 119QS、129QS、159QS、169QS，当故障隔离开关处于故障位时，一方面使 PFC 电路与机车主变压器的牵引绕组完全隔离；另一方面，通过其辅助联锁使真空接触器 114KM、124KM、154KM、164KM 主触头分断。

为确保人身安全，在每组 PFC 电路中并联有电阻 117R、127R、157R、167R，使滤波电容上的电压能够快速放电。该电阻的通断由接触器 116KM、126KM、156KM、166KM 控制。

六、保护电路

SS$_{4G}$ 型电力机车主电路设有短路保护、过流保护、过电压保护及主接地保护。

1. 短路保护

机车运行中出现变压器次边短路、晶闸管击穿、牵引电机环火等短路故障时的保护。

当网侧出现短路时，通过网侧电流互感器 7TA→原边过流继电器 101KC→主断路器 4QF 动作，实现保护，其整定值为 320 A。

当次边出现短路时，通过次边电流互感器 176TA、177TA、186TA、187TA→电子柜过流保护环节→主断路器 4QF 动作，实现保护，其整定值为 3 000 A。

在整流器的晶闸管上串联有快速熔断器，可实现对元件击穿短路保护。但当高压互感器前端出现短路故障时，机车自身不能保护，只能通过牵引变电所跳闸进行保护。

2. 牵引电机过流保护

牵引电机支路出现短路、电机环火、过载等故障时，牵引电机过载保护起作用，通过直流电流传感器 111SC～141SC→电子柜过流保护环节→主断路器 4QF 动作，实现保护，其整定值为 1 300 A。

电阻制动时，过流保护是通过各电流传感器→电子柜保护环节→励磁过流中间继电器 559KA→励磁接触器 91KM 分闸，切断励磁回路。制动电流整定值为 1 000 A，励磁电流整定值为 1 150 A。

3. 过电压保护

网侧过电压保护装置采用金属氧化物避雷器 5F 安装在断路器的弧触头与隔离闸刀之间，以防止大气过电压。当出现大气过电压时，氧化物避雷器 5F 放电，相当于电网对地短路，将引起变电所跳闸。

变压器次边过电压抑制装置是跨接在主变压器次边绕组上的 RC 吸收器（其中，牵引绕组上的 RC 吸收器由 71C 与 73R、73C 与 74R、81C 与 83R、82C 与 84R 构成；励磁绕组上的 RC 吸收器由 93C 与 94R 构成），吸收次边过电压，将电压峰值抑制在 6% 以下。

此外，机车的主整流器 700 V、800 V 和励磁整流器 99 V 的每个元件上也并联有 RC 吸收器，用来抑止换向过电压。

4. 接地保护

牵引工况下，每转向架供电单元设有一套接地保护装置，除网侧电路外主电路任何一点接地时，主接地继电器 97KE 或 98KE 动作，通过其联锁使主断路器跳闸，实现保护。

制动工况下，电路有两套独立回路（即电枢回路和励磁回路），为消除死区，采用有源保护。当制动工况发生接地故障时，接地继电器动作，通过联锁使主断路器动作实施保护。

第一转向架供电单元的接地保护系统由接地继电器 97KE、限流电阻 193R、接地电阻 195R、隔离开关 95QS、电阻 191R 和电容 197C 组成；第二转向架供电单元的接地保护系统由接地继电器 98KE、限流电阻 194R、接地电阻 196R、隔离开关 96QS、电阻 192R 和电容 198C 组成。

191R、197C 和 192R、198C 的作用是抑制 97KE、98KE 动作线圈两端因接地故障引起的尖峰过电压。95QS、96QS 的作用是当接地故障不能排除，但仍需维持故障运行时，通过将其置故障位，使接地保护系统与主电路隔离，接地继电器不再动作而跳主断路器。此时，195R 或 196R 与主电路相连，接地电流经此流至"地"。

第五节 SS_{4G} 型电力机车辅助电路

电力机车辅助电路一般由供电电路、负载电路及保护电路组成。

SS_{4G} 机车采用传统的单-三相供电系统，每节车只设一台劈相机，辅机均采用三相异步电机。SS_{4G} 电力机车辅助电路见附图 2。

一、单-三相供电系统

劈相机电源来自于变压器辅助绕组 a_6-b_6-x_6，其中 a_6-x_6 额定电压为 400 V，b_6-x_6 额定电压为 226 V。单相交流电源从 a_6-x_6 经库用转换开关 235QS 至导线 201、202 引入辅助电路。

1. 劈相机电阻分相启动

SS_{4G} 型机车的异步劈相机型号为 YPX2-280M-4，380 V，34 kW，劈相机的运转和停止通过劈相机电源接触器 201KM 控制。采用直接启动方式，在第二电动相绕组与发电相绕组间接入起动电阻 263R 进行电阻分相启动，起动电阻的接通和开断由起动接触器 213KM 来执行。由劈相机启动继电器 283AK 监测劈相机发电相电压（由导线 279、280 引入）以间接反映劈相机的转速，控制起动电阻回路的开断。283AK 的工作电源（DC110V）从导线 531 经 533KT 常开联锁由导线 281 引入。

劈相机 1MG 启动过程：按下主司机台上的劈相机按键，启动接触器 213KM 闭合，启动电阻 263R 投入；劈相机电源接触器 201KM 闭合，劈相机 1MG 开始分相启动。这时劈相机起动继电器 283AK 检测劈相机发电相电压来间接反映劈相机转速，当劈相机转速达到约 $0.9n_N$，其发电相电压接近于比较电压（额定网压下，该值约为 220 V，网压由导线 202、206 引入），起动继电器 283AK 动作，使起动接触器 213KM 打开，断开启动电阻（263R）回路，劈相机启动完成。同时 533KT 常开联锁开断了导线 531 与 281 通路，使 283AK 失去工作电源处于闭置状态。

劈相机起动电阻有 3 个抽头，即备有两组，当一组烧损可换另一组使用，此时只需把导线 232 换接至另一抽头即可。当起动电阻均不能使用时，也可将闸刀 296QS 倒向 253C 改用电容分相启动。

2. 通风机电动机电容分相启动

第一牵引通风机电动机的电容分相起动电路是为劈相机故障特设的备用电路。在机车运行中，劈相机一旦故障，为保证其他辅机继续工作，可切除故障劈相机，而以起动电容 253C 对牵引通风机电动机 3MA 进行电容分相启动。此时需要将劈相机故障转换开关 242QS 打向"2"位，把 283AK 监测劈相机发电相电压的引线转接到 3MA 的第三相上。同时必须将闸刀开关 296QS 倒向起动电容 253C（因起动电阻不能启动通风机）。启动过程仍由起动继电器 283AK 控制，启动完成后 213KM 打开，切除起动电容 253C。在网压不低于 22 kV 时，其他辅机可投入运行。在使用 3MA 替代劈相机做电容分相启动时，由于两节车的辅助电路并未重联，因此可以一节车做劈相机电阻分相启动，另一节车（其劈相机故障时）做第一通风机电容分相启动。

二、三相负载线路

当劈相机启动完毕后，辅助电路导线 201、202、203 即可提供三相不对称电源，这时各辅机可依次相隔一定时间投入工作。

SS_{4G} 型机车三相负载有：压缩机电动机 2MA（YYD-280S-6，37 kW），牵引通风机电动机 3MA、4MA（YFD-280S-4，37 kW），制动风机电动机 5MA、6MA（JD305 或 YZF200-L-2，30 kW），变压器风机电动机 7MA（JBT-61，14 kW），变压器油泵 8MA（QB-80/20，10 kW）。各辅助电机均通过相应的交流接触器 203KM～212KM 进行通断控制。为了改善劈相机供电系统的三相电源对称性，在 3MA～5MA 电动机的 D2、D3 相间接入移相电容 247C～252C，随电动机负载的投入而一并投入。

三、单相负载电路

1. 380 V 单相负载电路

主要为窗加热和取暖设备。由导线 201、202 供电，一路经自动开关 232QA 至导线 264 给窗加热玻璃 273EH、274EH 提供电源；另一路经自动开关 233QA 至导线 269 给壁炉及脚炉提供电源。243QS 为窗加热开关："0"位为关断，"1"位为开通。245QS 为取暖开关，共有 3 个位置："0"位为关断，"1"位为脚炉、壁炉同时开，"2"位为开壁炉、关脚炉。自动开关 232QA、233QA 分别作为电路的过载保护。

2. 220 V 单相负载电路

主要为司机室空调和热饭电炉。由导线 202、206 供电，一路经转换开关 240QS、空调稳压器 278AS 供空调机 279EH 使用，自动开关 230QA 作该电路的过载保护；另一路经转换开关 238QS 至 220 V 电源插座 292XS，该插座亦可供热饭电炉使用，自动开关 229QA 作该电路的过载保护。

中间继电器 284KE 的作用是：机车由电网供电时，连通导线 206-b_6 从而接通 220 V 电源回路；机车在使用库内电源时，连通导线 206-200（地线），使机车在库内亦可获得 220 V 电源。

四、辅库用线路

235QS 为库用转换刀开关，机车由接触网供电时，235QS 倒向"运行"位，主变压器辅助绕组 a_6-x_6 通过导线 204、205 经 235QS 与导线 201、202 连接，从而给辅助电路提供 380 V 单相电源。若机车处在库内时，235QS 倒向"库用"位，此时可使用的库用电源有两种：

1. 库内三相电源

一般在机务段内不需要启动劈相机，直接启动辅机时使用。把库内三相电源接到库用插座 294XS 的 207、208、209 三点上，通过库用转换刀开关 235QS 及导线 203 与 209 之间的连接母线直接为辅助电路提供三相电源。

2. 库内单相电源

在制造厂或大修厂库内单相电源容量大时使用。单相电源送至库用插座 294XS 的 207、208 上，经库用转换刀开关 235QS 给辅助电路提供单相 380 V 电源，此时须开劈相机实现单-三相供电。若只使用库内单相电源，可拆开导线 203 与 209 之间的连接母线，这样做有两个目的：一是从安全角度考虑，使库用插座上的第三点（209点）不带电；二是若电源线误接至接点208、209上时，避免劈相机不能正常启动而受损。

五、保护电路

SS_{4G}机车辅助电路设有零压保护、安全阀保护、辅接地保护、辅机过载保护、过压保护、辅过流保护等。

1. 零压保护

零压保护是接触网供电的失压保护，由接在主变压器绕组a_6-x_6两端的零压变压器281TC、限流电阻261R、整流装置290U、电容256C及零压时间继电器286KT组成。

当电网正常供电时，导线204、205的380 V交流电→零压变压器281TC→限流电阻261R→整流装置290U→零压时间继电器286KT吸合；当电网失压时，286KT失电动作，其常闭联锁延时2 s闭合，主断路器分闸，司机台显示零压信号。

网压消失后，变压器辅助绕组两端电压不是突变为零，而是随时间衰减，所以在此电路中串有两个稳压管，稳压50 V，主要作用是使零压时间继电器286KT在电网失压后2 s内动作，以达到保护的准确性及必要性（供电网故障重合闸为2 s），排除了电网失压后重合闸时劈相机处于单相堵转合闸或短暂离线乱跳闸。在稳压管两端并联电容256C，其作用主要是在零压时间继电器286KT吸合过程中，在286KT常闭联锁打开的瞬间，利用电容的反突变特性，使加在286KT线圈上的电压有一衰减过程，其目的是为了帮助零压时间继电器可靠吸合，避免出现"衔铁振荡"现象。

2. 安全阀保护

电力机车的电气设备按照一定的规律布置在机车司机室后面的机械室。机车运行时高电压大电流引入机车内部，按照《铁路技术规程》《机车操作规程》规定，司乘人员不得进入高压室。因此机车设置安全保护阀及时自动锁闭各室门、高压柜门，以保证司乘人员的安全。

保护阀287YV双电源供电：一路从控制电路DC110V电源线531→主电路入库转换开关20QP、50QP联锁→车顶门行程开关297QP联锁→287YV线圈，确保机车电钥匙一合上就自动锁闭各器室门。另一路由零压保护电路给287YV线圈供电，提高保护系统的可靠性。即使出现控制电路切断而机车高压供电依然存在的情况，287YV仍得电，门联锁锁闭，各室门打不开，达到确保人身安全的目的。

3. 辅接地保护

在变压器辅助绕组x_6与地之间设有辅接地保护电路，由辅接地继电器285KE、整流元件 291U、限流电阻 262R、电容 257C 和辅接地故障开关 237QS 组成。辅接地保护属有源保护装置，支路经 110 V 控制电源后接地。

当辅助电路某点接地时，辅接地保护系统形成回路，辅接地继电器 285KE 动作吸合，使主断路器分闸，司机台显示辅接地信号。此时 285KE 常闭联锁断开，串入限流电阻 262R，以免电流过大而烧损接地继电器。同时经 285KE 常开联锁和恢复中间继电器 562KA 常闭联锁接通"自锁"回路，保持信号记忆。故障解除后，借助主断路器合闸操作使 285KE 恢复，保持信号消失。在限流电阻 262R 两端并联电容 257C 的作用是为了使 285KE 动作时可靠吸合，以提高保护系统的可靠性。

237QS 为辅接地保护故障隔离开关，若确定辅助电路有一点接地且不能排除时，可切断保护电路，使机车做故障运行，此时要求司机严格监视各辅机工作状态，确保安全。

4. 辅机过载保护

SS_{4G} 型机车设有两种保护形式：自动开关过流保护和电子式辅机过流保护。

159～343 号机车采用电子式辅机过流保护。当辅机出现短路（不超过 0.5 s）、单相和堵转（不超过 3 s）等情况引起过流时，由控制装置内的电流互感器检测到电流信号，送入电子控制插件，控制中间继电器动作切断故障辅机的接触器线圈电源，使接触器分断。若接触器无法打开延时 3 s，保护装置接通主断分闸线圈，由主断执行二次保护。故障隔离需将故障辅机的隔离开关置故障位，并拆除故障接触器非电源端连线，同时隔离相应需通风的牵引电机，维持故障运行。

344 号以后机车采用自动开关作为辅机过流保护。当辅机出现短路、单相和堵转等情况引起过流时，相应的自动开关动作，切断三相电源并显示故障信号。故障隔离需将故障辅机的故障隔离开关置故障位，自动开关保持分断位，并隔离相应需通风的牵引电机，维持故障运行。

5. 过电压保护

采用跨接在辅助绕组 a_6-x_6 两端的 RC 过电压保护电路，由电阻 260R、电容 255C 组成，吸收过电压。

6. 过电流保护

采用辅助过流继电器 282KC 进行保护，在辅助绕组短路或其他原因造成辅助电路短路，其电流超过 2 800 A 时，282KC 吸合动作使机车主断路器分闸，并显示辅助过流信号。

第六节　SS_{4G} 型电力机车控制电路

控制电路是指将司机控制器，低压电器及主电路、辅助电路中各电器的电磁线圈及其联锁等组成的线路，通过控制电路可以使主电路和辅助电路中的电器协调动作。

一、控制电路逻辑关系表示

为了便于对控制电路逻辑关系进行分析，可借用逻辑函数表示方法来描述电路的结构和逻辑顺序：

（1）控制电路中有关导线、开关、联锁和电器的工作线圈一律用该电器的各型机车规定代号表示。

（2）控制电路中串联连接的元件用逻辑与"·"表示其电路结构。

（3）控制电路中并联连接的元件用逻辑或"+"表示，并且用括号括起来。

（4）描述控制电路一般从控制电路正极端写起，但有时为了简明和叙述方便可从重要的有电导线写起。

（5）继电器、电磁接触器、电空接触器等的常开联锁用该电器的代号书写，常闭联锁在该电器的代号上加一短直线，逻辑非表示，电磁线圈用该电器的代号外加方框表示。

（6）发光二极管用显示汉字加框表示，指示灯用代号加框表示，电机用代号表示。

二、SS_{4G}型电力机车控制电路

SS_{4G}电力机车的控制电路分为有节点控制电路和无节点控制电路。本节主要介绍有节点控制电路原理。

有节点控制电路一般由主令电器、各种功能的继电器、接触器、转换开关、保护电器以及电源等部件组成。根据各环节的作用不同，有节点控制电路分为如下部分：

控制电源电路：提供直流 110 V 稳压控制电源及其配电电路。

整备（预备）控制电路：完成机车动车前的所有操作过程，主要由主台按键开关组进行主令控制。

调速控制电路：完成机车的调速控制，包括机车的起动、加速和减速控制，主要由主、辅司机控制器进行主令控制。

保护控制电路：完成对机车主电路、辅助电路的保护及其相关的控制。

信号控制电路：完成机车整车或某些部件工作状态的显示，主要由副台按键开关组进行主令控制。

照明控制电路：完成机车内外照明及标志显示。

为了便于读识控制电路图，现将 SS_{4G} 型机车采用的主要部件的符号种类归纳如下：司机控制器 AC；琴键开关 SK；按钮开关 SB；中间继电器 KA；时间继电器 KT；压力继电器、流速继电器 KF；电压继电器 AK；接触器 KM；电磁阀 YV；故障转换开关、功能转换开关 QS；位置转换开关 QP；电源开关 SA；自动空气开关 QA；过流继电器 KC；接地继电器 KE。

(一) 控制电源

机车上的控制电源系统由 110 V 控制电源与蓄电池组成。通常情况下两者并联共同为机车提供稳定的 DC110 V 电源。在降弓的情况下，由蓄电池供给机车低压试验、辅助压缩机打风和照明用电；运行中若 110 V 控制电源故障，由蓄电池维持机车故障运行；在运行中蓄电池起滤波作用并接受浮充电，正常情况下不允许断开蓄电池。

电力机车控制电源有两种：一种是 IPM（智能功率模块）高频开关电源，另一种是相控电源。IPM 高频开关电源采用先进技术，控制精度高，保护完备，SS_{7E}、SS_{7D} 机车使用；相控电源控制简单，技术成熟，但操作复杂，除 SS_{7E}、SS_{7D} 机车以外的 SS 系列机车使用。

SS_{4G} 型机车采用相控电源，其工作原理如图 3.11 所示。

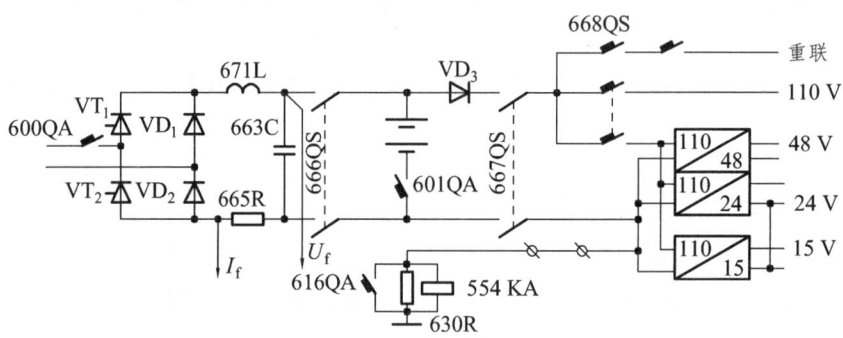

图 3.11 SS_{4G} 型机车控制电源工作原理

控制电源变压器的一次侧通过辅库用转换开关 235QS 从牵引变压器辅助绕组获取 396 V 单相电源，经降压到 220 V 后送入半控桥，通过半控桥式整流电路，经 LC 滤波及并联的蓄电池兼做滤波后，成为较平稳的直流电压。

由公式 $U_d = 0.45U_2(1+\cos\alpha)$ 可知，整流电压的平均值 U_d 与整流桥的输入电压 U_2 和晶闸管的移相角 α 有关，当 U_2 随网压变化时，可通过自动调节晶闸管移相角 α，达到稳压的目的。当出现过电流时，通过自动调节 α 角降低 U_d 达到限流的目的。所以，110 V 稳压电源具有恒压、限流的特点，输出电压稳定为 110(1±5%) V，输出电流在短路的情况下被限制在 55(1±10%) A（此时不再稳压）。

机车在库内可由控制电源库用插座 KCZ 直接输入直流 110 V 电源，向蓄电池进行正常充电或强充电。一般情况下，机车在库内可通过辅库用插座 FCZ 输入 380 V 单相电源，由稳压电源投入工作提供控制电源。

交流电源和蓄电池的短路保护采用自动开关 600QA、601QA。过电压保护采用阻容吸收装置。整流输出通过 666QS 与蓄电池并联，110 V 电源通过 667QS 接通负载。666QS、667QS 均为双刀单投闸刀，当整流桥出现故障时，拉开 666QS 可使整流桥全部脱离蓄电池；当负载出现故障时，拉开 667QS 可同时切断负载与电源正、负两端的联系。二极管 V5 的作用是当一端的 DC110V 电源故障需重联工作时,可防止处在工作中的 DC110 V 电源负载过重。

电阻 630R、中间继电器 554KA 及自动开关 616QA 组成控制电路的接地保护。正常工作时 616QA 闭合,400 号线接地,110 V 电路正常工作,554KA、630R 两端无电流流过;当接地电流超过额定值时,616QA 断开,由 630R 限制接地电路,保护蓄电池,并维持 110 V 电源故障运行。

另外 110 V 直流电源经逆变、滤波产生 +15 V、+24 V、+48 V 电源,分别供给机车司机台信号(+15 V)、仪表照明(+24 V)及机车自动信号(+48 V)使用。

（二）整备控制电路（见附图 3）

所谓的整备控制是指机车动车前的各项准备性操作,如升降受电弓,分合主断路器,启动劈相机、空气压缩机、通风机以及完成机车向前或向后、牵引或制动的操作。

1. 受电弓控制

受电弓的升起是由压缩空气进入升弓气缸推动活塞来实现的,所以要升起受电弓,必须具备足够压力的压缩空气。

（1）辅助压缩机控制（见附图 6,609~610）。

机车升弓前若总风缸或控制风缸无压缩空气储存则需利用压缩机 447MD 向控制风缸打风,供机车升弓和合主断合闸使用。操作按键开关 596SB1 或 596SB2,使接触器 442KM 得电动作,其主触头闭合,导线 680 经 442KM 主触头使升弓压缩机 447MD 得电工作,开始打风。其电路为:

464 · 610QA · 680 · [（596SB1 + 596SB2）· $\boxed{442KM}$ + 442KM · 682 · 447MD] · 400

注意:当风压大于 500 kPa 时,可断开 596SB。

（2）受电弓气路控制（见附图 3,204~205）。

升弓前应做好以下准备:

① 将库用开关 20QP、50QP 置于"运行"位,联锁必须到位;

② 关好车顶门,使车顶门行程开关 297QP 在闭合位,关好高压室、变压器室门;

③ 风压必须大于 450 kPa。

闭合主操纵台电钥匙 570QS 开关,导线 531 经自动开关得电,扳键开关的接线联锁解锁。

保护阀 287YV 的电路在辅助电路上,导线 531 有电,经 20QP、50QP、297QP 使保护阀 287YV 得电动作,开通了通向高压室门联锁阀的气路,为升弓做好准备。保护阀供电电路为:

464 · 602QA · 570QS · 531 · 20QP · 50QP · 297QP · $\boxed{287YV}$ · 400

若此时门联锁正常关闭,则门联锁阀动作,使高压室门闭锁,并开通通向受电弓升弓电磁阀的气路。

（3）升弓电路控制（见附图3，401~402）。

导线531有电，经"前受电弓"按键开关403SK及受电弓隔离开关587QS，使导线533有电，若此时，风压隔离开关588QS在"0"位，即"重联"位时，导线533经内重联插头使另一节车的N533b有电，再经另一节车的受电弓风压继电器515KF和内重联插头，使本车的534导线有电，前受电弓电空阀1YV得电，受电弓升起。升前弓电路为：

531·403SK·587QS·(515KF+588QS·$\overline{4QF}$)·534·$\boxed{1YV}$·400

若此时588QS在"1"位，即"单机"位时，导线533经588QS使导线549有电，经另一节车主断路器的常闭联锁4QF使本车的534导线有电，仍可使1YV得电，受电弓升起。这样，当另一节车的515KF失效或因其他原因只需本节车工作时，可通过操作588QS使其工作在单机位。同时，588QS的另一组联锁打开，使另一节车的主断路器合不上，即另一节车内无高电压，以确保安全。若另一节车的主断路器本身处于闭合状态，则主断路器的辅助联锁$\overline{4QF}$处于打开位，导线534无电，受电弓升不起。

两台车重联时，导线532经重联中间继电器546KA使导线W2532有电，经外重联电缆后，使另一台车的W2532有电，促使另一台车的受电弓升起。

升后弓时，闭合"后受电弓"的按键开关402SK，导线531经402SK使导线535有电，经内重联线的交叉重联，使另一节车的N532导线有电，促使另一节车的受电弓升起。

2. 主断路器控制（见附图3，403/B~E）

（1）主断路器合闸控制。

当按下"主断合"自复按键开关401SK后，导线531经401SK、586QS、568KA、539KT、$\overline{567KA}$使导线541有电，若此时主断路器的风缸风压足够（大于450kPa）4KF动作，则主断路器的合闸线圈4QFN得电，主断路器合闸电路为：

531·401SK·586QS·568KA·539KT·$\overline{567KA}$·$\boxed{4QFN}$·4KF·400

主断路器的动作机构在压缩空气推力的作用下，合上主、辅触头，从而完成主断路器的合闸操作。

其中：586QS为主断路器的隔离开关；568KA为零位中间继电器，当全车所有司机控制器处于零位时，568KA得电动作；539KT为主断控制延时继电器，它受恢复中间继电器562KA常闭联锁的控制。合闸操作前，导线531经562KA常闭联锁，使539KT得电动作，其常开联锁闭合；当合闸操作时，562KA得电，其常闭联锁打开，539KT失电，延时1s后，其常开联锁打开，切除合闸供电电路，避免主断路器合闸线圈4QFN及主接地继电器97KE、98KE恢复线圈长时间通断烧损。567KA是劈相机中间继电器，操作启动劈相机前567KA处于失电状态，其反联锁闭合，接通主断路器的合闸电路，以避免过无电区后，由于未关闭劈相机按键，使劈相机处于单相供电而堵转。

（2）主断路器分闸控制。

① 人工分断：主断路器的分闸控制由 603QA 自动开关提供电源，当按下"主断路器分闸"按键开关 400SK 时，导线 556 经 400SK、4QF 常开联锁（此时已闭合），使导线 542 有电，主断路器分闸线圈 4QFF 得电动作，主断路器分闸。人工断主断的控制电路为：

464·603QA·400SK·4QF· 4QFF ·4KF·400

② 故障自动分闸：主断路器除具有人工分闸功能外，还具有当机车某些部件或系统发生故障后，自动使主断路器分闸的功能，具体的控制过程将在保护控制一节做详细说明。

3. 劈相机控制（见附图 3，406～408）

所有辅机的控制电源均由 605QA 自动开关提供，劈相机的控制是完成其他辅机控制的先决条件。SS_{4G} 型机车劈相机的控制有手动启动和自动启动两种方式，它是通过方式选择开关 591QS 进行选择的。当 591QS 置"0"位时，为手动控制；当 591QS 置"1"位时，为自动控制。

（1）手动控制。

按下"劈相机"按键开关 404SK，导线 560 经 404SK 与 591QS（0），使导线 564 有电，劈相机中间继电器 567KA 得电动作，其控制电路为：

464·605QA·404SK·591QS（0）· 567KA ·400

导线 560 经 567KA 的常开联锁使导线 561 有电：

560·(567KA + 567KA)·561

561 导线向以下几条电路供电：

① 导线 561 经劈相机启动中间继电器 $\overline{566KA}$ 联锁，使分相接触器 213KM 和劈相机启动延时继电器 533KT 得电动作，同时 527KT 线圈经劈相机启动中间继电器 $\overline{566KA}$ 联锁得电，527KT 常开联锁闭合，为劈相机的接触器 201KM 闭合做好准备。其电路为：

561·($\overline{566KA}$ + 527KT)·(533KT + 213KM)·400

561·$\overline{566KA}$· 527KT ·400

② 导线 561 经 213KM 的辅助联锁，使导线 572 有电，经劈相机故障隔离丌关 242QS 使 201KM 得电动作并自持，劈相机的主电路沟通，开始启动。其电路为：

561·(201KM + 213KM + 205KM)·242QS· 201KM ·400

561·(242QS + 283AK)· 566KA ·400

③ 若劈相机启动正常，则劈相机启动继电器 283KA 动作，其常开联锁闭合；导线 561 经 283AK，使导线 568 有电，劈相机启动中间继电器 566KA 得电动作，其常闭联锁打开，527KT 线圈失电，延时 1 s 后，527KT 联锁打开，切断 213KM 和 533KT 的供电电路，甩掉劈相机启动电阻，使劈相机进入正常工作状态，同时 566KA 的正联锁闭合并自持。

④ 导线 561 经 215QA 和 566KA 的常开联锁，使 566KA 继续得电并自持，其电路为：

561·(215QA + 242QS)·566KA·568·$\overline{566KA}$·400

⑤ 导线 561 经 $\overline{533KT}$ 联锁使导线 577 有电，为其他辅机工作做准备。其电路为：

561·$\overline{533KT}$·577

至此，劈相机的控制顺利完成。这是单节车的情况，当两节车重联时，通过内重联线 N564 使另一节车的 567KA 得电动作。启动另一节车的劈相机过程与单节车相同。

（2）自动控制。

所谓的自动控制是指司机操作主断路器合闸后，劈相机自动启动，无须人为操作劈相机以及其他辅机的按键开关。这一功能主要用于机车过分相区时，简化司机操作。当主断路器闭合后，4QF 常闭联锁打开，导线 565 失电，劈相机自启延时继电器 528KT 失电，延时 1 s 后其常闭联锁闭合，导线 562 经 591QS 和 $\overline{528KT}$ 联锁，使 567KA 得电动作，劈相机开始启动，其电路为：

560·404SK·591QS（1）·$\overline{528KT}$·$\overline{567KA}$·400

此后的过程与手动控制完全一样，此时要求劈相机的按键开关处于闭合位。

（3）劈相机故障控制。

若劈相机故障，则将 242QS 置"2"位，用通风机 1 代替劈相机进行电容分相启动，线路需进行以下转换：将 242QS 置"2"位；将 296QS 置电容位。

其控制过程为：按下 404SK，567KA 得电动作。导线 560 经 567KA，使导线 561 有电。

——导线 561 经 566KA、527KT 使 213KM 和 533KT 得电，启动电容接入。

——导线 561 经 213KM、242QS 使导线 580 有电，通风机 1 接触器 205KM 得电动作并自持，通风机 1 开始启动，当其发电机电压达到 283AK 的整定值时，283AK 动作。

——导线 561 经 283AK 使 566KA 得电动作并自持，527KT 线圈失电。

——导线 561 经 566KA 联锁、$\overline{527KT}$ 的常开联锁切除 213KM 和 533KT 的供电电路，甩掉通风机 1 的启动电容，使通风机 1 进入正常工作状态。

——导线 561 经 $\overline{533KT}$ 联锁使导线 577 有电，为其他辅机的正常工作做好准备。

（4）"低压试验"控制及库内辅助电路三相电源试验。

机车"低压试验"时，将 242QS 打在"0 位"（即"试验"位），闭合按键 404SK，则 567KA、566KA 得电闭合，533KT 失电，$\overline{533KT}$ 联锁闭合，导线 577 有电，即可进行其他辅机接触器操作试验。但此时劈相机接触器 201KM 被切断。由此，又可将辅助电路库用插座接上三相 380 V 交流电，直接启动压缩机和各通风机，而无须启动劈相机。

4. 主压缩机控制（见附图 3，412）

按下"压缩机"按键开关 405SK，导线 577 经 405SK、517KF（压力调节器，风压低于 700 kPa 时闭合，风压高于 900 kPa 时断开）、566KA、579QS 使压缩机接触器 203KM 得电动作，2 s 后压缩机开始工作。其电路为：

577·405SK·517KF·566KA·579QS·$\boxed{203KM}$·400

若需高于 900 kPa 风压时，则可按 408SK（"强泵"按键开关），导线 577 直接经 408SK，使导线 597 得电，即短接 517KF 的联锁，从而使压缩机一直处于工作状态直到风压达到 1 000 kPa。其电路为：

577·408SK·566KA·579QS·$\boxed{203KM}$·400

这时，操作人员必须注意监听安全阀在 1 000 kPa 整定动作的冒气声，以便及时停止强泵工作。如果压缩机故障，只要把 579QS 置故障位即可。

以上是单节车的情况，当两节车重联时，另一节车的压缩机就通过内重联线 N597 进行控制，此时起作用的调节器是操纵车上的调节器，非操作车上的调节器不起作用。当两台车重联时，通过外重联线 W2597 对另一台车上的压缩机进行控制，以实现四台压缩机同时工作。

5. 通风机控制（见附图 3，409～410）

SS$_{4G}$ 型机车的通风机控制有手动启动和自动启动两种方式。

（1）手动控制。

按下"通风机"按键开关 406SK，导线 577 经 406SK 使导线 578 有电，经 566KA、242QS，通风机 1 隔离开关 575QS 使通风机 1 电源接触器 205KM 得电动作，通风机 1 开始启动。其电路为：

577·406SK·578·566KA·579·242QS·575QS·$\boxed{205KM}$·400

同时，$\overline{205KM}$ 联锁打开，使 535KT 失电，延时 3 s 后，$\overline{535KT}$ 联锁闭合。导线 579 经 $\overline{535KT}$ 联锁使导线 581 有电，再经通风机 2 的隔离开关 576QS 使通风机 2 的电源接触器 206KM 得电动作，通风机 2 开始动作。其电路为：

579·（575QS+$\overline{535KT}$）·581·576QS·$\boxed{206KM}$·400

同时，$\overline{206KM}$ 联锁打开，536KT 线圈失电，延时 3 s 后 $\overline{536KT}$ 联锁闭合，导线 581 经 $\overline{536KT}$ 联锁使导线 687 有电，然后，分别经 584QS 和 599QS 使 212KM 和 211KM 同时得电动作，即油泵和变压器风机同时开始启动，直至正常工作。其电路为：

581·（576QS+$\overline{536KT}$）·687·（584QS·$\boxed{212KM}$+599QS·$\boxed{211KM}$）·400

（2）自动控制。

所谓自动控制是指司机的调速手轮转到某一级以后，通风机能够自动地启动，投入正常工作。从附图 4 上可以看出 SS$_{4G}$ 型机车调速手轮转到 1.5 级以上时 417 导线有电，自启风机中间继电器 549KA 得电动作。此时 570QS 在"1"位，406SK 在非按下位。导线 577 经 $\overline{406SK}$ 联锁、570QS、549KA 的常开联锁为 549KA 提供电源使其自持。其电路为：

577·$\overline{406SK}$·570QS·603·549KA·417·$\boxed{549KA}$·400

同时，导线 603 经 549KA 的另一对常开联锁和 509V 使导线 578 有电，其电路为：

603·549KA·509V·578

接下来的控制过程与手动控制完全一样。

当司机控制器调速手轮退到"0"位时,导线417不再从司机控制器中得电,而是通过自持从导线577得电。所以,调速手轮回到"0"位时,通风机并不能自动关闭。若要关闭通风机,必须闭合406SK,切除549KA的自持电路,使其解锁,然后再断开406SK,这样就关闭了通风机的控制电路,通风机停止工作。此环节的作用是避免通风机频繁启动。

当两节车重联时,通过内重联线N578去控制另一节车的通风机工作。当两台车重联时,通过外重联线W2578去控制另一台车的通风机工作,以便实现所有机车的同步工作。

6. 制动风机控制（见附图3,411~412）

按下"制动风机"按键开关407SK,导线577经407SK、566KA、581QS使制动风机1的电源接触器209KM得电动作,制动风机1（5MA）开始启动。其电路为：

577·407SK·566KA·589·581QS·$\boxed{209KM}$·400

其中,566KA是劈相机启动中间继电器,581QS是制动风机1的隔离开关。当制动风机1故障或其他原因需要切除时,可以将581QS置故障位。

在制动风机1接触器209KM得电动作后,$\overline{209KM}$联锁打开,526KT线圈失电,延时3s后,$\overline{526KT}$联锁闭合,导线589经$\overline{526KT}$联锁、制动风机2的隔离开关582QS使制动风机2的接触器210KM得电动作,制动风机2（6MA）开始启动,并进入正常工作状态。其控制电路为：

589·($\overline{581QS}$ + $\overline{526KT}$)·582QS·$\boxed{210KM}$·400

两台制动风机启动完毕。

当两节机车重联时,通过内重联线N590控制另一节车的制动风机。当两台车重联时,通过外重联线W2590控制另一台车的制动风机。

7. 牵引控制（见附图4,303~306）

牵引控制有两种情况：一种是向前牵引,另一种是向后牵引。由司机控制器控制两位置转换开关进行转换。下面以主司机控制器627AC为例,分析向前牵引的控制：

闭合电钥匙导线466有电,经$\overline{12KM}$、$\overline{22KM}$、$\overline{32KM}$、$\overline{42KM}$联锁或20QP、50QP常开联锁使线路接触器中间继电器558KA线圈得电,其常开联锁闭合。控制电路为：

464·604QA·465·570QS·466·($\overline{12KM}$·$\overline{22KM}$·$\overline{32KM}$·$\overline{42KM}$ + 20QP + 50QP)·$\boxed{558KA}$·400

当627AC换向手柄置"前"位时,导线402、403、406有电。其控制电路为：

465·570QS·401·627AC$_1$·402 导线402为调速手轮的电源线;

465·570QS·401·627AC$_2$·403 导线403为向前位得电线;

$465 \cdot 570QS \cdot 401 \cdot 627AC_5 \cdot 406$　导线 406 为牵引位得电线。

导线 403 经 558KA，使 107YVF 和 108YVF 两个电磁阀得电。其控制电路为：

$403 \cdot 558KA \cdot (\boxed{107YVF} + \boxed{108YVF}) \cdot 400$

两位置开关方向鼓转到"向前"位。其中，107YVF 负责 1 号高压柜两位置转换开关转换，108YVF 负责 2 号高压柜两位置开关转换。

导线 406 经 558KA、牵引制动转换中继 $\overline{560KA}$ 联锁、励磁接触器 $\overline{92KM}$ 联锁，使 107YVT、108YVT 两个电磁阀得电，其控制电路为：

$406 \cdot 558KA \cdot \overline{560KA} \cdot \overline{92KM} \cdot (\boxed{107YVT} + \boxed{108YVT}) \cdot 400$

两位置开关工况鼓 107YVT、108YVT 转换到"牵引"位，从而完成了向前牵引的转换控制。

当两节车重联时，通过内重联线 N406 控制另一节车的两位置开关完成牵引转换。通过本节车的 N403 经内重联电缆的交叉重联，作用于另一节车的 N404，使另一节车的两位置开关完成向后转换，以保证全车牵引向前。

当两台车重联时，通过外重联线 W2406 控制另一台车的两位置开关，使另一台车完成牵引转换。通过本车的 N2403 经外重联电缆，最终作用于另一台车的 W2403，使另一台车完成向前转换，以确保两台机车方向一致。

8. 制动控制（见附图 4，302~304）

当主司机控制器换向手柄置"制动"位时，导线 402、403、405 有电。其控制电路为：

$465 \cdot 570QS \cdot 401 \cdot 627AC_1 \cdot 402$　导线 402 为调速手轮的电源线；

$465 \cdot 570QS \cdot 401 \cdot 627AC_2 \cdot 403$　导线 403 给空气管路提供机车向前的信号；

$465 \cdot 570QS \cdot 401 \cdot 627AC_4 \cdot 405$　导线 405 制动位得电线。

制动控制环节为：

$405 \cdot (\boxed{560KA} + \boxed{561KA}) \cdot 400$　牵引转换中继得电，保证机车工况的唯一性。

$465 \cdot 560KA \cdot 558KA \cdot (\boxed{107YVB} + \boxed{108YVB}) \cdot 400$

两位置转换开关工况鼓转换到"制动"位，从而完成了向前制动的转换控制。

当两节车重联时，通过内重联线 N405，使另一节车的两位置开关转到"制动"位，保证两节车同步工作。当两台车重联时，通过外重联线 W2405，使另一台车的两位置开关转到"制动"位，保证两台机车同步工作。

9. 风速延时控制（见附图 4，311~312）

当通风机正常工作后，安装在风道中的风速继电器就会动作，见附图 3 右上方。其控制过程为：导线 561 经 519KF（牵引风速继电器 1）使牵引风速 1 中间继电器 550KA 得电动作；导线 561 经 520KF（牵引风速继电器 2）使牵引风速 2 中间继电器 551KA 得电动作；同样，导线 561 经 511KF（制动风速继电器 1）和 512KF（制动风速继电器 2）分别使制动风速 1 中间继电器 541KA 和制动风速 2 中间继电器 542KA 得电动作。其控制电路：

561・519KF・ 550KA ・400
561・520KF・ 551KA ・400
561・511KF・ 541KA ・400
561・512KF・ 542KA ・400

（1）牵引时，导线 406 有电，经 $\overline{560KA}$ 联锁使导线 518 有电，再经 219QA 和 550KA，使导线 516 有电。然后经 551KA 和 220QA 使导线 514 有电，风速延时继电器 530KT 得电动作，其常开联锁闭合。控制电路为：

406・$\overline{560KA}$・518・[219QA・(573QS+550KA)+575QS]・516・[(574QS+551KA)・220QA+576QS]・514・ 530KT ・400

550KA、551KA 联锁两端分别并有牵引风速 1、牵引风速 2 的隔离开关 573QS、574QS 的联锁。当牵引风速继电器 1 或 2 动作不良时，将 573QS 或 574QS 置故障位，短接 550KA 或 551KA 联锁，以便机车继续运行。此时，219QA 和 220QA 继续担任保护任务。575QS、576QS 分别是牵引风机 1、牵引风机 2 隔离开关，当某一牵引风机故障时，将相应的隔离开关置故障位，在切除故障风机的同时，也短接相应的风速环节。

（2）制动时，导线 405 有电，560KA 线圈得电，560KA 常开联锁闭合。导线 405 经 560KA 常开联锁使导线 524 有电，再经 223QA 和 541KA 使导线 521 有电，然后经 224QA 和 542KA 使导线 518 有电，控制电路为：

405・560KA・524・[223QA・(589QS+541KA)+581QS]・251・[224QA・(590QS+542KA)+582QS]・518

518 导线得电后，530KT 线圈得电电路与牵引时相同。

其中，223QA、224QA 分别是制动风机 1、制动风机 2 自动开关保护联锁。并联在 541KA、542KA 联锁两端的隔离开关 589QS、590QS 分别是制动风速 1、制动风速 2 隔离开关；581QS、582QS 分别是制动风机 1、制动风机 2 隔离开关。当某一制动风机故障时，将相应隔离开关置故障位，一方面切除故障风机，另一方面短接相应的风速环节，使机车能维持运行。

10．预备环节控制（见附图 4，303）

当全车整备电路控制完成时，最终产生的结果是预备中间继电器 556KA 得电动作。

（1）牵引工况。

向前牵引时，导线 403 经 $\overline{561KA}$ 联锁、107QPF（向前时闭合）、108QPF（向前时闭合）使导线 427 有电，经 108QPT（牵引时闭合）、107QPT（牵引时闭合）使导线 429 有电。其电路为：

403・$\overline{561KA}$・107QPF・108QPF・427・108QPT・107QPT・429

当司机控制器调速手轮处于低级位时（1.5 级以下），$\overline{525KT}$ 联锁一直处于闭合状态，导线 429 经 $\overline{525KT}$ 联锁、567KA（此时劈相机已工作，该联锁已闭合）和 $\overline{560KA}$，使导线 432 有电，再经 4QF 联锁使 556KA 得电动作；当司机控制器调速手轮处于高级位（1.5 级以上），延时 25 s 后，$\overline{525KT}$ 联锁打开，导线 429 经 530KT 联锁使导线 432 有电，然后经 4QF 使 556KA 得电动作。其电路为：

429·($\overline{525KT}$·567KA·$\overline{560KA}$+530KT)·4QF·$\boxed{556KA}$·400

预备中间继电器 556KA 得电，标志着预备环节完成。

牵引向后时，导线 404 经 107QPBW（向后闭合）和 108QPBW（向后闭合），使导线 427 有电，以后的环节与向前牵引完全一样。

由此可见牵引时要使 556KA 得电动作，必须具备以下几个条件：
① 司机操作电钥匙必须给上，即 570QS 置"1"；
② 两位置转换开关必须转到位；
③ 主断路器必须闭合；
④ 劈相机必须工作；
⑤ 高级位时，风速延时必须完成。

（2）制动工况。

机车电阻制动时，换向手柄由"前"位转到"制"位，导线 404 无电、405 有电，403 虽有电但不起作用，所以起作用的只是 405 导线。它一路经 209KM、210KM、91KM 的常开联锁使 429 有电，再经 530KT 和 4QF 使 556KA 得电动作。其中 91KM 受线路接触器的辅助联锁控制，线路接触器又受零位延时时间继电器的控制，所以制动时，要使 556KA 动作，司机控制器的调速手轮必须离开"0"位。另一路使牵制转换中继 560KA、561KA 得电，525KT 支路串联 $\overline{560KA}$ 联锁打开，低位延时不起作用。控制电路为：

405·($\boxed{560KA}$+$\boxed{561KA}$)·400
405·(581QS+209KM)·(582QS+210KM)·91KM·429·530KT·4QF·$\boxed{556KA}$·400

（三）调速控制电路（见附图 4）

当机车整备完毕，机车状态信号显示一切正常时，可进行调速控制。调速控制是通过司机控制器的调速手轮来完成，下面分几个环节加以介绍。

1. 零位控制（见附图 4，301～308/E）

SS_{4G} 机车由完全相同的两节车重联而成，每节车只有一个司机室，每个司机室内装有主、辅司机控制器各一只，所以一台车共有 4 只司机控制器。每节车都有自己独立的零位中间继电器 568KA 和零位延时时间继电器 532KT。

（1）单节车时，导线 464 经 604QA 使导线 465 有电，再经 570QS（1）闭合位和 $\overline{532KT}$ 联锁，使导线 418 有电，并送入司机控制器调速手轮的第一层联锁上。若此时调速手轮处于"0"位，则导线 418 经主司机控制器 627AC"0"位使导线 411 有电。再经辅助司机控制器 628AC"取"位使导线 412 有电，568KA 得电动作。其控制电路为：

464·604QA·570QS·466·$\overline{532KT}$·418·627AC_1·411·628AC_1·412·$\boxed{568KA}$·400

当主司机控制器调速手轮离开"0"位（机械零位）时，导线411失电，最终导致568KA失电；同时因627AC调速手轮离开"0"位后，导线415得电，零位延时时间继电器532KT得电吸合，其常闭联锁打开，导线418无电，进一步保证568KA失电。另外因532KT的常开联锁闭合，将使线路接触器得电动作，线路接触器控制环节将在下面详细介绍。

（2）两节车重联时，通过N415去控制另一节车的532KT，通过N418去控制另一节车的568KA，达到两节车零位同步控制的目的。如非操纵节司机控制器不在"0"位，且570QS已合上，则通过N415重联线使操纵节532KT吸合，操纵节虽在"0"位，因$\overline{532KT}$打开导致全车568KA不能吸合。

（3）两台机车重联时，通过W2415和W2418分别控制另一台车的532KT和568KA，以达到所有重联机车零位同步控制的目的。

2. 低级位延时控制（见附图4，302/F）

当627AC的调速手轮转到1.5级以上时，导线417有电，525KT得电并开始延时，25 s后，其常闭联锁打开。525KT是电子式低级位延时时间继电器，得电后延时主要用于机车低级位时免开通风机进行调车作业以及在启动通风机的过程中快速起动机车，并具有防止机车因信号不正常而引起"窜车"的作用。

3. 线路接触器控制（见附图4，309～311）

线路接触器是沟通牵引电机主电路的主要电器。其控制关系是：导线531经532KT、10QP、60QP联锁，使导线501有电。其控制电路为：

531·$\overline{532KT}$·10QP·60QP·501

其中，10QP、60QP分别是1、2高压柜中空载试验转换开关的辅助联锁，在运行位时闭合。当机车处于牵引状态时，导线501经$\overline{561KA}$联锁，分别使导线496和497有电，导线496经575QS使导线481有电，然后分别经19QS、29QS，使线路接触器12KM、22KM得电动作；而导线497经576QS使导线485有电，然后分别经39QS、49QS，使线路接触器32KM、42KM得电动作，此时牵引状态的电机主电路构成。

上述支路中，19QS～49QS分别是牵引电机1M～4M的隔离开关的辅助联锁，575QS、576QS是牵引风机隔离开关，在隔离相应风机的同时，也隔离了牵引电机，避免牵引电机无风烧损。以1M电机线路接触器为例，其控制电路为：

501·$\overline{561KA}$·496·575QS·$\overline{19QS}$·471·$\boxed{12KM}$·400

当机车处于制动状态时，导线501一路经581QS、561KA的常开联锁使导线496有电；另一路经582QS、561KA的另一对常开联锁，使导线497有电，接下来的环节与牵引时相同。

581QS、582QS分别是制动风机1、制动风机2的隔离开关，当某一制动风机故障时，在隔离相应风机的同时，也隔离了牵引电机，避免烧坏制动电阻。仍以1M电机线路接触器为例，其控制电路为：

$501 \cdot 581QS \cdot 561KA \cdot 575QS \cdot \overline{19QS} \cdot \boxed{12KM} \cdot 400$

4. 调速控制

SS₄G 机车的调速控制主要是由无接点控制电路（电子控制电路）来完成，在此仅对与调速有关的有接点控制电路进行介绍。

（1）调速信号给定（见附图 4，301～308/B）。

机车速度的给定信号由司机控制器输出。当司机转动调速手轮时，速度给定及相应电流给定信号也随之改变，达到控制机车速度的目的。主司机控制器 627AC 输出的速度给定信号通过电位器 637R 完成。在这一环节中，1701 是从电子控制柜内送出的+15 V 电源线，700 是地线；1703 是速度给定信号线，送入电子柜 AE，电子柜根据这一信号的大小，对机车速度及电机电流实施控制。

（2）磁场削弱控制（见附图 4，306～307）。

调速手轮转到 6 级以上，牵引电机的端电压达到额定值，为了充分发挥机车牵引力，可实施磁场削弱，此时，导线 401 经 627AC 使导线 410 有电。其控制电路为：

$401 \cdot 627AC_5 \cdot 410$

若把 627AC 的换向手柄置 1 级磁场削弱位，导线 410 经 627AC₆ 使导线 407 有电，I 级磁削的两个电磁阀 17YV 和 47YV 得电动作，受其控制的相应接触器闭合，电机完成I级磁削弱。其控制电路为：

$410 \cdot 627AC_6 \cdot 407 \cdot (\boxed{17YV} + \boxed{47YV}) \cdot 400$

若此时把 627AC 的换向手柄置 2 级削弱位，则导线 410 经 627AC₇ 使导线 408 有电，而 407 失电。导线 408 分别经 17KM 和 47KM 使导线 458 和 459 得电，Ⅱ级磁削的两个电磁阀 18YV 和 48YV 动作，相应接触器闭合，电机完成Ⅱ级磁场削弱。其控制电路为：

$410 \cdot 627AC_7 \cdot 408 \cdot (\overline{17KM} + 18KM) \cdot \boxed{18YV} \cdot 400$
$410 \cdot 627AC_7 \cdot 408 \cdot (\overline{47KM} + 48KM) \cdot \boxed{48YV} \cdot 400$

若把 627AC 的换向手柄置 3 级削弱位，则导线 410 经 627AC₆、627AC₇ 使导线 407 和 408 得电，17YV、47YV、18YV、48YV 都得电动作，相应接触器闭合，电机完成Ⅲ级磁削。其控制电路为：

$410 \cdot 627AC_6 \cdot 407 \cdot (\boxed{17YV} + \boxed{47YV}) \cdot 400$
$410 \cdot 627AC_7 \cdot 408 \cdot (\overline{17KM} + 18KM) \cdot \boxed{18YV} \cdot 400$
$410 \cdot 627AC_7 \cdot 408 \cdot (\overline{47KM} + 48KM) \cdot \boxed{48YV} \cdot 400$

5. 励磁接触器控制（见附图 4，304）

当司机控制器的换向手柄置"制动位"时，导线 405 有电，经制动缸压力继电器 516KF（风压小于 150 kPa 闭合），线路接触器 12KM～42KM 以及位置开关工况鼓 107QPB（制动位闭合）、108QPB（制动位闭合），使导线 439 得电。经励磁过流中间继电器 559KA 常闭联锁，使励磁接触器 91KM、92KM 得电动作，其控制电路为：

405·$\overline{516KF}$·12KM·22KM·32KM·42KM·107QPB·108QPB·439·($\boxed{92KM}$ + $\overline{559KA}$·$\boxed{91KM}$)·400

（1）牵引电机故障。

当某一牵引电机故障时，需将相应的牵引电机隔离开关 19QS～49QS 置故障位，断开主电路中故障牵引电机的工作电路，在控制电路中是用相应的辅助联锁短接线路接触器的联锁来实现的。例如：当牵引电机 1M 故障时，需将Ⅰ号高压电器柜中的"19QS"置故障位，则线路接触器 12KM 失电打开，19QS 联锁短接 12KM 的正联锁，导线 405 经 $\overline{516KF}$、19QS、22KM、32KM、42KM 等使励磁接触器 91KM、92KM 得电动作。

（2）通风机故障。

① 牵引通风机故障：

牵引风机 1 故障时，将其故障转换开关 575QS 置"0"位，即故障位。此时若想使用电制动，必须将Ⅰ号高压柜中 19QS 和 29QS 隔离开关置故障位。在牵引电机 1M、2M 退出主电路的同时，用 19QS、29QS 联锁，使导线 447 有电。

牵引风机 2 故障时，将其故障转换开关 576QS 置"0"位，即故障位。此时若想使用电制动，必须将Ⅱ号高压柜中 39QS、49QS 隔离开关置故障位。在牵引电机 3M、4M 退出主电路的同时，用 39QS、49QS 联锁，使导线 441 有电。

② 制动风机故障。

制动风机 1 故障时，将其故障转换开关 581QS 置"0"位，即故障位。12KM、22KM 失电，导线 405 经 $\overline{516KF}$、581QS、575QS、560KA 使导线 447 有电。

当制动风机 2 故障时，将其故障转换开关 582QS 置"0"位，即故障位。32KM、42KM 失电，导线 447 经 582QS、576QS、560KA 使导线 441 有电。

导线 447、441 有电后，91KM、92KM 得电线路与正常时相同。

6. 功补接触器控制（见附图 4，307～309）

导线 466 经功补隔离开关 572QS 使导线 494 有电，经功补过流中间继电器 $\overline{555KA}$ 联锁使导线 492 有电，经 126KM、$\overline{129QS}$ 及 166KM、$\overline{169QS}$ 分别使 124KM 及 164KM 得电动作；经 116KM、$\overline{119QS}$ 及 156KM、$\overline{159QS}$ 分别使 114KM、154KM 得电动作，其控制电路为：

466·572QS·$\overline{555KA}$·492

492·116KM·$\overline{119QS}$·AE·$\boxed{114KM}$·400

492·156KM·$\overline{159QS}$·AE·$\boxed{154KM}$·400

492·126KM·$\overline{129QS}$·AE·$\boxed{124KM}$·400

492·166KM·$\overline{169QS}$·AE·$\boxed{164KM}$·400

其中，116KM、126KM、156KM、166KM 是功补电容的放电接触器，119QS、129QS、159QS、169QS 分别是 77PFC、78PFC、87PFC、88PFC 主隔离开关的辅助联锁，4 个功补接触器闭合后，为功补投入做好准备。

功补电容的放电接触器 116KM、126KM、156KM、166KM 受导线 466 控制。当司机断开电钥匙,即 570QS 处于"0"位时,导线 466 失电,则 116KM、126KM、156KM、166KM 均失电,其放电接触器闭合,对电容放电;同时其辅助正联锁打开,分别使 114KM、124KM、154KM、164KM 失电,功补退出主电路。

7. 重联中间继电器控制(见附图 4,311~316)

当两台机车重联时,除 400 线以外的所有重联控制信号都经过重联中间继电器的联锁,以便于意外时及时切除重联控制信号。每一台车上分别装有 4 个重联中间继电器,受一个隔离开关的控制。导线 531 经 570QS(1) 使导线 525 有电,经 592QS(1) 使导线 526 有电,545KA~548KA 4 个中间继电器都有电,接通重联控制信号,其控制电路为:

531 · 570QS(1) · 592QS · 526 ·($\overline{545KA}$ + $\overline{546KA}$ + $\overline{547KA}$ + $\overline{548KA}$)· 400

当两节车重联时,通过内重联线 N562,使另一节车 526 得电,另一节车 545KA~548KA 得电动作,接通后一节车的外重联控制信号。

8. 司机钥匙互锁控制(见附图 4,309B~310B)

为了防止一台车的两个司机室内都使用电钥匙开关而造成窜车的现象,在 SS_{4G} 型机车上加装了钥匙互锁环节。

当 A 节车为操纵端时,B 节车应该是非操纵端,即 B 节车的 570QS 应处于"0"位。所以,A 节车的 401 有电,而 B 节车的 401 无电。A 节车的 401 通过内重联线 N401a 送入 B 节车的 N401b,作用于 B 节车的 569KA,使 569KA 得电动作,其常闭联锁打开,确保非操纵端送入电子柜 AE 的操纵信号 419 无电,使非操纵端的电子柜始终接受调制信号。若在 A 节车给电钥匙的情况下,B 节车也给上电钥匙,则两节车的 401 都有电,两节车的 569KA 都得电,从而使两节车的 419 线均无电,两个电子柜都处于接收状态,其结果是牵引无流,不会造成机车窜车。

(四)保护控制(见附图 3,408~409)

保护控制是指保护对主电路、辅助电路有关的执行控制。根据机车的使用情况和可能产生故障的严重程度,保护结果有两种:一是跳主断路器;二是跳接触器。

1. 原边过流

当原边过流继电器 101KC 检测到原边过流而动作时,导线 1780 经 101KC 使导线 552 有电,原边过流中间继电器 565KA 得电动作,其正联锁闭合并自持,主断路器分断。其控制电路为:

1780 ·($\overline{562KA}$ · 546 · 565KA + 101KC)· 552 · $\overline{565KA}$ · 400

531 · 565KA · 544 · 4QF · $\overline{4QFF}$ · 4KF · 400

2. 次边过流

由电流互感器 176TA、177TA、186TA、187TA 检测次边过流信号，然后送到电子柜，当电子柜判断出次边过流时，送出 110 V 的电压信号，这一信号直接作用于 565KA，使 565KA 得电动作并自持，最后使主断路器分断。这一信号标注线是 552 与原边过流执行信号共用，电路完全相同。

3. 牵引电机过流

由电流传感器 111SC～142SC 检测牵引电机的电流信号，然后送入电子柜 AE，由电子柜来判断牵引电机是否过流及哪一台过流。若一旦判断某台电机过流，则电子柜送出 +110 V 的电压信号，这一信号直接作用于牵引电机过流中间继电器 557KA，使其得电动作。557KA 得电后一方面通过其本身的正联锁自持，另一方面导线 531 通过它的另一对触点使导线 544 有电，主断路器分断。其控制电路为：

（AE + 1780·$\overline{562KA}$·546·557KA）·554·$\boxed{557KA}$·400

531·557KA·544·4QF·$\boxed{4QFF}$·4KF·400

4. 主电路接地

SS_{4G} 型机车采用转向架独立供电，每一转向架的主电路上设有一个接地继电器。当某一接地继电器动作时，其联锁接通 531 与 544 之间的电路，使导线 544 有电，主断路器分断。例如 97KE 动作，导线 531 通过 97KE 的常开联锁，使导线 544 有电。其控制电路为：

531·97KE·544·4QF·$\boxed{4QFF}$·4KF·400

5. 辅助系统过流

由辅助系统过流继电器 282KC 来检测。当 282KC 检测到辅助系统过流时动作，其正联锁闭合，接通辅助系统过流中间继电器 564KA 的供电电路，564KA 得电动作并自持。导线 531 经 564KA 的正联锁使导线 544 有电，主断路器分断。其控制电路为：

1780·（282KC + $\overline{562KA}$·546·564KA）·550·$\boxed{564KA}$·400

531·564KA·544·4QF·$\boxed{4QFF}$·4KF·400

6. 辅助电路接地

当辅助电路接地时，辅助电路接地继电器 285KE 得电动作，导线 531 经 285KE 使导线 544 有电，主断路器分断。其控制电路为：

531·285KE·544·4QF·$\boxed{4QFF}$·4KF·400

7. 零压（失压）保护

由零电压时间继电器 286KT 来检测，检测环节见辅助电路原理图。当机车处于零电压或失压超过 2 s 以上时，286KT 失电，其常闭联锁闭合，导线 546 经 $\overline{286KT}$ 联锁使导线 551 有电，零压中间继电器 563KA 得电动作，其正联锁闭合，使导线 544

有电，主断路器分断。其中，导线561受劈相机中间继电器567KA的控制，所以零压保护只有当劈相机投入工作时才起作用。其控制电路为：

1780·$\overline{562KA}$·546·$\overline{286KT}$·551·$\boxed{563KA}$·400

561·503V·236QS（0）·563KA·544·4QF·$\boxed{4QFF}$·4KF·400

若劈相机未投入工作，则零压保护只亮"零压"故障灯，不跳主断路器。

8. 紧急制动

紧急制动的控制信号来自信号柜和紧急制动按钮，这一信号的线号为912，导线912经隔离二极管504V使导线544有电，使主断路器分断。电路为：

912·504V·544·4QF·$\boxed{4QFF}$·4KF·400

9. 励磁过流

励磁过流的检测信号直接接入电子柜，由电子柜来判断励磁是否过流。若励磁过流，电子柜送来的一个+110V的电压信号直接作用于励磁过流中间继电器559KA。559KA得电后，通过其自身的一对正联锁自持，而另一对常开联锁切除91KM的供电电路使励磁无流，以保护励磁电路。其控制电路为：

（1780·$\overline{562KA}$·546·559KA+AE）·$\boxed{559KA}$·400

10. 功补过流

功补过流也是由电子柜来判断，当功补过流时，功补过流中间继电器555KA接受到电子柜送来的+110V的电压信号得电动作。$\overline{555KA}$联锁打开，切除功补接触器114KM、124KM、154KM、164KM的供电电路，使功补退出主电路。

11. 故障保护的恢复控制

上述各种故障保护，其自持的中间继电器由恢复中间继电器$\overline{562KA}$联锁（1780~564之间）维持。故障消除后，闭合主断路器的同时562KA线圈得电，$\overline{562KA}$联锁打开，使所有保护中间继电器失电打开，故障及其信号恢复到保护前的状态。

（五）信号控制电路（见附图5）

SS_{4G}型机车的司机室内，安装有主显示屏和辅显示屏各一块，采用LED式发光二极管作光源，用+15V电源（线号790）或+110V电源（线号690）。主、辅显示屏的外形及显示的数目完全相同，都是32个信号。主显示屏显示的是机车的主要状态及主要故障，辅显示屏显示的是对主显示屏显示内容的补充说明。如主显示屏显示"主接地"，辅显示屏将显示某一架接地。司机通过对机车信号的观察，可以了解机车的工作状态。

1. 主显示屏的显示

"前节车"——表示显示的内容是前节车，即操纵端的一节机车。颜色是绿色，长亮。

"后节车"——表示显示的内容是后节车,即非操纵端的一节机车。颜色是绿色,长亮。

"预备"——该信号受预备中间继电器 $\overline{556KA}$ 联锁控制。当机车预备完成后,556KA 得电动作,其反联锁打开,导线 703 无电,"预备"信号灯灭,表示机车预备完毕。

"电子柜预备"——当电子柜 A、B 组转换开关置工作位,电子柜电源板工作正常时,导线 1719 失电,"电子柜预备"信号灯灭,表示电子柜能开始工作。

"主断"——该信号受 $\overline{4QF}$ 联锁控制。当主断路器合上时,其反连锁打开,导线 704 失电,"主断"信号灯灭,表示主断路器已合上。

"零压"——当机车处于零电压状态时,零压中间继电器 563KA 得电动作,导线 690 经 563KA 使导线 705 有电,"零压"信号灯亮,表示机车在零压状态。

"原边过流"——当原边过流中间继电器 565KA 得电动作时,导线 690 经 565KA 的正联锁,使导线 706 有电,"原边过流"信号灯亮,表示机车主变压器原边有过流现象。

"主接地"——当主接地继电器 97KE 或 98KE 动作时,导线 690 经 97KE 或 98KE 使导线 701 或 702 有电,送入辅显示屏,使辅显示屏中的"主接地 1"或"主接地 2"信号灯亮,同时,通过辅显示屏的隔离二极管,送出 707 导线到主显示屏内,"主接地"信号灯亮,表明机车处于主接地状态下。

"牵引电机"——当电子柜检测出某台牵引电机过流时,电子柜送出一信号作用于 557KA 使其得电动作,导线 690 经 557KA 的常开联锁,使导线 708 有电,"牵引电机"信号灯亮,表明某台或全部牵引电机过流。

"零位"——当司机控制器调速手轮处于零位时,零位中间继电器 568KA 得电动作,导线 690 经 568KA 使导线 709 有电,"零位"信号灯亮,表示机车的调速手轮处于零位。

"励磁过流"——当电子柜检测出励磁电路电流时,送出一个信号,使 559KA 得电动作,导线 690 经 559KA 使导线 710 有电,"励磁过流"信号灯亮,表示机车励磁电路有过流现象。

"空转"——当电子柜检测出机车有空转现象时,送出一个信号,1717 导线得电,"空转"信号灯亮,表示机车有空转现象。

"劈相机"——该信号灯受 201KM、566KA 及 567KA 控制。当劈相机启动时,567KA 得电动作,导线 690 经 $\overline{566KA}$、567KA 使导线 718 有电,"劈相机"信号灯亮。当劈相机启动完毕,566KA 得电动作,$\overline{566KA}$ 打开,导线 718 失电,"劈相机"信号灯灭。若劈相机启动失败,则劈相机的电源接触器 201KM 失电,其常闭联锁闭合。690 线经 $\overline{201KM}$ 和 567KA 使导线 718 有电,劈相机信号灯亮,表示劈相机故障。所以如果劈相机启动正常,其信号灯应该先亮一下,接着就灭,时间约 2 s 左右。若点亮时间较长,可能使劈相机启动困难,必须及时关闭。

"功补"——当电子柜检测出功率因数补偿有过流现象时，功补过流继电器 555KA 得电动作。导线 690 经 555KA，使导线 728 有电，"功补"信号灯亮，表示机车功补过流。

"辅助回路"——当辅助电路有过流、接地现象时，从辅显示屏中送出一信号，导线 720 有电，"辅助回路"信号灯亮，表示机车的辅助电路有故障。

"电制动"——当机车进入电制动状态时，司机控制器的换向手柄置"制"位，调速手轮离开"0"位，92KM 得电动作，导线 690 经 92KM 使导线 725 有电，"电制动"信号灯亮，表示机车正处于电制动状态。

"控制回路接地"——当控制电路的高电位发生接地时，控制电路中间继电器 554KA 得电动作，导线 690 经 554KA 使导线 757 有电，"控制回路接地"信号灯亮，表示机车控制电路有接地现象。

以上介绍的是主显示屏的本节机车的状态及故障情况。这些故障及机车状态信号通过内重联线进入另一节机车的主显示屏，所以，司机室内的主显示屏能够反映整车的状态及故障情况。

2. 辅显示屏的显示

辅显示屏也能反映出整车的情况，只不过它反映的是机车故障的细节。对本节机车所显示的内容说明如下：

"主接地 1"——当主接地继电器 97KE 得电动作时，导线 690 经 97KE 常开联锁，"主接地 1"信号灯亮，表示第一转向架所属的主电路有接地现象。

"主接地 2"——当主接地继电器 98KE 得电动作时，导线 690 经 98KE 常开联锁，"主接地 2"信号灯亮，表示第二转向架所属的主电路有接地现象。

"牵引电机 1"——当电子柜检测到牵引电机 1 过流时，从内部送出的信号线 1711 有电，"牵引电机 1"信号灯亮，表示"牵引电机 1"过流。

"牵引电机 2"——当电子柜检测到牵引电机 2 过流时，从内部送出的信号线 1712 有电，"牵引电机 2"信号灯亮，表示牵引电机 2 过流。

"牵引电机 3"——当电子柜检测到牵引电机 3 过流时，从内部送出的信号线 1713 有电，"牵引电机 3"信号灯亮，表示牵引电机 3 过流。

"牵引电机 4"——当电子柜检测到牵引电机 4 过流时，从内部送出的信号线 1714 有电，"牵引电机 4"信号灯亮，表示牵引电机 4 过流。

"辅接地"——当辅助电路发生接地时，285KE 得电动作，导线 690 经 285KE 常开联锁使 756 有电，"辅接地"信号灯亮，表示机车的辅助电路有接地现象。

"牵引风机 1"——该信号灯受 219QA、205KM 及 550KA 的控制。205KM 得电闭合，导线 690 经 550KA 和 205KM 使导线 731 有电，该信号灯亮；当风机加速到一定速度时，风速继电器动作，风速中间继电器 550KA 得电动作，其常闭联锁打开，导线 731 失电，该信号灯灭，表示牵引风机 1 启动正常。所以牵引风机 1 从启动到正常工作，其信号灯应该是先亮一下，接着就灭，若信号灯不灭，则可能是风机没有启动或风向反了。当过流时 690 经 219QA 常闭联锁使 731 有电,信号灯亮。

"牵引风机 2"——该信号灯受 220QA、206KM 及 551KA 的控制,控制过程与"牵引风机 1"信号灯相似。

"制动风机 1"——该信号灯受 223QA、209KM 及 541KA 的控制,控制过程与"牵引风机 1"信号灯相似。

"制动风机 2"——该信号灯受 224QA、210KM 及 542KA 的控制,控制过程与"牵引风机 1"信号灯相似。

"压缩机"——该信号灯只受压缩机保护开关 217QA 的控制。当 217QA 动作后,导线 690 经 217QA 使导线 751 有电,"压缩机"信号灯亮,表示压缩机电机故障。

"油泵"——该信号灯受油泵保护开关 228QA、油泵接触器 212KM 以及油流继电器 518KF 的控制。当油泵启动时,212KM 得电动作,导线 690 经 212KM 的辅助正联锁和 $\overline{518KF}$ 联锁,使导线 753 有电,"油泵"信号灯亮;当油泵加速到一定程度时,518KF 动作,$\overline{518KF}$ 联锁打开,导线 753 失电,"油泵"信号灯灭。若启动失败,228QA 动作,其正联锁闭合,导线 690 经 228QA 使导线 753 有电,"油泵"信号灯长亮,表示油泵故障。当然,若 518KF 故障,也会使该信号灯长亮。

"变压器风机"——该信号灯只受变压器保护开关联锁 227QA 的控制。当 227QA 动作时,导线 690 经 227QA 使导线 754 有电,"变压器风机"信号灯亮,表示变压器风机故障。

"辅过流"——当辅助系统过流时,564KA 得电动作,导线 690 经 564KA 常开联锁使 755 有电,"辅过流"信号灯亮,表示辅助系统过流。

"DKL"——当逻辑制动单元故障时,该信号灯亮。

(六)照明控制电路(见附图 6)

机车照明控制电路是一些灯及发光管的控制电路。SS_{4G} 型机车照明控制电路主要包括前照灯、辅照灯、标志灯、各室照明灯和仪表照明灯等环节,它们均通过按键开关及扳钮开关进行控制。

1. 前照灯控制

电源由 464 经 "前照灯" 自动开关 606QA 提供,按下主、副台 "前照灯" 按键开关 410SK、418SK,前照灯接触器 440KM 得电吸合,前照灯 449EL 点亮。

2. 辅照灯控制

辅照灯电源由 464 经 607QA 提供。当按下辅前照灯按键开关 417SK,经限流电阻 633R,接通 468EL1、469EL1,辅前照灯投入工作。当按下辅后照灯按键开关 409SK,经限流电阻 634R 接通 468EL2,辅后照灯投入工作,限流电阻是限流灯泡冷态启动电流,以提高灯泡寿命。在夜间调车作业时,司机可操纵后端辅前照灯朝后方向照明。

机车辅前照灯主要是作为机车前方的近距离照明，前照灯作为远距离照明，从而扩大了机车前方远、近照明的空间。

3. 标志灯控制

根据《铁路技术管理规程》的规定，在机车两端副司机侧设置了红色标志灯。当按下前标志灯按键开关 415SK，前标志灯 465EL1 投入工作。当按下后标志灯按键开关 416SK，后标志灯 464EL2 投入工作。

4. 各室照明控制

各室照明电源由 464 经 608QA 提供。

司机室照明灯 448EL1、449EL1 受副台按键开关 442SK 控制。

各室照明灯 460EL、461EL、462EL 受副台按键开关 420SK 控制。

走廊照明灯 452EL1～456EL1、452EL2～456EL2、457EL 受副台按键开关 421SK 与走廊开关 571QS 交叉控制通断。

5. 仪表照明控制

仪表照明为 24 V，其电源由 464 经 614QA、逆变器 426VC 至 780 提供。通过副台仪表照明按键开关 419SK 控制。

6. 电风扇控制

电风扇电源由 464 经 610QA 提供。按下电扇开关 413SK，电扇开始工作。

本章小结

交-直型电力机车主电路包括网侧高压线路、调压整流线路、负载线路以及各种保护线路。衡量电力机车主电路性能，一般从调压方式、供电方式、磁场削弱、电气制动方式来考察。

SS_{4G} 电力机车主电路采用交-直传动形式，转向架独立供电，三段不等分半控桥顺序调压，加馈电阻制动，三级磁场削弱。

辅助电路中的辅助设备是为了保证机车主电路正常工作和实现各种辅助功能而设置的，主要有：分相设备——为三相异步电机提供三相电；空气压缩机——产生压缩空气，用以进行制动和驱动部分电空电器；通风机组——用以冷却牵引电机、硅整流机组、主变压器、平波电抗器、制动电阻等电器设备。

辅助电路通常分为单三相供电系统、三相负载电路、单相负载电路和保护电路。SS_{4G} 型电力机车辅助电路设一台劈相机，当劈相机出现故障时，用第一牵引通风机代替劈相机电容分相启动，以保证辅助电路正常工作。

控制电路是指将司机控制器，低压电器及主电路、辅助电路中各电气的电磁线圈及其联锁等组成的电路。通过控制电路可以使主电路和辅助电路中的电器协调动作。

机车控制电路分为有节点控制和无节点控制电路两部分。有节点控制电路根据各环节作用不同分为控制电源、整备控制、调速控制、保护控制、信号控制、照明控制等。

机车上的 DC 110 V 电源系统由 110 V 控制电源屏和蓄电池组成，通常情况下两者并联共同为电机提供稳定 DC 110 V 电源。机车 110 V 电源有两种：一种是 IPM 高频开关电源柜，SS_{7E} 电力机车使用。另一种是相控电源柜，SS_{4G} 型电力机车使用。

整备控制是指机车动车前的各项操作，如升降受电弓，分合主断路器，启动劈相机、空气压缩机、通风机等操作。

调速控制主要是由机车电子控制系统或微机控制系统来完成的，司机通过主、辅司机控制器调速手轮（手柄）可以进行速度控制。

根据机车的使用情况和可能产生故障的严重程度，保护有两种结果：一是跳主断路器；二是跳接触器。

在机车司机室操纵台上安装有故障指示灯，显示机车主要状态，司机通过对机车信号的观察，可以了解机车工作状态。机车的照明控制电路是一些灯及发光管的控制电路。

复习思考题

一、填空题

1. 电力机车通过_____将接触网单相_____kV、50 Hz 的交流电引入牵引变压器。

2. 电力机车电气线路主要由主电路、_____电路和_____电路 3 部分组成。

3. 主电路是指将_____及其相关电气设备（如牵引变压器、主断路器、整流器、转换开关等）用_____或铜排连接而成的线路。

4. 机车主、辅、控三大线路在电方面相互独立，通过电磁、_____或_____相互联系。

5. 电力机车主电路的电压为牵引电动机端电压，电流为_____，因此该线路具有电压高，电流大的特点，又称_____线路。

6. 机车主电路是完成能量转换，产生_____和_____，实现机车起动、调速和制动三个基本功能的电路。

7. 机车辅助电路是指将_____和_____及其相关的电气设备连接而成的线路。

8. 辅助电路的作用是保证_____正常工作，改善_____工作条件。

9. 机车控制电路是一种逻辑线路，属于低压直流小功率电路，主要由司机控制器、低压电器、主电路与辅助电路中的各电器_____和_____、开关等构成。

10. 机车控制电路通过司机台上的按键开关和_____手柄位置操纵,完成对主电路、辅助电路中各_____工作的控制,从而实现机车_____的操纵和控制。

11. 常开联锁、常闭联锁是指电器的_____未通电、电器处于释放状态的联锁位置而言,若其联锁触头是打开的即为_____联锁,若其联锁触头是闭合的即为_____联锁。

12. 根据机车故障现象的不同性质,电路中的保护一般分为_____保护、_____保护、过电压保护、_____保护及其他一些特殊保护。

13. 机车控制电路必须设置_____和_____,以满足主线路、辅助线路对控制电路的要求,如电器按一定的次序动作,司机按一定的顺序操作等。

14. 机车上的控制电源系统由 110 V 控制电源与_____组成。通常情况下两者_____共同为机车提供稳定的 DC 110 V 电源。

15. 在电力机车的_____电路和_____电路中各电器的动作均由控制电路控制。

16. SS_{4G} 型电力机车制动工况时,励磁绕组过流保护是通过各电流传感器→电子柜→励磁过流中间继电器 559KA→_____分闸,切断励磁电路。

17. 交-直型电力机车的辅助电路主要由_____线路、_____线路和保护线路组成。

18. 为了防止司机产生误操作,司机控制器_____与_____之间设有机械联锁。

19. SS_{4G} 型电力机车上,牵引电机故障隔离开关有上、中、下 3 个位置。"上"为_____位,"中"为_____位,"下"为_____位。

20. SS_{4G} 型电力机车的能量传递顺序是:接触网 25 kV、_____Hz 的单相交流电→牵引变压器→_____电路,转换为可调节的直(脉)流电压,使直(脉)流牵引电动机实现拖动任务。

二、选择题

1. 电力机车主电路的主要作用是实现牵引和制动,又叫( )电路。
   A. 牵引　　　　　B. 动力　　　　　C. 制动

2. 机车( )要进行功率传递,其结构决定了机车的类型,同时在很大程度上也决定了机车的基本性能。
   A. 主电路　　　　B. 辅助电路　　　C. 控制电路

3. 辅助电路的工作电压视辅助电机类型而定,一般采用交流( )或直流几百伏。
   A. 380 V　　　　B. 220 V　　　　C. 380 V、220 V

4. 电力机车辅助电路主要由供电线路、负载线路和( )线路 3 部分组成。
   A. 加热　　　　　B. 保护　　　　　C. 控制

5. 机车辅助机组一般不需要调速，因此采用（　　）起动方式。
   A. 直接　　　　　　B. 间接　　　　　　C. 降压

6. 机车通过（　　）电路可以使主电路和辅助电路中的电器协调动作。
   A. 保护　　　　　　B. 辅助　　　　　　C. 控制

7. 为了避免司机误操作造成人身及设备伤害，机车上设置有（　　）联锁。
   A. 机械　　　　　　B. 电气　　　　　　C. 常开

8. 机车网侧高压电路的主要功能是从（　　）获取电能。
   A. 变电所　　　　　B. 接触网　　　　　C. 电网

7. SS_{4G}型电力机车为实现转向架独立控制方式，每节车采用（　　）独立的整流调压电路，分别向相应的转向架供电。
   A. 1套　　　　　　B. 2套　　　　　　C. 3套

8. SS_{4G}电力机车为了均衡轴重，减小轴重转移，同一转向架上的两台牵引电机（　　）布置，故其相对旋转方向应相反。
   A. 背向　　　　　　B. 顺向　　　　　　C. 斜向

9. SS_{4G}电力机车采用传统的单-三相供电系统，每节车设（　　）台劈相机，辅机均采用三相异步电机。
   A. 1台　　　　　　B. 2台　　　　　　C. 3台

10. 电力机车110 V直流电源经逆变、滤波产生（　　）电源，分别供给机车司机台信号、仪表照明及机车自动信号使用。
    A. +15 V、+24 V、+48 V　　　　B. +15 V、+48 V、+24 V
    C. +24 V、+48 V、+15 V

11. 电力机车的制动电阻柜属于（　　）电路的电器设备。
    A. 主　　　　　　　B. 辅助　　　　　　C. 控制

12. SS_{4G}型电力机车固定磁场削弱系数β为（　　）。
    A. 0.90　　　　　　B. 0.96　　　　　　C. 0.98

13. SS_{4G}型电力机车主电路设有短路保护、过流保护、过电压保护及（　　）保护。
    A. 欠流　　　　　　B. 欠压　　　　　　C. 主接地

14. 辅助电路线号为"（　　）"字头的3位数流水号。
    A. 1　　　　　　　B. 2　　　　　　　C. 3

15. 电力机车上的两位置转换开关作用之一是转换牵引电机中（　　）的电流方向，以改变电力机车的运行方向。
    A. 励磁绕组　　　　B. 换向绕组　　　　C. 电枢绕组

16. SS_{4G}型电力机车电气设备中电压互感器的代号为（　　）。
    A. TA　　　　　　 B. TV　　　　　　 C. TM

17. 平波电抗器属于（　　）电路的电器设备。
    A. 主　　　　　　　B. 辅助　　　　　　C. 控制

18. 压缩机故障时可以通过（　　）中的故障隔离开关进行隔离。

A. 辅助电路　　　　B. 控制电路　　　　C. 主电路

19. 若整流电路全部由晶闸管组成，则构成（　　）整流电路。

A. 不控　　　　　　B. 半控　　　　　　C. 全控

20. SS₄G型电力机车辅机过载采用（　　）过载保护装置。

A. RC吸收电路　　　B. 继电器　　　　　C. 自动开关

21. SS₄G型机车磁场削弱只有当调速手轮转到（　　）以上才起作用。

A. 四级　　　　　　B. 六级　　　　　　C. 八级

22. SS₄G型机车整流调压电路中并联两个（　　），在正常运行时能吸收部分过电压。

A. 电阻　　　　　　B. 电容　　　　　　C. 电感

23. SS₄G型电力机车采用（　　）供电方式。

A. 集中　　　　　　B. 转向架独立　　　C. 独立

24. 电力机车要使主断路器顺利闭合，全车所有的司机控制器处于（　　）。

A. 零位　　　　　　B. 牵引位　　　　　C. 后位

25. SS₄G型电力机车控制电源为（　　）。

A. DC 90 V　　　　B. DC 100 V　　　　C. DC 110 V

三、简答题

1. 电力机车的主电路由哪几部分组成？
2. 什么是电力机车的辅助电路？由哪几部分组成？
3. 什么是电力机车的控制电路？机车控制电路有何作用？
4. SS₄G型电力机车在劈相机故障，用通风机代替时需转换哪些电器？
5. SS₄G型电力机车是如何实现空气压缩机自动控制的？
6. 简述DC 110 V稳压控制电源电路中蓄电池的作用。
7. SS₄G型电力机车如何自启劈相机？如何自启通风机？

四、综合分析

1. 一般从哪些方面衡量交-直型电力机车主电路的性能？
2. SS₄G型电力机车Ⅰ端操纵，若三段桥均投入使用，以第一电机为例沟通主电路。
3. SS₄G型电力机车主电路中设有哪些保护？辅助电路中设有哪些保护？
4. SS₄G型电力机车预备环节完成需满足哪些条件？
5. 受电弓升起必备的条件有哪些？
6. 闭合主断路器必备的条件有哪些？
7. 将受电弓风路与门联锁风路串联的目的是什么？

第四章

电力牵引交流传动技术

学习目标

交流传动机车采用三相鼠笼型异步电机作为牵引电机,具有优异的运行性能,显著的节能效果,良好的可靠性,等效干扰电流小等诸多优点,是现代列车发展的必然趋势。本章主要学习电力牵引交流传动系统的组成,交流传动机车的调速和制动。通过本章学习,应达到以下目标:

交流传动技术 PPT

(1)掌握交流传动的特点及其分类,了解交流传动的主要技术组成,能阐述交流传动的发展方向。

(2)掌握交流电力机车的组成及原理,了解交-直-交型电力机车的调速方式,能阐述转差频率控制、矢量变换控制、直接转矩控制的基本思路。

(3)了解直-交型传动地铁、城轨列车和低速磁悬浮列车的工作原理,能画出直-交型传动系统原理图。

(4)掌握四象限牵引变流器的组成、作用及工作原理,能看懂两电平式牵引变流器电路。

(5)掌握交流传动电力机车的控制方式,了解不同控制方式下机车的牵引特性及其应用。

第一节 概 述

随着旅客运输快速化、高速化,货运运输重载化、快捷化的发展,对现代列车提出了高速、大功率的要求。要求提高牵引电动机转速、增加单机功率。由于直(脉)

流牵引电动机受换向影响,从而限制了其功率和容量。相对于直(脉)流牵引电动机,交流牵引电动机没有换向器和带绝缘的绕组,不存在换向问题,具有结构简单,运行可靠,单机功率大,调速范围广等特点,能满足现代列车牵引传动系统对于高速、大功率的要求。

一、交流传动的特点

机车交流传动系统是指采用交流牵引电机作为驱动设备的传动控制系统,主要有交-交传动、交-直-交传动和直-交传动 3 种形式。交流传动的本质特点是采用交流牵引电动机,与传统的直流串励牵引电动机驱动系统相比,有以下特点:

1. 结构简单、转速高、可靠性高、维修简便

由于三相异步电动机结构中无换向器和电刷装置,所以相同功率的电机,异步电动机的体积小、质量轻,使机车转向架簧下质量减小,在机车过曲线时,轮轨之间侧向的压力相应减小,有利于机车高速运行。

由于异步牵引电机体积小,便于选择合适的悬挂方式,简化了转向架结构。除轴承外没有摩擦部件,密封性好,防潮、防尘、防雨雪性能好。全部电气均采用 H 级或 F 级绝缘,绝缘性能和耐热性能好,故障率低,可靠性高。

控制装置采用模块化结构,故障率低,驱动系统的全部运行过程和控制过程均由无触点的电子元件完成,不存在交-直流传动系统中经常发生的触点磨损、粘连、接触不良和机械卡滞等问题。

2. 功率大、牵引力大、机车可以发挥较高的输出功率

异步牵引电动机无换向器,空间利用好,不存在换向问题,高速行车时电机的效率也比较高,有利于机车功率的提高。再生制动时也能输出较大的电功率。

目前异步牵引电动机的单机设计制造水平可超过 2 000 kW,装车最大功率达到 1 840 kW,运行转速 4 000 r/min,最高试验转速 7 100 r/min。而直流(脉流)牵引电动机由于受换向条件和机械强度的限制,其功率不能超过 1 000 kW,转速只能达到 2 500 r/min。

3. 黏着性能好

异步牵引电动机有较硬的机械特性,当某电机发生空转时,随着转速的升高,转矩很快降低,具有很强的恢复黏着能力。空载发生时,异步牵引电动机转速上升值不大,即使是同步转速,与原工作点的转速差一般也不会超出 5%。串励牵引电机则不然,由于是机械软特性,转矩变化一点,转速就会变化很大,空转后再黏着性能差。

异步牵引电机的工作点可以很方便地进行平滑调节,以实现最大可能的黏着利用,不会出现黏着中断现象。根据检测有关黏着控制的信号,准确、迅速地改变逆

变器的输出电压和频率，寻找最佳工作点，使驱动系统既不发生空转，又能发挥最大牵引力。

异步牵引电机可实现各轴单独控制，当某台电机发生空转时，可调节该台电机，以充分利用机车的黏着性能。在交-直传动系统中，某轴空转时，需要将所有各轴电机减载，从而降低了机车的牵引能力。

4. 减少了对信号和通信设备的干扰

交流传动电力机车，应用四象限脉冲整流器作为输入端变流装置，不仅改善了接触网的功率因数，而且也从根本上保证了流过接触网的电流波形不会发生畸变，消除了对信号和通信设备的干扰。

综上所述，交流传动电力机车具有牵引力大、恒功率范围宽、黏着系数高、电机维护简单、功率因数高、等效电流小等诸多优点，是目前我国铁路发展的必然趋势。

二、电力牵引交流传动系统的分类

交流传动系统应用范围较广，可以按照功率等级、供电方式和列车类型进行分类。

1. 按功率等级分类

大功率：电力机车、动力集中动车组。
中功率：地铁列车、城轨列车、动力分散动车组。

2. 按供电方式分类

单相交流供电：电力机车、电动车组。
直流供电：地铁、城轨列车、中低速磁悬浮列车。
柴油发电机供电：内燃机车。

3. 按列车类型分类

电力机车：交-直-交型、交-交型。
动车组：动力集中型、动力分散型。
地铁、城轨列车：旋转式电机、直线式电机。
磁悬浮列车：推斥型、吸力型。

三、交流传动电力牵引技术组成

现代列车的控制是由挂在列车通信网络上的（TCN）多微机系统来实现，它包括电力机车和动车组动力车中的微机系统和中间车辆上的微机系统。它们各自耦合在机车车辆总线上，通过列车总线相互交换信息和数据。交流传动的控制装置也是通过总线获得所需要的指令和状态反馈信息，并发送控制信号。

交流传动电力牵引技术主要由核心层技术、辅助层技术和相关层技术3部分组成。核心层技术主要包括：牵引变频器技术、牵引控制及其网络技术、交流牵引电动机技术和牵引变压器技术。辅助层技术主要包括：冷却与通风技术、辅助变流器技术、控制电源技术、保护技术和电磁兼容与布线技术。相关层技术主要包括：操纵技术、车体轻量化技术、转向架技术、空气制动技术和高压检测技术。

四、电力牵引交流传动技术的发展方向

交流传动技术是一门跨学科技术，它涉及电力电子器件、变流器、交流电动机、控制理论和微电子学在内的许多领域。由于这一技术具有跨学科的特点，在系统控制理论和许多实用技术上还有待于进一步改善和提高。其发展前景从以下3个方面进行讨论。

1. 物质基础

电力电子器件的发展是变流技术进步的物质基础。电力电子器件经历了从半控器件到全控器件两个主要阶段，形成了三代产品：第一代产品普通晶闸管、快速晶闸管；第二代产品大功率晶体管（GTR）、门极可关断晶闸管（GTO）；第三代产品绝缘栅双极晶闸管（IGBT）、集成门极换流晶闸管（IGCT）。

20世纪80年代以前，在机车牵引领域，电力电子器件主要用于直流传动系统中的整流器和斩波器以及辅助传动系统。电力电子器件主要是晶闸管。进入20世纪80年代，随着机车技术的发展，交流传动技术日趋成熟，电力电子器件的应用领域主要为整流器、斩波器、电力制动、逆变器以及辅助传动系统。这一时期，在机车牵引领域主要采用晶闸管和GTO。20世纪90年代以后，交流技术在电力机车、内燃机车及动车上得到大量的推广应用，使电力电子器件在机车牵引领域有了更广阔的应用前景，这一时期在牵引领域中主要采用GTO和IGBT。

目前，对于大功率电力机车和内燃机车而言，GTO仍占主导地位。而在中小功率的机车、城市有轨电车、动车及地铁等领域，IGBT越来越显示出其卓越的性能，应用越来越广范。

在器件复合化的基础上，工业先进国家正在向研制功率集成电路（PIC)的方向发展。在PIC器件中，把能承受高电压、大电流的功率器件和起控制作用的逻辑电路（驱动电路、保护电路、检测电路等）以及自动控制等集成在一起，形成一个整体，构成所谓的Smart Power装置，这可算作第四代电力电子器件。这种集成功率器件，使变流装置进一步向小型化、智能化和节能化方向发展，促使传动调速与电子信息学科相结合，为机电一体化开辟了前景，成为其他各项高科技发展的基础。

纵观电力电子器件的发展过程，可以看出电力电子器件主要沿着大功率电力变

换和智能化传动控制两大应用领域的方向发展。电力电子器件将进一步向高电压、大电流、高频率、快速关断、低能耗、易驱动以及复合化、模块化、智能化方向发展。

2. 控制理论

控制策略的发展是变流技术进步的理论基础。控制策略总是伴随着电力电子器件的发展而发展。控制策略的发展经历了晶闸管移相整流控制、脉宽调制 PWM 控制、四象限脉冲整流控制、磁场定向控制（矢量控制）以及直接转矩控制阶段。控制策略的每一次发展，都极大地推动了交流传动技术的进步，使控制性能更加完善。

3. 技术保证

现代控制技术的进步是变流技术进步的技术保证。过去复杂的模拟控制被数字电路简单的控制功能所取代，现代网络化控制、模块化结构、微机品质不断提升，CPU 芯片从 8 位、16 位发展到 32 位，产生了以高速数字信号处理器为核心的实时控制器。控制技术的发展促使了控制功能的完善与提高。

交流传动技术具备了坚实的物质基础和先进的控制理念，以现代控制技术的进展为载体，促进了交流传动技术的升级与进步。交流传动系统以其优越的运行性能、显著的节能效果、较低的运行成本、良好的可靠性引领着电力传动技术的发展潮流，是电力传动技术的发展方向。

第二节　交流传动机车的工作原理

交流传动机车是指由各种变流器供电，以三相异步电机或同步电机作为传动电机的电力机车或电动车组（EMU）。主要有交-直-交型电力机车和直-交型电动列车。

一、交–直–交型电力机车

1. 交-直-交传动系统结构及类型

交-直-交传动系统主要由牵引变流器、牵引电机、微机网络控制单元等部件构成，其结构如图 4.1 所示。

交-直-交型电力机车采用交-直-交变流器将恒压恒频（CVCF）的单相交流电变化为变压变频（VVVF）的三相交流电，供三相牵引电动机使用，并满足机车调速的要求。

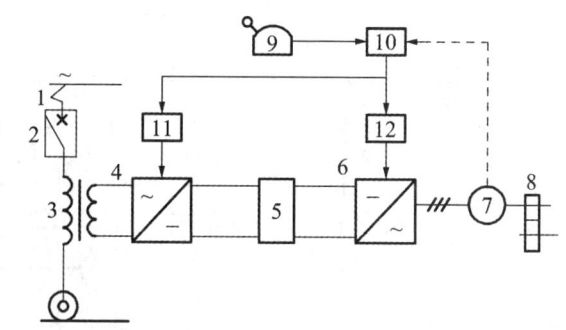

1—受电弓；2—主断路器；3—牵引变压器；4—整流器（网侧）；
5—中间回路；6—逆变器（电动机侧）；7—牵引电动机；
8—传动齿轮；9—司机控制器；10—微机控制装置；
11，12—触发脉冲发生器。

图 4.1　交-直-交型电力机车的系统结构

交-直-交变流器根据中间直流环节滤波元件的不同，可分为电压型、电流型两种。如果采用并联电容作为储能器，接受向中间回路供电的瞬时电流与从中间回路取用的瞬时电流之差，并使电压保持恒定相当于一个电压源，称为电压型变流器，如图 4.2 所示。如果采用串联电感作为储能器，接受向中间回路供电的瞬时电压与从中间回路取用的瞬时电压之差，并使电流强度保持恒定相当于一个电流源，称为电流型变流器，如图 4.3 所示。

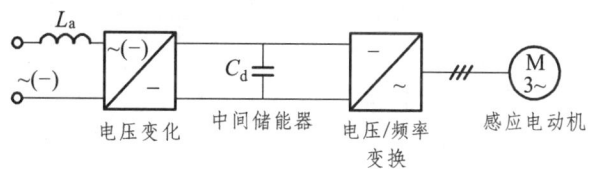

图 4.2　电压型变流器

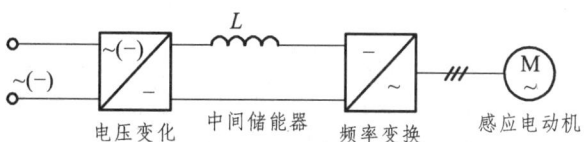

图 4.3　电流型变流器

在电力牵引领域主要有两类传动系统：电流型变流器供电的异步电动机系统和电压型变流器供电的异步电动机系统。由于电压型变流器供电的异步电动机系统，其转矩脉动以及对电网的反作用力小，适合于大功率的机车，因此干线交流传动电力机车普遍采用这种系统。

2. 工作原理

电力机车和电动车组均为外接能源的动力系统，其传动系统模块如图 4.4 所示。

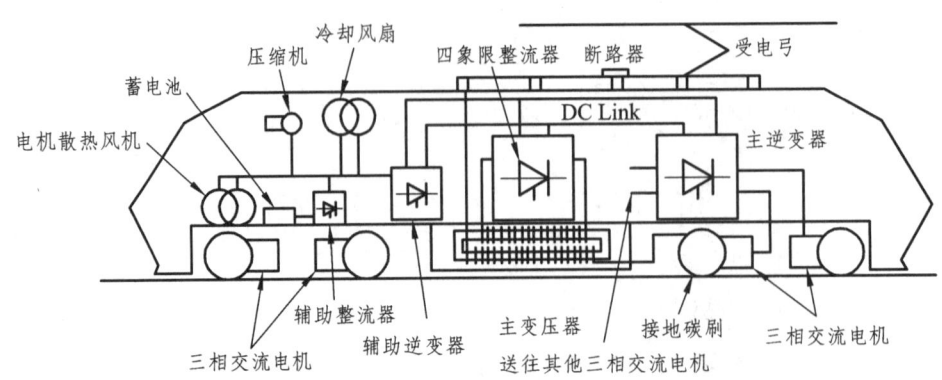

图 4.4　交-直-交型电力机车传动系统工作示意图

电力机车和动车组通过受电弓、主断路器将接触网的单相交流电引入机车变压器，经牵引变压器降压后送入四象限整流器，将单相交流电整流为直流电，经中间直流环节储能和滤波后，送入电动机侧的逆变器，将直流电逆变成电压和频率可调的 VVVF（变压变频）三相交流电供给异步牵引电动机，实现对转矩、转速进行控制。牵引时，电能从电网流向异步牵引电动机，电能被转化成机械能产生牵引力。电气制动时，列车的机械能被牵引电动机转化为电能，经变流器变换为单相交流电，通过牵引变压器升压后回馈给电网。电气制动采用再生制动方式，机车功率因数接近于 1。

二、直-交型电动列车

直-交型传动主要应用于地铁、城轨和中低速磁悬浮列车中。直-交型电动列车采用直流供电，交流异步电动机驱动，其工作原理如图 4.5 所示。

直流电源通过受电弓或第三轨从电网引入，经高速断路器、滤波电抗器接入逆变器。逆变器将输入的直流电能变换成频率、电压可调的 VVVF 三相交流电，供给三相异步电动机，将电能转换为机械能，并对异步牵引电动机的转矩、转速进行控制，满足列车牵引的需求。

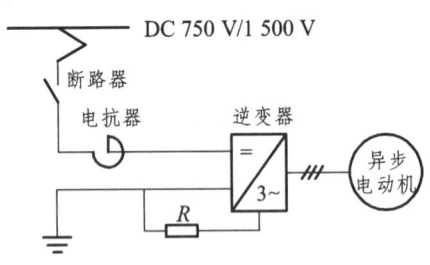

图 4.5　直-交型电动列车工作原理

地铁、城轨列车采用的三相异步牵引电动机在结构上有旋转式和直线式两种形式。

1. 旋转电动机驱动的地铁、城轨列车

为了提高乘客的舒适度，城轨动车采用直流供电交流异步电动机驱动，其主传动系统原理电路如图 4.6 所示。

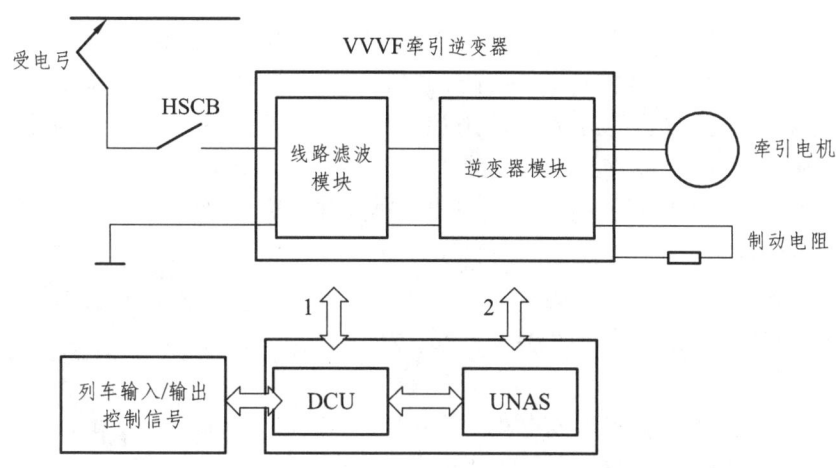

图 4.6 城轨动车主传动系统原理框图

VVVF 牵引逆变器在列车给上钥匙，受电弓升起，高速断路器 HSCB 闭合时，给出牵引命令后，牵引控制单元 DCU 通过限流电阻对线路滤波模块的电容器充电。当电容器电压达到一定值后，闭合线路接触器。牵引时，受电弓从接触网受流，通过高速断路器 HSCB 后，将 DC 1 500 V 送入 VVVF 牵引逆变器。牵引逆变器采用 PWM 脉宽调制模式，将 DC 1 500 V 逆变成频率、电压可调的三相交流电，供给鼠笼型异步牵引电动机，对电机进行调速，实现列车的牵引、制动功能。再生制动时以相反的路径使电网吸收电机反馈的能量。

VVVF 牵引逆变器是整个传动系统的核心。在牵引工况将直流电能变换成电压和频率可调的交流电能供给牵引电机。在电制动工况，电机作发电机运行，逆变器以整流方式将电能反馈给直流电网（再生制动）或消耗在电阻上（电阻制动）。

逆变器保护单元 UNAS，其主要功能是用于电阻制动时调节制动电流的大小（电阻制动）。另一个功能是过电压保护，当逆变器的直流回路中有短时的过电压时，斩波器工作，通过它对电阻放电，待过电压消除后斩波器截止，这种过电压保护环节也叫"软撬杠"。

线路滤波模块：由线路滤波电抗器和线路滤波电容器以及固定并联在滤波电容器上的固有放电电阻组成，为保证安全，要求在主线路断电后滤波电容器两端的电压在 5 min 内降到 50 V 以下。

充电限制环节：主要是防止过大的充电电流冲击使滤波电容器受损。

2. 直线电动机驱动的城轨列车

直线电动机相对于旋转运动的电动机来说，是一种做直线运动的电动机。直线电动机无旋转部件，呈扁平形，可降低车辆高度，能非接触式地直接实现直线运动，因此不受黏着限制，可得到较高的加速度和减速度，噪声小，特别适合城市轨道交通。

（1）直线电动机基本结构。

直线电动机可以认为是旋转电机在结构方面的一种演变。交流旋转电机有同步电机和异步电机，相应的直线电机也有直线同步电机 LSM 和直线异步电机 LIM。在直线同步电机中，导轨上的转子磁场与列车上的定子磁场同步运行，通过控制定子磁场的移动速度来控制列车的运行速度，德国的运捷 TR 和日本的 ML 均采用这种直线同步电机。

直线异步电机可以看作是将一台旋转的异步电机沿径向剖开，然后将电机的圆周展开成直线。由定子演变而来的一侧称为初级，由转子演变而来的一侧称为次级。由于列车在运行时初级与次级之间要做相对运动，为保证两极之间的磁耦合，在制造时将初级与次级制造成不同的长度。从制造成本和运行费用考虑，一般采用短初级长次级。城市轨道交通用的直线异步电机 LIM 定子（初级）设置在车辆上，转子（次级）设置在轨道的感应板内，如图 4.7 所示。

（2）直线电动机工作原理。

图 4.8 所示为直线感应电动机的工作原理示意图。将旋转感应电动机在顶部沿径向剖开并将圆周拉成直线便成了直线感应电动机。

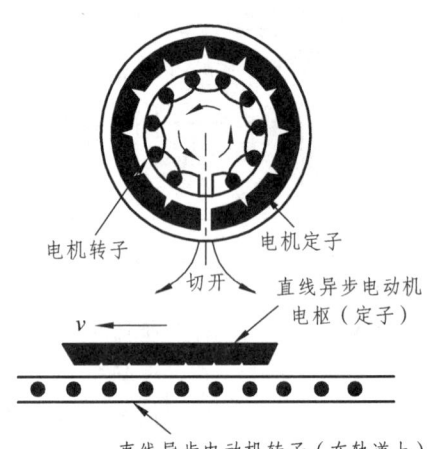

图 4.7 城轨列车用的直线电动机

在直线异步电动机的定子三相对称绕组中通入三相对称交流电，在气隙中将产生行波磁场。行波磁场切割轨道上的铝板，将在铝板中产生感应电流，此感应电流与气隙行波磁场相互作用，产生直线电动机的驱动力。

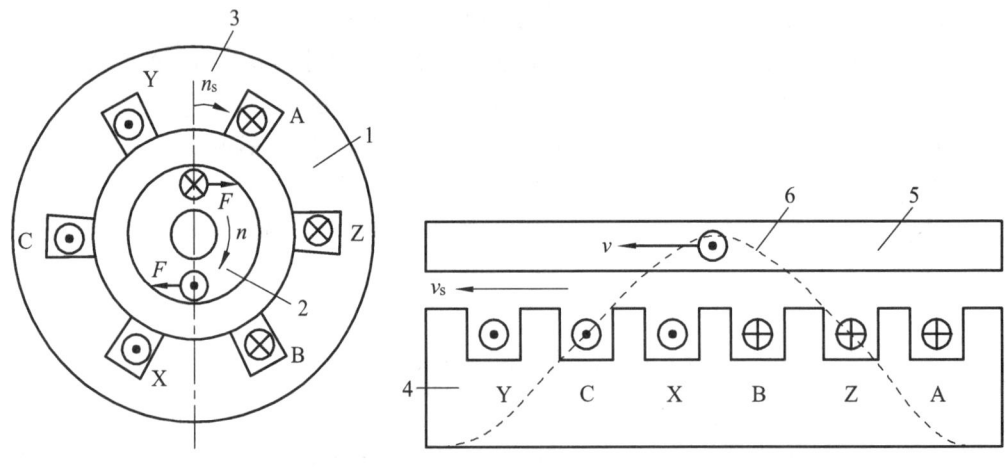

（a）旋转感应电动机的工作原理　　（b）直线感应电动机的工作原理

1—定子；2—转子；3—磁场方向；4—初级；5—次级；6—行波磁场。

图 4.8 旋转电动机演变为直线电动机的工作原理

列车运行速度及运行方向完全由定子绕组中的行波磁场控制。改变三相交流电的电压和频率可以改变行波磁场的速度。改变三相交流电的相序可以改变行波磁场的方向。

直线电动机的驱动属于非黏着驱动，不需要和钢轨接触，可直接将牵引力作用于车辆，只要驱动力足够大，就可以在很大的坡道上运行。将直线电动机反向驱动，也可以产生制动力，没有机械摩擦，对轨道不产生磨损。直线电动机驱动系统启动加速性能好，转向架上不安装旋转电机和齿轮箱，空间较大，便于采用径向转向架等技术。目前，中低速磁悬浮列车及城市轨道列车一般采用直线异步电动机驱动。

3. 中低速磁悬浮列车

磁悬浮列车是利用同名磁极相斥，异名磁极相吸的原理工作的，其悬浮方式有两种：一种是推斥式，另一种是吸力式。

（1）推斥型磁悬浮列车。

推斥型是利用两个电磁铁同极性相对而产生的推斥力，使列车悬浮起来。推斥式磁悬浮列车车厢的两侧安装有磁场强大的超导电磁铁。车辆运行时，超导电磁铁的磁场切割轨道两侧安装的铝环，在铝环中产生感应电流，并建立同极性电磁场，使车辆推离轨面在空中悬浮起来。但在静止时，由于超导电磁铁和铝环没有相对运动，铝环中没有感应电流和磁场，所以车辆不能悬浮起来，只能用轮子支撑车体。当车辆在直线电机的驱动下前进，速度达到 80 km/h 以上时，车辆就直接悬浮起来了。

（2）吸力型磁悬浮列车。

吸力型磁悬浮列车是利用两个异性磁极相吸的原理，将电磁铁置于轨道下方并固定在车体转向架上，两者之间产生一个强大的磁场，并相互吸引，列车就能悬浮起来。悬浮气隙较小，一般为 10 mm 左右。吸力型磁悬浮列车无论是静止还是运动状态，都能保持稳定的悬浮。中低速磁悬浮列车主要采用吸力型，其推进系统为交-直传动，牵引电机采用直线异步电机 LIM，一般采用短定子、长转子结构。

第三节　牵引变流器的组成及工作原理

牵引变流器是交流传动电力机车的核心部件之一，用于直流和交流之间进行电能的变换。为了满足机车起动、调速和制动的需求，要求牵引变流器能够四象限运行。

一、牵引变流器的功能及特点

1. 基本功能

牵引变流器的基本功能是将来自接触网的交（直）流电压，变换为频率、幅值可调的三相交流电压,供给交流牵引电动机,将电能转换为机械能,在轮轨间产生牵引力,驱动列车前进。

2. 主要特点

(1) 四象限整流单元和逆变单元均采用 IGBT 元件,能对牵引力和制动力实行连续控制,可靠性高,噪声低,省电力。

(2) 具有可靠的保护电路和保护装置。

(3) 采用高性能的电气元件,能承受短时冲击。

(4) 采用模块化设计,便于故障检测和故障排除。

(5) 布线科学,降低电磁干扰,保证电磁兼容要求。

二、牵引变流器组成

在交-直-交传动系统中,牵引变流器主要由四象限脉冲整流器(4qc)、直流中间环节(DC-Link)和逆变器(PWMI)组成。典型的两电平牵引变流器电路如图 4.9 所示。

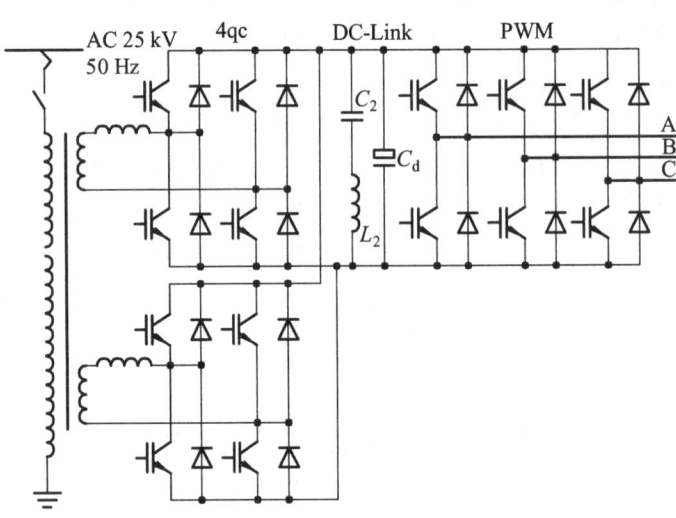

图 4.9 两电平式牵引变流器电路

1. 整流器单元

电源侧变流器采用四象限脉冲整流器(4qc),构成交-直变换部分,通过 PWM 斩波控制方式,可以调节从接触网输入的电流相位,使机车所取的电流波形接近于正弦波形,并能在宽广的负载范围内使机车功率因数接近于 1,等效谐波电流减小,有利于提高机车功率因数,降低谐波干扰。此外,四象限脉冲整流器能方便地实现牵引和再生制动的能量转换,可取得显著地节能效果。

2. 直流中间环节

中间环节（DC-Link）为支撑电容和二次滤波环节，根据直流中间环节的不同牵引变流器可分为电压型和电流型两种。电压型变流器储能元件采用电容，向逆变器输出的是恒定的直流电压，相当于电压源。电流型变流器储能元件采用电感，向逆变器输出的是恒定的直流电流，相当于电流源。电压型变流器转矩脉动小，对电网的反作用力也小，适合于大功率的干线机车。电流型变流器可以为同步电动机供电或在一些城市轨道交通运输中使用。

在三相交流传动系统中，直流中间环节起着很重要的作用：

（1）在网侧整流器和电机侧逆变器之间实现瞬时功率平衡。

（2）储能电容向牵引电动机提供基波无功功率和高次谐波的通路。

（3）变流器换流能力直接受中间电路电压的影响，逆变器的调制电压质量也取决于其平衡程度，因此对它要求较高。

3. 逆变器单元

电动机侧采用三相 PWM 逆变器，形成直-交流变换部分。逆变器将中间回路直流电压变换成幅值和频率可调的三相交流电压，供给异步牵引电动机。在启动阶段，逆变器按脉宽调制 PWM 模式进行控制，恒电压频率比输出。当逆变器输出频率达到基频（50 Hz）后，转入方波控制模式。

有时也在逆变器和异步牵引电动机之间串入电抗器，用来抑制电机启动过程中的谐波分量，改善转矩脉动状况，保证频繁断开电机电路时不损坏变频器。启动完成后，通过接触器将电抗器短接。

当列车进行再生制动时，主电路结构不发生任何变化，控制系统使异步电机工作在负的转差率下，牵引电机进入发电机状态。

三、电压型四象限脉冲整流器

四象限脉冲整流器能够进行脉宽调制和能量变换，即实现整流和反馈两方面的功能，能够在输入电压和电流平面所在的四个象限工作。作为电力牵引用的变流器，能够实现牵引、制动工况下的前进、后退。

1. 四象限整流器的特点

四象限整流器是一个交-直流电力转换系统，它采用 IGBT 元件，将交流电转换成直流电，其特点如下：

（1）采用可控元件 IGBT 与二极管反向并联。

（2）直流侧输出电压幅值大于交流侧输入电压幅值，具有升压的作用。

（3）当交流电源电压或直流负载发生变化时，输出电压能被控制在恒定状态。

（4）整流器的功率因数接近于 1.0。

（5）采用 PWM 控制技术。

2. 四象限脉冲整流器主电路

根据变流器输出交流处相电压的取值将电压型变流器分为两种：两电平（两点式）和三电平（三点式）。当中间直流电压在 2.7~2.8 kV 时，主电路通常采用两电平式结构；当中间直流电压大于 3.6 kV 时，主电路通常采用三电平式结构。目前交-直-交机车普遍使用两电平式电压型四象限脉冲整流器，其结构如图 4.10 所示。

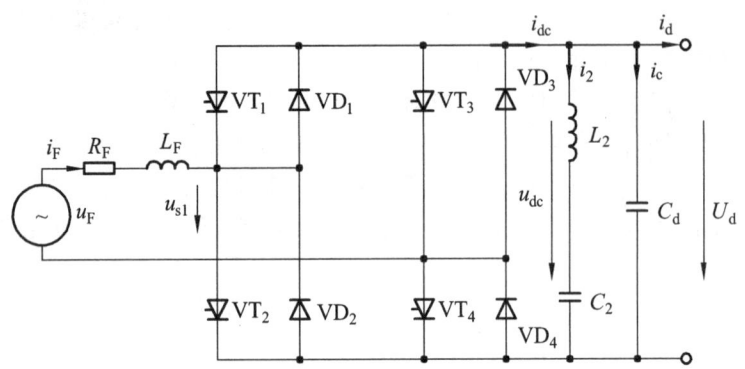

图 4.10　两电平电压型四象限脉冲整流器构成原理

图中，R_F 为主变压牵引绕组电阻，L_F 为主变压器牵引绕组漏电抗，C_d 为支撑电容，L_2、C_2 为谐振电感和电容。

3. 脉冲整流器的基本原理

四象脉冲限整流器不仅可以将交流转换成直流，使整流器的功率因数接近 1.0，而且直流输出电压可以高于交流输入电压有效值。

（1）功率因数控制。

为了使整流器的功率因数在 1.0 附近，必须采用控制方法，让网侧电流接近于正弦波，并且使电网电压 u_F 和电流 i_F 同相。为了控制 u_F 和 i_F 同相，输入电路中电感 L_F 的电压 U_{LF} 是一个很重要的参数，i_F 的相位角应滞后 U_{LF} 90°，U_{LF} 的幅值取决于 i_F 和 L_F。必须控制整流器输入端电压 u_{s1} 与电网电压 u_F 之间的相位，才能使 i_F 与 u_F 同相，如图 4.11 所示。矢量图表明了四象限整流器这些参数之间的关系。

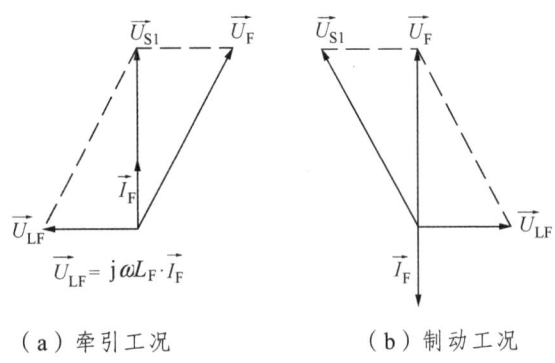

（a）牵引工况　　　　　（b）制动工况

图 4.11　脉冲整流器矢量图

（2）升压斩波电路。

四象限脉冲整流器由整流器和储能元件构成，它是一种交直斩波升压电路。分析如下：

例如：当正半波 $u_F > 0$ 时，触发 VT_2，则主变压器二次侧绕组将通过 VT_2、VD_4 短接，输入电源电压 $u_{s1}=0$，电源处于短路状态。由于主变压器具有足够大的短路阻抗，因此短路电流的上升率有限。电源电压直接加在漏电感 L_F 上，对漏电感充电，漏电感储存能量。此时，由支撑电容 C_d 向负载供电。若此时关断 VT_2，则变压器二次侧电流经 VD_1、VD_4 流入中间回路，变流器工作在整流状态。电源和漏电感 L_F 共同向直流环节（负载）提供能量，即中间回路直流电压 U_d 为电源电压 u_F 和漏电感电压 u_{LF} 之和，产生升压斩波效果。同理负半波 $u_F < 0$ 也一样具有升压斩波效果。

由于电源侧存在牵引变压器的漏电抗 L_F，因而可使中间直流电压 U_d 高于由整流二极管 $VD_1 \sim VD_4$ 所产生的最大整流电压，即 $U_d > U_F$，U_F 为牵引绕组电压的峰值，产生升压斩波的效果，使得在较低的变压器副边绕组电压下，得到较高的中间回路直流电压 U_d。

（3）脉冲整流装置。

分析四象限脉冲整流电路可知：全控桥相同位置处不同性质的元件导通时（VT_2、VD_4 或 VT_1、VD_3），电源处于短路状态。全控桥对角位置处二极管导通时（VD_1、VD_4 或 VD_3、VD_2），整流器工作在整流状态，由电源向负载（直流环节）供电。全控桥对角位置处晶闸管导通时（VT_1、VT_4 或 VT_3、VT_2），整流器工作在逆变反馈状态，直流环节和漏电感共同提供能量，向电源回送能量。即：整流时二极管 VD_1、VD_4 或 VD_3、VD_2 导通，为不可控整流电路，功率因数高。逆变时 VT_1、VT_4 或 VT_3、VT_2 导通，为全控整流电路，可实现能量回馈。

由变流器和并联储能器构成，并按 PWM 方式工作，能够把交流能量变换为直流能量的装置，称为脉冲整流装置。

脉冲整流器是利用牵引变压器漏电抗的储能作用，达到升压的目的。脉冲整流器具有整流、稳压作用，其功率因数接近于 1，并能实现电能的反馈。电压型脉冲整流器在保证电源电流不发生畸变并能与电源电压保持同相位的情况下，其输出端提供恒定、平整的直流电压，其输出直流电流的大小与负载特性有关。

（4）脉冲整流器的工作原理。

脉冲整流器的每个桥臂电路的通断控制由三角载波和正弦调制波的交点（PWM）来决定。两个桥臂的正弦调制波相位相差 180°，通过控制调制频率来控制各路元件的导通和关断，使直流电压在变流器输入端产生工频正弦交流电压，且使变压器二次侧电流与二次侧电压同相位，波形畸变系数减小，使机车功率因数接近于 1。由于上下桥臂的晶闸管不允许同时导通，控制各开关支路的导通和关断，即可实现脉宽调制和能量转换。

根据 u_F、i_F 和 u_{s1} 的关系，可以列出脉冲整流器的 12 种工作状态，如表 4.1 所示。

表 4.1 电压型四象限脉冲变流器的工作状态

u_F	i_F	u_{s1}	u_{LF}	导通器件	i_F 变化	工作状态	能量传递
>0	>0	0	u_F	VD$_1$、VT$_3$ / VT$_2$、VD$_4$	↗	电源短接	$u_F \rightarrow U_{LF}$
		$+U_d$	$u_F - U_d$	VD$_1$、VD$_4$	↘	整流	$u_F + U_{LF} \rightarrow U_d$
		$-U_d$	$u_F + U_d$	VT$_3$、VT$_2$	↗	逆变	$u_F + U_d \rightarrow U_{LF}$
	<0	0	u_F	VT$_1$、VD$_3$ / VD$_2$、VT$_4$	↘	电源短接	$U_{LF} \rightarrow u_F$
		$+U_d$	$u_F - U_d$	VT$_1$、VT$_4$	↗	逆变	$U_d \rightarrow u_F + U_{LF}$
		$-U_d$	$u_F + U_d$	VD$_2$、VD$_3$	↘	整流	$U_{LF} \rightarrow u_F + U_d$
<0	>0	0	u_F	VD$_1$、VT$_3$ / VT$_2$、VD$_4$	↘	电源短接	$U_{LF} \rightarrow u_F$
		$+U_d$	$u_F + U_d$	VD$_1$、VD$_4$	↘	整流	$u_F \rightarrow U_{LF} + U_d$
		$-U_d$	$u_F - U_d$	VT$_3$、VT$_2$	↗	逆变	$U_d \rightarrow u_F + U_{LF}$
	<0	0	u_F	VT$_1$、VD$_3$ / VD$_2$、VT$_4$	↗	电源短接	$u_F \rightarrow U_{LF}$
		$+U_d$	$u_F + U_d$	VT$_1$、VT$_4$	↗	逆变	$u_F + U_d \rightarrow U_{LF}$
		$-U_d$	$u_F - U_d$	VD$_2$、VD$_3$	↘	整流	$u_F + U_{LF} \rightarrow U_d$

从表 4.1 中可以看出交流电源 u_F、变压器漏抗 L_F 和直流侧回路之间的能量转移关系如下：当 $u_{s1}i_F = 0$，电源短接；当 $u_{s1}i_F > 0$，整流状态；当 $u_{s1}i_F < 0$，逆变状态。

虽然整流和逆变状态各有 4 个，但实际机车上只需要Ⅰ、Ⅲ象限的整流状态和Ⅱ、Ⅳ象限的逆变状态。四象限脉冲整流器能在两个方向导通电流，而与所施加的电压极性无关，能够方便地实现牵引与再生制动的转换。

四、中间直流电路

在交-直-交变流器中，中间回路即储能器是连接四象限脉冲整流器和负载端逆变器之间的纽带，它不仅起到稳定中间环节直流电压的作用，而且还承担着前后两级变流器进行无功功率交换和谐波功率交换的作用。

电压型脉冲四象限整流器中间环节由两部分组成：一部分是 2 倍电网频率的串联谐振电路（也可以取消），另一部分是支撑电容器（滤波电容器）和过电压限制电路。

1. 二次谐波滤波电路

当整流器的输入为标准的正弦电压，在理想整流器前提下，直流功率和交流功率的平均值应相等，经过计算得出变流器直流侧电流为：

$$i_{dc} = 2I_d \sin^2(\omega_N t) = I_d \left[1 - \cos(2\omega_N t)\right] \quad (4.1)$$

储能器的电流为：

$$i_2 = I_d \cos(2\omega_N t) \quad (4.2)$$

式中 i_2——流过储能器支路的电流（A）；

I_d——直流负载电流（A）；

$I_d \cos(2\omega_N t)$——变流器输出的二次谐波分量。

由于加在储能器上的电压是一个纯直流电压，而输出的电流是一个脉动电流，储能器应是一个具有 2 倍网频的电容器和电抗器组成的串联谐振电路。二次串联谐振电路的作用是消除二次谐波，让二次谐波电流从谐振电路中流过，以减少电流波形的畸变，使直流分量流入负载。谐振电路的无功功率与变压器漏抗的功率交换，降低了电源瞬时功率的脉动分量。

2. 支撑电容器

在理想情况下，特别是当负载纯粹是一个电阻时，反映漏电感和四象限整流器之间无功功率变换的二次谐波电流从串联谐振电路上流过，流到负载上的是一个纯直流分量，所以不需要另外一个储能器即支撑电容 C_d。而实际上二次谐波电流并没有完全从串联谐振电路中流过，还需要一个储能器来承担一部分与漏电抗交换无功功率的任务，因此在脉冲整流器输出端（中间回路）设置有储能器即支撑电容 C_d。

在脉宽调制过程中，支撑电容器 C_d 与脉冲整流器、逆变器交换无功功率和谐波功率，同时还与异步电机交换无功功率。由于串励谐振电路中实际存在电阻，二次谐波电流并非全部通过谐振电路，而是有一部分电流通过支撑电容器分流。支撑电容 C_d 为储能器，支撑中间回路电压使其保持稳定。

在交-直-交电力机车实施电气制动时，反馈到直流环节的能量将通过四象限整流器全部回馈到电网上。而当列车出现打滑、空转或者受电弓出现网压中断等情况时，中间直流环节可能出现瞬时过电压。为了防止过电压对变流器的损坏，在中间环节设置瞬时过电压限制电路，也称过电压保护斩波电路。

五、电压型逆变器

逆变器与整流器工作过程相反，它是将直流电变换为交流电的装置。逆变器可分为有源逆变器和无源逆变器。如交流侧接负载则为无源逆变器，交流侧接电网则为有源逆变器。交-直-交型电力机车的牵引逆变器属于有源逆变器，其作用是把中间直流电压变换为三相交流电压，为异步牵引电动机提供频率和电压可调的三相交流电源，通过调节三相输出电压波形控制牵引电动机的磁通和转矩。

异步牵引电动机的牵引性能主要取决于逆变器的控制。提高逆变器的开关频率，采用磁场定向控制和直接转矩控制等高动态性能控制技术，有利于提高异步电动机的牵引性能。牵引逆变器一般采用电压型，按照输出特性，分为六阶波形和 PWM 型。PWM 型按输出电平数目的不同分为两电平（两点式）和三电平（三点式）两种。以目前普遍使用的两电平式电路为例进行分析。

1. 逆变器电路的结构

逆变器一般接成三相桥式电路,以便输出三相交流变频电压。三相逆变器电路由 6 个全控开关元件 $VT_1 \sim VT_6$ 和二极管 $VD_1 \sim VD_6$ 构成。可以认为由 3 个单相半控桥逆变电路组合而成,产生相位互差 120° 的三相电压波形,其电路如图 4.12 所示。图中三相负载接在三相半控桥的输出端,为了分析方便将直流电源看成两个电源的串联,假设中点为 "o"。

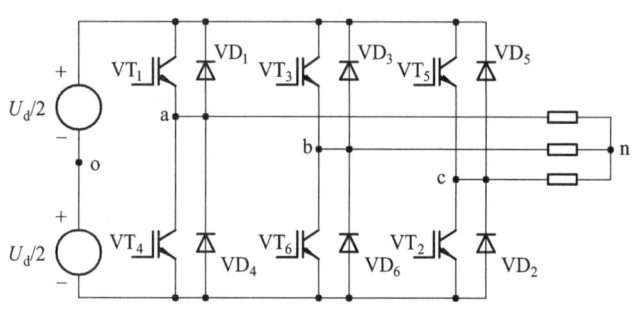

图 4.12 三相逆变器电路

三相逆变电路采用 PWM 控制方式。在每个周期中,控制各个器件轮流导通和关断,可在输出端得到三相交流电压。改变开关导通和关断的时间,即可得到不同的输出频率。

2. 逆变器电路的工作原理

三相逆变电路采用 PWM 控制技术,电路中 $VT_1 \sim VT_6$ 各元件每隔 60° 轮换导通。其导通顺序为:VT_1、VT_2、$VT_3 \rightarrow VT_2$、VT_3、$VT_4 \rightarrow VT_3$、VT_4、$VT_5 \rightarrow VT_4$、VT_5、$VT_6 \rightarrow VT_5$、VT_6、$VT_1 \rightarrow VT_6$、VT_1、VT_2。在每一时刻都有 3 个开关元件同时导通。

对于 A 相,当桥臂 1 导通时,$u_{ao}=U_d/2$;当桥臂 4 导通时,$u_{ao}=-U_d/2$,即 u_{ao} 的波形是幅值为 $U_d/2$ 的方波。B、C 相的情况与 A 相类似,其波形 u_{bo}、u_{co} 与 u_{ao} 相同,只是在相位上相差 120° 电角度。

逆变电路输出线电压即两个半控桥输出电压差为:

$$\begin{cases} u_{ab} = u_{ao} - u_{bo} \\ u_{bc} = u_{bo} - u_{co} \\ u_{ca} = u_{co} - u_{ao} \end{cases} \quad (4.3)$$

假如负载中点 n 与直流电源假想中点 o 之间的电压为 u_{on},则各相负载端的相电压分别为:

$$\begin{cases} u_{ao} = u_{an} - u_{on} \\ u_{bo} = u_{bn} - u_{on} \\ u_{co} = u_{cn} - u_{on} \end{cases} \quad (4.4)$$

将式 4.4 相加，经整理可得到中点电压为：

$$u_{no} = (u_{an} + u_{bn} + u_{cn})/3 - (u_{ao} + u_{bo} + u_{co})/3 = (u_{an} + u_{bn} + u_{cn})/3 \quad (4.5)$$

由于电路的输出波形仅与开关的状态有关，与负载性质无关。根据式 4.4 可以得到各个半控桥输出端 a、b、c 对假象中点的电压波形，它们均为 180°方波交流电，开关导通均为 180°，这种电路称为 180°导电型逆变电路。各开关元件的导通情况和电压、电流波形如图 4.13 所示。

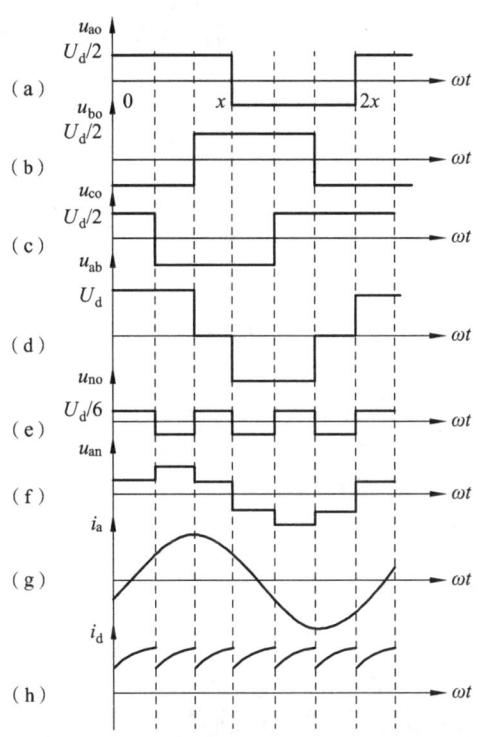

图 4.13　三相电压型逆变器电路电压、电流波形

在逆变器的输出中，由于使用开关阵列的逆变电源，不论是线电压还是相电压其波形都不是标准的正弦波，而是 PWM 控制的调制波，除基波分量外还包含许多高次谐波分量，这些谐波将对电机的稳定运行带来诸如谐波发热、转矩脉动和磁噪声等不良影响。为了改善逆变器输出的脉动，可采用多重化逆变器电路，相当于相控机车的多段桥顺序控制。

六、牵引变流器的维护保养和检查

1. 维护保养检查注意事项

（1）试验和检查前必须切断高压电路。
（2）切断主断路器，降下受电弓，闭合变流器装置试验开关，通过显示屏确认变流器内的电容放电完毕（15 V 以下）。

（3）为了变流器内部的散热，在背面上部盖以及背面下部盖上设置了 12×12 的方孔。因为有高压触电的危险，所以在高压充电中禁止将突出物等物件插入方孔。

（4）变流器停止运转后，仍有暂时过热的部件，一旦触摸就有被烧伤的危险，因此要充分冷却后（30 min 以上）再开始检查。

（5）变流器内 20 kg 以上的重物要恰当使用起重机，注意重心位置进行安全作业。

（6）更换不良零部件时，使用和以前相同型号的零部件。

（7）检查、维护保养、修理后，检查确认在变流器内是否遗留了使用的工具等物件。

（8）不要坐在变流器及配管上。

（9）根据标准紧固扭矩进行螺栓的紧固。

（10）不要用手直接触摸组装在安装座上的部件和连接器端子。

（11）慎重使用电路板和端子，并特别注意不要污损。

（12）检查电路板时注意静电。

（13）将电路板放入防静电袋中进行保管和搬运。

（14）不要轻易用手触摸光纤。

（15）不要将光纤过渡弯曲，弯曲半径不能超过 50 mm。

（16）不要将光纤接近照明设备等发热物体。

总之，在维护保养时，常伴有危险发生，一定要充分注意人员的安全和设备的保护。特别是对充电部件的检查，确认切断电路并已经可靠接地。

2. 维护、保养和检查项目

牵引变流器维护、保养和检查项目如表 4.2 所示。

表 4.2　牵引变流器维护、保养和检查项目

设备名称	检查项目		方法	检查和处理内容	日常	定检	重检	整体
装置总体	外观		目测	外观有异常情况时就修理，不能修理就更换		√	√	√
	外壳		目测	外观有异常情况时就修理，不能修理就更换	√	√	√	√
	绝缘电阻		试验	绝缘电阻阻值不合要求时，检修或更换有故障的部件		√	√	√
装置内部	外观		目测	外观有异常情况时就修理，不能修理时就更换			√	√
	配线	电线	目测	出现老化或损坏等异常情况时，立即更换		√	√	√
		端子	目测	有变形情况时修理；有变色、裂纹等情况时就更换。		√	√	√
		端子排	目测	有变色、裂纹等情况时就更换		√	√	√
		端子螺丝	目测	有螺丝松缓情况时就增加紧固		√	√	√

续表

设备名称	检查项目	方法	检查和处理内容	日常	定检	重检	整体
装置内部	导体、导电元件	目测	变形、变色、损伤等异常情况时就更换			√	√
	光纤	目测	变形、变色、损伤等异常情况时就更换			√	√
		测量	用光量计测量,衰减量在3 dB以上就更换			√	√
	连接器类	目测	有变形、变色、损伤等异常情况时就更换			√	√
	安装螺丝	目测	有螺丝松缓情况时就增加紧固			√	√
配管	法兰部	目测	泄漏冷却液的部分增加紧固;增加紧固也不能修改时更换衬垫			√	√
	接头部位	目测	泄漏冷却液部分增加紧固;增加紧固也不能修改时,更换密封带			√	√
	特氟纶软管	目测	外观有异常时就修理,不能修理时就更换			√	√
逆变器单元	外观	目测	外观有异常时就修理,不能修理时就更换			√	√
整流器单元	门极放大器	目测	出现老化或焊点开裂等异常情况时就更换			√	√
滤波电容器	外观	目测	外观有异常时就修理,不能修理时就更换			√	√
接地电容器	外观	目测	外观有异常时就修理,不能修理时就更换			√	√
交流接触器	外观	目测	外观有异常时就修理,不能修理时就更换			√	√
充电电阻器	外观	目测	外观有异常时就修理,不能修理时就更换			√	√
OVTR单元	外观	目测	外观有异常时就修理,不能修理时就更换			√	√
	门极放大器	目测	出现老化或焊点开裂等异常情况时就更换			√	√
OVRe操作板	外观	目测	外观有异常时就修理,不能修理时就更换			√	√
电流传感器	外观	目测	外观有异常时就修理,不能修理时就更换。			√	√
DCPT操作板	外观	目测	外观有异常时就修理,不能修理时就更换			√	√
GR操作板	外观	目测	外观有异常时就修理,不能修理时就更换			√	√
接地开关	外观	目测	外观有异常时就修理,不能修理时就更换。			√	√
APU整流器单元	外观	目测	外观有异常时就修理,不能修理时就更换			√	√
	衬底	目测	出现老化或焊点开裂等异常情况时就更换			√	√
	门极放大器	目测	出现老化或焊点开裂等异常情况时就更换			√	√
	散热片	清洁	清扫放热部件的污损和堵塞			√	√

续表

设备名称	检查项目	方法	检查和处理内容	日常	定检	重检	整体
APU 逆变器单元	外观	目测	外观有异常时就修理，不能修理时就更换			√	√
	衬底	目测	出现老化或焊点开裂等异常情况时就更换			√	√
	门极放大器	目测	出现老化或焊点开裂等异常情况时就更换			√	√
	散热片	清洁	清扫放热部件的污损和堵塞			√	√
熔断器	外观	目测	外观有异常时就修理，不能修理时就更换			√	√
无熔丝电流断路器	外观	目测	外观有异常时就修理，不能修理时就更换			√	√
交流滤波电容器	外观	目测	外观有异常时就修理，不能修理时就更换			√	√
电动鼓风机	外观	目测	外观有异常时就修理，不能修理时就更换			√	√
CI 控制单元	外观	目测	外观有异常时就修理，不能修理时就更换			√	√
	底座	目测	出现老化或焊点开裂等异常情况时就更换			√	√
I/F 设备电源	外观	目测	外观有异常时就修理，不能修理时就更换			√	√
	底座	目测	有焊接裂痕等恶劣情况时更换			√	√
AVR1~4 继电器	继电器	动作检查	对继电器进行动作检查，有异常情况时更换			√	√
电源设备	外观	目测	外观有异常时就修理，不能修理时就更换			√	√
	底座	目测	出现老化或焊点开裂等异常情况时就更换			√	√
APU 控制单元	外观	目测	外观异常时修理，不能修理时更换			√	√
	底座	目测	有焊接裂痕等恶劣情况时更换			√	√
	继电器	工作确认	对继电器进行动作检查，有异常情况时就更换			√	√
同步变压器	外观	目测	外观有异常时就修理，不能修理时就更换			√	√
噪音过滤器	外观	目测	外观有异常时就修理，不能修理时就更换			√	√
加热器操作板	外观	目测	外观有异常时就修理，不能修理时就更换			√	√
风扇加热操作板	外观	目测	外观有异常时就修理，不能修理时就更换			√	√
泵	外观	目测	外观有异常时就修理，不能修理时就更换			√	√
		动作检查	对继电器进行动作检查，有异常情况时就更换			√	√
冷却液	冷却液剂量	目测	根据水准仪确认冷却液剂量。若不足，在查明不足的原因后进行处理。处理后注入缺少的冷却液	√	√	√	√
	流量	目测	根据流量计确认流量 200 L/min，查明原因再做处理，将调整流量为 200 L/min	√	√	√	√

第四节 变流装置的结构组成及冷却

牵引变流器与辅助变流器构成一体式箱形结构，称为电源变换装置。除与复合冷却器相连接的管路以外，其他器件都安装在箱体内部。

一、牵引变流器的结构组成

1. 牵引变流器在电源变换装置中的配置

每台电源变换装置内含有三组牵引变流器和一组辅助变流器，变换装置结构紧凑，便于安装。图 4.14 及图 4.15 为三组牵引变流器各部件在电源变换装置中的配置图。

在装置的左上段，从上依次为 1 组、2 组、3 组设备，从左至右依次设置有逆变器单元、滤波电容、整流器单元。

在装置的左下段，设置有水泵、水箱等牵引变流器循环水冷用品。

在装置的中央下段，设置有 CI（牵引变流器）主回路接线端子台、在上面设置有交流接触器，在里面为充电电阻及主回路的配线空间。

在装置的右上段，设置有 OVTR（过压保护）单元、DCPT（电压传感器）单元、I/F（接口）；在里面设置有 GR（接地电阻）单元、NF（同步变压器和噪声过滤器）单元。另外在 I/F 单元、DCPT 单元、OVTR 单元的下侧还设置有加热器盘，当周围温度比较低时，为各零件预热。

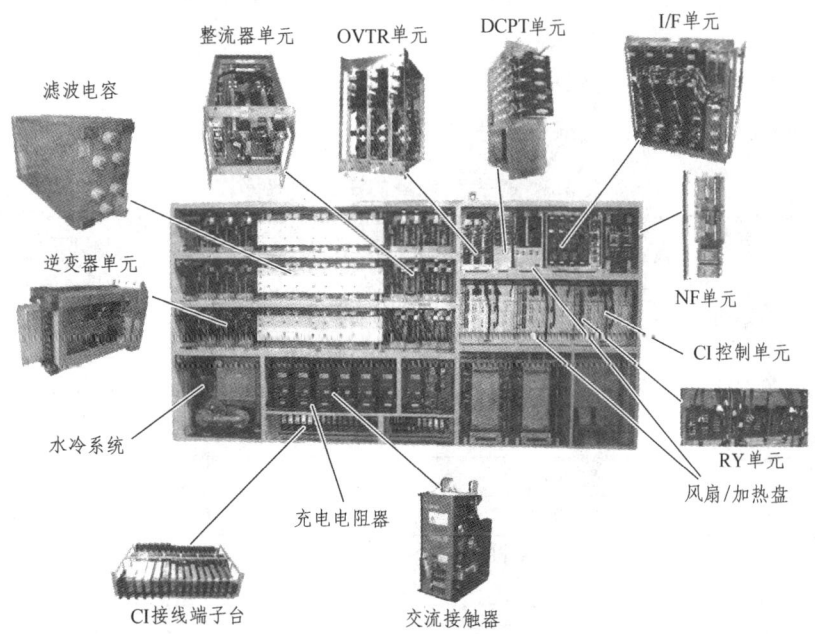

图 4.14 牵引变流器构成图（正面）

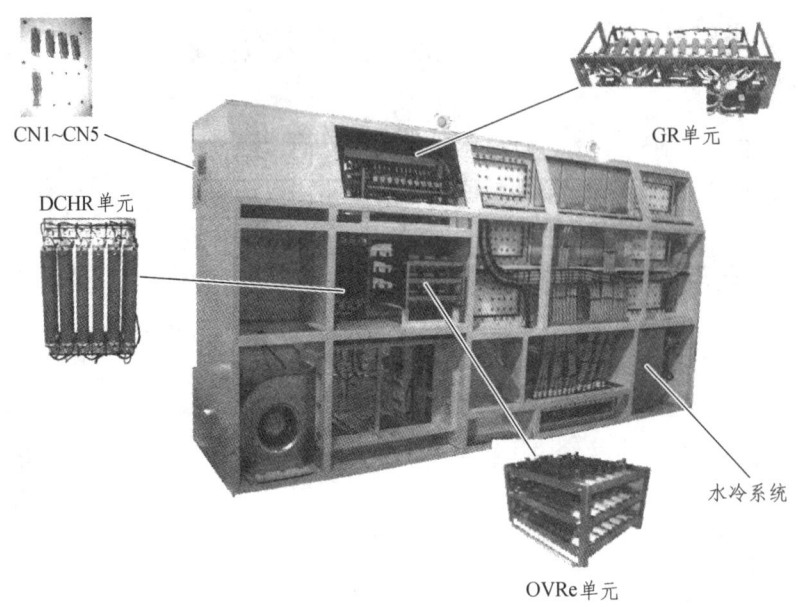

图 4.15　牵引变流器构成图（背面）

在装置的右中段，设置有 CI 控制单元；在里面设置有 OVRe（限流电阻）单元、RY（继电器）单元、DCHR（放电电阻）单元。另外在 CI 控制单元的下侧设置着风扇和加热盘，风扇用于冷却控制单元；当低温启动的时候，加热电阻用于预热控制单元。

在装置右侧设置有控制回路连接器，代号为 CN1 到 CN5 牵引变流器的主要构成部件。

2. 牵引变流器的主要构成部件

牵引变流器的主要构成部件如表 4.3 所示。

表 4.3　牵引变流器的主要构成部件

名 称	部件符号	数量	型号规格
整流器单元	COV-1U、1V、2U、2V、2U、2V	6	STC272-A0
逆变器单元	INV-1U、1V、1W、2U、2V、2W、3U、3V、3W	9	STC273-A0
滤波电容器	FC11、12、13、21、22、23、31、32、33	9	EF332162EYQ0735
接地电容	FCG1、2、3	3	EF332162EYQ0736
交流接触器	K1、2、3	3	CM79-A1
交流接触器	AK1、2、3	3	CM75-A2
充电电阻器	CHRe1、2、3	3	2Kw-4.814 OHM
OVTR 单元	P-OVTR	1	STC274-A0
OVRe 单元	P-OVRe	1	RE1000 1.3 OHM 6S(5 500 V)
电流传感器	ACCT1、2、3	3	NNC-12A-C25A2 3 000 A/10 V

续表

名　称	部件符号	数量	型号规格
电流传感器	CTU1、2、3、CTW1、2、3	6	NNC-12A-C25A2 2 000 A/10 V
DCTP 单元	P-DCPT（DCPT1~3）	1	
GR 单元	P-GR（GR11、21、31）；P-GR（GR12、22、32）	1	
CI 控制单元	CI-CTR1、2、3	3	LCU275-B0
I/F 单元	U-I/F	1	
水泵	WP	1	F41-217C4-0405S1-BV
同步变压器	T1	1	
噪声过滤器	NF1	2	

二、辅助变流器的结构组成

在变流器装置的中央下段，设置有 APU 接线端子台、APU 交流接触器及熔断器、充电电阻器等，如图 4.16 所示。

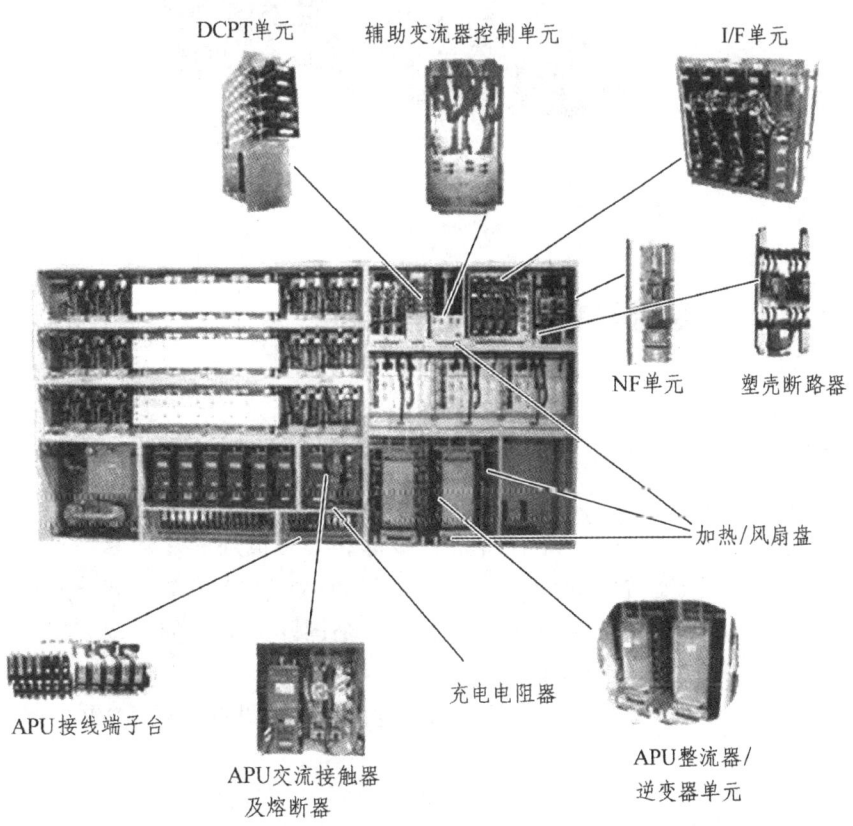

图 4.16　辅助变流器构成图（正面）

在变流器装置的右上段，设置有辅助变流器与牵引变流器共用的 DCPT（电压传感器）单元、I/F（接口）单元、辅助变流器控制单元、塑壳断路器；在里面设置着辅助变流器与牵引变流器共用的 GR（接地）单元、同步变压器与噪声过滤器元件。另外与在辅助变流器控制单元、I/F（接口）单元、DCPT（电压传感器）单元、OVTR（过压保护）单元的下侧设置有加热器元件，当周围温度比较低时为各零件加温。

在变流器装置的右下段，设置有辅助变流器逆变器单元、整流器单元及滤波电容。在该单元的下侧，设置着加热器元件，侧面设置着风扇等，如图 4.17 所示。

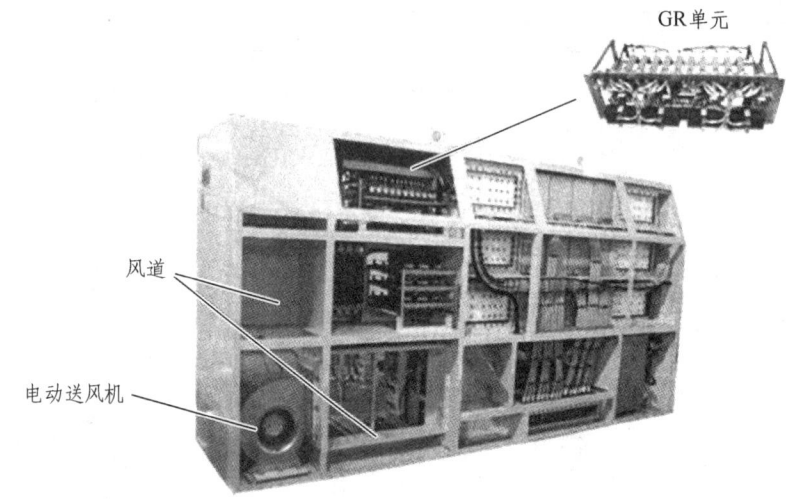

图 4.17　辅助变流器构成图（背面）

三、牵引变流器的冷却

1. 冷却系统的组成

牵引变流器的冷却系统是由复合冷却器的水-空气热交换器、连管、阀门、储水箱、水泵、塞门、流量计、冷却介质等组成，利用去离子水和乙二醇的混合冷却介质通过热交换器对 IGBT 器件进行冷却，具有很好的冷却效果。为了提高装置的小型化及冷却性能，牵引变流器采用强制循环水冷方式。这种方式具有冷却效果好、无污染、结构上维修方便等特点，是国际上流行的冷却方式。冷却液采用纯水 45%与乙二醇 55%的混合溶液，确保在 -40 ℃时不冻结。

图 4.18 所示为 IGBT 模块冷却示意图，变换装置内设有水泵（WP），用来推动冷却液进行循环。

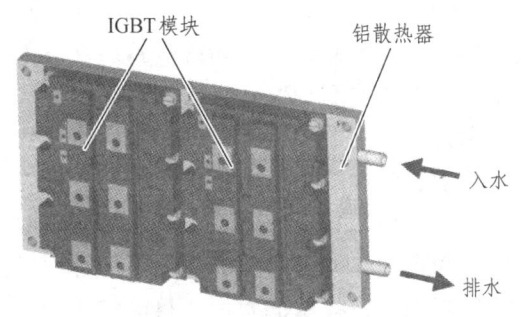

图 4.18 IGBT 模块冷却示意图

在装置外部的复合冷却器中被冷却的冷却液从装置入水口进入装置,沿配管进入水。通过水箱的冷却液,在经过水泵之后被分为 3 路,分配给各组的变流设备。每路冷却液在每一组再分成 7 个分支,通过与冷却板交换热量来冷却半导体元件。冷却半导体元件的冷却液在一根总管内汇集,从装置出水口流出变流装置,返回复合冷却器再冷却。这样,通过冷却液反复的循环,来实现半导体元件的冷却效应。

2. 冷却系统的保护

(1)通过流量计检测冷却水的流速,实现牵引变流器进口水压检测和失压保护。

(2)通过热敏电阻温度继电器对元件的检测,实现牵引变流器进出口水温的监视和保护。

(3)通过水位计,对储水箱的水位进行监视和低于最低许用水位的保护。

四、辅助变流器的冷却

在辅助变流器右下段的侧面设置有风扇,见图 4.16。变流器装置后面设置有风道,通过通风机对辅助变流器逆变器单元和整流器单元进行强制风冷。

第五节 交流传动电力机车的调速控制

交流传动电力机车调速的实质是对三相异步电动机调速,而异步电动机和直流电动机不同,它只有一个供电回路——定子绕组,致使其速度控制比较困难,不能像直流电动机那样通过控制电枢电压或控制励磁电流来方便地控制电动机的转速。交流异步电动机的控制量只有定子电流,而定子电流的变化,不仅影响输出转矩,而且也会使气隙磁链发生变化。

目前,变频调速是交流异步电动机最主要的调速控制方式(详细分析见本书第

一章第六节 交流传动电力机车的调速）。早期变频系统都是采用开环恒压比（V/F = 常数）的控制方式，即通过在控制过程中始终保持 V/F = 常数，来保证定子磁链的恒定。这种控制策略是以电机本身稳态运行为立足点，即从电机机械特性出发分析研究电机的运行状态和特性，它的控制结构简单、价格便宜。然而这种控制方式是一种开环控制，其速度动态特性很差，电机转矩利用率低，控制参数（加、减速度等）还需要根据负载的变化做出相应的调整，特别是低速时由于定子电阻和逆变器电力电子器件开关延时的存在，系统可能会发生不稳定现象。

随着交流电机调速控制理论及技术的发展，目前实用的交流调速系统控制方法主要有：转差频率控制、矢量控制和直接转矩控制等。

一、转差频率控制

转差频率控制实际上是在 V/F 控制的模式上引入了速度闭环，以避免 V/F 控制的缺点，是 V/F 控制的改进版。

交流传动电力机车的电机牵引传动系统属于典型的电力拖动控制系统，应服从电力拖动系统的基本运动方程式：

$$T_e - T_L = J \frac{d\omega}{dt} \tag{4.6}$$

式中　T_e——异步电动机输出转矩（N·m）；
　　　T_L——负载静阻转矩（N·m）；
　　　J——单轴旋转系统的转动惯量（N·m·s²）；
　　　$\frac{d\omega}{dt}$——角速度变化率。

从式（4.6）可看出，有效地控制异步电机输出转矩 T_e，就能控制角速度变化率 $\frac{d\omega}{dt}$，也就是能控制转速的变化。因此，归根结底，对交流异步电机调速实际上就是对电机输出转矩进行控制。

由电动机近似等值电路化简知，交流异步电动机的转矩可近似表达为：

$$T_e \approx K_m \Phi_m^2 \frac{\omega_s}{r_2} \tag{4.7}$$

式中　K_m——转矩系数；
　　　Φ_m——气隙磁通（Wb）；
　　　$\omega_s = s\omega_1$——转差频率（Hz），即转差率与定子频率的乘积；
　　　r_2——转子绕组的直流电阻（Ω）。

式（4.7）表明，在基频（50 Hz）以下，如果能够维持气隙磁通 Φ_m 恒定，则有

$T_e \propto \omega_s$，这和直流电机中控制电流能够达到间接控制转矩的目的一样。控制转差频率就相当于控制了转矩，这就是转差频率控制的基本概念。

上面分析所得的转差频率控制概念是在转矩近似公式上得到的，当 ω_s 较大时，就能得到精确的转矩公式，其转矩特性如图 4.19 所示，当 ω_s 较小时且处于稳定运行段，转矩与转差频率 ω_s 基本上成正比，当 T_e 达到最大值 $T_{e\,max}$ 时，ω_s 达到 $\omega_{s\,max}$。

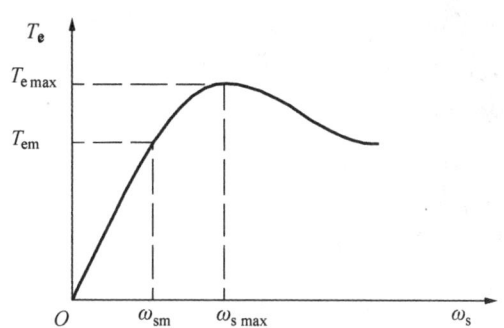

图 4.19 按恒 $\varPhi_m$ 值控制的转矩特性

从图 4.19 可知，在转差频率控制系统中，只要保证 $\omega_s < \omega_{s\,max}$，就可保证 T_e 与 ω_s 的正比关系，从而可以用转差频率控制来代替转矩控制。

上述规律是在保持气隙磁通 $\varPhi_m$ 恒定的条件下成立的，而要达到 $\varPhi_m$ 恒定，由异步电动机每相定子电动势 E_1 的表达式（1.16）可知：当电动势较高时，忽略定子绕组中的漏阻抗压降用定子电压 U_1 代替定子电动势 E_1。只要使 U_1/f_1=常数，即在控制定子电压 U_1 的同时控制定子频率 f_1，使异步电动机的气隙磁通 $\varPhi \propto \dfrac{U_1}{f_1} = C$，维持气隙磁通基本恒定。

目前，在电力牵引交流传动系统中，大多采用脉宽调制 PWM 逆变器。这种逆变器最大的特点在于：当控制系统给定电压 U_1 和频率时，PWM 信号生成单元控制逆变器的输出总能保证电动机气隙接近于恒定值，以满足恒磁通控制的要求。

转差频率控制的转速闭环变压变频调速系统结构原理如图 4.20 所示。

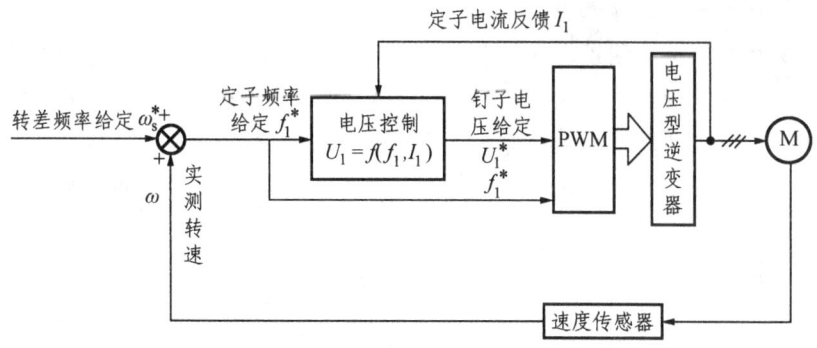

图 4.20 转差频率控制的转速闭环变压变频调速系统结构原理图

由图 4.20 可以看出，定子频率输入信号 f_1^* 是由转差频率给定信号 ω_s^* 和实测转速信号 ω 相加后得到的，即 $f_1^* = \omega_s^* + \omega$。这样，在转速变化过程中，定子频率随着实际转速同步上升或下降，因此加、减速平滑而稳定。由此可见，转速闭环转差频率控制的交流变压变频调速系统能够像直流电机双闭环控制系统那样获得较好的静、动态性能，是一个比较优越的控制策略，属于高性能的控制系统。

然而，上述转差频率控制规律是在电机稳态条件下分析的，在动态特性下该规律不一定适用。同时，由于转差频率控制环节取 $f_1^* = \omega_s^* + \omega$，使频率得以与转速同步升降，这本是转差频率控制的优点，但是如果转速检测信号不准确或存在干扰，也就会直接给频率造成误差，因为所有这些偏差和干扰都以正反馈的形式毫无衰减地传递到频率控制信号上。

转差频率控制系统的被控制量是异步电动机的平均转矩，并未最终实现像直流电动机一样能对其转矩的瞬时值实行有效控制的目的。

二、矢量控制

随着现代控制理论和控制技术的发展，一种模仿直流电动机控制的矢量控制系统取得了重大进展，其控制效果可以媲美直流电机速度控制。矢量控制已在许多变频调速系统、铁路干线机车（如西班牙的 S252 机车）和高速动车（如德国的 ICE 动车）上得到应用，HXD$_3$ 型电力机车调速控制也采用矢量控制方法。

矢量控制是一种高性能异步电动机控制方式，它基于电动机的动态数学模型，通过坐标变换，将交流电机模型转换成直流电机模型。根据异步电动机的动态数学方程式，它具有和直流电动机的动态方程式相同的形式，因而如果选择合适的控制策略，异步电动机应有和直流电动机相类似的控制性能，这就是矢量控制的思想。因为进行变换的是电流的空间矢量，所以这样通过坐标变换实现的控制系统就叫做矢量变换控制系统，或称矢量控制系统。

矢量变换控制又称磁场定向控制（或解耦控制），其基本思想是把异步电动机经坐标变换等效成他励直流电动机。然后仿照直流电机的控制方法，求得直流电机的控制，再经过相应的反变换来控制交流电机。

他励直流电动机控制如图 4.21 所示，在理想情况下，忽略电枢反压和磁路饱和的影响，直流电机的输出转矩表示为：

$$T_e = K_t' I_a I_f \tag{4.8}$$

式中　I_a——他励电机的电枢电流（A）；

　　　I_f——他励电机的励磁电流（A）。

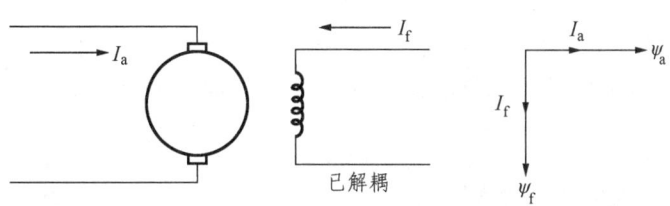

图 4.21 他励直流电动机

直流电机结构决定了由励磁电流产生的励磁磁通与电枢电流产生的电枢磁通相互垂直。这些在空间上静止的矢量彼此之间是自然垂直或是解耦的,这就意味着当通过控制电枢电流以控制转矩时,励磁磁通不受影响,而且在励磁磁通额定值时可以获得快速的瞬态响应。同理,由于彼此解耦关系,在控制励磁电流时,也只影响励磁磁通,而不会影响电枢磁通。

异步电动机由于内在耦合关系,一般不会有较快的响应。若将异步电动机经坐标变换,放在同步旋转的参考坐标系上进行控制,如图 4.22 所示,异步电机模型就会变成直流电机模型。

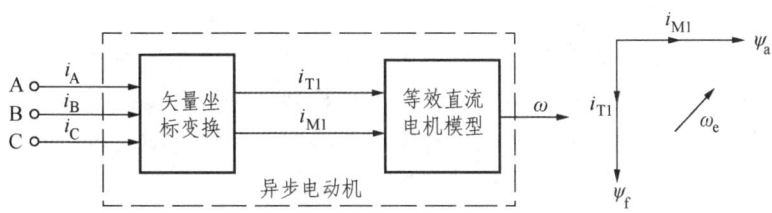

图 4.22 异步电动机的坐标变换结构图

总的来说,电机接有 A、B、C 三相导线,输入 i_A、i_B、i_C 三相定子电流,产生转子角速度 ω,属于交流电机。从虚线部分来看,由于坐标变换,异步电动机变成了由电流分量 i_{T1} 和 i_{M1} 作为输入,ω 作为输出的直流电机。

异步电动机经过矢量坐标变换后,定子电流被分解成相互垂直的两个量:直轴分量 i_{M1} 和交轴分量 i_{T1}。直轴分量 i_{M1} 用于控制转子磁通,称为磁通分量;交轴分量 i_{T1} 用于调节电机转矩,称为转矩分量。异步电动机的两个控制变量在矢量控制下,i_{M1} 与直流电动机励磁电流 I_f 类似,i_{T1} 与直流电动机电枢电流 I_a 类似。因此异步电动机的转矩可表示为:

$$T_e = K'_t \cdot i_{M1} \cdot i_{T1} \tag{4.9}$$

如果直轴分量 i_{M1} 被定向在磁链的方向并且与交轴分量 i_{T1} 相垂直。则异步电动机便可获得类似于直流电动机的特性。这就意味着当控制转矩分量 i_{T1} 时,只会影响实际的电流 i_{T1} 而不影响磁通分量。通过异步电机一系列的坐标变换便会获得直流电机特性,直流电机的控制方法就可以用于交流电机,获得直流电机调整量,再通过运算把坐标变回来,就实现了控制异步电机。因此,矢量控制的最终结果就是实现了定子电流分解,分别进行转子磁通和定子转矩的解耦控制,提高了调速的动态性能。

HXD$_3$ 型电力机车采用矢量控制作为感应电机的控制系统。与传统机车驱动控制系统的转差频率控制相比，矢量控制能够把感应电机的输出扭矩迅速地控制在目标值，从而提高对瞬时现象（如空转、滑行）的反应。

三、直接转矩控制

继矢量控制之后，1984 年德国鲁尔大学的 Depen Brock 又提出了交流电动机的直接转矩控制方法，其特点是直接采用空间电压矢量，直接在定子坐标系下计算并控制电机的转矩和磁通；采用定子磁场定向，借助于离散的两点式调节产生 PWM（空间矢量 SPWM）直接对逆变器的开关状态进行最佳控制，以获得转矩的高动态性能。

与矢量控制不同，直接转矩控制摒弃了解耦的思想，取消了旋转坐标变换，简单地通过电机定子电压和电流，借助瞬时空间矢量理论计算电机的磁链和转矩，并根据与给定值比较所得差值，实现磁链和转矩的直接控制。在直接转矩控制中用异步电机定子侧参数计算出磁通和转矩，采用 PWM 信号直接控制逆变器的开关状态，对异步电机磁通和转矩直接进行自调整控制。

直接转矩控制的思路是将逆变器和电动机作为一个整体来考虑，它包含两层含义：一是保持定子总磁链基本恒定；二是对电机转矩进行直接控制。通过对逆变器的开关控制，一方面实现磁链的幅值控制，另一方面实现电动机转矩控制。

异步电动机定子磁链控制是通过控制电动机输入电压来实现的。当在三相异步电动机的定子绕组中通入对称的三相正弦交流电压时，将在电动机气隙中产生圆形轨迹的旋转磁场。如果牵引电动机通过三相逆变器供电时利用空间矢量概念，建立起逆变器开关模式及其输出电压与电动机磁链之间的关系。根据要跟踪的磁链空间矢量运动轨迹，选择逆变器的开关状态，使逆变器输出适当波形的电压。

空间矢量 PWM 是通过对电压矢量进行适当的切换控制，用尽可能多的多边形磁通轨迹来接近理想的磁通圆形轨迹。在空间矢量 PWM 控制下，电动机的输入电压完全取决于逆变器的开关动作状态模式，而电动机的磁通仅取决于电压模式。

直接转矩控制原理图如图 4.23 所示，在实际控制过程中，将测得的电机三相电压 U_s 和三相电流 I_s 送入计算器，计算出电机的定子磁链 $\varPsi_s$ 和电磁转矩 T，分别与给定值 $\varPsi_s^*$ 和 T^* 相比较，然后选择开关模式，确定 PWM 逆变器的输出。

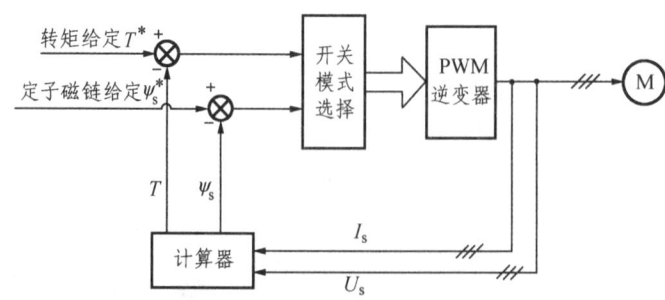

图 4.23　直接转矩控制原理图

直接转矩控制的目标之一就是建立磁链和逆变器开关模式之间的关系，通过逆变器开关的空间矢量脉宽调制控制，或称磁链跟踪控制技术，使电动机获得一个准圆形的气隙旋转磁场。磁通轨迹越接近于圆形，引起的电流、转矩波动就越小，谐波损耗也越小。异步牵引电机的运行性能也就越好。

HXD_{1C}型电力机车采用直接转矩作为感应电机的控制系统。直接转矩控制方法、控制思想简单，控制系统简洁明了，其控制系统动、静态性能优良。

第六节 交流传动机车的牵引特性与控制策略

牵引电机的机械特性决定了机车的牵引特性，变频调速异步牵引电机的特性及基本理论是实现机车牵引/制动特性、牵引控制（转差频率控制、矢量控制、直接转矩控制、PWM 控制）、逆变器和电动机容量确定的基础。

一、机车牵引控制特性

机车牵引特性是指机车牵引力 F 随速度 v 变化的关系曲线 $F=f(v)$。通常情况下，异步牵引电动机的运行可分为恒转矩区和恒功率区。因此，交流传动机车牵引运行可分为 3 个区：起动加速区、恒功率运行区和提高速度区（自然特性区），这 3 个运行调节区如图 4.24 所示。

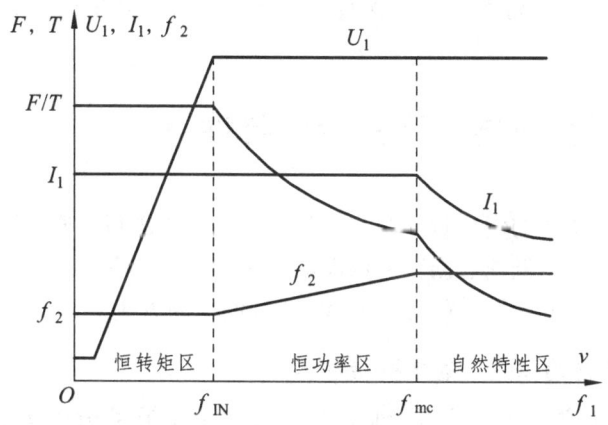

图 4.24 交流传动电力机车牵引特性

在基频 f_N（50 Hz）以下为起动加速（恒转矩）区，采用 VVVF 控制，通过控制变流器的输出使其输出电压与频率按正比例关系变化。在基频 f_N 和最高控制频率 f_{mc} 之间为恒功率运行区，采用恒压调频控制，由式（1.16）可知，牵引电机的磁通随着频率的升高而下降（电源电压保持额定值或最大值），类似直流电机的弱磁调速。在起动加速区和恒功率区的交点处，VVVF 控制结束，变流器输出达到额定电压或最大电压。

1. 起动加速区

若牵引电机的气隙磁通保持不变，则电动机可以在任何转速下提供很大的转矩。由式（4.6）可知，只要保持转差频率恒定，即可得到恒定的转矩。转差频率越接近临界转差频率，在整个速度范围内可获得的转矩就越大，这就是所谓的恒转矩特性。利用这一特性，可以满足机车以不变的牵引力起动的要求。

恒转矩运行中，随着电动机转速的上升，电压提高，牵引电动机的输出功率增加。但是电压的提高受到电动机功率或逆变器最大电压的限制，于是电压提高到一定的值后将维持不变，或者电压不再正比于 f_1 上升。此后，电动机将以恒功率输出为条件进行电压和频率控制。

2. 恒功率特性区

牵引电机的输出转矩可以近似地认为是电磁转矩 T_{em} 和频率 f_1 的乘积，即

$$P_2 \propto T_{em} f_1 = U_1^2 \frac{f_2}{f_1} \tag{4.10}$$

要使 $P_2 =$ 常数，可以按照 $U_1 =$ 常数、$f_2/f_1 =$ 常数，以获得最大电动机与最小逆变器的匹配。目前，所有电力传动系统均采用大电机与小逆变器的匹配方式，使系统获得更高的性价比。

3. 自然特性区

当逆变器输出频率超出最高控制频率 f_{mc} 以后，若牵引电机定子端电压 U_1 和转差频率 f_2 均维持不变，机车将运行在自然特性区，可进一步提高运行速度。

二、不同控制方式下的牵引特性

交流传动电力机车的牵引特性曲线都是由低速起动区和高速运行区组成。为了充分利用黏着限制条件，低速起动区采用准恒速转矩控制，高速运行区由恒功率范围向高速区迁移。机车的控制方式有以下 4 种，不同的控制方式，其牵引特性也不尽相同。

1. 恒转矩和恒功率控制的牵引特性

在低速区段特性曲线平直，机车按照恒转矩（恒牵引力）起动，牵引电机工作在恒压频比（CVCF）供电方式下，起动电流大。恒压频比控制结束后，进入恒压恒功率区段运行。

这种牵引特性具有恒功率运行范围大，加速性能好的特点，适合于动车组。CRH₅ 型动车就采用此种控制方式，其牵引特性曲线如图 4.25 所示。

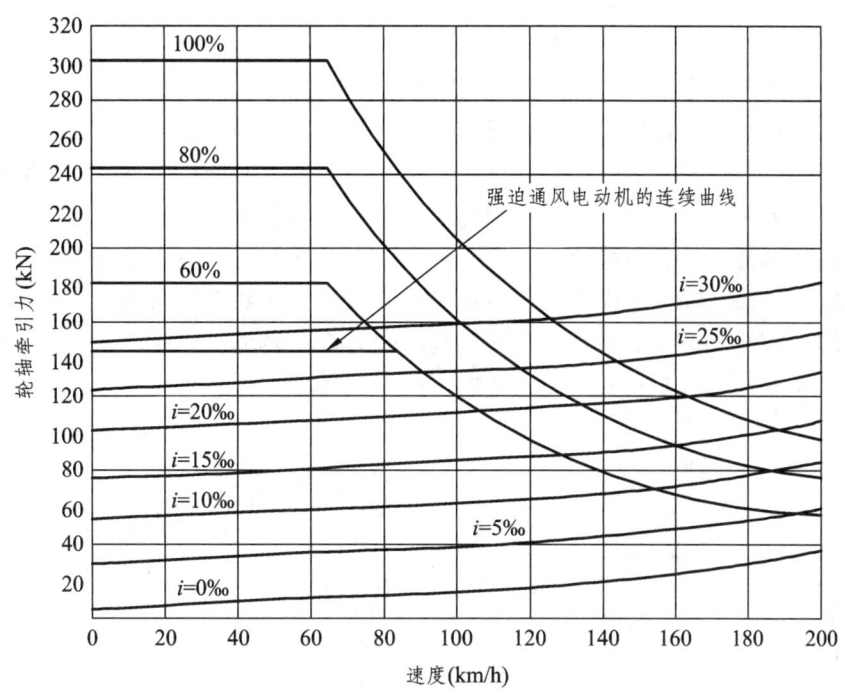

图 4.25 CRH$_5$ 型动车牵引特性

2. 黏着控制与恒功率控制的牵引特性

在低速区，牵引力随着机车速度的升高而下降，牵引力采用与黏着限制曲线相近的变化趋势，以充分利用轮轨之间的黏着条件，机车按照准恒转矩（恒牵引力）运行。在额定频率点转入恒压恒功率高速区段运行。

这种牵引特性的显著特点是起动牵引力大、加速快，是目前普遍采用的一种控制方式，不仅适用于客运、货运电力机车，而且也适用于高速电动车组。CRH$_3$、CRH$_2$ 型动车组就采用这种控制方式，CRH$_2$ 型动车组牵引特性曲线如图 4.26 所示。

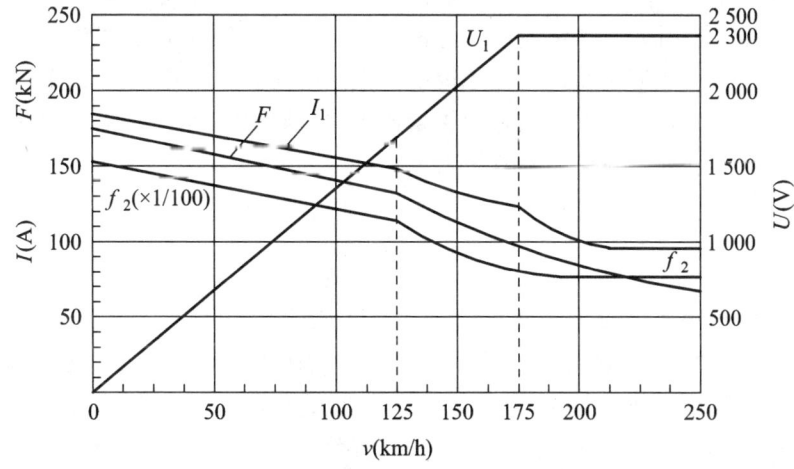

图 4.26 CRH$_2$ 型动车组牵引特性

3. 恒转矩、黏着控制与恒功率控制的牵引特性

这种特性曲线由 3 段组成,在低速起动区采用恒转矩/恒牵引力控制,可获得较大的牵引力;当机车速度上升到低速时的一定值后,按照黏着限制条件的斜线进行控制,以充分利用轮轨之间的黏着条件,牵引力随速度的提高而下降,直到持续速度点;从持续速度点开始进入恒功率运行区,按照恒功率输出。

这种牵引特性具有起动牵引力大,恒牵引力持续时间很短;黏着控制阶段牵引力随速度上升而下降,牵引电动机电流也相应减小,恒功率区向高速度端移动,恒功率范围小等特点,非常适合于大功率货运电力机车的牵引特性。HXD_1、HXD_2 型电力机车采用这种控制模式,如图 4.27、图 4.28 所示。

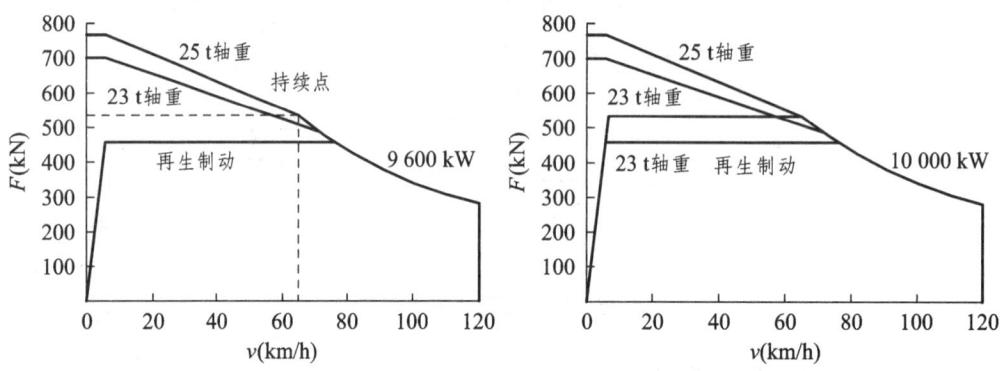

图 4.27　HXD_1 型电力机车牵引特性　　图 4.28　HXD_2 型电力机车牵引特性

4. 恒牵引力与准恒速控制的牵引特性

机车牵引力由恒定牵引力、最大牵引力和准恒速牵引力 3 部分组成。牵引力按照特性控制时,对恒定牵引力、最大牵引力和准恒速牵引力进行比较,取最小值作为输出牵引力的控制值送入变流器。

货运电力机车一般采用恒牵引力准恒速的牵引特性,短暂的恒牵引力控制可以获得很大的起动牵引力。准恒速控制将使机车牵引力按照准恒速关系(线性关系)下降。当速度达到持续速度时,进入恒功率控制阶段,恒功率区位于机车运行的高速度段,可以充分发挥机车在高速段的牵引能力。HXD_3 型电力机车就采用恒牵引力与准恒速特性控制,详见第七章第六节。

本章小结

电力牵引传动系统过去一直采用直(脉)流牵引电动机,由于存在火花和环火的致命缺陷,从而限制了直(脉)流牵引电动机的功率和容量,已不能满足铁路高速重载的发展要求。随着电力电子技术与大功率变流技术日渐成熟,控制理论和控制技术不断完善以及变频器技术的不断成熟,三相异步电动机在列车牵引中的应用得到关键性突破,获得了迅速发展。

机车交流传动系统是指采用交流牵引电动机作为驱动设备的传动控制系统，主要有交-交传动、交-直-交传动和直-交传动3种形式。

交-直-交传动系统主要由牵引变压器、牵引电动机、牵引变流器和微机网络控制单元等部分组成。其工作原理为：来自接触网的单相交流电经受电弓引入机车变压器，在变压器中变换成所需的合适电压送入电源侧变流器，将单相交流电转换为直流电，提供给中间回路经平滑功率脉动，送入电动机侧的变流器，将直流电逆变为电压和频率可调的VVVF三相交流电供给三相异步牵引电机，实现牵引运行。

直-交传动系统主要应用于地铁、城轨列车和中低速磁悬浮列车中，采用直流供电方式。直流电源通过受电弓或第三轨从电网引入，经高速断路器、滤波电抗器等高压电器再接入逆变器，逆变器将输入的直流电能变换成频率、电压可调的VVVF三相交流电，供给三相异步电动机，将电能转换为机械能，并对异步牵引电动机的转矩、转速进行控制，满足列车牵引的需求。

地铁、城轨列车采用的三相异步牵引电动机在结构上有旋转式和直线式两种形式。

直线电动机结构相当于将旋转电动机切割展开成直线状。直线电机的电枢（初级）相当于将旋转电机的定子切开、拉直。直线电机的定子（次级）为在轨道上包裹的铝板，相当于旋转电机的转子被切开、拉直。城市轨道交通用的直线感应电动机定子（初级）设置在车辆上，转子（次级）设置在轨道的感应板内。直线电动机能非接触式地直接实现直线运动，不受黏着限制，在中低速磁悬浮列车及城市轨道列车一般使用直线感应电动机驱动。

牵引变流器是交流传动电力机车的核心部件，为了满足机车起动、调速和制动的需求。要求牵引变流器能够四象限运行。牵引变流器的基本功能是将来自接触网的交（直）流电压，变换为频率、幅值可调的三相交流电压，供给交流牵引电动机，将电能转换为机械能，在轮轨间产生牵引力，驱动列车前进。在电力牵引传动系统中，由于受调速范围的限制，只能采用交-直-交传动控制。

机车牵引特性是指机车牵引力F随速度v变化的关系曲线$F=f(v)$。交流传动电力机车牵引运行可分为3个区：起动加速区、恒功率运行区和提高速度区（自然特性区）。电力机车的控制方式有恒转矩与恒功率控制、黏着控制与恒功率控制、恒转矩黏着控制与恒功率控制、恒牵引力与准恒速控制4种。不同的控制方式，其牵引特性也不相同。IIXD$_3$型电力机车采用恒牵引力与准恒速特性控制；HXD$_1$、HXD$_2$型电力机车采用恒转矩黏着控制与恒功率控制。

复习思考题

一、填空题

1. 机车交流传动系统是指采用交流牵引电机作为驱动设备的传动控制系统，主要有交-交传动、_____传动和_____传动三种形式。

2. 交流传动电力牵引技术主要由核心层技术、_____技术和_____技术 3 部分组成。

  3. 交流传动机车是指由各种变流器供电，以三相_____电机或_____电机做为传动电机的电力机车或电动车组（EMU）。

  4. 交-直-交传动系统主要由牵引变流器、_____和_____控制单元等部件构成。

  5. 交-直-交型电力机车采用牵引变流器将_____的单相交流电变化为_____的三相交流电，供三相牵引电动机使用，并满足机车调速的要求。

  6. 交-直-交变流器根据中间直流环节滤波元件的不同，分为_____型和_____型两种。

  7. 逆变器是将直流电变换为交流电的装置，可分为_____逆变器和_____逆变器。

  8. 交流电动机控制系统是一个强耦合、多变量、非线性的复杂系统，其控制方式主要有转差频率控制、_____控制和_____转矩控制 3 种。

  9. 脉冲整流器是利用_____漏电抗的储能作用，达到_____的目的。

  10. 牵引变流器与_____构成一体式箱形结构，称为电源变换装置，每台电源变换装置含有_____个牵引变流器。

二、选择题

  1. 交流传动电力机车，应用（　　）脉冲整流器作为输入端变流装置，改善了接触网的功率因数，从根本上保证了流过接触网的电流波形不会发生畸变。

    A. 二象限　　　　　　B. 三象限　　　　　　C. 四象限

  2. 采用（　　）作为储能器，接受向中间回路供电的瞬时电压与从中间回路取用的瞬时电压之差，并使电流强度保持恒定相当于一个电流源，称为电流型变流器。

    A. 并联电感　　　　　B. 串联电感　　　　　C. 并联电容

  3. 采用（　　）作为储能器，接受向中间回路供电的瞬时电流与从中间回路取用的瞬时电流之差，并使电压保持恒定相当于一个电压源，称为电压型变流器。

    A. 并联电感　　　　　B. 串联电容　　　　　C. 并联电容

  4. 牵引变流器是交流传动电力机车的核心部件，为了满足机车起动、调速和制动的需求。要求牵引变流器能够（　　）运行。

    A. 二象限　　　　　　B. 三象限　　　　　　C. 四象限

  5. 在交-直-交传动系统中，牵引变流器主要由四象限脉冲整流器、（　　）中间环节和逆变器组成。

    A. 交流　　　　　　　B 直流　　　　　　　C. 脉流

  7. 矢量控制是一种高性能异步电动机控制方式，它基于电动机的（　　）数学模型。

    A. 动态　　　　　　　B. 静态　　　　　　　C. 变换

  8. 矢量控制通过（　　）变换，将交流电机模型转换成直流电机模型。

    A. 旋转　　　　　　　B. 坐标　　　　　　　C. 矢量

  9. 异步电动机定子磁链控制是通过控制电动机输入（　　）来实现的。

A. 电流　　　　　　　B. 电压　　　　　　　C. 速度
10. HXD$_{1C}$型电力机车采用（　　）作为感应电机的控制系统。
　　A. 直接转矩　　　　　B. 矢量　　　　　　　C. 转差频率

三、简答题

1. 简述交-直-交电力机车的工作原理。
2. 简述牵引变流器作用及其工作原理。
3. 异步电动机是如何使气隙磁通接近于常数的？
4. 什么是交流传动电力机车的牵引特性？
5. 交流机车牵引特性分为哪 3 个区？
6. 转差频率控制的规律是什么？

四、综合分析题

1. 交流传动系统由哪几部分组成？各部分有什么作用？
2. 直线电机有什么特点？如何将旋转感应电机转换为直线电机？
3. 为什么四象限脉冲整流器功率因数比较高？
4. 四象限脉冲整流器为什么能实现能量反馈？
5. 画出两电平式牵引变流器电路，说明牵引变流器的组成。
6. 分析直接转矩控制的基本思路。

第五章

HXD₃型电力机车电气线路

学习目标

"和谐"型电力机车是我国与国外合作研发生产的新一代大功率交流传动电力机车,该型机车是我国第六次铁路大提速以来的主打货运机车。"和谐"型电力机车包括 HXD_1、HXD_2、HXD_3 和 HXD_5,它们分别来自4个不同的技术平台。HXD_3 电力机车代表了和谐型电力机车的技术水平,以此为例分析交-直-交型电力机车的主线路、辅助线路、控制线路和监视控制系统,介绍 HXD_3 机车操纵与试验方法,通过本章学习应达到以下目标:

HXD_3 电气线路 PPT

(1)掌握和谐系列电力机车车型符号的含义,了解和谐型电力机车的基本情况。

(2)掌握 HXD_3 型电力机车主线路的组成及功能,会分析 HXD_3 型电力机车主线路,了解牵引变流器的组成及其工作原理。

(3)掌握 HXD_3 型电力机车辅助线路的组成,能分析 HXD_3 型电力机车辅助变流器供电线路,了解辅助加热装置电路。

(4)了解 HXD_3 型电力机车监视控制系统的构成,掌握 HXD_3 型电力机车监视控制系统功能,熟悉 HXD_3 型电力机车监视控制系统操作方法。

(5)掌握 HXD_3 型电力机车控制线路的组成及其功能,能分析 HXD_3 型电力机车控制线路。

(6)掌握 HXD_3 型电力机车操纵与试验方法,能在机车模拟驾驶装置上操纵 HXD_3 型电力机车。

第一节 概 述

大功率电力机车交流传动电气系统是电力机车的关键核心技术,由大功率 IGBT 牵引变流器系统、车载网络控制与故障诊断系统、牵引电机、牵引变压器等组成,是机车的动力来源和运营安全的根本保障。通过铁路相关部门组织的大功率交流传动电力机车的技术引进消化及再创新,国内在大功率电力机车交流传动电气系统领域已经取得了长足的进展。

和谐号货运电力机车最大运行速度为 120 km/h,按照轴功率分为 1 200 kW 和 1 600 kW 两个类别,按照轴列式分为 2(B_0-B_0)和 C_0-C_0 两种,机车功率为 7 200 kW、9 600 (10 000) kW。采用交流传动牵引系统、分布网络式控制,主变流器采用集成水冷 IGBT 机组。

一、车型符号含义

HXD 型电力机车符号含义解释如下:
HX 是"和谐"拼音的第一个字母;
D 是电力机车的第一个字母;
N 是内燃机车的第一个字母;
1 表示是株洲生产的;
2 表示是大同生产的;
3 表示是大连生产的;
5 表示是常州戚墅堰生产的。

各个厂随后生产的升级产品则将通过后缀字母来区别,比如说株洲与西门子研制的新型六轴货运电力机车就应该是 HXD_{1B},大同与法国阿尔斯通合作的是 HXD_{2B},大连与加拿大庞巴迪合作研制的是 HXD_{3B},依此类推。

二、HXD_3 型电力机车主要技术特点

HXD_3 型电力机车是由中国北车集团大连机车车辆有限公司与日本东芝公司合作研制的大功率交流传动货运电力机车,采用 PWM 矢量控制技术、密封式牵引变压器及整体驱动装置等新技术,尽量考虑对环境保护,减少维修工作量。另外,以能够在我国全境范围内运行为前提,满足环境温度在 – 40 ~ + 40 ℃,海拔高度在 2 500 m 以下的条件时,最大考虑到 4 组机车重联控制运行。

HXD_3 型机车的主要技术特点如下:

（1）轴式为 C_0-C_0，电传动系统为交-直-交传动，采用 IGBT 水冷变流机组，1 250 kW 大转矩异步牵引电动机，具有起动（持续）牵引力大、恒功率速度范围宽、黏着性能好、功率因数高等特点。

（2）辅助电气系统采用 2 组辅助变流器，能分别提供 VVVF 和 CVCF 三相辅助电源，对辅助机组进行分类供电。该系统冗余性强，一组辅助变流器故障后可以由另一组辅助变流器对全部辅助机组供电。

（3）采用微机网络控制系统，实现了逻辑控制、自诊断功能，而且实现了机车的网络重联功能。

（4）采用高度集成化、模块化的设计思路，电气屏柜和各种辅助机组分功能斜对称布置在中间走廊的两侧；采用了规范化司机室，有利于机车的安全运行。

（5）采用带有中梁的、整体承载的框架式车体结构，有利于提高车体的强度和刚度。

（6）转向架采用滚动抱轴承半悬挂结构，二系采用高圆螺旋弹簧；采用整体轴箱、推挽式低位牵引杆等技术。

（7）采用下悬式安装方式的一体化多绕组（全去耦）变压器，具有高阻抗、轻重量等特点，并采用强迫导向油循环风冷技术。

（8）采用独立通风冷却技术。牵引电机采用由顶盖百叶窗进风的独立通风冷却方式。主变流器水冷和主变压器油冷采用复合式铝板冷却器，由车顶直接进风冷却；辅助变流器采用从车外进风冷却的方式；另外还考虑了司机室的换气和机械间的微正压通风。

（9）采用集成化气路的空气制动系统，具有空电制动功能。机械制动采用轮盘制动。

（10）采用新型的模式空气干燥器，有利于压缩空气的干燥，减少制动系统阀件的故障率。

第二节　HXD$_3$ 型电力机车主电路

HXD$_3$ 型电力机车主电路主要由网侧电路、主变压器、主变流器及牵引电动机、主电路保护及库内动车电路等组成，如图 5.1 所示。

一、网侧电路

HXD$_3$ 型电力机车网侧电路由受电弓 AP1、AP2，高压隔离开关 QS1、QS2，高压电流互感器 TA1，高压电压互感器 TV1，主断路器 QF1，高压接地开关 QS10，避雷器 F1，主变压器原边绕组 AX，低压电流互感器 TA2 和回流装置 EB1～EB6 等组成。

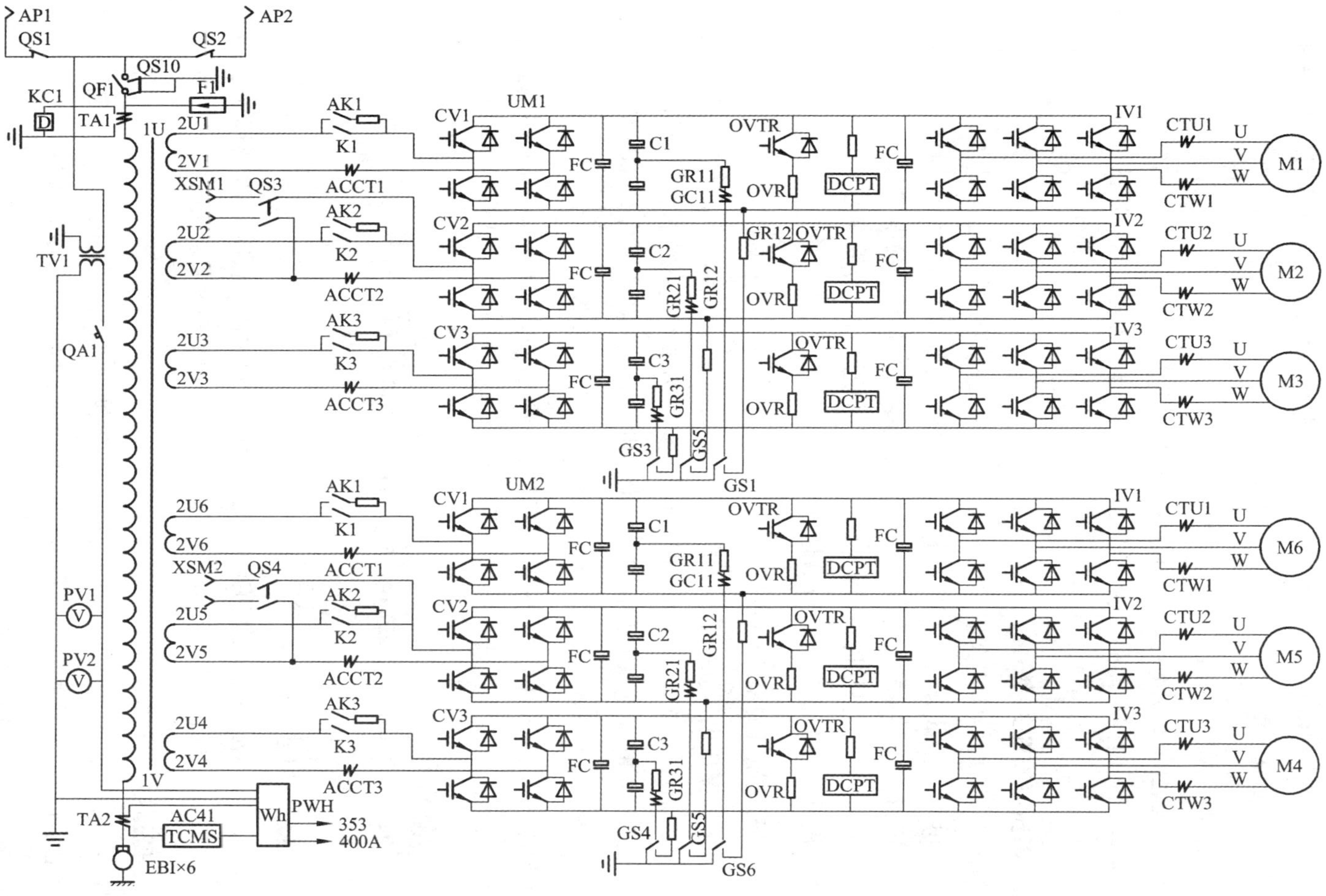

图 5.1 HXD₃ 型电力机车主电路原理图

接触网电流通过受电弓 AP1 或 AP2 进入机车，经高压隔离开关 QS1 或 QS2 和主断路器 QF1，通过高压电流互感器 TA1 进入车内，经 25 kV 高压电缆与主变压器原边 1U 端子相连，经过主变压器原边，从 1V 端子流出，通过 6 个并联的回流装置 EB1～EB6，从轮对回流至钢轨。

1. 受电弓 AP1、AP2

采用 DSA200 型受电弓。该受电弓采用原装德国进口件，在国内组装。各项性能指标均高于国内同类产品，受电弓内装有自动降弓装置，当弓网故障时，可自动降弓保护。

2. 高压隔离开关 QS1、QS2

采用两台 BT25.04 型高压隔离开关，该开关是采用电空控制方式进行转换的。当一台受电弓发生故障时，可通过控制电器柜上的隔离开关 SA96，将其打至对应隔离位，通过 TCMS（控制监视系统）发出指令来控制相应的电空阀，实现高压隔离开关的开闭操作，以切除故障的受电弓，同时使用另一台受电弓维持机车正常运行，减少机破，提高机车运用可靠性。

3. 高压电压互感器 TV1

采用干式高压电压互感器，其次边输出通过保护用的自动开关 QA1，分别送到主变流器 UM1 和主变流器 UM2 的控制单元，作为主变流器控制的同步信号使用，还可为原边电压的检测和电度表的计量提供电压输入，其变比为 25 000 V/100 V。

4. 主断路器 QF1

采用 1 台 BVAC N99.205 型真空断路器。该断路器除接通和开断机车的总电源外，还能在主电路发生过流、接地、零压等故障时，起最后一级保护作用。

5. 避雷器 F1

避雷器 F1 接在主断路器 QF1 和高压电流互感器 TA1 之间，用以抑制操作过电压及雷击过电压。

6. 高压电流互感器 TA1

电流互感器 TA1 主要用作短路电流的检测，是保护用互感器，用以驱动过电流继电器 KC1 动作，因而对其饱和度有较高要求，对其检测精度要求比测量用互感器低。

7. 低压电流互感器 TA2

低压电流互感器 TA2 是为电度表的计量提供电流输入，为机车微机控制系统提供原边电流信号，用于原边电流显示，属于测量用互感器，要求有较高的测量精度。

8. 回流装置 EB1～EB6

回流装置保证网侧向钢轨的回流作用，同时保护机车轮对轴承不受电蚀，保证机车可靠接地。

9. 电度表 PWH

机车选用了爱尔斯特（ELSTER）公司生产的智能型电度表 PWH，通过采集原边低压电流互感器 TA2 和高压电压互感器 TV1 提供的电流和电压信号来实现机车牵引、再生电能的计量。电度表设有屏显窗口和切换按钮，通过按钮切换，可以进入不同的状态模式（滚动模式、标准模式、ABL 模式），进行信息量的查询。电度表既可查询近期每天的电能消耗及能量的反馈，还可查询当时的原边电压、电流及功率因数等。

10. 高压接地开关 QS10

机车通过设置高压接地开关 QS10，来实现机车的高压安全互锁。高压接地开关 QS10 上配有 1 把蓝色钥匙和 2 把黄色钥匙，其中蓝色钥匙用于控制受电弓的升弓气路，黄色钥匙用于打开机械室天窗或高压电器柜门，通过它们与接地开关的联锁控制，实现 HXD_3 型电力机车的高压电气安全互锁功能。

机车正常运行时，需要将高压接地开关 QS10 置"运行位"，此时 QS10 的接地端与车顶回路断开，将蓝色钥匙拔出并插入管路柜上的升弓气路阀，保证受电弓的气路连通；同时 QS10 的辅助联锁触点闭合（信号 425 得电），为主断路器闭合提供了必要条件。

机车需要打开顶盖天窗或电器柜门进行检修时，首先断开主断路器并降弓，然后将空气管路柜上的蓝色钥匙旋转拔除，以切断升弓气路；将蓝色钥匙插入接地开关 QS10 并向右旋转至"接地位"，保证车顶设备可靠接地；旋转黄色钥匙并将其拔出，之后便可打开天窗或高压电器柜门，从而实现了机车高压安全保护。

二、主变流器和牵引电动机电路

机车采用两套主变流器 UM1、UM2，分别由主变压器的牵引绕组 2U1、2V1 ~ 2U6、2V6 供电，主变流器再分别给牵引电动机 M1、M2、M3 和 M4、M5、M6 供电。两套主变流器的电路完全相同，以下就主变流器 UM1 的电路进行说明。

1. 主变流器电路构成

主变流器 UM1 内部可以看成由 3 个独立的"整流-中间电路-逆变"环节（称为牵引变流器）构成。每组牵引变流器分别有 2 个接触器、1 个输入电流互感器、1 个充电电阻、1 个四象限整流器、中间电路、1 个 PWM 逆变器、2 个输出电流互感器等组成。

机车 6 组牵引变流器的主电路和控制电路相对独立，分别向 6 个牵引电动机提供交流变频电源。当其中一组或几组发生故障时，可通过 TCMS 微机显示屏，利用触摸开关将故障的牵引变流器切除，剩余单元仍可继续工作，实现整车的冗余控制。

2. 工作原理

当中间电压为零时，主变压器的牵引绕组通过充电电阻向四象限整流器供电，给中间直流回路支撑电容充电。当中间直流电压达到 2 000 V 时，充电接触器切除充电电阻，中间电路预充电完成。在逆变器工作之前，牵引绕组迅速向中间直流回路支撑电容充电，直至 2 800 V。此时，牵引变流器启动充电过程完成，逆变器可以投入工作。

机车再生制动时，逆变器工作在整流状态，四象限整流器工作在逆变状态，并通过中间直流回路向主变压器牵引绕组馈电，将再生能量回馈至接触网。

3. 四象限整流器主要技术参数

额定输入电压	AC 1 450 V	额定输入电流	965 A
输入频率	50 Hz	中间电压	2 800 V
额定输入容量	1 280 kV·A		

四象限整流器是一个脉宽调制变流器，它将电源的交流电压，通过脉冲宽度和相位控制，控制中间直流电压的幅值和流入变流器的交流电流波形和相位，使交流电流的波形尽量接近正弦，使得交流侧的基波电压和基波电流的相位差接近于 0，这样既限制了谐波电流分量，又提高了机车功率因数。因此与相控整流器比较，四象限整流器有很高的功率因数，谐波电流含量也小得多，四象限整流电路如图 5.2 所示。

对 HXD_3 型电力机车，6 组四象限整流器的调制波相位是一致的，但载波的相位不一致。它们依次相差 30°、60°…180°，从而达到消除谐波的目的，通过这样做还可以保证等效干扰电流 $J_p \leqslant 2.5$ A。

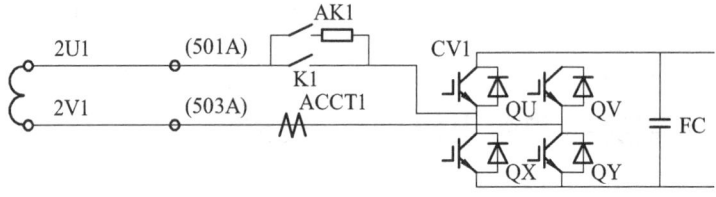

图 5.2 四象限整流电路

4. 中间直流电路

机车采用的是电压型逆变器，为了稳定中间回路电压，并联了大容量的支撑电容，同时它还对四象限脉冲整流器和逆变器产生的高次谐波电流进行滤波。中间直流电路主要由中间电压支撑电容、瞬时过电压限制电路和主接地保护电路组成。该车中间直流电路与欧洲和国内以往的交流传动电力机车不同，取消了二次滤波电路，它是通过逆变器的软件控制，来消除二次谐波电压的影响，大幅度抑制牵引电机电流脉动现象和转矩脉动现象，如图 5.3 所示。

瞬时过电压限制电路由 IGBT 和限流电

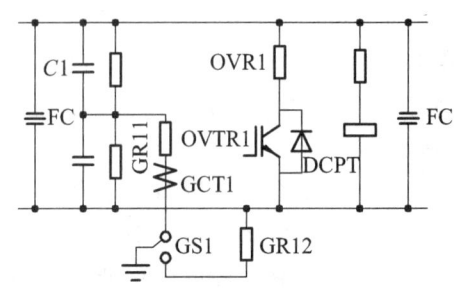

图 5.3 中间直流电路原理图

阻组成。

主接地保护电路由跨接在中间回路的两个串联电容和一个接地信号传感器组成。每台主变流器含有 3 套独立的接地保护电路，可以分别对 3 组牵引变流器进行接地监测和保护。接地检测信息送至 TCMS，可以实现故障显示。可以通过接地故障转换开关，实施对接保护的隔离。

5. 牵引逆变器和牵引电动机供电电路

牵引逆变器参数：

额定输入电压	2 800 V	额定输出电压	2 150 V
额定输出电流	390 A	输出频率	0 ~ 120 Hz
最大输出电流	520 A		

牵引电动机的主要技术参数：

额定输出功率	1 250 kW	额定转速	1 365 r/min
额定电压	2 150 V	最高转速	3 195 r/min
额定电流	390 A	效率	0.95
极数	4		

HXD_3 型电力机车的牵引逆变器是由 IGBT 元件组成的 PWM 逆变单元，整车的 6 个牵引逆变器分别向 6 台牵引电动机供电。由于牵引逆变器采用矢量控制模式，使异步牵引电动机具有快速反应的动态性能，实现了机车每个牵引电动机的独立控制。由于整车采用轴控方式，当整台机车的 6 个轴的轮径差、轴重转移及空转等可能引起的负载分配不均匀时，均可以通过牵引变流器的控制进行适当的补偿，以实现最大限度地发挥机车牵引力，如图 5.4 所示。

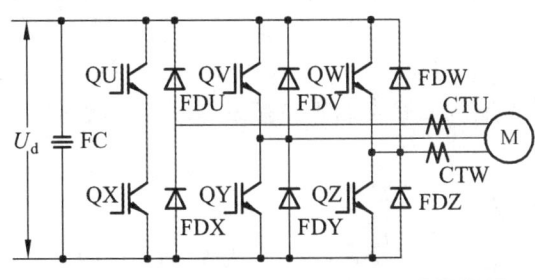

图 5.4 牵引变流器、牵引电机电路原理图

三、主电路保护电路

1. 主变压器牵引绕组过流保护

在每组牵引变流器的输入回路中，设有 1 个输入电流互感器 ACCT，起控制和监视变流器充电电流及牵引绕组短路电流的作用，其动作保护值为 1 960 A。保护发生时，四象限脉冲整流器和逆变器的门极均被封锁，输入回路中的工作接触器断

开，同时向微机控制系统发出跳主断信号，通过的复位开关可进行恢复。若这种故障在 3 min 内连续发生两次，故障将被锁定，必须切断变流器 CI 的控制电源，才能恢复正常。

2. 主接地保护电路

主牵引回路正常时，由于只有 1 点接地，接地保护电路中流过的电流为零，接地信号检测传感器 GCT 无信号输出。

当主电路某一点接地时则形成回路，接地检测回路有故障电流流过，传感器输出电流信号，使保护装置动作，其动作保护值为 10 A。保护发生时，四象限脉冲整流器和逆变器的门极均被封锁，输入回路中的工作接触器断开，同时向微机控制系统发出跳主断信号。此时司机可将故障支路的变流器切除，机车还剩 5/6 的牵引动力，继续维持机车运行，回段后再作处理。若确认只有一点接地，也可将控制电器柜上对应的接地开关打至"中立位"，继续维持机车运行，回段后再作处理。

3. 牵引电动机过流保护

在每组牵引变流器的输出回路中，设有输出电流互感器 CTU、CTW，对牵引电机过载及牵引电机三相不平衡起控制和监视保护作用。牵引电机过载保护的动作值为 1 400 A。当保护发生时，四象限脉冲整流器和逆变器的门极均被封锁，输入回路中的工作接触器断开，同时主变流器控制单元向微机柜 TCMS 发出牵引变流器 CI 过流信息，实施跳主断。

4. 原边电压保护

当原边网压高于 32 kV 且持续 10 ms 或者是高于 35 kV 且持续 1 ms 时，CI 实施保护，四象限脉冲整流器和逆变器的门极均被封锁，输入回路中的工作接触器断开，同时向微机控制系统发出原边过电压信息。

当原边网压低于 16 kV 且持续 10 ms 时，CI 实施保护，四象限脉冲整流器和逆变器的门极均被封锁，输入回路中的工作接触器断开，同时向微机控制系统发出原边欠压信息。

5. 瞬时过电压保护

在机车出现空转、滑行或者受电弓离线造成的网压中断等情况时，牵引变流器的中间回路上可能出现瞬时过电压，为了防止这种过电压对变流器造成损坏，在中间直流回路设有瞬时过电压限制电路，由 IGBT 和限流电阻组成，通过牵引变流器中间直流回路电压传感器的监测。这是一种多次重复方式的保护，当过电压存在时，该 IGBT 将导通，直流回路能量经限流电阻放电和释放，消除过电压。

当中间回路电压大于等于 3 200 V 时，瞬时过电压保护环节动作，四象限脉冲整流器和逆变器的门极均被封锁，输入回路中的工作接触器断开。

此外，当中间回路电压小于等于 2 000 V 时，中间回路低电压保护环节动作，四象限脉冲整流器和逆变器的门极均被封锁，输入回路中的工作接触器断开（库内动车除外）。

6. 牵引变流器的检修安全联锁保护

在检查或操作牵引变流器之前,须断开主断路器,降下受电弓,然后闭合主变流器的试验开关,通过司机台上的微机显示屏确认设备内的电容器已放电完毕(小于 36 V)或观察故障显示灯中的"预备"灯灭后,才能进行检查操作,否则中间回路的支撑电容上有很高的电压,未及时放完危及人身安全。

7. 其他

(1)原边电压显示。

机车设置 2 块网压表 PV1、PV2。当受电弓升起后,可分别用来显示接触网电压。在机车控制系统自检正常后,通过微机显示屏也可观察到原边电流和网压。

(2)库内动车。

库内电源通过单相插座送到二、五位牵引电动机的牵引变流器环节,进行库内动车作业。机车共设置 2 个主电路入库插座和 2 个主电路入库转换开关,方便库内动车需要。当需要用牵引电动机 M2 动车时,在主电路入库插座 XSM1 处接入库内动车电源引线,转换主电路入库转换开关 QS3,再闭合地面电源,通过操纵司机控制器机车便可以向前、后移动;当需要用牵引电动机 M5 动车时,在主电路入库插座 XSM2 处接入库内动车电源引线,转换主电路入库转换开关 QS4,再闭合地面电源,通过操纵司机控制器机车便可以向前、后移动。

第三节　HXD$_3$ 型电力机车辅助电路

HXD$_3$ 型电力机车采用 IGBT 变流元件组成的功率模块和先进交流传动控制策略的大功率集成式辅助变流器,在辅助电路结构和控制方式上采用冗余设计、过电压、欠电压、过载、接地、过热等保护措施,使得机车的可靠性得到进一步保证。

HXD$_3$ 型电力机车辅助系统由辅助变流器、各辅助机组和辅助加热装置电路等组成。

一、辅助变流器及辅助电动机供电电路

辅助电动机供电电路由辅助变流器、辅助滤波装置、电磁接触器、自动开关、辅助电动机等组成。

1. 辅助变流器

辅助变流器参数
额定输入电压:　　　　　　AC 399 V(单相)
额定输入频率:　　　　　　50 Hz
直流中间回路电压:　　　　DC 750 V

元件类型： IGBT（1 700 V、1 200 A）
调制方式： 四象限整流（输入）+ PWM（输出）
恒频恒压（CVCF）变流器输出容量：230 kV·A
输出电压： AC 380 V（三相）
输出频率： 50 Hz
变频变压（VVVF）变流器输出容量：230 kV·A
频率控制范围： 0.2 ~ 50 Hz
电压控制范围： AC 2 ~ 380 V

辅助变流器是辅助电动机供电电路的核心。机车共设置有 2 套辅助变流器 UA11、UA12（又称作 APU1、APU2），分别同 2 套主变流器 UM1、UM2 安装在一起。

辅助变流器 UA11、UA12 都有 VVVF 和 CVCF 两种工作方式，可以依据连接的辅助电动机情况进行设置。机车正常运行时，辅助变流器 UA11 工作在 VVVF 方式，辅助变流器 UA12 工作在 CVCF 方式，分别为机车辅助电动机供电。每一台辅助变流器的额定容量是按照独立带整车辅机的情况设计的，因此正常情况下，辅助变流器 UA11、UA12 基本上以 50% 的额定容量工作。

当某一套辅助变流器发生故障时，不需要切除任何辅助电动机，另一套辅助变流器可以承担机车全部的辅助电动机负载。此时，该辅助变流器按照 CVCF 方式工作，辅助电动机系统按全功率运行，唯有两台压缩机中，只有操纵端压缩机可以投入工作，从而确保机车辅助电动机供电系统的可靠性。辅助变流器的故障转换控制由机车微机控制系统（TCMS）自动完成。

辅助变流器的中间直流回路同时给 110 V 电源充电模块供电。辅助变流器 UA12 的输出还经隔离变压器，给司机室各加热设备及低温预热回路供电。辅助变流器内设有元器件过压、过流保护。

2. 辅助变流器供电电路

无论是整流器单元还是逆变器单元均采用 PWM 调制方式进行控制，辅助变流器的原理简图如图 5.5 所示。

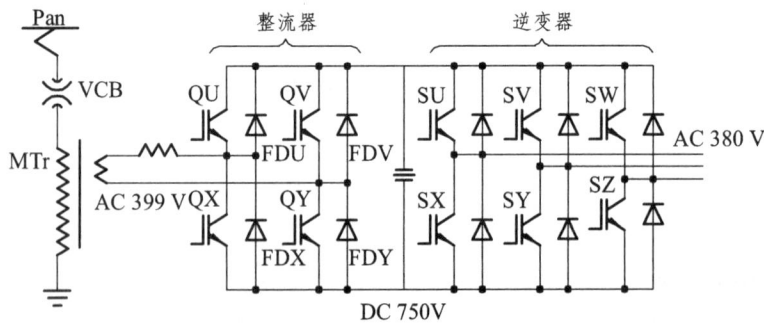

图 5.5　辅助变流器原理简图

HXD$_3$ 型电力机车辅助变流系统的供电电路是由主变压器辅助绕组、辅助变流器、滤波电感和滤波电容、接触器、自动开关、辅助电动机等组成，如图 5.6 所示。

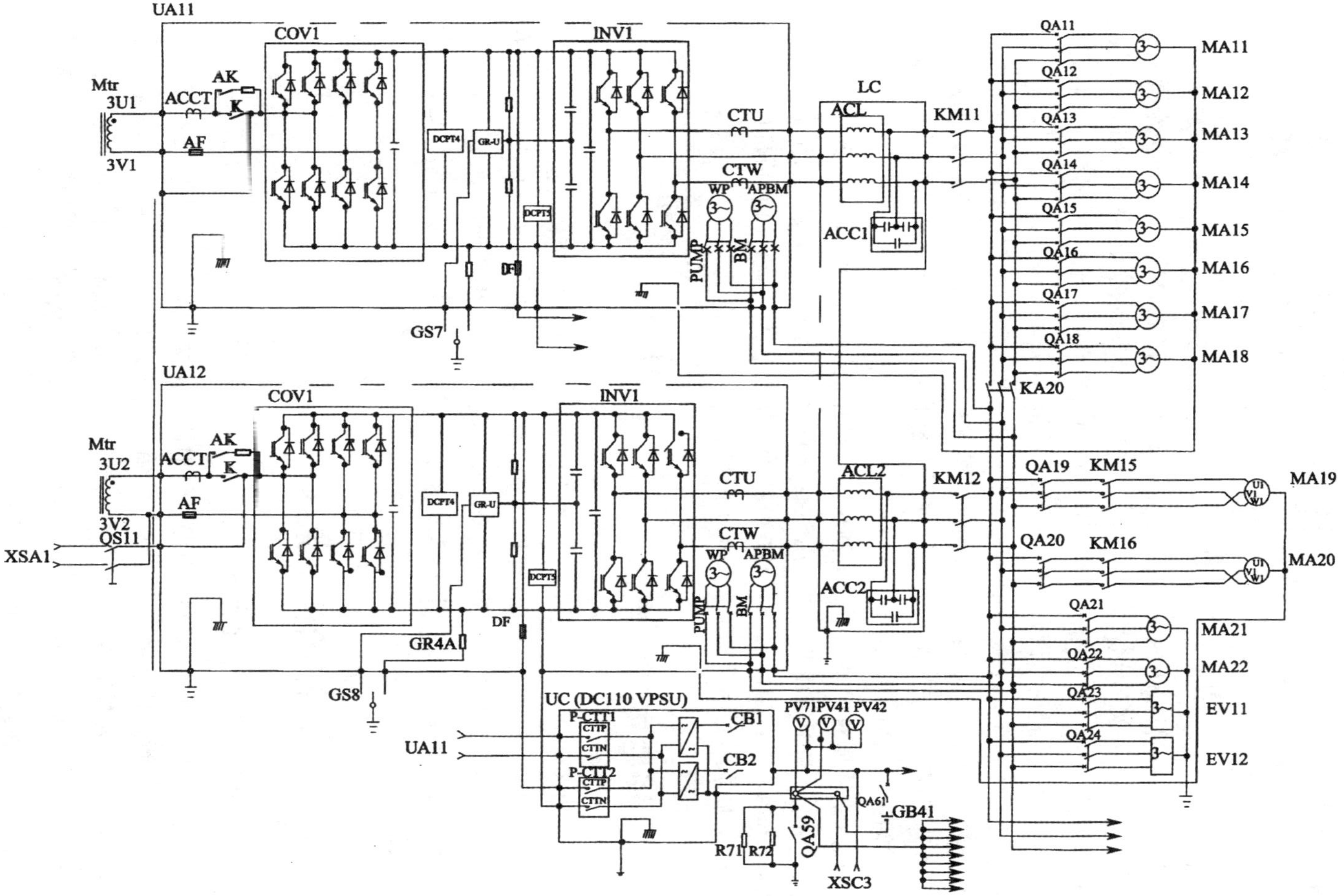

图 5.6 辅助变流系统及其供电电路

辅助变流器 UA11、UA12 的额定容量均为 230 kV·A，分别由主变压器 TM1 的两个辅助绕组 3U1、3U2 供电，辅助绕组的电压均为 399 V。

辅助变流器 UA11 的输出，经过辅助滤波器 LC，通过输出接触器 KM11 给牵引风机电动机 MA11、MA12、MA13、MA14、MA15、MA16 和冷却塔风机电动机 MA17、MA18 供电。

辅助变流器 UA12 的输出，同样经过辅助滤波器 LC，通过输出接触器 KM12 给空气压缩机电动机 MA19、MA20，主变压器油泵 MA21、MA22，司机室空调 EV11、EV12，主变流器内部的水泵 WP1、WP2，辅助变流器风机 APBM1、APBM2 供电，同时 UA12 还经过 AT1 隔离变压器，分别向司机室内的辅助加热设备、卫生间及压缩机加热回路和低温预热设备提供 AC 220 V 和 AC 110 V 交流电源。

在辅助变流器 UA11 或辅助变流器 UA12 发生故障的情况下，TCMS 将自动断开其相应的输出接触器 KM11 或输出接触器 KM12，再闭合故障转换接触器 KM20，把发生故障的辅助变流器的负载切换到另一套辅助变流器上，由该辅助变流器对全车的三相辅助电动机供电。

当在库内需要对机车的辅助电动机进行动作及转向确认时，可通过辅助电路库用插座 XSA1，并操作辅助电路库用转换开关 QS11 将 DC 600 V 库内电源引入辅助变流器 UA12，进行辅助系统库内 600 V 动作试验。为了确保所有辅机均可工作，应通过微机显示屏将辅助变流器 UA11 隔离。

二、辅助电动机电路

机车上的各辅助电动机均通过各自的自动开关与辅助变流器连接，除 2 台空气压缩机外，均不设电磁接触器，使得辅助电动机电路更简化、更可靠。当辅助变流器采用软启动方式进行启动，除空气压缩机电动机外，其他辅助电动机也随之启动。空气压缩机的启动受电磁接触器的控制，电磁接触器受机车司机控制扳键开关和总风缸空气压力继电器的控制。

三、辅助电路的保护系统

1. 辅助系统主电路接地保护

在辅助变流器 UA11、UA12 内部，分别设有 1 套接地保护装置，进行辅助系统的接地保护。当对应辅助回路发生接地故障且确认只有一点接地时，可以将控制电器柜内对应的接地故障转换开关置"中立位"，继续维持机车运行，回段后再作处理，也可将故障的辅助变流器切除，机车维持一组辅助变流器供电，回段后再作处理。

2. 辅助变流器的过流和过载保护

在每一组辅助变流器的输入回路中，设有输入电流互感器 ACCT，起控制和监视辅助变流器充电电流及辅助绕组短路电流的作用，其动作保护值为 1 600 A。保护发生时，四象限整流器的门极均被封锁，工作接触器 K、AK 均断开，同时向微机控制系统发出跳主断的信号，该故障消除后 10 s 内自动复位，如果此故障在 2 min 内连续发生两次，该辅助变流器将被锁死，必须切断辅助变流器的控制电源，才可解锁。

在每一组辅助变流器的输出回路中，设有输出电流互感器 CTU 和 CTW，对辅助电动机回路过载及辅助电动机三相不平衡起控制和监视保护作用，辅助电动机回路过载保护的动作值为 850 A。保护发生时，逆变器的门极均被封锁，同时向微机控制系统发出跳主断的信号。该故障消除后 10 s 内自动复位，如果此故障在 2 min 内连续发生 6 次，该辅助变流器将被锁死，必须切断辅助变流器的控制电源，才可解锁。

3. 辅助变流器中间直流回路电压保护

辅助变流器中间直流回路设有两组电压监测环节，其中 DCPT4 是用于四象限整流器的控制，DCPT5 是用于逆变器的控制：当 DCPT5 监测到中间回路电压大于等于 825 V 或小于等于 580 V 时，中间回路电压保护环节动作，逆变器门极被封锁，逆变器停止输出；当 DCPT4 监测到中间回路电压大于等于 825 V 或小于等于 270 V 时，四象限整流器门极被封锁，四象限整流器停止输出。

4. 辅助变流器输入电压的保护

当辅助变流器的输入电压低于 279 V 即网压低于 17.5 kV 时，低压保护环节动作，四象限整流器门极被封锁，工作接触器 K、AK 断开，四象限整流器停止输出。

当辅助变流器的输入电压高于 502 V 即网压高于 31.5 kV 时，过压保护环节动作，四象限整流器的门极被封锁，工作接触器 K、AK 断开，四象限整流器停止输出。

5. 110 V 充电模块输入电源的短路过载保护

每组辅助变流器，均可向 110 V 充电模块提供 DC 750 V 电源，输出电源回路通过熔断器 DF 进行短路过载保护，熔丝额定值为 32 A。当 DF 出现熔断后，辅助变流器将通知微机控制系统 TCMS，进行 110 V 充电模块输入电源的转换，由非故障的辅助变流器向 110 V 充电模块提供直流电源，同时微机显示屏也进行相应故障显示和记录。

四、辅助加热装置电路

HXD$_3$ 型电力机车的辅助加热电路如图 5.7 所示。

机车辅助加热装置主要有电热玻璃 EH11-12、膝炉 EH15-18、侧墙暖风机 EH19-22、脚炉 EH23-26、后墙暖风机 EH27-30、司机室多功能热水器 EH31-32 及低温预热回路等，它们均由 UA12 通过隔离变压器 AT1 进行供电。在膝炉、侧墙暖风机、脚炉、后墙暖风机支路上设置了功能转换开关 SA11、SA12，进行投入和切除转换，并设置了空气自动开关 QA31A 和 QA31B 进行过流保护。

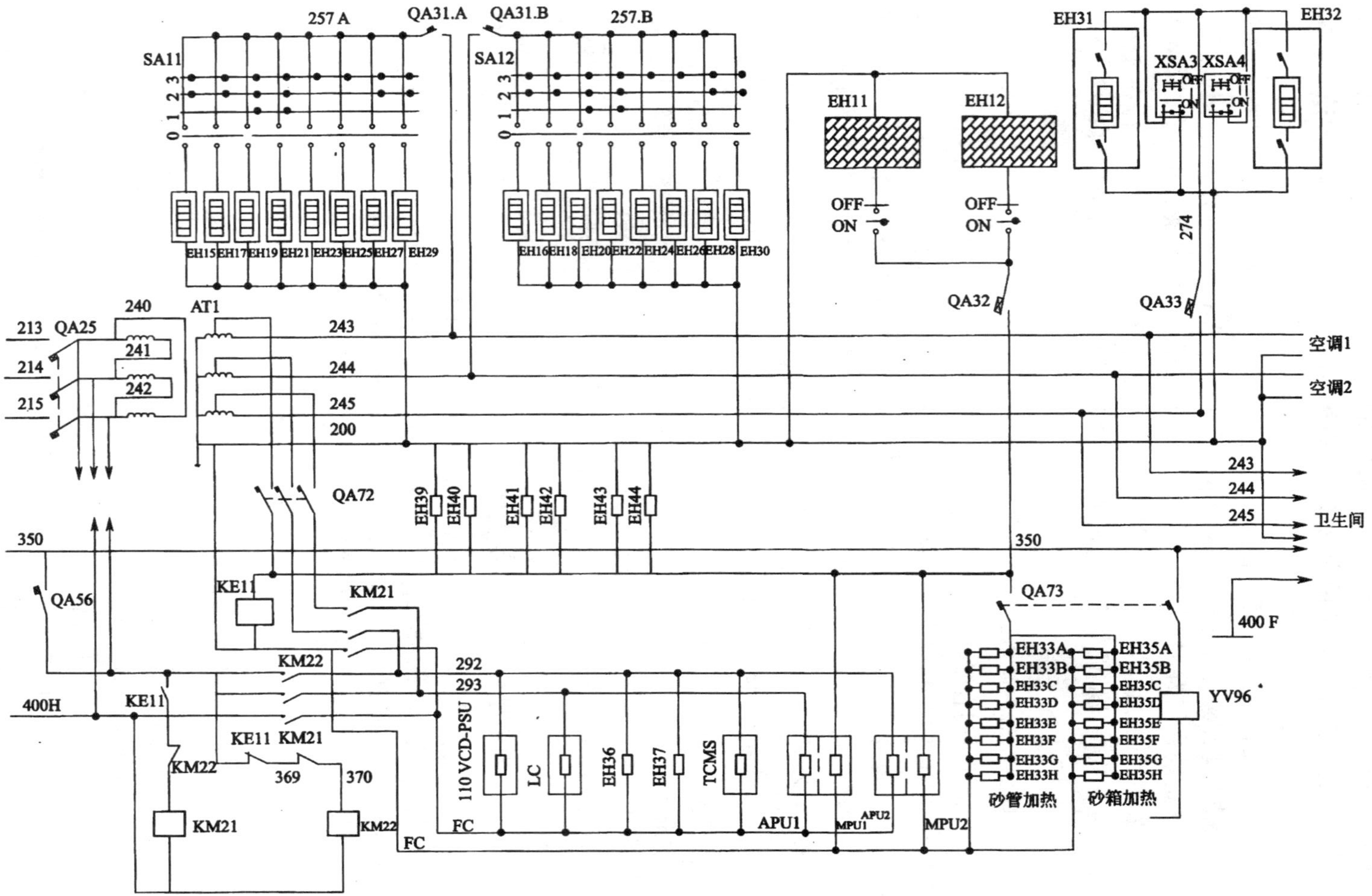

图 5.7 辅助加热装置电路

在电热玻璃支路上设置功能转换开关 SA13、SA14，进行投入和切除转换，并设置了空气自动开关 QA32 进行过流保护。

在司机室多功能热水器支路上设置了空气自动开关 QA33 进行过流保护。另外，还设置了 2 个司机室电源插座 XSA3、XSA4，给司机室提供 220 V 交流电源，方便司机的需要。机车辅助加热回路中，还设有低温预热回路，最初采用 DC 110 V 低温预热，机车一旦可以升弓合主断，辅助变流器可以工作，就转由 AC 110 V 低温预热。当机车需要低温预热时，首先闭合自动开关 QA56、QA72，接触器 KM22 闭合，将采用 DC 110 V 低温预热方式，对辅助变流器、110 V 电源充电模块、TCMS 微机系统等进行加热。预热一定时间，当微机可以升弓合主断，辅助变流器正常工作后，继电器 KE11 和接触器 KM21 闭合，接触器 KM22 断开，转由 AC 110 V 进行低温预热，对主变流器、辅助变流器、110 V 电源充电模块、总风压力开关、重联插座等进行加热。通过闭合自动开关 QA73，可以对撒砂装置进行加热。

通过闭合自动开关 QA74，可以对压缩机进行低温加热，通过温控开关 TR-1，可以实现压缩机低温加热的自动投入和切除，当压缩机进行低温加热时压缩机不能工作。在压缩机的控制回路里，还设有温度保护开关 TS-1 和压力保护开关 PS-1，通过其常闭联锁，实现对压缩机的安全保护。

五、辅助电器

1. 控制电器柜

控制柜主要安装了机车上大部分的控制继电器，辅助电路用接触器，断路器及部分其他器件。控制柜正面布置如图 5.8 所示。

控制柜正面上部配置断路器，辅助压缩机启动按钮和万转开关及电压表。

上段断路器：牵引电机通风机、冷却塔通风机等的断路器。

中段断路器：控制电路用的小型断路器。

下段断路器：空调等辅助电路用断路器。

另外还设置了库用电源切换用的万转开关。

控制柜下部配置主电路库用转换装置 QS3、QS4，辅助电路库用转换装置 QS11，主电路和辅助电路接地开关 GS1~GS8。电能表安置在控制柜正面左下的罩内。

为保证人身安全，在平开门上设置了联锁装置。VCB 断开，受电弓降下后，将制动装置内的受电弓升弓阀用的钥匙开关置于断开位，然后将钥匙（蓝色）拔出，将拔下的钥匙插入高压接地开关（QS10）钥匙箱旋转 90°，然后将 QS10 的把手扳向接地位置。只有处于安全的状态时，能够从接地开关钥匙上拔出黄色的钥匙，才能够打开平开门。

电器柜的背面侧排列了辅助电路用的负荷接触器，为了安全，设计了螺纹止回式的罩。装置的背面和侧面的上部，配置了 6 个控制电路的单手柄式 27 芯接头，装置背面的下部，配置了主电路、辅助电路用的端子台。

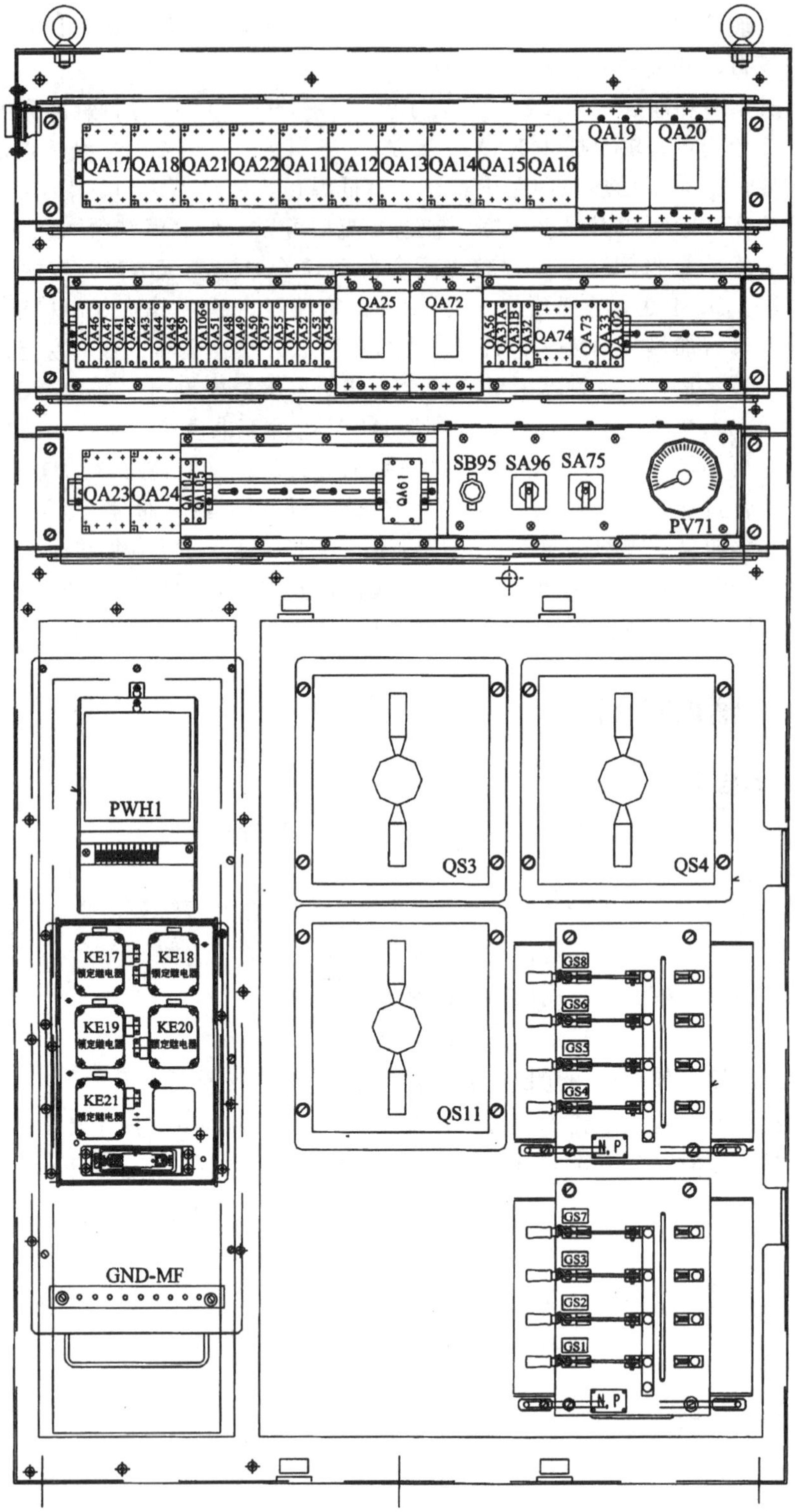

图 5.8 控制电器柜正面

2. TCMS 和 ATP 柜

微机及监控（TCMS 和 ATP）柜主要装载 TCMS 装置、机车监控装置和机车信号系统。TCMS 和 ATP 柜主要设备布置如图 5.9 所示。TCMS 和 ATP 柜由上下两层构成。

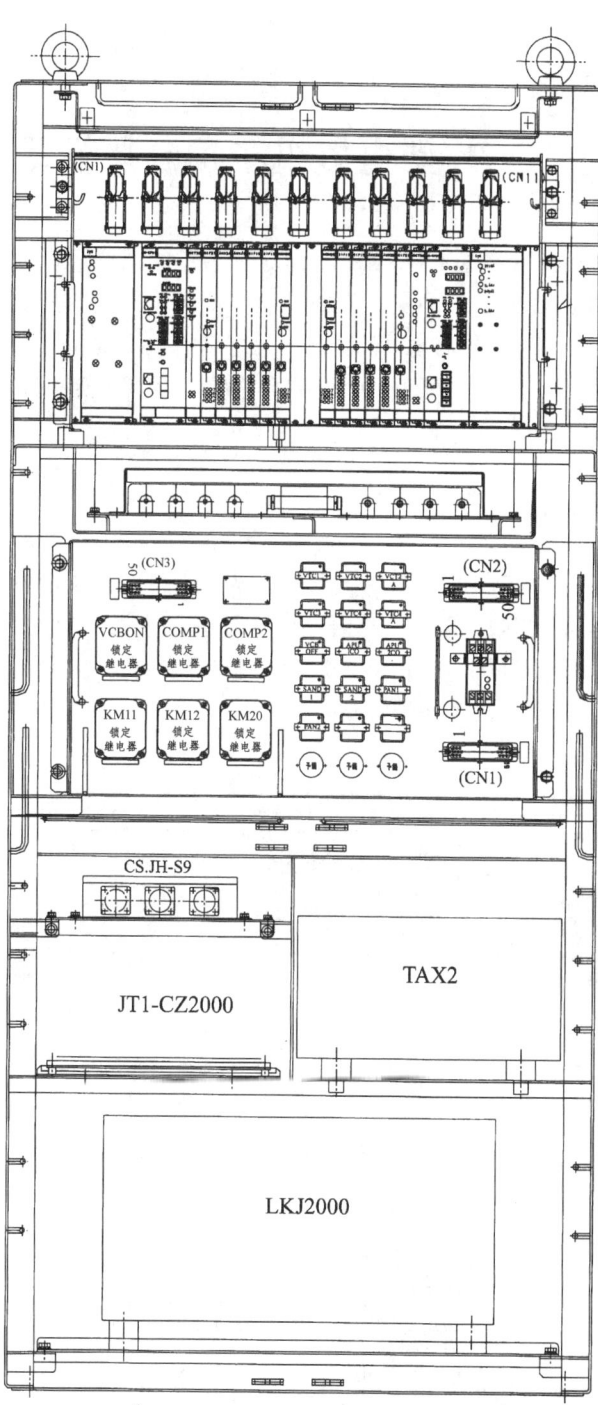

图 5.9 TCMS 和 ATP 柜主要设备布置图

上层：打开上半部分的平开门后面，有 TCNS 装置的控制单元主体和继电器盘。

下层：打开下半部分的平开门后面，有 LKJ2000 监控系统、机车安全监控装置 TAX2、主体化机车信号车载系统 JT1-CZ2000。

TCMS 装置配线用的连接端子在装置背面上部。

第四节　HXD$_3$ 型电力机车控制监视系统使用

HXD$_3$ 型电力机车控制监视系统（简称 TCMS）的核心任务是：根据司机指令完成对主变流器及异步电动机的实时控制、辅助变流器的实时控制、牵引/制动特性控制、传动系统的时序逻辑控制，显示机车运行状态，具备完整的故障保护、故障记忆及显示功能，并具有一定程度上的故障自排除、自动切换和故障处理指导功能。

一、系统的构成

机车控制监视系统在硬件上主要由电源模块、逻辑运算控制部分、数字量输入/输出部分、模拟量信号采集部分、通信部分等组成。主控制单元采用 32 位 CPU，并在配置上采取冗余、双机热备措施，以提高系统的可靠性。系统构成示意图如图 5.10 所示，机车控制监视系统机箱外形结构如图 5.11 所示。

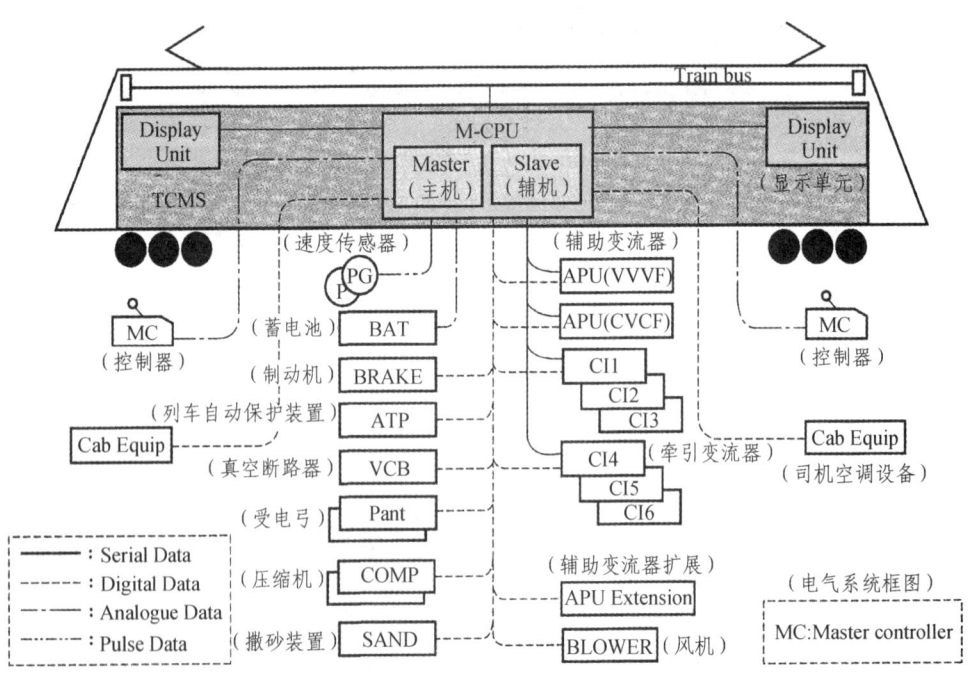

图 5.10　微机系统构成示意图

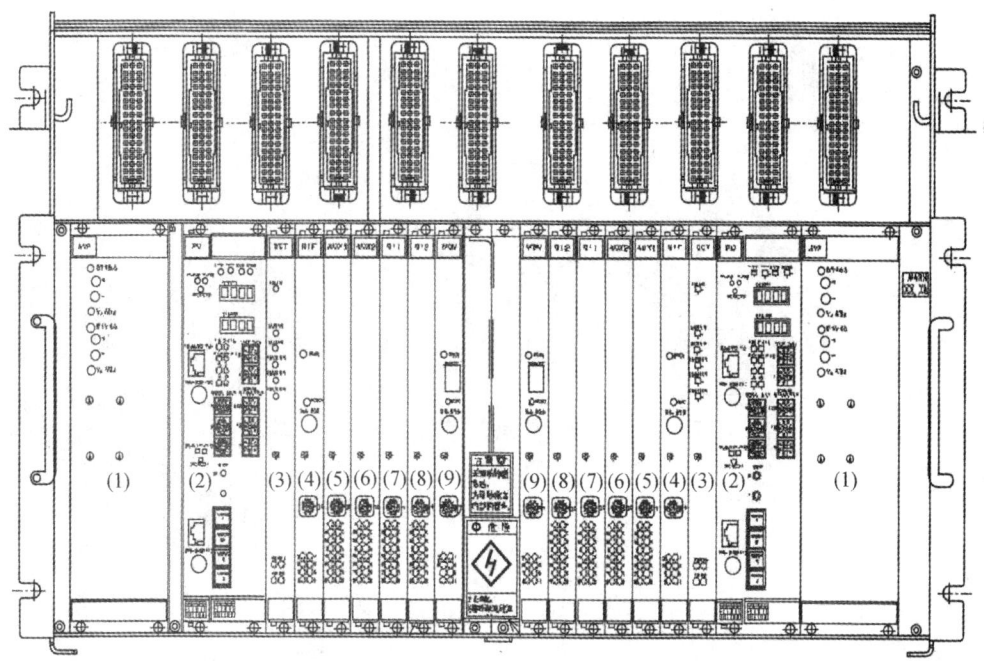

图 5.11 机车控制监视系统机箱外形结构

机箱内包括：(1) AVR 电源模块，为 TCMS 提供工作所需的各种直流电，如 24 V、±15 V、5 V；(2) PUZ 处理器单元，包括 CPU、软件以及与显示屏通信的接口；(3) DET 检测模块，检测主控制系统是否存在故障，以便在主系统发生故障时立即进行主辅系统的切换；(4) SIF 串行通信接口，完成 TCMS 与主变流器和辅助变流器之间的通信；(5)、(6) DI 数字量输入模块，将接收到的各种开关信号处理后传送给处理器单元；(7)、(8) AUX 辅助模块，具有数字量输出、模拟量输入及脉冲量输入的功能，实现对各辅助继电器的控制及特殊信号的输入功能；(9) MDM 重联控制模块，将本车的信息通过 Ethernet 传往他车，并将收到的其他车信息传送给处理器单元，实现机车的重联功能。

二、系统的功能

TCMS 在整个机车控制中起主导作用，它的工作正常与否直接决定了机车能否安全、正常地运行。TCMS 主要完成如下工作：通过人机接口接收所有输入指令，采集各种反馈信号，进行相关运算，生成相应控制命令，将命令以通信方式发送给主变流器、辅助变流器，将计算结果、故障信息、有关参数送显示屏显示，并在重联时将重联命令通过网络传送给重联机车。在主控制系统出现故障时，双机热备的机制将自动切换到辅控系统。其结构形式示意图如图 5.12 和 5.13 所示。

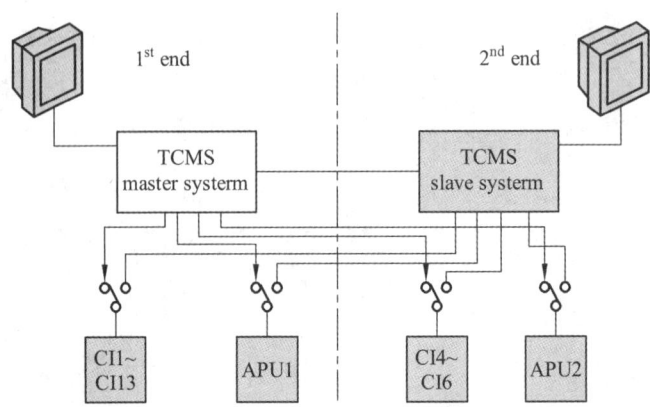

图 5.12　微机系统双机热备形式示意图（正常时）

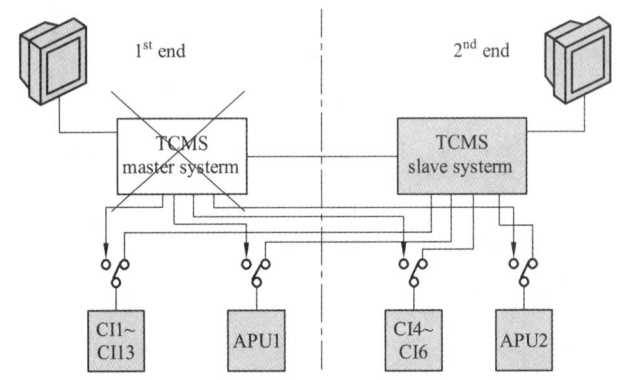

图 5.13　微机系统双机热备形式示意图（Ⅰ端故障时）

1. 控制与保护功能

TCMS 将完成机车下列方面的控制和保护功能：

主断路器（VCB）控制、机车控制系统的输入/输出、机车的逻辑控制、机车的牵引特性控制、机车的制动特性控制、定速控制、冗余控制、自动过分相控制、主变流器控制、重联控制、智能故障诊断及显示、机车保护控制。

2. 故障处理与记录

TCMS 在机车出现故障时，以显示屏显示和报警灯指示的两种方式通知操作人员，并自动完成相应的保护动作，记录发生故障时的相关信息，为后期诊断提供有用且必要的信息，而且还可以通过便携式计算机将故障履历下载进行分析和保存。

3. 信息显示

画面的上部为常显的信息，显示时间、速度、工况、重联状态等；中间区域为主信息显示区，根据不同的工况、按键的选择，将显示牵引/制动的有关参数、机器的状态、开关信息；底部为功能键区，由于采用触摸显示屏，因此它将根据不同的工况和选择，显示不同的功能键。通过显示屏亦可显示出机车重联与否以及重联机车的故障信息。显示模式在开机后根据不同工况来转换。

模式转换部分框图如图 5.14 所示，显示画面示例如图 5.15 所示。

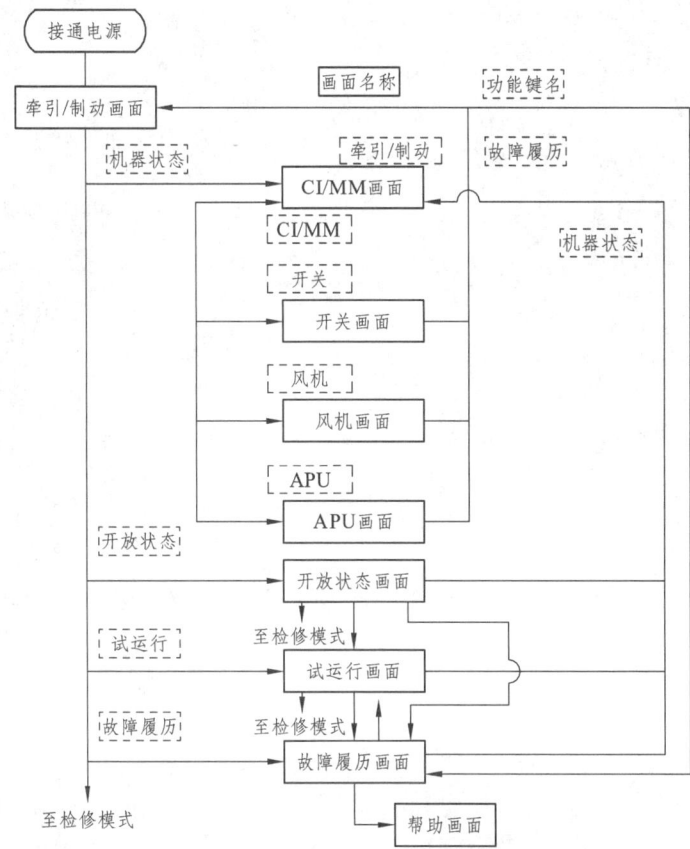

图 5.14 模式转换部分框图

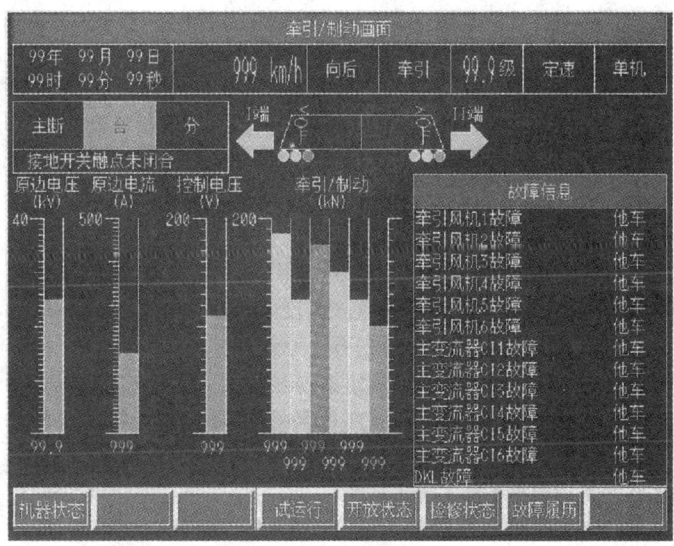

（a）牵引/制动主画面

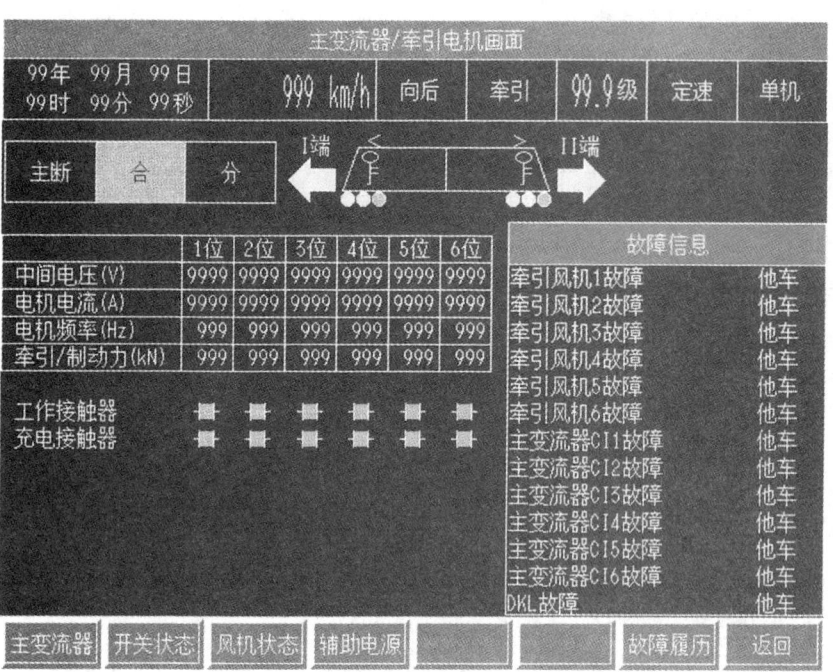

(b)主变流器画面

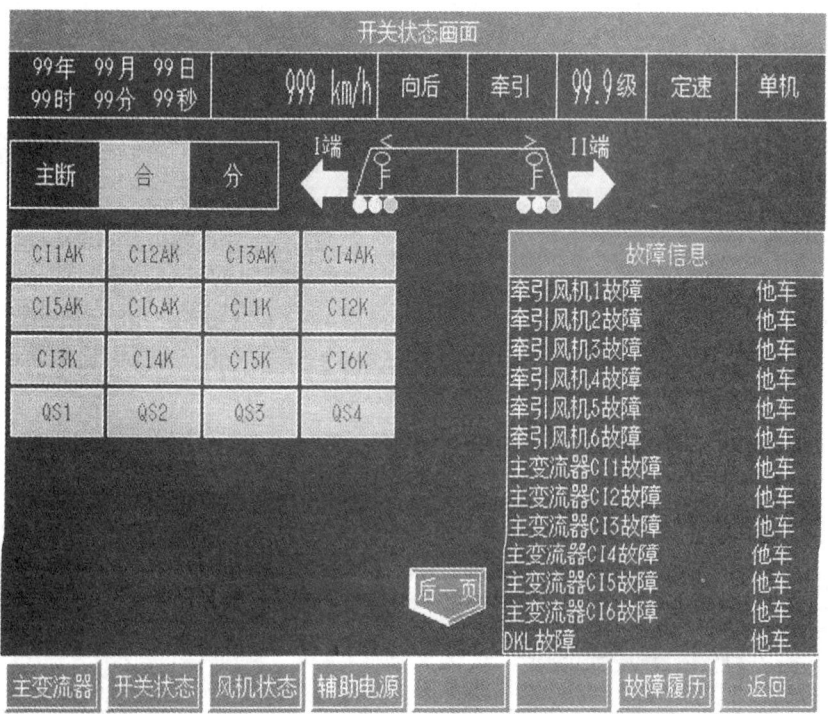

(c)开关状态画面

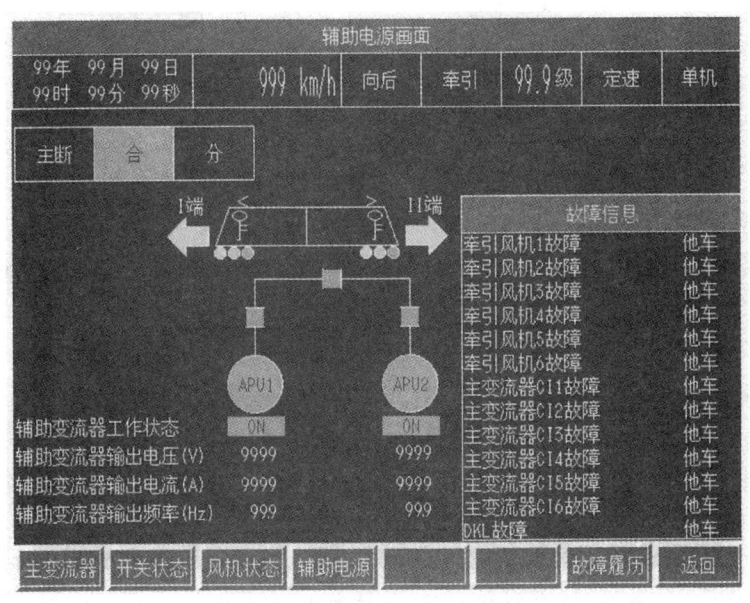

(d)辅助电源画面

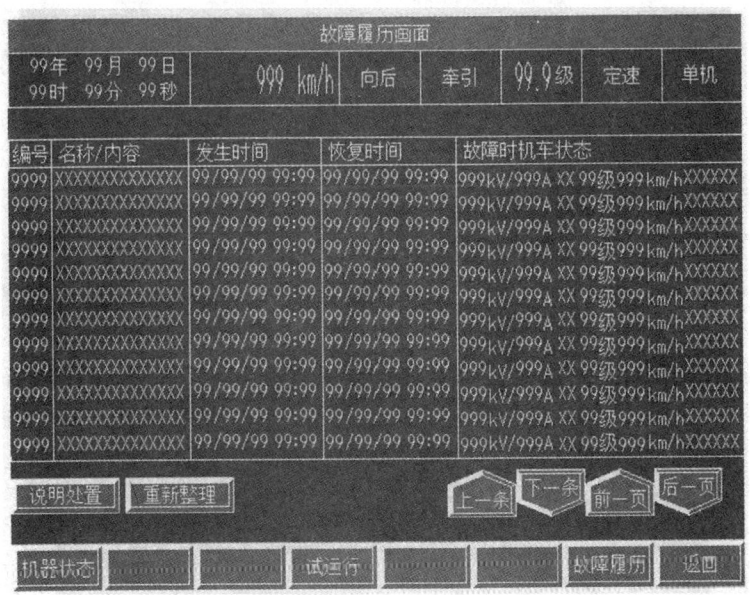

(e)故障履历画面

图 5.15 信息显示界面

三、微机显示屏显示和使用说明

机车采用集中式微机控制系统（TCMS），微机控制柜将机车主变流器、辅助变流器、控制电器柜、司机室控制开关等电器的信息汇总，通过分设在Ⅰ、Ⅱ端司机室的微机显示屏进行各种信息显示。司机应学会使用微机显示屏，了解机车各种设备的工作状态及各种指令的开断信息，迅速完成机车故障的查找，确保机车的可靠运行。显示模式主要可以分为运行模式和维护模式两大类。

1. 运行模式（主显示画面）

主要显示机车运行工况：电钥匙位置、受电弓状态、主断路器状态、机车运行方向、牵引/制动工况、机车速度、司机控制器级位、是否定速、是否重联。

接触网电压、主变压器原边电流、蓄电池电压、6台牵引电动机牵引/制动力。

机车故障信息：主变压器 MT；6组主变流器单元 CI1、CI2、CI3、CI4、CI5、CI6；2组辅助变流器单元 UA11、UA12；6台牵引通风机 MA11、MA12、MA13、MA14、MA15、MA16；2台复合冷却器通风机 MA17、MA18；2台空气压缩机 MA19、MA20；2台变压器油泵 MA21、MA22；2台辅助变流器通风机 MA29、MA30；2台主变流器水泵 MA27、MA28。机车自身出现故障时，在故障信息区显示，故障信息灯由黑变红，并且蜂鸣器发出警报。机车自身无故障时，故障信息区无任何显示。

如他车出现故障，显示为红色；如他车未出现故障，无显示。如标准机车无他车，则一直无显示。

（1）主变流器状态画面。

主要显示6组主变流器单元 CI1、CI2、CI3、CI4、CI5、CI6 的充电接触器 AK 和工作接触器 K 的闭合状态，中间电压，对应的牵引电动机电流、转子频率，电机牵引/制动力。

（2）开关状态画面。

第1页，可以显示的开关有：主变流器各单元的充电接触器 CI1AK、CI2AK、CI3AK、CI4AK、CI5AK、CI6AK；工作接触器 CI1K、CI2K、CI3K、CI4K、CI5K、CI6K；受电弓高压隔离开关 QS1、QS2；主电路入库转换开关 QS3、QS4。

第2页，可以显示的开关有：辅助电路各辅助电动机自动开关 QA11、QA12、QA13、QA14、QA15、QA16，QA17、QA18、QA19、QA20、QA21、QA22、QA23、QA24；各输出接触器 KM11、KM12、KM13、KM14、KM20；辅助电路转换开关 QS11、QS12。

第3页，可以显示的开关有：控制电路各故障隔离转换开关 SA41、SA42、SA43、SA44、SA45、SA46、SA47、SA48、SA51、SA52、SA53、SA54、SA55、SA56、SA57、SA58、SA59、SA60；试验转换开关 SA75；各保护开关 KP51、KP52、KP53、KP54、KP55；原边过流继电器 KC1。

（3）风机状态画面。

可以显示的风机有：牵引电动机通风机 MA11、MA12、MA13、MA14、MA15、MA16；复合冷却器通风机 MA17、MA18；油泵 MA21、MA22；水泵 MA27、MA28。

（4）辅助电源画面。

可以显示辅助变流器的工作情况，2套辅助变流器的输出电压、输出电流、输出频率。

（5）故障履历画面。

进入故障履历画面，可以查看机车近期发生的 300 个故障的情况，有故障编号、故障名称、故障发生时间、故障恢复时间、发生故障时的机车状态（有接触网电压、主变压器原边电流、机车牵引/制动、级位、机车速度）以及故障处理说明。

在故障履历画面上有一个"故障处理说明"触摸键，可以通过触摸进入故障处理画面，机车微机控制系统给出了针对该故障的几种故障处理建议。

2. 维护模式（辅助显示画面）

进入维护模式（辅助显示画面）必须由专门人员操作，因此设有密码。

（1）密码输入画面。

通过触摸屏，输入三位数的密码，按确定后，可以进入维护模式。

（2）设定菜单画面。

可以进行时钟设定、距离设定、车轮直径设定和动作次数设定。

时钟设定画面：可以设定年、月、日、时、分。

距离设定画面：可以设定累计行走距离。

车轮直径设定画面：可以设定车轮直径，设定值必须在 1 150 ~ 1 250 mm，否则，车轮直径按 1 250 mm 默认。

动作次数设定画面：可以设定主断路器 QF1；受电弓 PA1、PA2；辅助变流器输出接触器 KM11、KM12、KM20；空气压缩机接触器 KM13、KM14；主变流器各单元的充电接触器 CI1AK、CI2AK、CI3AK、CI4AK、CI5AK、CI6AK；工作接触器 CI1K、CI2K、CI3K、CI4K、CI5K、CI6K 的动作次数。

3. 状态菜单画面

可以用来查看机车累计行车距离、电器动作次数、传送信息和信号信息。

累计行车距离画面：可以用来查看机车累计行车距离。

电器动作次数画面：可以用来查看机车主断路器 QF1；受电弓 PA1、PA2；辅助变流器输出接触器 KM11、KM12、KM20；空气压缩机接触器 KM13、KM14；主变流器各单元的充电接触器 CI1AK、CI2AK、CI3AK、CI4AK、CI5AK、CI6AK；工作接触器 CI1K、CI2K、CI3K、CI4K、CI5K、CI6K 的动作次数。

传送信息画面：可以用来查看机车主变流器各单元 CI1、CI2、CI3、CI4、CI5、CI6 和辅助变流器 APU1、APU2 与微机控制系统（TCMS）之间通过通信发送和接收的信息。查看信息，可以通过触摸显示屏上的 CI1、CI2、CI3、CI4、CI5、CI6、APU1、APU2 触摸键进行显示切换。

信号信息画面：可以用来查看机车各主要设备同微机控制系统（TCMS）之间通过硬导线发出和接收的信息。

在显示屏上有 AUX1、AUX2、DI1、DI2 4 个触摸键，查看时，可以进行显示切换。触摸 AUX1，第 1 页中显示的是输出信息：操纵台辅助显示模块信号灯的输出线 471、472、473、474、475、476、477、478、479、480、481、482、483、484、485、486、487、489、490、491、494；撒沙阀控制信号 810、820；受电弓控制信号 451、452 的信息。第 2 页中显示的是输出信息：主变压器原边电流和控制电压。

触摸 AUX2，第 1 页中显示的是输出信息：制动控制单元 CCBII 的导线 870、871、872、873、856、844 的信息；行车安全综合信息系统的导线 962、963、964、965、966、967 的信息；辅助接触器控制信号 461、462、463、464、465 的信息。第 2 页中显示的是输入信息：主司机控制器的级位信息和机车速度传感器 BV47、BV48 的信息。

触摸 DI1，第 1 页中显示的是输出信息：主变流器 UM1 的信号线 577、578、579、580、581、582、583、584、585；主变流器 UM2 的信号线 677、678、679、680、681、682、683、684、685；辅助变流器 APU1 的信号线 590、591；辅助变流器 APU2 的信号线 690、691；机车行车安全综合信息系统的信号线 961；制动控制单元 CCBII 的信号线 812、833、874；各牵引通风机自动开关的信号线 401、402、403、404、405、406；空气压缩机 1 的信号线 417、419；空气压缩机 2 的信号线 418、420；受电弓隔离信号线 421、422 的信息。第 2 页中显示的是输入信息：复合冷却器通风机自动开关的信号线 407、408；蓄电池充电器的信号线 423、424；主变压器油泵自动开关的信号线 411、412；接地开关信号线 425；高压隔离开关的信号线 427、428；空气压缩机自动开关的信号线 409、410；空调机组自动开关的信号线 413、414；空气压缩机接触器的信号线 429、430；主断路器的信号线 431，辅助电路库内试验转换开关的信号线 432；主变流器试验开关的信号线 434、450；原边过流继电器的信号线 435；压力继电器 439、440 的信息。

触摸 DI2，第 1 页中显示的是输入信息：I 端司机室给定 501、502、503、504、506、507、508、514、515、516、517、518、519、520、523、524、804；警惕装置开关信号线 521；主变压器温度继电器信号线 438；II 端司机室给定 601、602、603、604、606、607、608 的信息。第 2 页中显示的是输入信息：II 端司机室给定 614、615、616、617、618、619、623、624 的信息。

4．试验状态画面

可以用来进行机车主司机控制器的试验、起动试验、零级位试验、辅助电源试验。首先进行试验选择，然后根据显示屏的提示，操作有关的开关进行试验，通过显示屏的提示，确认机车有关控制、逻辑环节是否工作正常。

该功能主要用于机车出车前或故障修复后的控制、逻辑试验检查。

主司机控制器的试验：可以进行调速手柄零位确认、制动 1 级手柄确认试验。

起动试验：可以进行主变流器各单元 CI1、CI2、CI3、CI4、CI5、CI6 的控制单元试验，检查其输出电流。

零级位试验：可以进行主变流器 CI1、CI2、CI3、CI4、CI5、CI6 的工作情况的试验检查。

辅助电源试验：可以进行试验，检查辅助变流器1、2的输出电流、输出电压、输出频率。

记录状态画面：可以用来检查故障记录、连续记录、检修记录。

第五节　HXD$_3$型电力机车控制电路

机车的控制系统是以日本东芝公司的机车微机控制监视系统（简称 TCMS）为核心，结合目前国内现有的机车行车安全综合信息监控系统和克诺尔的CCB-II电控制动系统，配以机车外围电路设计的。TCMS 主要功能是实现机车特性控制、逻辑控制、故障监视和诊断，并将有关信息送到司机操纵台上的微机显示屏。TCMS 包括1个主控制装和2个显示单元，其中主 CPU 采用冗余设计，设有两套控制环节，一套为主控制环节(Master)，一套为热备控制环节(Slave)。当主控制环节(Master)发生故障时，备用控制环节(Slave)立即自动投入工作。

机车的控制电路系统主要完成下列功能：

顺序逻辑控制：如升、降受电弓，分、合主断路器，司机控制器的换向、牵引、制动，辅助电动机的逻辑控制，机车库内动车逻辑控制，主辅变流器库内试验逻辑控制等。

机车特性控制：采用恒牵引力/制动力+准恒速特性控制，实现对机车的控制要求。

定速控制：根据机车运行速度，可以实现牵引工况下机车恒定速度控制。

辅助电动机的控制：除空气压缩机外，机车各辅助电动机根据机车准备情况，在外部条件具备的前提下，由 TCMS 发出指令，与辅助变流器同时启动、运行。空气压缩机则根据总风缸压力情况，通过控制接触器的分合来实现控制。

CCB-II制动机的电空网络控制和机车防滑行保护。

机车黏着控制：包括防空转、防滑行控制、轴重转移补偿控制。

故障诊断、显示与保护：通过设在司机室的微机屏显示机车正常运行的状态信息，如：网压、原边电流、机车工况、级位、机车牵引力、机车速度等；正常的设备工作状态，如：主变流器、辅助变流器等；正常的设备开关状态，如主断路器、辅助接触器、各种故障转换开关；显示机车即时发生的故障信息，发生故障的设备、故障处理的方法等，并将故障发生时的有关数据记忆。

机车重联控制：最多可以实施同型号的4台机车重联。

机车的控制电路具体分述如下。

一、控制电源电路

DC 110 V 充电电源模块 PSU 的具体电路，如图 5.16 所示。

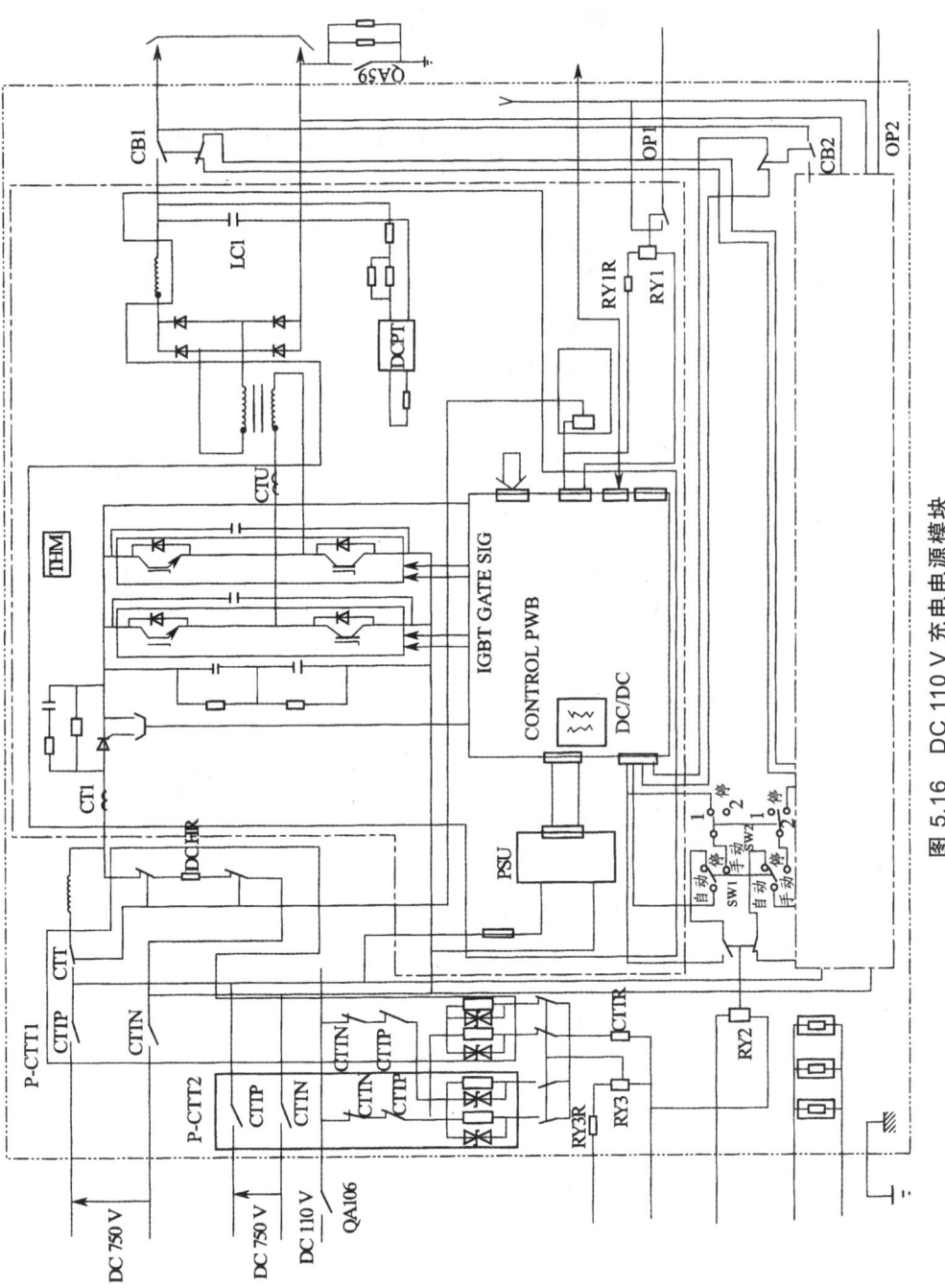

图 5.16 DC 110 V 充电电源模块

机车 DC 110 V 控制电源采用的是高频电源模块 PSU 与蓄电池并联，共同输出的工作方式，再通过自动开关分别送到各条支路，如微机控制、机车控制、主变流器、辅助变流器、车内照明、车外照明等。

PSU 的输入电源来自 UA11 或 UA12 的中间回路电源，当 UA11 和 UA12 均正常时，由 UA12 向 PSU 输入 DC 750 V 电源，当 UA12 故障时，转由 UA11 向 PSU 输入 DC 750 V 电源。DC 110 V 充电电源模块 PSU 含两组电源，通常只有一组电源工作，故障发生时另外一组电源自动启动，每组电源模块的输入电压为 DC 750 V，输出电压为 DC 110($1 \pm 2\%$)V，额定输出电流为 55 A，输出功率为 6 050 W(25 ℃)，采用自冷方式，控制电源电压采用 DC 750 V。

PSU 电源模块上设有两个转换开关 SW1 和 SW2，其中 SW1 有两挡，"TCMS" 和 "手动控制"，SW2 也有两挡，"电源 1" 和 "电源 2"，其中 "TCMS" 挡表示由微机自动控制，奇数日，电源 1 工作，偶数日，电源 2 工作，如果其中一组电源出现故障，可自动切换。"手动控制" 表示人为设定，如果 SW2 置 "电源 1"，表示电源 1 工作，如果 SW2 置 "电源 2"，表示电源 2 工作，如果在手动状态下，电源出现故障，不能自动切换。

控制电路自动开关有：微机 1 控制自动开关 QA41、微机 2 控制自动开关 QA42、司机控制 1 自动开关 QA43、司机控制 2 自动开关 QA44、机车控制自动开关 QA45、主变流器自动开关 QA46、辅助变流器自动开关 QA47、车内照明自动开关 QA48、车外照明自动开关 QA49、前照灯自动开关 QA50、辅助设备自动开关 QA51、无线电台自动开关 QA52、自动信号自动开关 QA53、监控装置自动开关 QA54、电控制动自动开关 QA55、低温预热自动开关 QA56，110 V 电源控制自动开关 QA106、门控开关 QA102、自动过分相控制开关 QA71、空调机组控制开关 QA104、QA105、撒砂加热控制开关 QA73 等。

在控制电器柜上设置了控制电源电压表 PV71，在两端操纵台上也设置了控制电源电压表 PV41、PV42，用于随时监视控制电源的电压情况，并且通过微机显示屏也可监视控制电源的电压情况。

二、预备电路

在机车 Ⅰ、Ⅱ 端司机室设置了完全相同的控制指令开关，可以分别对机车微机控制监视系统发出命令，实现对机车的控制。下面以 Ⅰ 端司机室控制指令为例进行说明，同时将 Ⅱ 端对应的控制器件代号用 "( )" 进行表示。

1. 机车的常规司机指令控制

司机电钥匙开关 SA49（SA50）有两个位置："合""分"，当置 "合" 位置时，机车 Ⅰ 端即被设定为操纵端，如图 5.17 所示。

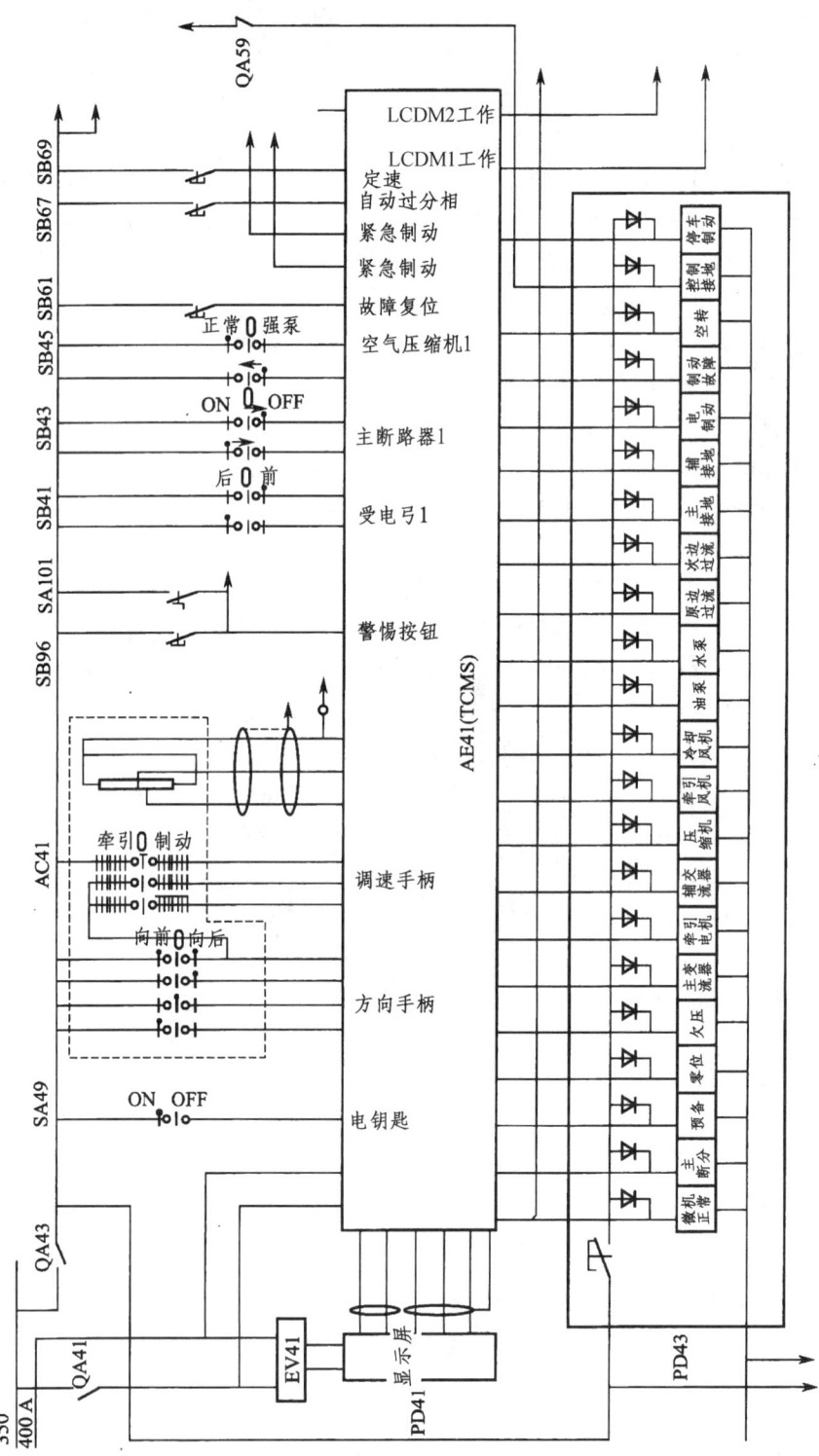

图 5.17 司机指令电路

主司机控制器 AC41（AC42）有两个手柄：方向手柄和调速手柄。方向手柄有"向前""向后"和"0"3 个位置。调速手柄可以提供牵引级位 0～13 级，制动级位*～12 级。

两个手柄之间设有机械联锁：当调速手柄在"0"位时，方向手柄方可进行转换；方向手柄在"0"位时，调速手柄不能移动，只能在"0"位。

受电弓扳键开关 SB41（SB42）：有 3 个位置，分别为"前受电弓""后受电弓""0"位。当 SB41 置"前受电弓"或"后受电弓"位时，受电弓电空阀 YV41 或 YV42 线圈得电，在空气管路压力正常的前提下，受电弓 AP1 或受电弓 AP2 升起；当 SB41 置"0"位，受电弓 AP1 或受电弓 AP2 均降下。

主断路器扳键开关 SB43（SB44）：有 3 个位置，分别为"主断分""主断合""0"位。该扳键开关为自复式，正常位置是"0"位。当开关置"主断合"位 1 次时，如果主断闭合的相关逻辑正常，主断路器 QF1 线圈得电，在空气管路压力正常的前提下，主断路器 QF1 闭合；当扳键开关置"主断分"位 1 次时，主断路器 QF1 线圈失电，主断路器 QF1 分断。

空气压缩机扳键开关 SB45（SB45）：有 3 个位置，分别为"主压缩机""强泵""0"位。在辅助变流器工作的前提条件下，当开关置"主压缩机"位，并且总风缸空气压力继电器 KP51-1、KP51-2（KP51-1：风压低于 750 kPa 时闭合，风压高于 900 kPa 时断开；KP51-2：风压低于 825 kPa 时闭合，风压高于 900 kPa 时断开）闭合时，空气压缩机接触器 KM15、KM16 依次得电闭合，空气压缩机 1、2 依次投入工作。当风压低于 825 kPa 时 KP51-2 闭合，但 KP51-1 打开，此时只有操纵端压缩机工作。当开关置"0"位，空气压缩机接触器 KM15 或 KM16 失电分断，空气压缩机停止工作。若总风缸空气压力继电器 KP51 故障，空气压力开关不能正常闭合时，可以将扳键开关置"强泵"位，强制空气压缩机接触器 KM15、KM16 得电闭合，空气压缩机 1、2 投入工作。

2. 机车故障复位、空气紧急制动、过分相、警惕装置控制和定速控制

（1）机车故障复位按钮 SB61（SB62）、过分相按钮 SB67（SB68）、定速控制按钮 SB69（SB70）、警惕装置控制按钮 SB96（SB97）均为自复式按钮，警惕装置控制开关 SA101（SA102）为脚踏开关，紧急制动按钮 SA103（SA104）为自锁按钮。

（2）当机车在正常运行中发生牵引变流器故障同时不能自行恢复时，故障信息在司机室信息显示单元中显示出来，司机可以根据提示，通过按动故障复位按钮 SB61（SB62）1 次，将信号送到 TCMS，TCMS 再通过信息传递，通知牵引变流器实现故障的恢复。

（3）当机车需要实施紧急制动时，可以按下紧急制动按钮 SA103（SA104），首先分断主断路器，停止主变流器、辅助变流器的工作，同时机车进入紧急制动状态，实施列车紧急空气制动。

（4）在机车正常运行过程中，如快到分相区时，司机可以按动"过分相"按钮 SB67（SB68）1 次，机车进入半自动过分相状态。首先，机车断开主断路器，辅助变流器、主变流器停止工作，机车通过高压电压互感器检测机车网压变化情况，当确认机车通过了分相区，接触网电压恢复至正常值并延迟一定时间后，自动闭合主

断路器、启动辅助变流器、主变流器等，并使机车状态恢复到过分相区前的状态。

（5）当机车速度大于等于 15 km/h，且机车未实施空气制动时，若按下"定速控制"按钮 SB69（SB70），当时的机车运行速度被确定为"目标速度"，机车进入"定速控制"状态。

当机车实际速度大于"目标速度＋2 km/h"时，TCMS 控制机车进入电气制动工况。
当机车的实际速度降低到"目标速度＋1 km/h"时，电气制动力降至 0。
当机车实际速度小于"目标速度－2 km/h"时，TCMS 自动控制机车进入牵引工况。
当机车的实际速度升高到"目标速度－1 km/h"时，牵引力降至 0。

机车进入"定速控制"状态后，司机控制器调速手柄的级位变化超过 1 级以上时，机车"定速控制"状态自动解除。

（6）当机车速度大于等于 30 km/h，且机车未实施紧急制动时，机车警惕装置进入监视状态，此时每 1 min 内，司机应按警惕装置控制按钮 SB96（SB97）或踩警惕装置控制开关 SA101（SA102）1 次，使警惕装置重新进入监视状态，否则超过 1 min 未按，警惕装置进入报警状态，蜂鸣器响，再延迟 10 s，如果司机仍未按警惕装置控制按钮 SB96（SB97）或踩警惕装置控制开关 SA101（SA102）1 次，则警惕装置动作，发出紧急制动指令，使机车进入紧急制动状态。此装置的设立，是为了提醒司机集中精力开车，防止意外情况发生，确保行车安全。

3. 机车微机显示屏和故障显示灯

在机车 I、II 端司机室分别设置了完全相同的机车微机显示屏 PD41、PD42，它们的信息来源是 TCMS。TCMS 将来自机车主变流器、辅助变流器、各个控制继电器、接触器、转换开关等的信息进行综合，通过微机显示屏 PD41、PD42 进行显示，方便司机了解机车各主要电器设备的工作情况，确保行车安全。

在机车 I、II 端司机室分别设置了完全相同的机车故障显示灯，安装在 2 个多功能状态仪表组合模块中，用于机车故障的显示，分别为：微机正常、主断分、预备、零位、欠压、主变流器故障、牵引电动机故障、辅助变流器故障、压缩机故障、牵引风机故障、冷却风机故障、油泵故障、水泵故障、原边过流、次边过流、主接地、辅接地、电制动、制动系统故障、空转、控制接地、停车制动。其中，除微机正常、主变流器预备为绿色工作显示外，其他均为红色故障显示。

三、机车逻辑控制和保护电路

具体电路如图 5.18 所示。机车逻辑控制和保护电路主要是将各辅助电动机自动开关、各风速继电器故障隔离开关、高压故障隔离开关、压缩机接触器状态、主断路器状态、辅助变流器库内试验开关、主变流器试验开关、各种接地保护、空气管路系统压力继电器等的状态指令送入 TCMS，用于机车的各种工作逻辑及保护逻辑控制，并通过 TCMS 与主变流器和辅助变流器之间的通信，将有关控制指令信息送到主变流器和辅助变流器，达到整车联控目的。

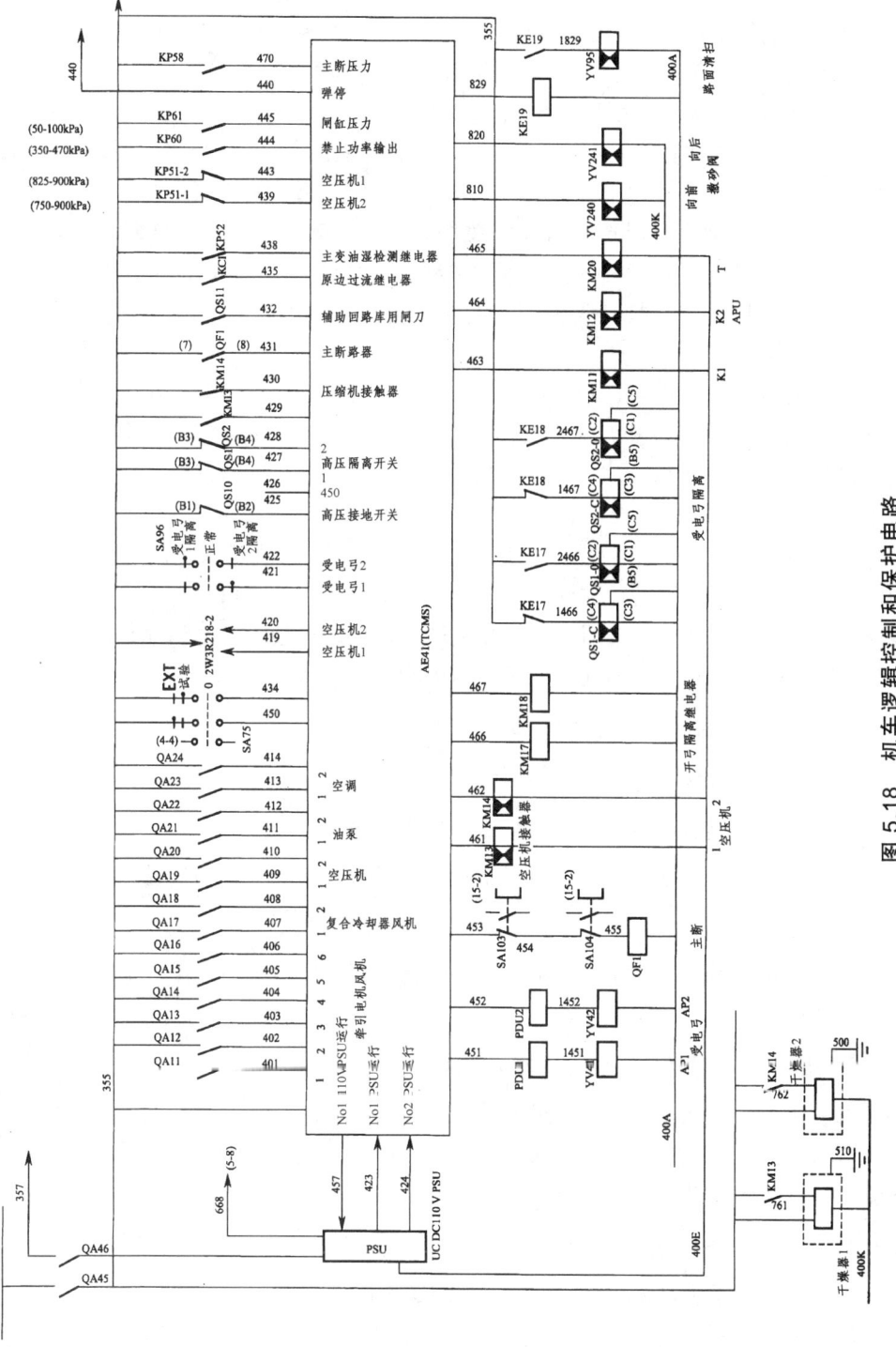

图 5.18 机车逻辑控制和保护电路

1. 各辅助电动机自动开关功能

牵引通风机自动开关 QA11~16：用于牵引通风机的故障保护和相应的逻辑控制。当牵引通风机过流造成自动开关断开后，主触点断开对应牵引通风机的供电电路，辅助触点将故障信号送到 TCMS，然后通过 TCMS 一方面送到司机故障显示灯，一方面自动隔离对应的牵引电动机的牵引变流器。

冷却塔通风机自动开关 QA17~QA18：用于冷却塔通风机的故障保护和相应的逻辑控制。

当冷却塔通风机过流造成自动开关断开后，主触点断开对应冷却塔通风机的供电电路，辅助触点将故障信号送到 TCMS，然后通过 TCMS，一方面送到司机故障显示灯，另一方面自动隔离相应的主变流器，使该转向架上的牵引电动机停止工作。

空气压缩机自动开关 QA19~QA20：用于空气压缩机的故障保护。当空气压缩机自动开关断开后，断开对应空气压缩机的供电电路，并将故障信号通过 TCMS 送到司机故障显示灯，同时断开对应空气压缩机的控制接触器线圈支路，使该接触器不能得电闭合。

油泵自动开关 QA21~QA22：用于主变压器油泵的故障保护和相应的逻辑控制。当油泵自动开关断开后，断开对应油泵供电电路，故障信号一方面送到司机故障显示灯，一方面自动隔离对应的主变流器和对应转向架上的牵引电动机，同时，使另一套主变流器和另一转向架上的牵引电动机降功率工作。

2. 受电弓故障隔离开关 QS1~QS2

用于受电弓的故障隔离保护和相应的逻辑控制。

3. 空气压缩机接触器状态信号 KM15~KM16

用于空气压缩机电磁接触器的工作确认，确保机车空气压缩机投入工作。

4. 主断路器状态 QF1

用于主断路器的工作状态的确认，确保在主断路器闭合后，主变流器、辅助变流器才能投入工作。

5. 辅助变流器库内试验转换开关 QS11

用于辅助变流器在库内试验时的转换。当该开关闭合后，其辅助触点送信号给 TCMS，使机车进入辅助回路库内试验环节。此时，机车主断路器不必闭合，辅助变流器 APU2 和辅助电动机便可以投入工作。

6. 原边过流继电器 KC1

当机车发生原边过流故障时，原边过流继电器 KC1 动作，其联锁触点信号送入 TCMS，跳开主断路器，实施故障保护。原边电流的保护值为 800 A，对应次边电流为 10 A，此时 KC1 动作。

7. 主变压器温度继电器 KP52

当机车主变压器发生温度过高故障时，主变压器温度继电器 KP52 动作，其联锁触点信号送入 TCMS，跳开主断路器，实施故障保护。

8. 总风缸压力继电器 KP51-1、KP51-2、KP60

以上 3 个继电器都是监测机车总风压力的。KP51-1、KP51-2 用于机车空气压缩机的启动控制；但它们的动作值不同，KP51-1 为 750～900 kPa，KP51-2 为 825～900 kPa。当总风缸压力小于 750 kPa 时，KP51-1、KP51-2 均闭合；当总风缸压力大于 900 kPa 时，KP51-1、KP51-2 都断开；但是当风缸压力小于 825 kPa 时，继电器 KP51-1 断开，继电器 KP51-2 闭合；通过继电器的不同闭合方式，实现机车刚起动时，两组压缩机均工作，一旦风压建立起来，那么每当风压低于 825 kPa，机车 I 端操纵时，压缩机 1 工作，机车 II 端操纵时，压缩机 2 工作。

继电器 KP60 的动作值是当总风压力高于 470 kPa 时闭合，当总风压力低于 350 kPa 时断开，该继电器的联锁触点送入微机柜 TCMS，参与整车的牵引控制，当总风压力太低，低于 KP60 的保护值，牵引变流器将禁止功率输出，确保行车安全。

9. 停车制动压力继电器 KP59

用于机车的弹簧储能停车制动。当机车实施弹簧储能停车制动时，该压力继电器断开，指令信息输入 TCMS，控制机车禁止功率输出。反之，该压力继电器闭合，说明机车未投入弹簧储能停车制动。

10. 机车制动缸压力继电器 KP61

继电器 KP61 用于监控机车制动缸的压力。当机车制动缸压力高于 100 kPa 时，继电器 KP61 闭合；当机车制动缸压力低于 50 kPa 时继电器 KP61 打开。该指令信号送入 TCMS，参与机车踏面清扫控制，即在机车制动缸压力高于 100 kPa 时，踏面清扫投入，当机车制动缸压力低于 50 kPa 时，踏面清扫解除。

11. 机车主变流器试验开关 SA75

当机车主断路器不具备闭合条件时，可以使用该开关通过 TCMS 对机车主变流器的控制单元进行检测，并在微机显示屏上进行显示。

12. 原边电流监测

为了实现机车原边电流监测，原边电流互感器电流信号 TA2 也送到 TCMS，通过微机显示屏来显示机车原边电流。

13. 撒砂控制

机车设有 2 个撒砂电空阀，分别为前侧 YV240、后侧 YV241。

撒砂电空阀的控制可以通过 3 条途径来实现：一是司机室脚踏撒砂阀 SA83，当司机认为机车需要撒砂时，可以通过脚踏撒砂开关进行人为撒砂；二是当机车运行时，如果发生空转、滑行等情况时，机车的 6 台牵引电动机转速会不同，机车主变流器的控制单元就会将撒砂信息送到机车微机控制系统（TCMS），由 TCMS 给出信号实现撒砂；三是当机车实施紧急制动时，由CCB-Ⅱ制动机发出撒砂指令，实现机车撒砂。

四、主变流器控制电路

主变流器控制电路如图 5.19 和 5.20 所示。机车两套主变流器装置 UM1、UM2 的控制电路基本一致。不同的是，Ⅰ端主变流器装置 UM1 的装置识别设定为 110 V，Ⅱ端主变流器装置 UM2 的装置识别设定为 0 V，下面以Ⅰ端主变流器装置 UM1 的控制进行说明。

（1）机车主变流器装置的控制主要是按照司机控制器给定指令，由 TCMS 通过通讯线传递给主变流器控制单元，按照机车牵引/制动特性曲线，完成对牵引电动机的控制。

（2）主变流器发生接地、次边过流、牵引电动机过流等故障时，故障信号送 TCMS，进行故障显示和记录，并在司机显示屏中给出提示，指导司机进行有关故障隔离等操作。主变流器的故障可以通过按动"故障复位"按钮进行恢复。

（3）主变流器允许投入前必须具备的信号有：牵引风机风速继电器 KP41、KP42、KP43，冷却塔通风机风速继电器 KP47 和主变压器油流继电器 KP49 信号。当这些风速或流速继电器均正常闭合时，说明主变流器工作的外围条件具备，可以投入运行。

（4）对主变流器的控制还设置了牵引变流器隔离开关。该开关置于微机显示屏内，是触摸开关。在正常情况下，这些开关均闭合。当由于某种原因，如牵引电动机发生故障、主变流器支路发生接地等，需要对某个牵引变流器支路或牵引电动机进行隔离时，可以通过微机显示屏进行隔离相应变流器，使之停止工作。这些开关还可以用于牵引电动机转向试验和机车旋轮等。

（5）主变流器的控制用信号还有牵引电动机速度传感器 BV41、BV42、BV43 的信号。每个速度传感器同时送出 2 个速度信号至主变流器控制装置，用以实现主变流器对牵引电动机的矢量控制，有效地实施机车的防空转、防滑行保护，并对机车的轴重转移进行补偿。

（6）库内动车信号通过库用开关 QS3 或 QS4 送到主变流器控制单元，用于在库内动车时主变流器按照特定的控制程序工作。

（7）主变流器装置试验开关 SA75，用于在低压试验或机车出厂前时对主变流器的控制单元进行试验检查，确认其是否工作正常。

（8）为满足主变流器工作需要，在主变流器的控制单元内引入高压电压互感器 TV1 同步信号。

（9）主变流器控制单元与 TCMS 的接口信号除具有两套通信线外，还设有主变流器隔离、工作、功率预备和故障等信号。

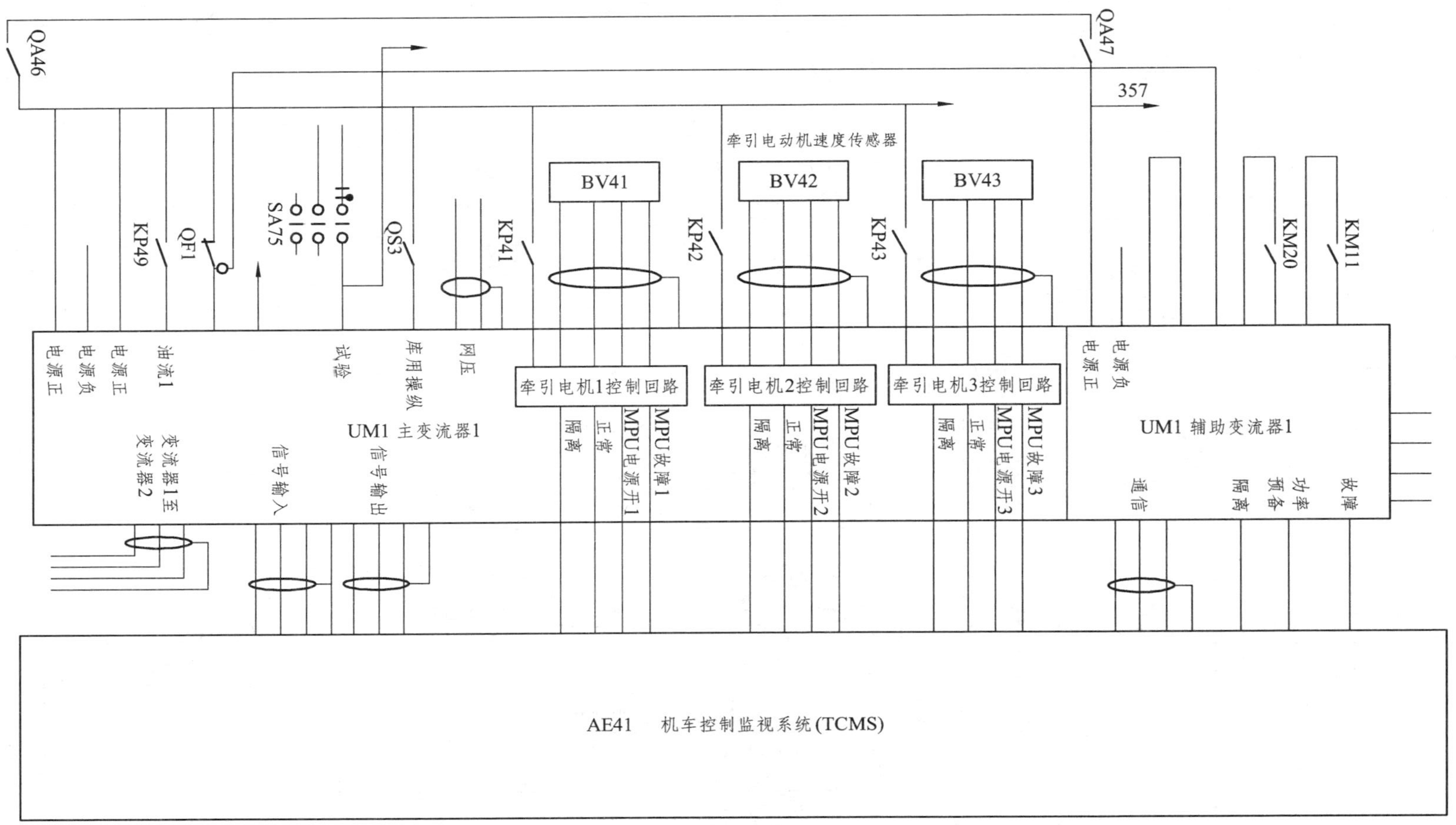

图 5.19 变流器控制电路 1

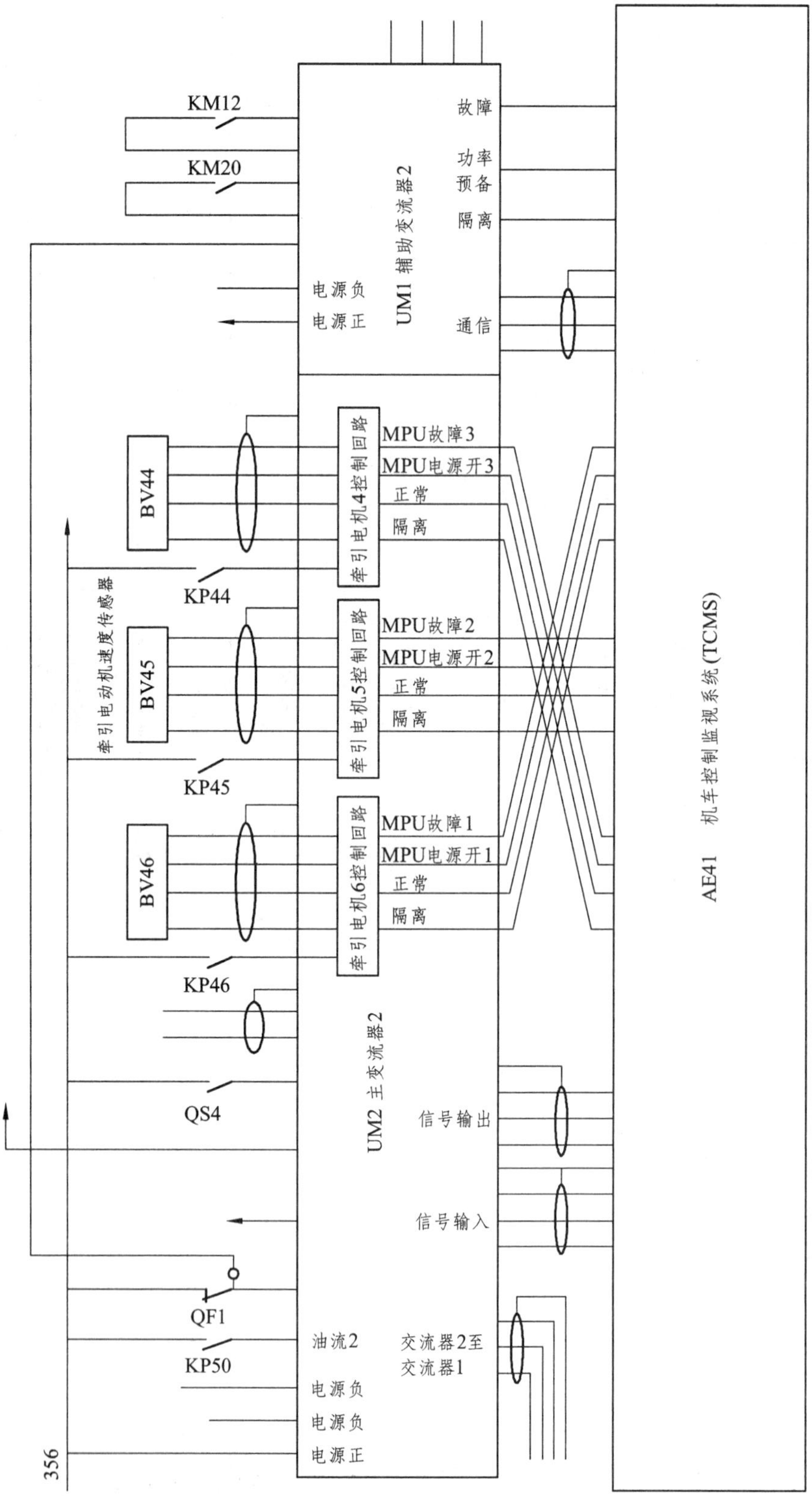

图 5.20 变流器控制电路-2

五、辅助变流器控制电路

机车两套辅助变流器装置 UA11、UA12 的控制电路基本一致，见图 5.19 和 5.20。不同的是，正常情况下，Ⅰ端辅助变流器装置 UA11 设定为 VVVF 工作方式，当主断路器闭合、换向手柄离开零位后，UA11 开始工作；Ⅱ端辅助变流器装置 UA12 设定为 CVCF 工作方式，只要主断路器闭合，UA12 就开始投入工作。下面以Ⅱ端辅助变流器装置 UA12 的控制进行说明。

（1）机车主断路器闭合后，由 TCMS 发出命令，闭合辅助变流器 UA12 输出电磁接触器 KM12，并将信息传递给辅助变流器控制单元，由辅助变流器控制单元发出指令，控制辅助变流器 UA12 启动。

（2）当机车某一辅助变流器发生故障，故障的辅助变流器能及时发信息给 TCMS，通过 TCMS 的控制，自动完成输出电磁接触器的动作转换：若辅助变流器 UA11 发生故障，则电磁接触器 KM11 断开，电磁接触器 KM20 闭合；若辅助变流器 UA12 发生故障，则电磁接触器 KM12 断开，电磁接触器 KM20 闭合。故障的辅助变流器将信息传递给另一组辅助变流器，使其工作在 CVCF 方式，同时，故障的辅助变流器被隔离，此时所有辅助电动机全部由另一套辅助变流器供电，不受其他指令的控制，牵引电动机通风机和冷却塔通风机将正常满功率工作。

（3）为便于辅助变流器的隔离，在微机显示屏内设置了辅助变流器开放隔离开关，通过触摸开关进行隔离。正常情况下，这些开关均闭合。当由于某种原因，需要进行隔离操作时，可以通过微机显示屏进行相应辅助变流器的隔离。

（4）为确保辅助变流器正常工作，将电磁接触器 KM11、KM12、KM20 的信号引入辅助变流器控制单元。

（5）辅助变流器控制单元与 TCMS 的接口信号除一套通信线外，还设有辅助变流器隔离、功率预备和故障等信号。

六、TCMS 与行车安全综合信息系统、机车重联等的接口

TCMS 与行车安全综合信息系统的接口有 5 个输出信号和 1 个输入信号。5 个输出信号是：机车调速手柄处于零位 963、司机控制器处于Ⅰ端向前位（或Ⅱ端向后位）964、司机控制器处于Ⅱ端向前位（或Ⅰ端向后位）965、司机控制器处于牵引位 966 和司机控制器处于制动位信号 967；1 个输入信号是机车卸载信号 962，当机车行车安全综合信息系统需要机车卸载时，该信号送出 110 V 至 TCMS，由 TCMS 送出相关控制命令至主变流器控制单元，停止主变流器的工作，执行卸载动作。

在机车的每一端，分别设置了 2 个机车重联控制插座和 1 个虚拟插座。机车采用以太网，以网络重联的形式，实现本务机车 TCMS 与重联机车 TCMS 之间的信息

传递，可实现 2~4 台机车的重联控制。另外，在重联控制插座中，还设有机车重联电话信号，实现机车重联电话重联。

原边电流互感器 TA2 的信号送至 TCMS，通过 TCMS 与微机显示屏之间的信息传递，实现机车原边电流显示。

机车速度传感器 BV47、BV48 的信号送至 TCMS，通过 TCMS 与微机显示屏之间的信息传递，实现机车速度的显示。

七、司机室空调机组的控制

在机车的两个司机室分别设置了司机室空调机组，主要设备有空调机组 EV11（EV12）、空调机组控制箱 EV13（EV14）和空调机组功能控制转换开关 SA73（SA74）。两套机组及其控制方式完全相同，下面以 I 端空调机组进行说明。

空调机组的控制电源采用 AC 220 V。空调机组功能控制转换开关 SA73（SA74）有 5 个位置，分别为"高制冷""低制冷""通风""加热"和"停止"，通过转换开关和空调控制盒的同步控制，可以实现空调机组控制状态的转换，并确保机组正常工作。

八、机车制动系统的控制电路

制动系统的控制电路如图 5.21 所示。机车制动系统采用的是克诺尔的 CCB-II 型制动机。该制动系统是基于网络控制的电空制动系统。CCB-II 型制动机与微机显示屏一起来完成制动系统的诊断、自检、校准、故障记录等。CCB-II 型制动机主要由 LCDM 制动显示屏、EBV 电子制动阀、集成处理模块 IPM、继电器接口模块 RIM 和电空控制单元 EPCU 等组成，其中集成处理模块 IPM、EBV 电子制动阀及电空控制单元 EPCU 之间采用 LonWorks 网络技术实现信息传递，集成处理模块 IPM 与 LCDM 制动显示屏之间采用 422 总线方式进行信息传递。机车微机控制系统 TCMS 与 CCB-II 型制动机之间，采用开关量方式，实现信息传递。自动开关 QA55 是制动系统 110 V 电源的总保护开关。

1. CCB-II 制动机送入 TCMS 的信号

801 动力切除信号，即 CCB-II 制动机要求 TCMS 控制牵引变流器禁止功率输出；803 撒砂指令信号，即 CCB-II 制动机实施紧急制动时，要求 TCMS 根据机车运行方向，进行撒砂控制；805 CCB-II 制动机故障信号，要求 TCMS 进行制动故障显示；811WSP 故障信号，即空气防滑行保护系统出现故障，送入 TCMS 进行故障显示和记录；812 WSP Active 信号，表示空气防滑行保护系统动作，并通知 TCMS 进行状态记录；1804 紧急制动信号，即 CCB-II 制动机实施紧急制动时送出的指令信号，

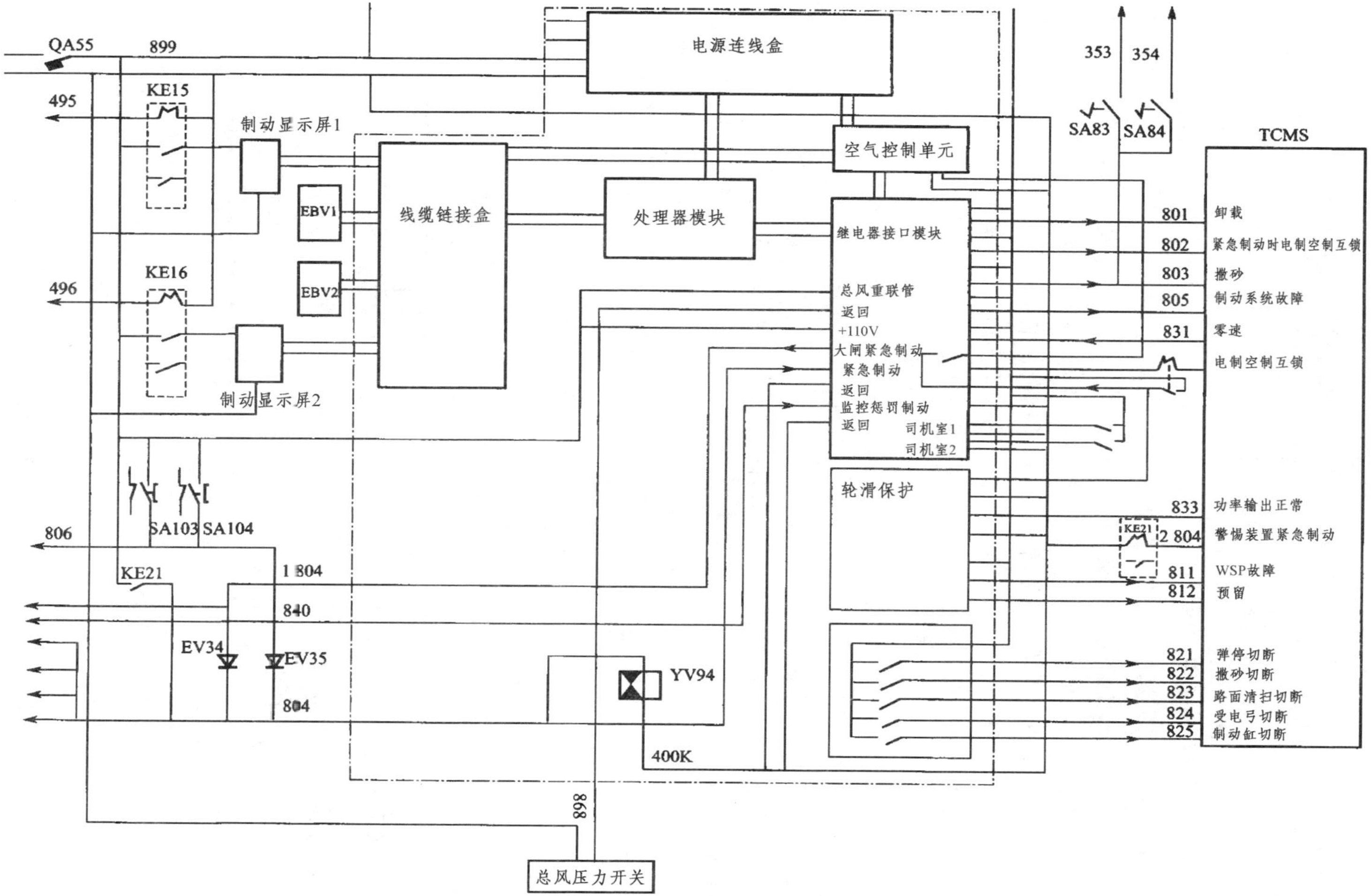

图 5.21 制动系统控制电路

通知 TCMS 控制牵引变流器禁止功率输出；821 弹停切除指令信号，送入 TCMS 进行状态记录和显示；822 撒砂功能切除指令信号，送入 TCMS 进行状态记录和显示；823 踏面清扫功能切除指令信号，送入 TCMS 进行状态记录和显示；824 升弓气路被切断的指令信号，送入 TCMS 进行状态记录和显示；825 制动缸压力被切除的指令信号，送入 TCMS 进行状态记录和显示。

2. TCMS 送入 CCB-II 的信号

831 机车零速信号，通知 CCB-II 制动机目前机车是在静态还是动态，只有在动态下 CCB-II 制动机才会发出撒砂指令；833 机车牵引指令，送入 WSP 防滑行保护系统；2804 紧急制动信号，是由警惕装置动作而发的紧急制动信号；495 和 496 是微机 TCMS 根据司机钥匙开关指令，送给 LCDM 显示屏的电源指令信息，该指令通过中间继电器 KE15、KE16 转换，提供给对应 LCDM 显示屏电源，并向 RIM 继电器接口模块提供哪端司机室显示屏被激活的信息；832 动力制动互锁信号，该指令信息用来实现机车空气制动与动力制动之间的电空互锁。

以上信号都是 CCB-II 制动机与 TCMS 之间的信息传递指令，用来实现整车微机控制系统与空气制动系统之间的逻辑控制，并通过微机显示屏进行制动系统的状态显示和信息记录。

制动系统还设置了 WSP 防滑行保护系统，防止机车进行空气制动时，出现滑行或车轮抱死的情况。为此机车专门设置了 6 个车轴速度传感器，向 WSP 防滑行保护系统提供车轴速度信息，并通过 WSP 发出的指令信息，控制与制动缸连通的双向阀 YV101H、YV101V~YV106H、YV106V，实现机车制动缸的减压、保压或维持正常。控制电路如图 5.22 所示。

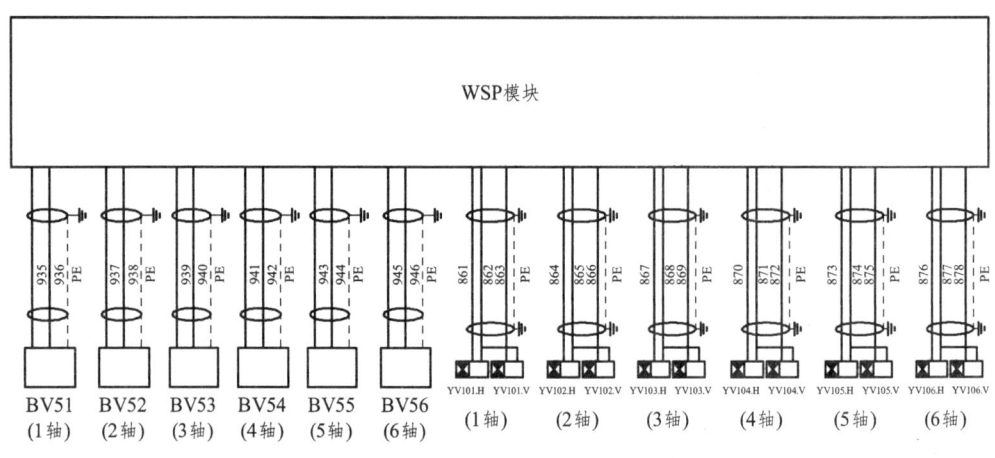

图 5.22　机车防滑控制电路

九、机车全自动过分相控制系统

本车装有全自动过分相检测装置，如图 5.23 所示。该装置 EV33 设有 4 个信号感应接收装置 T1、T2、T3 和 T4，用于进行分相区前后的信号检测。EV33 与微机 TCMS 之间有以下开关量的传递：信号 497 表示 EV33 状态正常；信号 498 表示机车通过分相区前的预告信号或者是通过分相区后的恢复信号；信号 499 表示机车通过分相区前的强迫信号；信号 491 是 TCMS 送给 EV33 的机车 I 端向前运行指令；信号 492 是 TCMS 送给 EV33 的机车 II 端向前运行指令。

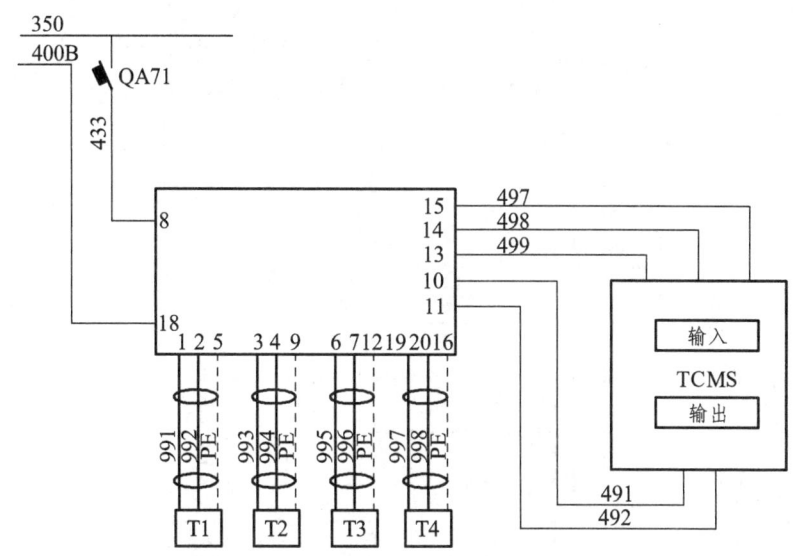

图 5.23　全自动过分相检测装置电路

当机车运行的线路区段在分相区前后装有地面感应器时，机车全自动过分相检测装置将起作用。该装置通过向微机控制系统提供过分相区的信息：预告信号、恢复信号 499、强迫信号 498，保证机车每次通过分相区时，司机不需要做任何操纵，机车微机控制系统即可自动跳主断，待通过分相区后，又能自动合主断，并保证机车恢复至通过分相区前的运行状态。

十、机车弓网自动保护装置控制系统

本车装有弓网自动保护装置 PDU1 和 PDU2，其中受电弓 AP1 受 PDU1 保护，受电弓 AP2 受 PDU2 保护。当机车运行中突然出现弓网故障时，弓网自动保护装置 PDU1 或 PDU2 将会动作，首先发出跳主断信号 448 或 449 给 TCMS，使真空断路器断开，同时切断机车受电弓主气路和升弓阀电源，使受电弓快速降弓，从而避免了带负载降弓时弓网间产生严重拉弧而损坏受电弓和接触网。

十一、机车各种照明的控制

机车照明电路如图 5.24 所示。

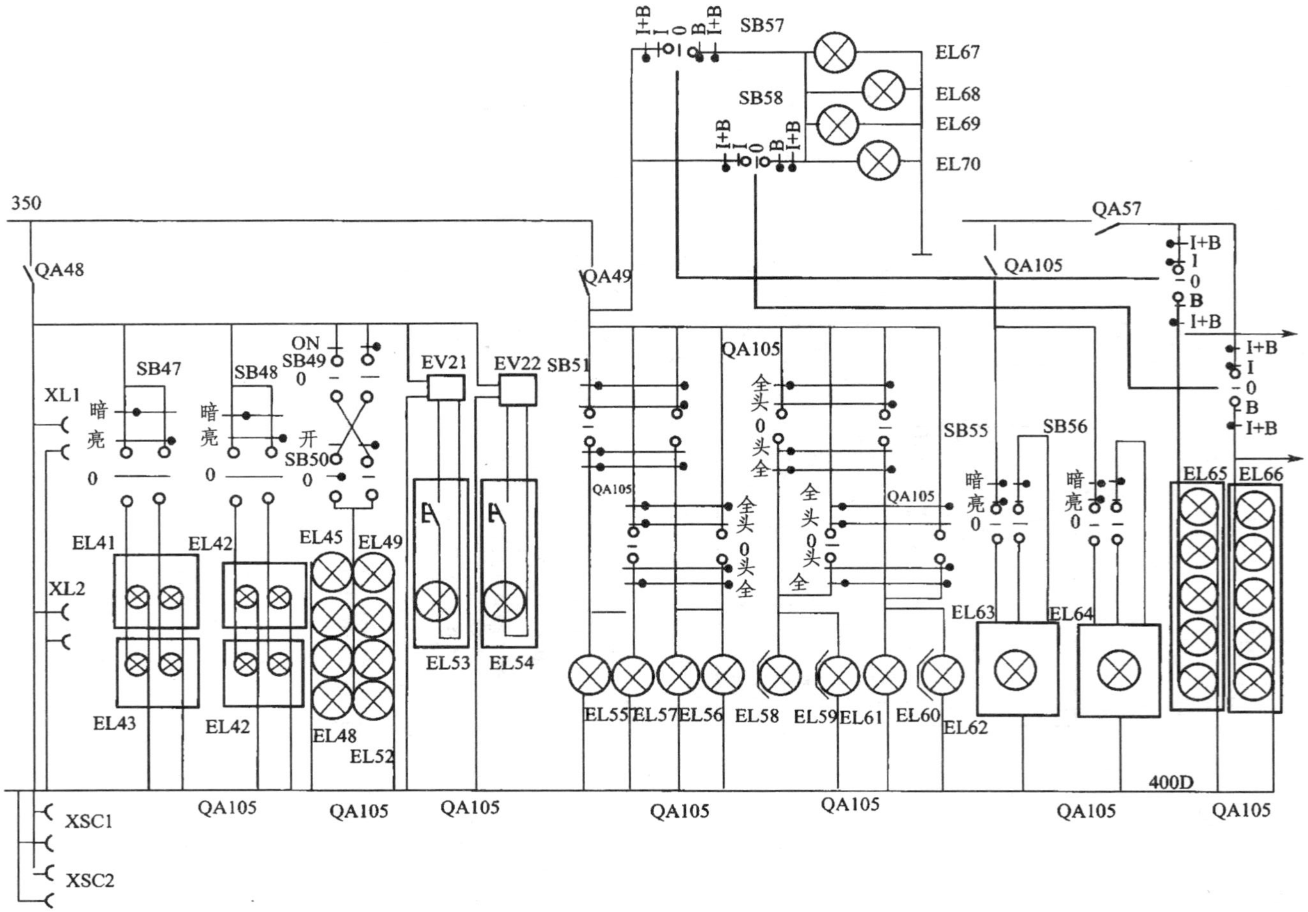

图 5.24 辅助设备控制——机车照明电路

（1）Ⅰ端司机室灯控制开关 SB47 实现Ⅰ端司机室灯 EL41、EL43 的控制；Ⅱ端司机室灯控制开关 SB48 实现Ⅱ端司机室灯 EL42、EL44 的控制。司机室灯控制开关有"强""弱""0"3 个位置。

（2）走廊灯控制开关 SB49、SB50 实现走廊灯 EL45、EL46、EL47、EL48、EL49、EL50、EL51、EL52 的控制。

（3）Ⅰ端司机室记点灯 EL53 通过自带控制开关实现控制，Ⅱ端司机室记点灯 EL54 通过自带控制开关实现控制。

（4）Ⅰ、Ⅱ端司机室标志灯控制开关 SB51、SB52 实现Ⅰ端标志灯 EL55、EL57 及Ⅱ端标志灯 EL56、EL58 的控制。标志灯控制开关有全开、前开、0、后开、全开 5 个位置。

（5）Ⅰ、Ⅱ端司机室副前照灯控制开关 SB53、SB54 实现Ⅰ端副前照灯 EL59、EL61 及Ⅱ端副前照灯 EL60、EL62 的控制。副前照灯控制开关有全开、前开、0、后开、全开 5。

（6）Ⅰ端司机室前照灯控制开关 SB55 实现Ⅰ端前照灯 EL63 的控制；Ⅱ端司机室前照灯控制开关 SB56 实现Ⅱ端前照灯 EL64 的控制。前照灯控制开关有"强""弱""0"3 个位置。

（7）Ⅰ端司机室仪表灯控制开关 SB57 通过转至不同挡位，可实现Ⅰ端仪表灯 EL65，车底灯 EL67~EL70 及Ⅰ端仪表灯 EL65 和车底灯 EL67~EL70 的同步控制；Ⅱ端司机室的仪表灯控制开关 SB58 通过转至不同挡位，可实现Ⅱ端仪表灯 EL66、车底灯 EL67~EL70 及Ⅱ端仪表灯 EL66 和车底灯 EL67~EL70 的同步控制。

十二、弹簧停车控制

弹簧停车控制电路如图 5.25 所示。当机车实施弹簧储能停车制动时，KP59 压力继电器断开，指令信息输入 TCMS，控制机车禁止功率输出。反之该压力继电器闭合，说明机车未投入弹簧储能停车制动。操纵台上的弹停转换开关 SA99（SA100），设有"弹停缓解"和"弹停制动"挡位，可以实现机车弹停制动或弹停缓解。

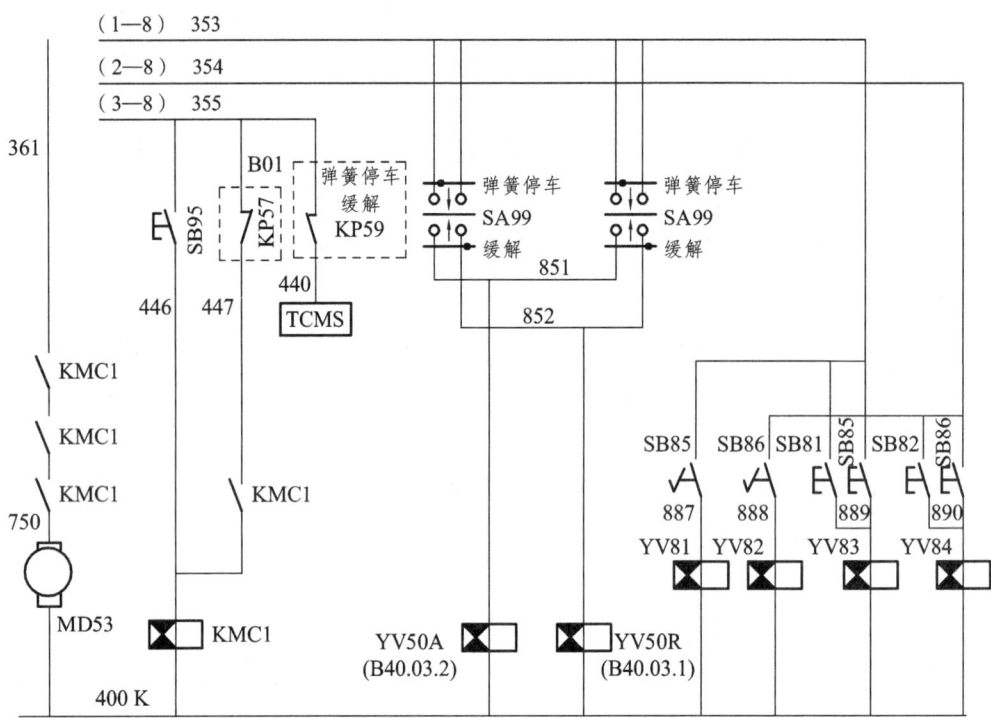

图 5.25 辅助设备控制——弹簧停车控制电路

十三、其他辅助设备的控制

机车刮雨器及风扇等电路如图 5.26 所示。

（1）Ⅰ端司机室刮雨器开关 SA61 实现对Ⅰ端司机室刮雨器 MD43 工作状态转换控制和Ⅰ端司机室刮雨器水泵 MD41 喷水洗涤控制；Ⅱ端司机室刮雨器控制开关 SA62 实现Ⅱ端司机室刮雨器 MD44 工作状态转换控制和Ⅱ端司机室刮雨器水泵 MD42 喷水洗涤控制。

（2）Ⅰ端司机室遮阳帘开关 SB75 实现对Ⅰ端司机室遮阳帘 MD45 的控制；Ⅱ端司机室遮阳帘控制开关 SB76 实现Ⅱ端司机室遮阳帘 MD46 的控制。

（3）Ⅰ端司机室电风扇开关 SA65 实现Ⅰ端司机室电风扇 MD47、MD49 的开关转换控制；Ⅱ端司机室电风扇开关 SA66 实现Ⅱ端司机室电风扇 MD48、MD50 的开关转换控制。

（4）Ⅰ端司机室电冰箱控制开关 SA69 实现Ⅰ端司机室电冰箱 MD51 的控制，Ⅱ端司机室电冰箱控制开关 SA70 实现Ⅱ端司机室电冰箱 MD52 的控制。

（5）控制电器柜内的辅助压缩机开关 SB95，可对辅助压缩机 MD53 的运行进行控制。

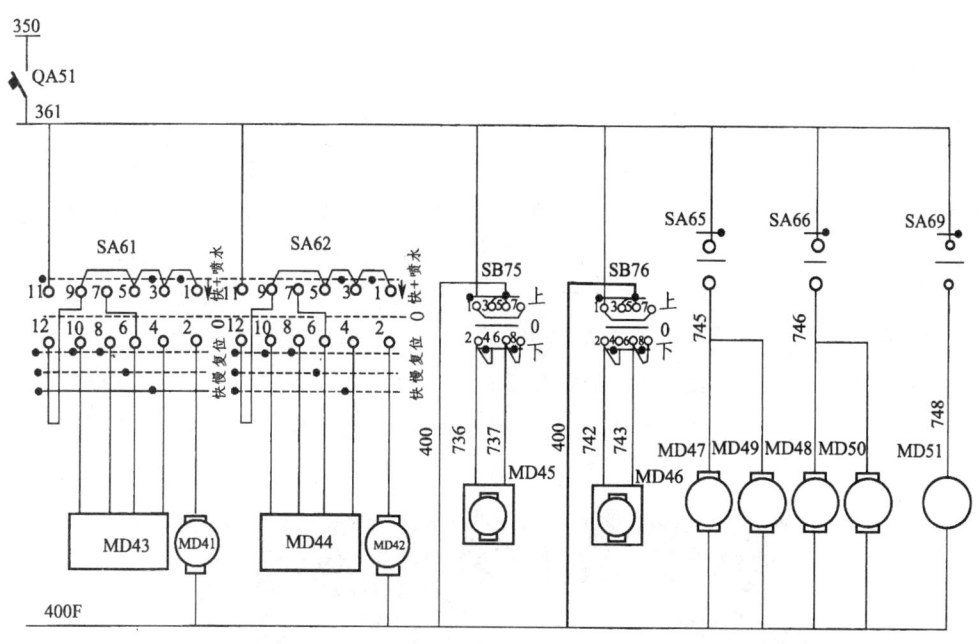

图 5.26 刮雨器、风扇等电路

（6）在机车Ⅰ端、Ⅱ端司机室外侧，设置了直流 110 V 电源插座 XSC1、XSC2，用于司机行车临时使用；在机械间内，设置了直流 110 V 电源车内应急灯插座 XL1 和 XL2，为司机提供应急灯电源。

（7）操纵台上的弹停转换开关 SA99（SA100），设有"弹停缓解"和"弹停制动"挡位，可以实现机车弹停动作或弹停缓解。

（8）Ⅰ端司机室脚踏控制开关 SA85，可以实现Ⅰ端司机室顶的低音喇叭控制。Ⅱ端司机室脚踏控制开关 SA86，可以实现Ⅱ端司机室顶的低音喇叭控制。

（9）Ⅰ端司机室风笛按钮 SB81 和 SB85，可以实现Ⅰ端司机室顶的高音喇叭控制。Ⅱ端司机室风笛按钮 SB82 和 SB86，可以实现Ⅱ端司机室顶的高音喇叭控制。

第六节 HXD$_3$ 型电力机车操纵与试验

一、HXD$_3$ 电力机车操纵

1. 机车起动前的准备

将控制电器柜里的控制电路接地自动开关（QA59）、蓄电池输出自动开关（QA61）闭合，此时，电器控制柜和操纵台的控制电压表显示应大于 98 V。再将其

他与机车运行相关的自动开关闭合。

注意：正常情况下，低温预热开关 QA56 不允许闭合，否则会造成蓄电池亏电。只限在环境温度太低，机车各系统出现故障无法保证机车正常启机的情况下，才闭合自动开关 QA56 及交流加热自动开关 QA72，同时将低温加热开关 SA71 打到低温加热位，此时机车首先使用蓄电池对机车 110 V 电源装置、LC 滤波装置、TCMS 与 APU 加热，当机车可以正常升弓合主断后，机车就转由交流 110 V 电源对整车进行低温加热。

将司机钥匙插入操纵台电源扳键开关 SA49（或 SA50），旋转至启动位置，设定机车的操控端操纵台。此时，操纵台故障显示屏上"微机正常""主断路器断开""零位""欠压""主变流器""辅变流器""水泵""油泵""牵引风机""冷却风机"等显示灯亮，如图 5.27 所示。

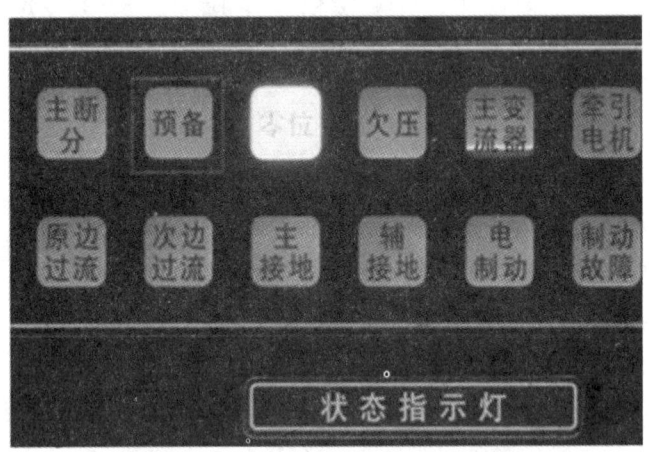

图 5.27　机车操纵台指示灯显示

TCMS 经过初始化，进入牵引/N 动画面，显示"原边电压""原边电流""控制电压""机车各轴牵引力""主断分/合"等机车状态信息，故障显示区可以显示主变压器、主辅变流器、各辅助电机的故障信息，如果故障解除，故障信息画面将消失。触摸 TCMS 显示屏按钮，可切换为其他状态画面。例如，主变流器/牵引电动机画面、开关状态画面、通风机状态画面、辅助电源画面、故障记录画面等，能够调查机车的各个电力设备的相关详细信息。

机车操纵端一经设定，即使另一端的电钥匙状态为"ON"，其操作也会被判定为无效，无法进行操纵。同时，一台机车只配备一把钥匙，以防止Ⅰ端和Ⅱ端的钥匙开关同时处在"ON"状态。

2. 升弓、合主断以及各辅助电动机的启动

升弓前，首先需确定总风缸压力在 480 kPa 以上。若不满足，到空气管路柜前查看辅助风缸压力表。若显示的风缸压力值低于 480 kPa，则按下控制电气柜里的辅助压缩机启动按钮，辅助空气压缩机启动，待辅助风缸的气压上升到 735 kPa 时，辅助空气压缩机自动停止。为防止损坏辅助压缩机，辅助压缩机打风时间不得过长，若超过 10 min 需要人为断开自动开关 QA51 和 QA45，来切断辅助压缩机回路，间隔 30 min 再投入使用。

当机车需要升后弓时，将受电弓手柄开关 SB41（或 SB42）置于"后位"后，位于前进方向后面的受电弓升起。弓网接触后，两端操纵台上的网压表显示网压（1 次）的同时，在 TCMS 显示屏上也显示了网压（1 次）和受电弓升起。

将操纵台上的主断路器开关 SB43（或 SB44）置于"闭合"位置，主断路器接通，此时操纵台上故障显示灯中的"主断开"显示灯灭。微机监控器的"主断合"灯亮。主断路器闭合后，辅助电源装置 APU2 开始运行，油泵、水泵、辅助电源装置用通风机等分别开始工作。

将主空气压缩机扳键开关 SB45（或 SB46）置于"压缩机"位。当总风缸压力低于 750 kPa 时，两个空气压缩机依次启动，当总风缸压力升至（900±20）kPa 时，空气压缩机自动停止工作。当风压降至 825 kPa 时，只有靠近操纵端的空气压缩机工作。将主空气压缩机扳键开关 SB45（或 SB46）置于"强泵"位，空气压缩机 1、2 启动。此时，不受总风缸压力继电器控制，待总风缸压力上升至（950±20）kPa 时，高压安全阀运作，持续排风。

将主控制器换向手柄由"0"位转换为前进或后退，此时辅助电源装置 APU1 开始工作，牵引电动机用通风机、复合冷却器用通风机均采用软启动方式投入工作。

3. 机车的起动操作

（1）机车起动前需先确认以下几项：

① 停放制动指示器应为缓解状态。停放制动作用时，操纵台的故障显示屏显示"停车制动"，解除操纵台的中央操作面板上的停放制动操作开关。（此开关可自动复位）

② 总风缸压力应在 470 kPa 以上。

③ 空气制动处于缓解状态。

④ 网压表显示数值为 25 kV 左右，控制电压为 110 V。

⑤ 确认辅助电源装置工作正常，无故障。

⑥ 确认机车空气制动系统作用良好。

（2）主控制器换向手柄的操作。

主控制器换向手柄的操作如图 5.28 所示。

将主控制器的换向手柄打至"向前"或"向后"位，辅助电源装置 APU1 工作，牵引电动机用通风机及复合冷却器用通风机均采用软启动方式开始工作。同时，主变流器的充电接触器、工作接触器相继转为"闭合"状态，当主变流器中间回路电压高于 36 V 时，主变流器"预备"指示灯亮，当调速手柄离开零位，主变流器"预备"指示灯灭。

图 5.28　机车的调速手柄与换向手柄

（3）主控制器调速手柄的操作。

将调速手柄由"0"位进到牵引位，主操纵台故障显示屏上"零位"显示灯灭，机车进入牵引状态。

注意：调速手柄可在 1~13 级位范围内任意选择，级位已设定成可连续控制。司机将调速手柄逐渐移至所需级位，机车遵循该级位的特性曲线，实现在准恒力范围内的运行。

4. 机车的准恒速运行

根据调速手柄的级位设定目标速度，机车将按准恒速特性来运行。机车的速度从速度范围的最低值缓慢加速行驶，当机车速度接近设定的目标速度范围时，牵引电动机的牵引力自动减小。当机车速度达到目标速度时，牵引电动机的牵引力为零。当线路条件发生变化时，机车的速度会有少量变化，若超过线路允许速度，为维持目标速度，开始再次牵引。如果机车进入下坡线路时，机车的速度就会上升，需将调速手柄回复"0"位，通过电气制动或者空气制动，调整列车速度。

5. 电气制动操作

速度调节手柄从"0"位置推到制动位置，电气制动开始作用。当机车处于定速控制，机车速度比目标速度低时，电气制动不起作用。当机车处于定速控制，机车速度比目标速度高时，电气制动起作用，以维持目标速度。

6. 定速控制操作方法（见图 5.29）

当机车速度大于或等于 15 km/h，且机车未实施空气制动时，按下"定速"按钮［SB69（或 SB70）］后，当时的机车运行速度被认定为"目标速度"，机车进入"定速控制"状态。

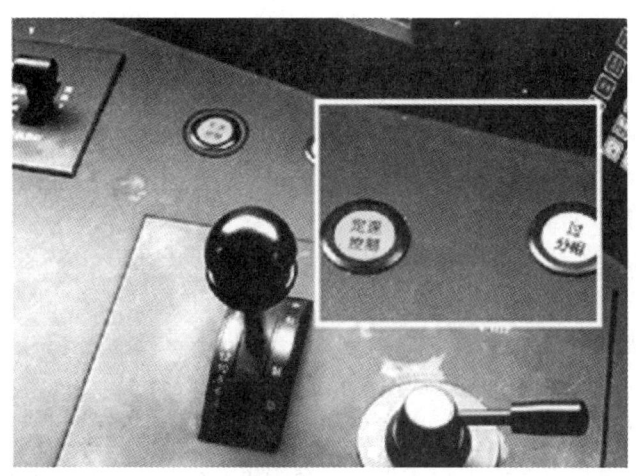

图 5.29 机车操纵台上的定速与过分相按钮

当机车的实际速度高于"目标速度 + 2 km/h"时，微机控制系统（TCMS）发出指令，机车进入电制动状态，电制动力遵循机车速度-制动力特性（即机车电制动特性曲线）变化增大。当机车的实际速度降至"目标速度 + 1 km/h"时，电制动力为零。

当机车的实际速度低于"目标速度 − 2 km/h"时，TCMS 自动控制机车进入牵引状态，牵引力遵循速度-牵引力特性关系增大。当机车的实际速度加大到"目标速度 − 1 km/h"时，牵引力为零。

机车进入"定速控制"状态，若司机控制器调速手柄级位变化超过一个级位以上，则机车的"定速控制"状态自动解除。

7. 机车过分相时的控制操作

机车有半自动过分相和全自动过分相两种方式。

半自动情况下，当运行机车接近分相区时，司控器手柄回零并按下"过分相"按钮，机车的主断路器断开，受电弓仍保持升弓状态。通过分相区后，机车的微机控制系统（TCMS）检测到网压后，经过一定时间后自动合主断，重新启动辅助电源装置、主变流器，控制主变流器的输出电压、输出电流，从而控制牵引电动机的牵引力，使机车恢复至过分相前的状态。

机车自动过分相信号的感应、处理，由地面磁感应器、车载感应器和车感信号处理装置共同完成。机车通过分相区时，如果运行的线路区段在分相区前后装有地面感应器，机车全自动过分相检测装置将起作用。该装置通过向微机控制系统提供过分相区的信息：预告信号、恢复信号499、强迫信号498，保证机车每次通过分相区时，司机不需要做任何操纵，机车微机控制系统即可自动跳主断，待通过分相区后，又能自动合主断，并保证机车恢复至通过分相区前的运行状态。从而实现电力机车通过分相区时操作的自动化，减轻了乘务员的工作强度。

8. 冗余控制与故障隔离运行

当机车的主要设备发生故障时，微机显示屏的故障信息显示区显示相应故障。司机可根据故障信息的显示及处置方式，进行相应的故障处理操作。

（1）微机控制柜 TCMS 的冗余控制。

微机控制柜中有两组完全相同的控制单元设备。一组称为主控设备（Master），另一组称为备用控制设备（Slave）。在微机控制系统 TCMS 正常运行的条件下，主控单元工作，备用控制设备为通电热备状态。主控单元发生故障时，备用控制设备即刻自动投入使用。

（2）牵引电动机、主变流器故障隔离运行。

机车主电路采用 6 组主变流器，分别向 6 台牵引电动机独立供电。每 3 组主变流器和 1 组辅助电源装置收纳在一个变流器柜里，不过各个装置相互独立。因此，当发现某一牵引电动机或其对应主变流器单元发生故障时，可以通过微机显示屏隔离相应的故障部位。在这种情况下，先将微机显示屏设定为故障隔离画面，选择画面上相关部位，然后，按下画面的隔离按钮，这时所选部位的显示变为"隔离"，机车隔离故障部位，继续运行。

（3）DC 110 V 电源装置冗余控制。

DC 110 V 充电电源模块 PSU 含两组电源，通常只有一组电源工作，故障发生时另外一组电源自动启动，供给负载电源。

机车控制电源的核心是 DC 110 V 充电电源屏 PSU。机车 110 V 控制电源采用的是高频电源模块与蓄电池并联，共同输出的工作方式，再通过自动开关分别送到各条支路，如微机控制、机车控制、主变流器、辅助变流器、车内照明、车外照明等。

PSU 的输入电源来自 UA11 或 UA12 的中间回路电源，当 UA11 和 UA12 均正常时，由 UA12 向 PSU 输入 DC 750 V 电源，当 UA12 故障时，转由 UA11 向 PSU 输入 DC 750 V 电源。

电源屏上设有两个转换开关 SW1 和 SW2，其中 SW1 有两挡，"TCMS"和"手动控制"，SW2 也有两挡，"电源 1"和"电源 2"，其中"TCMS"挡表示由微机自动控制，奇数日，电源 1 工作，偶数日，电源 2 工作，当其中一组电源出现故障，可自动切换；"手动控制"表示人为设定，SW2 置"电源 1"，表示电源 1 工作，SW2 置"电源 2"，表示电源 2 工作，在手动状态下，当电源出现故障，不能自动切换。

（4）辅助电源装置冗余控制。

机车设有两套辅助电源装置 APU1 和 APU2，其输出方式既可以选择变压变频（VVVF）方式，也可以选择恒压恒频（CVCF）方式，以满足不同负载的需要。辅助变流系统正常工作时，所有泵类负载如压缩机、油泵、空调机组由辅助变流器 APU2 供电，采用 CVCF 方式；而所有风机类负载如牵引风机、冷却塔风机等，由辅助变流器 APU1 供电，采用 VVVF 方式；当任何一组辅助变流器出现故障时，通过微机控制监视系统的信息传递和故障切换，可以实现由另一组辅助变流器以

CVCF方式对全部辅助机组供电,完成了机车辅助变流系统的冗余控制,提高了机车辅助变流系统的可靠性。

(5)发生接地故障时主变流器、辅助变流器装置隔离运行。

控制电器柜内分别设有主电路和辅助电路的接地故障隔离开关。机车主电路或辅助电路发生接地现象时,机车的接地保护装置动作,微机显示屏会显示接地故障信息。司机可将故障支路的主变流器或辅助变流器切除,继续维持机车运行,回段后再作处理。若确认只有一点接地,也可将控制电器柜上对应的接地开关打至"中立位",继续维持机车运行,回段后再作处理。发生此种情况时,司机应加强监控,防止接地故障进一步扩大。

(6)辅助电动机隔离运行。

机车上各辅助电动机电路均设有自动开关进行短路和过载保护。当某一辅助电动机发生过流过载时,其对应的自动开关将断开,实施保护。

机车辅助电动机在故障运行时应注意以下几点:

① 若机车运行时仅一台空气压缩机工作运转(当任一APU故障时,只有靠近操纵端的压缩机工作),由于充气所需的时间很长,为保证主储气罐的压力不显著下降,运用时要注意。

② 当牵引电动机通风机发生故障隔离时,只有对应的主变流器和牵引电动机停止工作。

③ 复合冷却器用通风机发生故障时,其对应的3组主变流器单元和3台牵引电动机全部停止工作。

④ 主变压器用油泵发生故障隔离时,对应的3组主变流器设备和3台牵引电动机全部停止工作。

(7)受电弓隔离运行。

受电弓升弓气路发生故障时,让该受电弓降下,并将侧墙升弓气路板上的阀门关闭,切断该受电弓的气路。

一组受电弓损坏且存在接地故障的情况下,将控制电器柜上的转换开关SA96打至相应隔离位,将车顶上相应受电弓的高压隔离开关QS1或QS2断开,该受电弓被隔离,机车需要升起另一组受电弓,继续维持运行,回段后再作处理。

9. 紧急制动

紧急时按下驾驶台的紧急开关(红色按钮),分主断,启用空气紧急制动。

10. 结束运行操作

运行结束、离开机车前需完成以下操作:

(1)将主控制器的换向手柄复至"0"位,自动制动阀手柄置"重联"位,单独制动阀置"全制动"位。

(2)断开主断路器,降弓。

(3)关闭驾驶台所有开关,取下司机钥匙。

（4）将停车制动器置于制动状态。（将操纵台控制面板上的停放制动开关设定为制动。停放制动启动，操纵台故障指示灯中"停车制动"灯亮）

（5）关掉电器控制柜的蓄电池塑壳断路器（QA61）。

二、HXD_3 电力机车电器动作试验

1. 准备工作

（1）在无电情况下，对微机控制柜、高压电气控制柜、空气管路柜、蓄电池及司机室内各设备安装、紧固、连接状态进行外观检查。

（2）确认各故障隔离开关"正常"位。

（3）主电路入库转换开关 QS3、QS4 及辅助电路入库转换开关 QS11 置于运转位。

（4）确认主电路及辅助电路接地开关 GS1～6、GS7～8 在运用位。

（5）锁好车顶门及高压电气控制柜门，拔出黄色钥匙后，一同插入主断接地开关 QS10 上，将 QS10 放置运行位后，再将 QS10 上的蓝色钥匙拔出，插入空气管路柜上的升弓气路阀，打开升弓气路。

（6）确认总风缸压力 480 kPa 以上。

（7）确认调速手柄在"0"位，换向手柄在"0"位。

（8）闭合有关自动开关及蓄电池自动开关 QA61（QA56、QA72 除外），确认控制回路无短路现象，蓄电池电压为 98 V。

（9）按下操纵台多功能组合模块状态显示灯试验按钮，状态显示灯应闪亮。

（10）确认 TCMS 显示屏自检正常，操纵台上多功能组合模块状态显示板上"微机正常""主断路器断开""零位""欠压""主变流器"等显示灯亮。

（11）插入电钥匙 SA49，旋转至开位，TCMS 屏显示操纵端，制动显示屏初始化正常。

2. 辅助压缩机泵风试验

（1）检查辅助压缩机存油量应充足。

（2）按下 SB95 后，KMC1 闭合，辅助压缩机启动泵风；断开 QA45、QA51，辅助压缩机停止泵风。

注：辅助压缩机电机不宜长时间工作和频繁启机，打风时间超过 10 min 还没有停机，应断开 QA45 和 QA51，检查相应管路是否漏泄。再次工作需间隔 30 min 以上。

3. 受电弓试验

（1）将 SB41（SB42）由"0"位扳向"前"位，5.4 s 内前受电弓升起，网压表显示正常，TCMS 屏显示前弓升起；将开关扳回"0"位，4 s 内前受电弓降下，TCMS 屏显示前弓降落。

（2）将 SB41（SB42）由"0"位扳向"后"位及"后"位扳回"0"位后受电弓试验检查同前。

（3）将 SB41（SB42）由"0"位扳向"后"位，升起后弓。

4．主断路器试验

（1）将 SB43（SB44）开关扳向"合"位，听主断路器吸合声，看"主断""欠压"灯灭。辅助电源装置（APU2）开始运行，油泵、水泵、辅助电源装置通风机等分别开始工作。TCMS 屏显示："主断合"，控制电压至 110 V。

（2）将 SB43（SB44）开关扳向"分"位，听主断路器断开声，看"主断""欠压"灯亮，TCMS 屏显示："主断分"。辅助电源及辅助电机停止运转。

（3）重合主断路器。

5．空压机试验

（1）将 SB45（SB46）开关扳向"合"位。

① 当总风压力低于 750 kPa 时，KM13、KM14 间隔 3 s 得电吸合，两台空压机依次工作，当总风压力升至 900 kPa 以上时，KM13、KM14 失电，空压机停打。

② 当总风压力降至 825 kPa 以下时，靠近操纵端侧压缩机开始工作。

（2）强泵试验。

将 SB45（SB46）开关置"强泵"位，KM13、KM14 间隔 3 s 得电吸合，两台空压机依次工作，当总风压力升至 950 kPa 以上时，高压安全阀喷气。

（3）将 SB45（SB46）开关扳向"合"位。

6．辅助变流器测频率试验

（1）通过微机显示屏，将 6 组 CI 全部隔离。（特别注意）

（2）将换向手柄置于"前"位。

① TCMS 显示屏上主变流器 CI1、CI2、CI3、CI4、CI5、CI6 均应显示被隔离。

② 辅助变流器 APU1 应开始运行，6 台牵引通风机、2 台复合冷却通风机应开始工作。

③ 将调速手柄置牵引"3 级"以下时，确认 APU1 输出的电源频率为 33 Hz，"3 级"以上时，APU1 输出的电源频率应为 50 Hz，调速手柄回"0"后，经过一定延时，APU1 输出的电源频率下降为 33 Hz。

④ 通过微机显示屏，将 6 组 CI 全部恢复。

7．牵引变流器控制试验

（1）静态试验。

① 断主断降弓，并将自动开关 QA1 断开，将 SA75 置试验位，通过微机显示屏观察主变流器画面：将换向手柄置"前"或"后"位，6 组牵引变流器 CI 的充电接触器和工作接触器得电转换，将调速手柄由牵引 1～13 级转换，牵引制动画面显示牵引状态输出力矩与级位变化；将调速手柄由制动 12～1 级转换，牵引制动画面

显示制动工况下的输出力矩与级位变换。将调速手柄回"0"。

② 将自动开关 QA1 闭合，SA75 置运行位，升弓合主断。

（2）动态试验。

机车制动，确认闸缸压力 300 kPa。（特别注意）

① 将换向手柄置于"前"位，APU1 开始工作，主变流器的充电接触器、工作接触器也应启动，主变流器"预备"指示灯亮。

② 将 TCMS 显示屏转换至主变流器/牵引电机画面后，将调速手柄由"0"位移至牵引位，此时，多功能组合模块状态显示屏上"零位"显示灯、主变流器的"预备"指示灯应灭，同时，TCMS 显示屏上 1~6 位牵引电机的电流、电压、频率、扭力应有数字读出。

③ 迅速将调速手柄回"0"，上述显示复位。

④ 将换向手柄置于"后"位时，试验与"前"位时相同。

本章小节

HXD$_3$ 型电力机车的电气线路主要由主电路、辅助电路、控制电路、行车安全综合信息监控系统电路和空气管路系统电路组成。

HXD$_3$ 型电力机车牵引电路采用交-直-交传动形式，主要由网侧电路、四象限整流电路、中间直流环节电路、逆变电路等相关电路组成，牵引传动系统采用了先进的矢量控制技术和再生制动技术。

HXD$_3$ 型电力机车的辅助电气系统由辅助变流器、各辅助机组及辅助加热设备等组成。该系统采用冗余设计，具有电压稳定、平衡、节能、低噪声、维护工作量少等优点，辅助变流器是为通风机和压缩机等辅助机组提供三相交流电源的电源装置，根据负载特性的不同，系统具有可变电压、可变频率的 VVVF 控制和固定电压、固定频率的 CVCF 控制两种功能。为了保证根据机车运行状况而提供实际所需的冷却风量和降低运转噪声，系统中 2 台冷却塔通风机和 6 台牵引电机通风机设定为 VVVF 控制模式，其他负载采用 CVCF 控制模式。

HXD$_3$ 型电力机车控制监视系统采用标准化、模块化设计原则，机车控制监视系统（简称 TCMS）的核心任务是根据司机指令完成对主变流器及异步电动机的实时控制、辅助变流器的实时控制、牵引/制动特性控制、传动系统的时序逻辑控制，显示机车运行状态，具备完整的故障保护、故障记忆及显示功能，并具有一定程度上的故障自动排除、自动切换和故障处理指导功能。机车控制电路系统主要功能有：顺序逻辑控制、机车特性控制、定速控制、辅助电动机控制、CCB-Ⅱ制动机的空气制动控制、机车防滑行保护、机车黏着控制、故障诊断、故障显示与保护控制。

HXD$_3$ 型电力机车操纵与试验是检修人员与乘务人员必备的技能之一。通过试验可以确认机车电气部件工作是否正常，相互配合是否正确。

复习思考题

一、填空题

1. HXD 型电力机车符号含义解释为：HX 是_____拼音的第一个字母；D 是_____机车的第一个字母。

2. HXD 型电力机车符号含义解释为：1 表示是株洲生产的；2 表示是_____生产的；3 表示是_____生产的；5 表示是常州戚墅堰生产的。

3. HXD_3 型电力机车是由中国北车集团大连机车车辆有限公司与_____合作研制的大功率交流传动货运电力机车，采用_____控制技术。

4. HXD_3 型电力机车的轴式为_____，电传动系统为交-直-交传动，采用 IGBT 水冷变流机组，_____kW 大转矩三相异步电动机。

5. HXD_3 型电力机车辅助系统采用 2 组辅助变流器，能分别提供_____和_____三相辅助电源，对辅助机组进行分类供电。

6. HXD_3 型电力机车采用微机网络控制系统，实现了逻辑控制、_____功能，而且实现了机车的网络_____功能。

7. HXD_3 型电力机车主电路主要由_____电路、主变压器、主变流器及牵引电动机、主电路保护及_____电路等组成。

8. HXD_3 型电力机车高压接地开关 QS10 上配有 1 把蓝色钥匙和 2 把黄色钥匙，其中蓝色钥匙用于控制受电弓的_____，黄色钥匙用于打开_____或高压电器柜门。

9. 四象限整流器通过脉冲宽度控制，控制_____电压的幅值和流入变流器的交流电流相位，使交流电流的波形尽量接近_____，使得交流侧的基波电压和基波电流的相位差接近于 0。

10. HXD_3 型电力机车辅助系统由辅助变流器、_____和_____电路等组成。

11. HXD_3 型电力机车传动方式为_____，为了防止司机可能产生的误操作，司机控制器调速手柄与换向手柄之间设有_____联锁。

12. HXD_3 型电力机车动力制动方式为_____，采用 IGBT_____冷却变流机组。

13. HXD_3 型电力机车辅助系统由辅助变流器、_____、_____等组成。

14. 辅助变流器过载时，向微机控制系统发出跳开_____信号，该故障消除后_____s 内能自动复位。

15. 辅助电动机供电电路由_____、_____、电磁接触器、自动开关、辅助电动机等组成。

二、选择题

1. HXD_3 型电力机车通过设置（　　）开关 QS10，来实现机车的高压安全互锁。

A. 主接地　　　　　B. 高压接地　　　　　C. 辅助接地

2. HXD₃型电力机车的高压接地开关上配有1把蓝色钥匙和2把（　　）钥匙。

A. 红色　　　　　　B. 绿色　　　　　　　C. 黄色

3. HXD₃型电力机车正常运行时，需要将高压接地开关QS10置（　　）位，此时QS10的接地端与车顶回路断开。

A. 运行　　　　　　B. 隔离　　　　　　　C. 断开

4. HXD₃型电力机车需要打开顶盖天窗或电器柜门进行检修时，首先断开主断路器并降弓，然后将（　　）柜上的蓝色钥匙旋转拔除，以切断升弓气路。

A. 制动电器　　　　B. 空气管路　　　　　C. 牵引控制

5. HXD₃型电力机车的牵引变流器在预充电时，当中间直流电压达到（　　）V时，充电接触器切除充电电阻，中间电路预充电完成。

A. 1 500　　　　　 B. 2 000　　　　　　 C. 2 500

6. HXD₃型电力机车高压隔离开关采用电空控制方式进行转换。当一台受电弓发生故障接地时，可通过控制电器柜上的隔离开关SA（　　），将其打至对应隔离位。

A. 95　　　　　　　B. 96　　　　　　　　C. 98

7. HXD₃型电力机车高压电压互感器次边输出通过保护用的自动开关（　　），分别送到主变流器UM1和主变流器UM2的控制单元，作为主变流器控制的同步信号使用。

A. QA1　　　　　　B. QA2　　　　　　　C. QA3

8. HXD₃型电力机车低压电流互感器TA（　　）是为电度表的计量提供电流输入，为机车微机控制系统提供原边电流信号，用于原边电流显示。

A. 1　　　　　　　 B. 2　　　　　　　　 C. 3

9. HXD₃型电力机车高压接地开关QS10上配有（　　）把蓝色钥匙和2把黄色钥匙。

A. 1　　　　　　　 B. 2　　　　　　　　 C. 3

10. HXD₃型电力机车将蓝色钥匙插入接地开关QS10并向右旋转至（　　）位，保证车顶设备可靠接地。

A. 运行　　　　　　B. 中间　　　　　　　C. 接地

11. HXD₃型电力机车牵引绕组过流故障在3 min内连续发生（　　）次，故障将被锁定，必须切断CI控制电源，才能恢复正常。

A. 两　　　　　　　B. 三　　　　　　　　C. 四

12. HXD₃型电力机车主电路某一点接地时则形成回路，接地检测回路有故障电流流过，传感器输出电流信号，使保护装置动作，其动作保护值为（　　）A。

A. 5　　　　　　　 B. 8　　　　　　　　 C. 10

13. HXD₃型电力机车当原边网压高32 kV且持续（　　）ms或者是高于35 kV且持续1 ms时，CI实施保护。

A. 3　　　　　　　 B. 5　　　　　　　　 C. 10

14. HXD$_3$型电力机车当原边网压低于16 kV且持续（　　）ms时，CI实施保护。

  A. 3　　　　　　　　B. 5　　　　　　　　C. 10

15. HXD$_3$型电力机车正常情况下，辅助变流器UA11、UA12基本上以（　　）%的额定容量工作。

  A. 40　　　　　　　　B. 50　　　　　　　　C. 60

16. HXD$_3$型电力机车当某一套辅助变流器发生故障时，允许（　　）压缩机可以投入工作。

  A. 两台　　　　　　　B. 操纵端　　　　　　C. 非操纵端

17. HXD$_3$型电力机车辅助变流器的过流和过载保护故障消除后（　　）s内自动复位。

  A. 3　　　　　　　　B. 5　　　　　　　　C. 10

18. HXD$_3$型电力机车辅助变流器输入回路中的过流和过载保护故障在（　　）min内连续发生两次，该辅助变流器将被锁死。

  A. 2　　　　　　　　B. 3　　　　　　　　C. 5

19. HXD$_3$型电力机车辅助电动机回路过载保护动作故障在2 min内连续发生（　　）次，该辅助变流器将被锁死。

  A. 2　　　　　　　　B. 4　　　　　　　　C. 6

20. HXD$_3$型电力机车最多可以实施同型号的（　　）台机车重联。

  A. 2　　　　　　　　B. 4　　　　　　　　C. 6

21. 当HXD$_3$型电力机车速度大于等于（　　）km/h，且机车未实施空气制动时，可进行"定速控制"操作。

  A. 10　　　　　　　　B. 15　　　　　　　　C. 20

22. HXD$_3$型电力机车进入"定速控制"状态后，实际速度大于"目标速度（　　）km/h"时，TCMS控制机车进入电气制动工况。

  A. 1　　　　　　　　B. 2　　　　　　　　C. 3

23. HXD$_3$型电力机车进入"定速控制"状态后，司机控制器调速手柄的级位变化超过（　　）级以上时，机车"定速控制"状态自动解除。

  A. 1　　　　　　　　B. 2　　　　　　　　C. 3

24. HXD$_3$型电力机车制动缸压力高于（　　）kPa时，踏面清扫投入。

  A. 50　　　　　　　　B. 100　　　　　　　　C. 150

25. HXD$_3$型电力机车制动缸压力低于（　　）kPa时，踏面清扫解除。

  A. 50　　　　　　　　B. 30　　　　　　　　C. 20

三、简答题

1. 简述HXD$_3$型电力机车主变流器供电电路。

2. HXD$_3$型电力机车牵引电动机如何实现过流保护？

3. HXD$_3$型电力机车辅助电动机供电电路由哪些部件组成？

4. 正常情况下，HXD$_3$型电力机车辅助变流器按什么方式供电？

5. 简述HXD$_3$型电力机车接触器KM11的功用。

6. HXD₃型电力机车 TCMS 的主要功能有哪些？

7. HXD₃型电力机车 TCMS 如何实现控制环节故障时自动转换？

8. HXD₃型电力机车控制电路系统的顺序逻辑控制包括哪些内容？

9. HXD₃型电力机车 PSU 电源模块上转换开关 SW1 和 SW2 的功用是什么？

10. HXD₃型电力机车 PSU 电源模块上转换开关 SW1 在"手动控制"位置时，应注意什么？

11. 简述 HXD₃型电力机车 PSU 电源模块转换开关 SW1 在"TCMS"位置的功用。

12. 简述 HXD₃型电力机车紧急制动按钮 SA103（SA104）的功用。

13. HXD₃型电力机车停车制动压力继电器 KP59 有何作用？

14. HXD₃型电力机车主变流器允许投入前应具备哪些信号？

15. 环境温度太低，怎样对 HXD₃型电力机车低温加热？

四、综合题

1. HXD₃型电力机车网侧电路由哪些电器组成？

2. 试述 HXD₃型电力机车网侧电路电流的流向。

3. 试述 HXD₃型电力机车辅助变流器输出接触器 KM12 的作用。

4. HXD₃型电力机车 TCMS 如何自动切除故障辅助变流器？

5. HXD₃型电力机车如何实现辅助变流器输入电压的保护？

6. HXD₃型电力机车如何实现辅助电动机的控制？

7. HXD₃型电力机车"半自动过分相"如何操作？

8. HXD₃型电力机车如何实现逻辑控制和保护？

9. HXD₃型电力机车如何实现撒砂控制？

10. HXD₃型电力机车需打开顶盖或电器柜柜门时，如何操作？

第六章

HXD$_{1C}$型电力机车电气线路

学习目标

HXD$_{1C}$型电力机车是中车株洲电力机车有限公司自主研发的大功率交流传动六轴 7 200 kW 电力机车。该机车电气线路关键设备皆采用国内自主研制的产品,电气系统稳定、结构紧凑、故障冗余度高,并具有良好的保护措施,提高了机车的可靠性。

HXD$_{1C}$电气线路 PPT

本章主要分析 HXD$_{1C}$型电力机车的主线路、辅助线路、控制线路和监视控制系统,介绍 HXD$_{1C}$型机车操纵方法,通过本章学习应达到以下目标:

(1)掌握 HXD$_{1C}$型机车主线路的组成及功能,会分析 HXD$_{1C}$型机车主线路,了解牵引变流器的组成及其工作原理。

(2)掌握 HXD$_{1C}$型机车辅助线路的组成,能分析 HXD$_{1C}$型机车辅助变流器供电线路。

(3)了解 HXD$_{1C}$型机车监视控制系统的构成,掌握 HXD$_{1C}$型机车监视控制系统的功能。

(4)掌握 HXD$_{1C}$型机车控制线路的组成及其功能,能分析 HXD$_{1C}$型机车控制线路。

(5)掌握 HXD$_{1C}$型机车的操纵方法,能在模拟驾驶装置上操纵 HXD$_{1C}$型机车。

第一节 　HXD$_{1C}$型电力机车主电路

HXD$_{1C}$型机车采用三相交流异步牵引，直接转矩控制技术，实现了机车牵引的恒力矩、准恒速特性控制和再生制动的恒力矩特性控制。

一、主电路结构

机车主电路由网侧电路、牵引变压器、牵引变流器、牵引电机和库内动车电路组成，如图 6.1 所示。

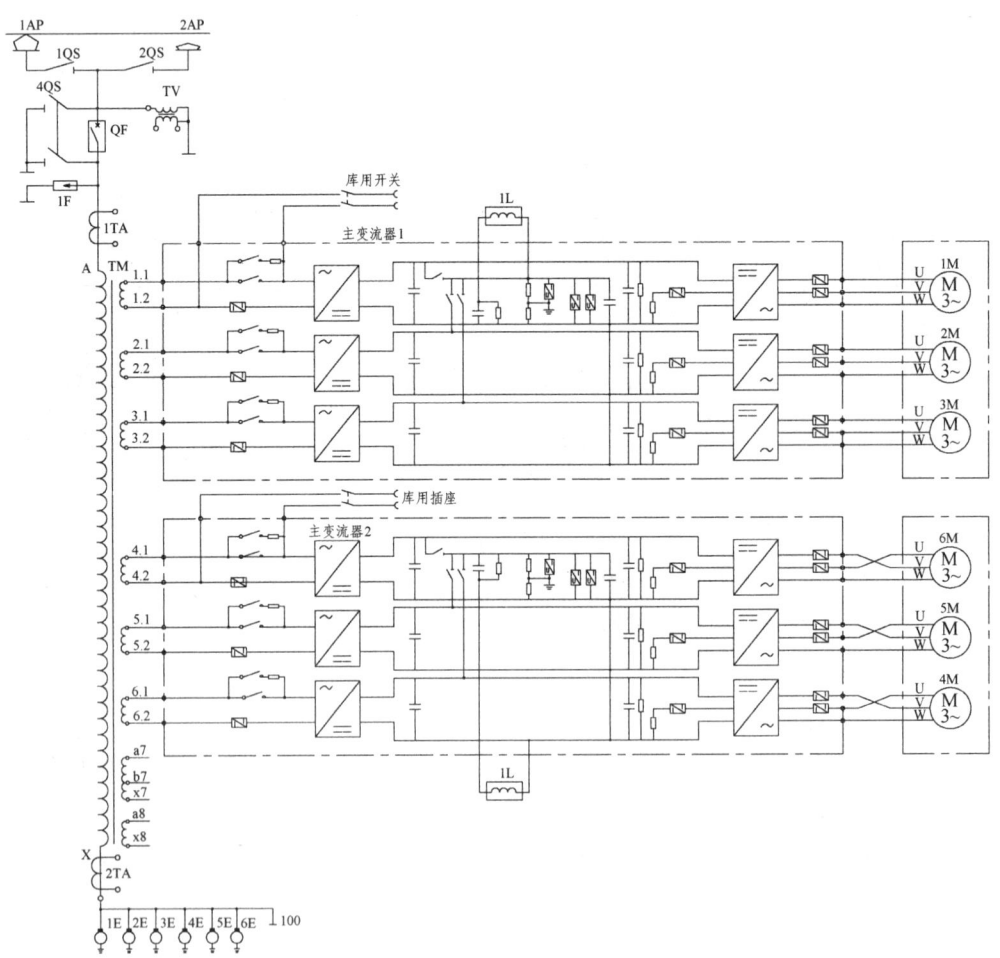

图 6.1　HXD$_{1C}$型机车主电路结构示意图

牵引变流器的 3 个四象限整流器通过隔离开关并联后向 3 个电压型 PWM 逆变器供电。每个牵引逆变器由牵引控制单元单独控制，向 3 台异步牵引电动机供电，从而实现单轴独立控制。制动工况时，能量传递过程相反。

二、网侧电路

网侧电路由受电弓 1AP、2AP，车顶高压隔离开关 1QS、2QS，主断路器 QF（带接地装置）、避雷器 1F、高压电压互感器 TV、原边电流互感器 1TA、回流电流互感器 2TA、接地装置 1E~6E 和能耗表等组成，如图 6.2 所示。

按功能的不同，网侧电路可分为网侧受流电路、网侧检测电路和网侧保护电路。

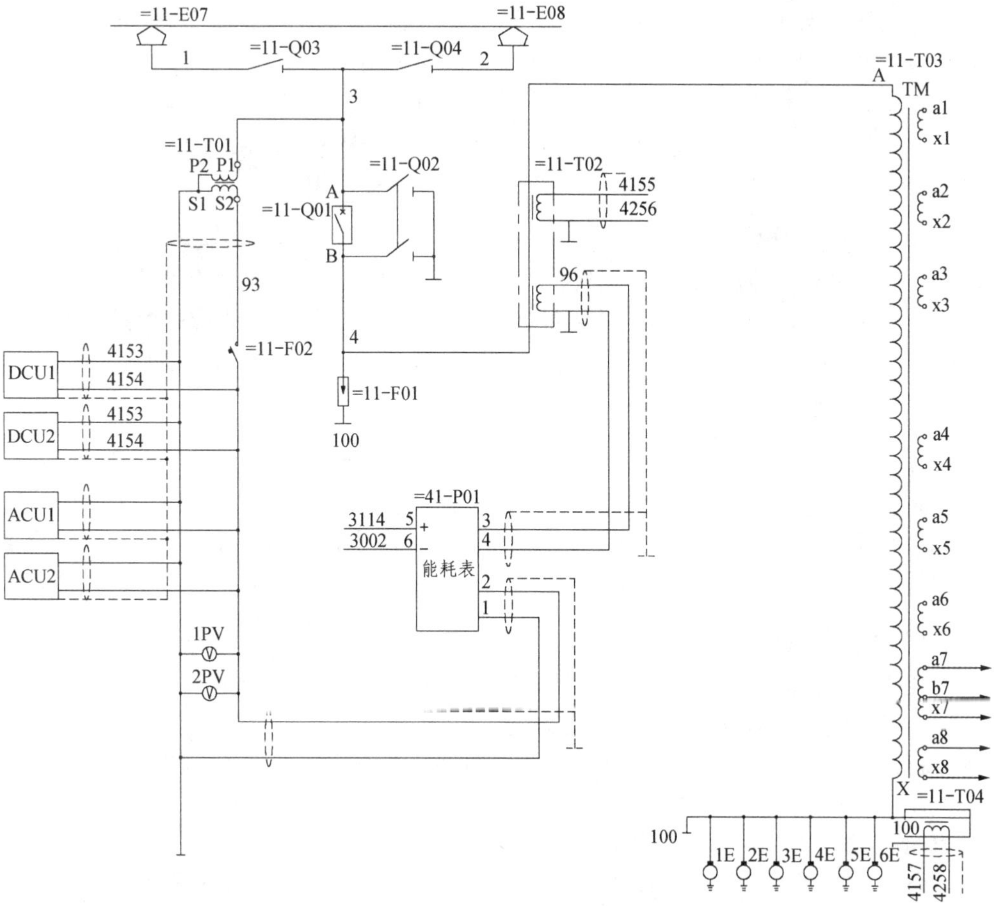

图 6.2 HXD$_{1C}$ 型机车网侧电路

1. 网侧受流电路

网侧电路主要部件有受电弓（=11-E07、=11-E08），高压隔离开关（=11-Q03、

=11-Q04）、主断路器（=11-Q01）和接地装置 1E~6E。网侧受流电路的主要功能是从网侧获取电能，对主变压器的原边供电。为了提高机车原边受流的可靠性，设置了 2 台相同的受电弓，分别安装在机车两端的顶盖上。

车顶设置了 2 个高压隔离开关，连接在受电弓的后面，当受电弓故障时对其进行隔离。通常情况下，高压隔离开关处于闭合状态；当受电弓故障时，相应的高压隔离开关将隔离故障的受电弓。由于车顶高压隔离开关没有灭弧功能，因此只能在无电时操作。

主断路器具有灭弧功能，用于接通和分断网侧电流。为了避免网侧出现电弧，主断路器在升弓之后闭合，并在降弓之前断开。

接地装置用于主变压器原边的回流。主变压器原边电流经接地装置和钢轨流回牵引变电所。

2. 网侧检测电路

网侧电路中设置有高压电压互感器（=11-T01）、原边电流互感器（=11-T03）和回流电流互感器（=11-T04）等测量器件，用于向机车的中央控制单元（CCU）、牵引控制单元（CI）和能耗表等提供网侧电压和电流信号。

能耗表用于显示机车从电网取得的电能和机车再生制动向电网反馈的电能，同时还可以显示网压。ACU 检测网压用的同步信号是 ACU1、ACU2 原边电压信号。DCU 检测网侧电流用的同步信号是 DCU1、DCU2 原边电流信号。

3. 网侧保护电路

当机车出现故障或外部条件异常需要切断网侧电源时，可通过给主断路器分断指令来实现网侧保护。网侧电路中的测量器件将测量的值提供给中央控制单元或牵引控制单元，由 CCU 或 CI 进行判断，并在必要时给出分断主断指令，其保护主要有：

1) 网侧短路、过载保护

（1）网侧短路。流经回流电流互感器的电流超过整定值时，主断路器立即分断进行保护，以防止损坏机车电气设备。

（2）网侧过载。通过原边电流互感器的检测，在电流超过整定值，时间大于 2 s 时，主断路器动作。

2) 网压监测保护

机车升弓后，通过高压电压互感器（=11-T01）检测网压，正常网压应为 17.5~31 kV。

（1）欠电压检测保护。如果网压低于 17 kV 超过 1 s，主断路器（=11-Q01）将被分断，只有当网压高于 17.5 kV 超过 1 s 后，主断路器才允许重新闭合。如果主断路器合上之后的 0~0.6 s 之内网压低于 15 kV，主断路器立即断开并锁定 2 min，如果 30 min 之内发生了 2 次，主断路器将被锁定。

（2）超电压检测保护。如果网压高于 31.5 kV 超过 40 s，主断路器将被断开；如果网压高于 32 kV，主断路器立即断开。只有当网压低于 31 kV 超过 20 s，主断路器才允许重新合上。

3) 原边接地保护

检测原边电流和回流电流的差值，当大于整定值时，判定为原边接地，主断路

器进行分断保护。

4）其他保护

除网侧保护外，主电路的其他部分、控制电路等出现故障需要保护时，也可以通过分断主断路器来实现。如遇主断路器失效而无法断开时，则采用强行降弓的方式切断网侧的电源。

避雷器和接地开关也是网侧电路中的保护器件。避雷器用于抑制主电路中的操作过电压和运行时的雷击过电压。接地开关用于在需要登车顶或接近其他高压区域时使网侧电路接地，以保证操作人员的安全。

三、牵引变压器

牵引变压器是将 25 kV 的接触网电压变换为电力机车所需的各种低电压，以满足电力机车各种电机电器的工作需要。HXD_{1C} 型机车采用卧式牵引变压器，变压器次边设有 6 个牵引绕组和 2 个辅助绕组，并且有 1 个辅助绕组带 220 V 电压抽头。6 个牵引绕组用于给两台变流器中的 6 个四象限整流器供电；2 个辅助绕组用于给两台辅助变流器供电；220 V 抽头用于给机车上的单相 220 V 负载供电。

1. 牵引变压器参数

牵引变压器主要电气参数如下：

原边绕组

额定容量/kV·A	8 900
额定电压/kV	25
额定电流/A	356

牵引绕组

额定输出容量//kV·A	6×1 383
额定电压/V	970
额定电流/A	6×1 426
短路阻抗	36%（−5%~10%）

辅助绕组

额定容量/kV·A	600
额定电压/V	470
额定电流/A	2×638
短路阻抗	5%

谐振电抗器

电感值/mH	2×0.27（±10%）
额定电流/A	1 620
最大电流/A	1 800
频率/Hz	100

2. 牵引变压器保护

牵引变压器设有油温监控、油流状态监控和压力释放阀监视。微机系统根据监控的情况进行相应的控制和保护。

1）油温检测及保护

牵引变压器有两个冷却回路，每一个冷却回路包含 1 个油泵用于驱动变压器油循环，1 个油流继电器用于检测油路的流动。在牵引变压器中安装有 2 个 PT100 温度传感器用于检测油温，油温由传动控制单元 TCU 读入，通过 MVB 网络传送至中央控制单元 CCU，并在微机显示屏 IDU 的主要数据页面上显示。中央控制单元 CCU 的逻辑将 2 个 PT100 温度传感器最高温度用于控制，当温度达到动作值时（冷却风机已满功率运行），封锁主变流器，主断路器跳闸。

2）油流检测及保护

在辅助变流器启动完成 60 s 后，油流继电器开始检测油流。当油温低于 +10 ℃时，油流继电器并不检测油流信号。当 1 条油路故障时，机车辅助电机采用 60 Hz 通风，相应的故障信息显示在 IDU 上。当 2 条油路同时故障且超过 60 s 时，封锁主变流器，2 min 后断开主断路器。

3）压力释放阀监视检测及保护

在牵引变压器油箱上设有压力释放阀，压力释放阀动作后，向控制系统输出信号，中央控制单元 CCU 立即跳主断路器（断开蓄电池可以解除故障），在 IDU 上显示相应的故障信号。

四、牵引变流器

牵引变流器控制着牵引变压器和牵引电动机之间的能量传输，进而控制牵引电动机以获得所期望的转矩和转速。

1. 牵引变流器参数

牵引变流器主要技术参数如下：

中间直流电压/V	1 800
中间支撑电容/mF	6×4.3
谐振电容/mF	6×1.566
谐振电抗器电感/mH	2×0.27（±10%）
变流器效率	>0.975

2. 牵引变流器电路

每台机车包含 2 台牵引变流器，牵引变流器输入端与主变压器的次边牵引绕组相连，并通过接触器进行分/合控制。牵引变流器电路主要由三重四象限 PWM 整流器、中间直流回路和 3 个 VVVF 逆变器组成，如图 6.3 所示。图中，KM4～KM6 为预充电接触器，R_1～R_4 为预充电电阻，4QS1～4QS3 为四象限整流器，INV1～INV3 为 PWM 逆变器。

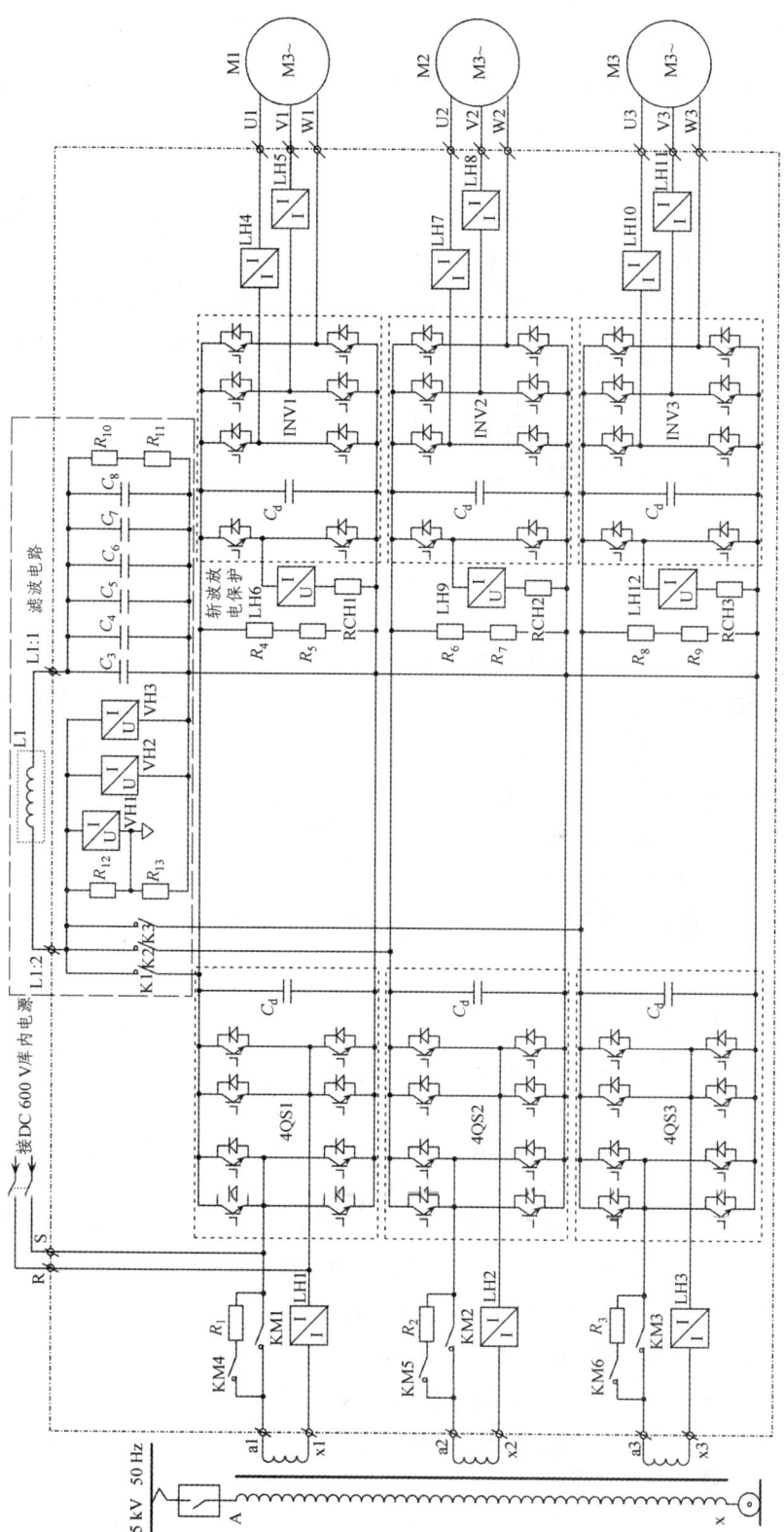

图 6.3 牵引变流器电路

1）四象限整流电路

四象限整流器是一个交-直流电力转换系统，在牵引工况时，进行交-直变换，为中间直流电路提供电能；在制动工况时，通过中间直流电路进行直-交变换，将电能回馈给电网。

每台牵引变流器中有 3 个四象限整流器 4QS1～4QS3。每台四象限整流器通过 1 个预充电电阻 R_1～R_4 和 2 个交流接触器 KM1～KM3、KM4～KM6 与主变压器的 1 个牵引绕组相 a1x1～a3x3 连接。3 个四象限整流器将交流电变换成直流电，并联向中间回路供电。四象限整流电路使得中间直流环节的电压保持稳定，并使变压器的功率因数接近于 1。

当牵引变流器投入运行时，首先通过预充电电阻对中间直流电容进行充电，然后再闭合线路接触器 KM1～KM3，以避免大的电流冲击。

2）中间直流回路

中间直流回路由中间支撑电容、二次滤波电路、斩波放电保护电路和接地检测电路组成。

（1）中间支撑电容。中间支撑电容 C_d 作为储能器，起缓冲和平滑中间直流回路电压的作用。因为在一个短的时间周期内输入和输出中间回路的能量不相等，需要支撑电容进行能量解耦。

（2）二次滤波电路。二次滤波电路是一个谐振电路，由谐振电容器和置于主变压器中的谐振电抗器组成，用来过滤中间直流回路中两倍于输入电压频率的能量流产生的波纹。它作为一个串联的谐振电路工作，其谐振频率为两倍基波频率。为了保证其谐振频率，谐振电容器分为固定电容器和可调电容器两部分。可调电容器可由用户定期调整，以避免频率漂移。

3）PWM 逆变电路

PWM 逆变电路根据机车运行要求，将中间直流电压变换为所需要的频率和幅值的三相交流电压，提供给牵引电机。

4）检测及保护电路

（1）接地检测电路。接地故障检测由分压电路和比较电路组成。分压电阻器的中心抽头接地，监控分压器上的电压。当发生接地故障时，被测电压发生变化，对应的牵引控制单元检测到接地故障信号，主断路器跳闸。

（2）四象限整流电路和 PWM 逆变电路的保护。

过压保护：在直流回路电压大于整定值时，触发斩波放电保护电路。

过流保护：当短路和其他故障导致过流时，在支路电流达到其允许的最大值之前自动封锁相关模块的触发脉冲。

五、牵引电机

牵引电机根据电压型 PWM 逆变器供电的特点进行设计，以保证在 PWM 逆变器的整个输出电压、频率范围内电机的脉动转矩、损耗和噪声均满足铁路牵引运用要求。牵引电机能承受由于机车运行时所产生的振动和冲击，以及由于突然短路时产生的短路转矩。牵引电机的两端均采用绝缘轴承，以防止电机轴电流的产生。

1. 牵引电机参数

牵引电机主要参数如下：

额定功率/kW	1 225
额定电压（基波）/V	1 375
额定电流（基波）/A	598
额定转速/(r/min)	1 720
额定效率（基波）	不小于 94.5%
起动转矩/(N/m)	9 717
起动电流（基波）/A	814
最大电压（基波）/V	1 419
最高转速/(r/min)	3 452

2. 牵引电机温度的检测及保护

牵引电机 M1~M3 的温度由 TCU1 检测，牵引电机 M4~M6 的温度由 TCU2 检测，检测到的牵引电机温度用于显示。TCU 在线检测牵引电机定子和转子的最高温度，并以此观测值为依据进行相关保护。如果牵引电机的定子最高温度高于 230 ℃，应当降转矩运行，定子最高温度高于 240 ℃ 时，转矩被降至 0。如果牵引电机的转子最高温度高于 220 ℃，应当降转矩运行，转子最高温度高于 230 ℃ 时，转矩被降至 0。当牵引电机的定子最高温度低于 230 ℃ 且转子最高温度低于 220 ℃ 时，转矩不应减小。

3. 牵引电机隔离开关

在机械间安装有牵引电机隔离开关，通过隔离开关可以隔离故障的牵引电机。要隔离某台牵引电机，必须先断开主断路器。牵引电机被隔离后，牵引变流器中相应模块的触发脉冲被封锁。

六、库用动车电路

库内动车电路采用在四象限整流电路的输入端施加一个 600 V 的直流电源，该直流电源通过四象限整流器的续流二极管加在中间回路上，同时再通过 PWM 逆变器在牵引电机上产生驱动力矩，驱动机车的一个电机运行。机车中没有设置预充电电路，需要配备专门的直流 600 V 电源，由直流 600 V 电源实现预充电及相关保护功能等。

第二节　HXD_{1C} 型电力机车辅助电路

电力机车辅助电路主要为机车主电路提供冷却，为空气制动系统提供风源，改善司乘人员的工作环境。辅助电路的正常工作与否直接影响到主电路的工作状态，是机车稳定、安全运行的关键。

一、机车主要辅助设备

HXD_{1C} 型电力机车辅助电路主要为机车的辅助设备（如牵引风机、冷却塔风机等）和生活服务设备（如卫生间、冷藏箱等）提供电源。按每个辅助机组/辅助设施的使用要求，辅助电气系统分成 4 个负载组。

（1）辅助逆变器变频变压供电支路，负载包括 6 个牵引通风机组和 2 个冷却塔通风机组。

（2）辅助逆变器恒频恒压供电支路，负载有压缩机、水泵、油泵、空调等。

（3）主变压器辅助绕组供电 220 V/50 Hz 支路，负载包括蓄电池充电机、电炉、前窗玻璃加热器、撒砂加热器等。

（4）蓄电池充电机直流负载供电支路，负载包括照明灯、辅助压缩机、冷藏箱等。

二、辅助负载电路

HXD_{1C} 型电力机车辅助电路按电压等级分为交流 440 V 电路和交流 220 V 电路。

1. 交流 440 V 电路

交流 440 V 电路的原理如图 6.4 所示。交流 440 V 电路设有两组三相辅助电源回路，每组回路由辅助变流器、接触器、自动开关、相序继电器及负载等构成，两组回路中的辅助变流器分别集成在两个柜体中。为了避免辅助变流器电压互相影响，由两个独立的牵引变压器辅助绕阻分别给 2 个辅助变流器供电。

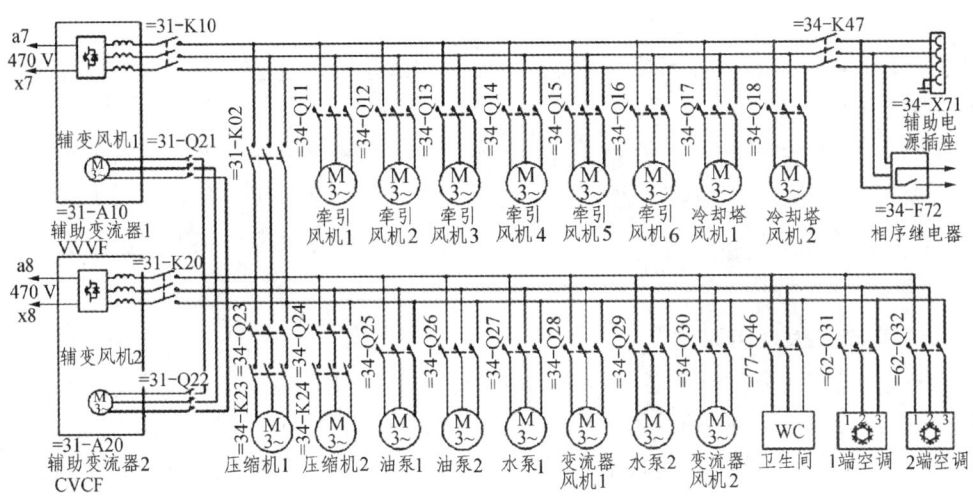

图 6.4 交流 440 V 电路原理结构图

出于节能和降噪声方面的考虑，一组回路的辅助变流器工作在变频变压（VVVF）模式，为机车上的变压变频负载供电，变压变频的辅助负载包括 6 个牵引风机和 2 个冷却塔，控制系统根据各牵引电机的温度、牵引变压器油温和牵引变流器水温给定其工作的电压和频率，从而无级地调节辅机的输出功率，VVVF 输出电压与频率关系如图 6.5 所示。另一组回路的辅助变流器工作在恒频恒压（CVCF）模式，为机车上的其他负载供电。

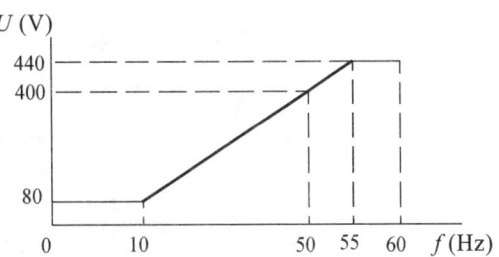

图 6.5 辅助变流器输出电压与频率的关系

辅助变流器通过主变压器辅助绕组获取单相交流 470 V 输入电压，中间直流回路通过一个预充电单元（预充电接触器处于闭合状态时）向两个并联的整流桥臂供电，中间直流回路中包含中间支撑电容、接地检测电路、保护接地电路及中间电容放电回路，通过 PWM 逆变器，中间直流回路中的电能被转换为 VVVF 的三相交流电，提供给机车的辅助负载。

两组辅助变流器回路采用冗余设计，当一组电源故障时，另一组电源能维持交流 440 V 电路的供电。每个辅助变流器的输出侧设置一个供电接触器，用于在冗余转换时隔离故障的辅助变流器，同时在辅助电路发生故障时参与保护。两个辅助变流器的输出之间设置了一个冗余转换接触器，用于在冗余模式时的负载配置，当一台辅助变流器故障时，由另外一台辅助变流器通过工作在恒频恒压模式下给辅机供电。

交流 440 V 电路具有较完备的保护功能，每条辅助电源支路的自动开关可对其负载进行缺相、过载和短路保护，两组三相辅助电源回路中辅助变压器都具有自保护功能,包括过压保护、欠压保护、过载保护、过热保护、自身接地保护、输出三相不平衡保护和短路保护等功能,辅助变流器同时还为接在后面的三相负载提供接地检测与保护功能。

交流 440 V 辅助电路中设置了辅助电源插座、相序继电器和库内供电接触器,用于满足在试验时交流 440 V 辅助电路的电源需求。辅助电源插座安装在机车车体两侧,可以通过选择机车模式,连接三相 380 V 交流电源且相序正确等操作来进行辅机试验。

2. 交流 220 V 电路

交流 220 V 电路原理示意图如图 6.6 所示。电路采用在主变压器辅助绕组上加抽头的方法来获得 220 V 电源。220 V 电源除给蓄电池充电机供电外,主要给机车加热负载供电,包括砂箱加热、司机室取暖 1/2、端前窗加热 1/2,并为防寒加热预留接口。

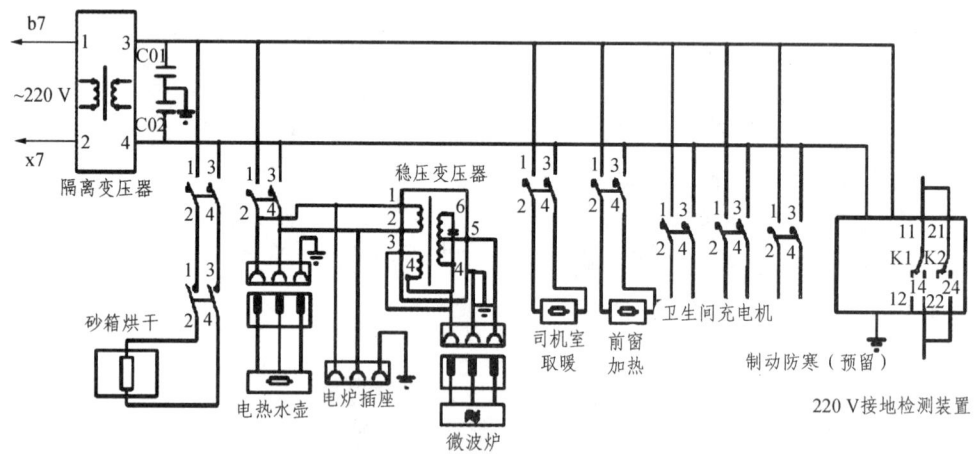

图 6.6 交流 220 V 电路原理结构图

交流 220 V 电路与交流 440 V 电路的辅助变流器 1 电源回路共绕组,由电磁感应原理可知,当 440 V 回路负载较重或者负载变化时,a7x7 绕组产生的磁场对铁心主磁场有增强或削弱效果,导致 b7x7 抽头的输出感应电压波动较大,220 V 回路容易受到交流 440 V 电路的辅助变流器 1 电源回路的影响。因此,在 b7x7 抽头的输出端增加隔离变压器,使一次侧与二次侧的电气完全绝缘,也使该回路隔离,不仅减弱了辅助变流器 1 回路对电路的影响,还隔离了非线性负载引起的电流波形畸变,同时避免电网中的谐波和干扰信号对负载造成的不良影响。

机车内部布线复杂,交流 220 V 电路与其他回路之间容易产生分布电容,拉高线路的对地电压,对交流 220 V 电路输出负载产生不良影响,因此在隔离变压器输出端增加两个接地电容,不仅降低了悬浮电压,还旁路部分高次谐波,对电路负载起到很好的保护作用。微波炉作为民用品,很容易受网压波动的影响,为了避免其因输入电压和电流波动引起损坏,在其输入端增加稳压变压器,不仅起到了稳定电压输出的作用,而且减小了输出谐波对微波炉的干扰,提高了微波炉输入电压品质,减小了网压波动的不良影响。

交流 220 V 电源回路具有独立的接地检测装置，起到了电路的接地保护功能，同时每个负载支路的自动开关可对其负载起到过载、短路和缺相的保护功能。

3. 直流 110 V 电源

直流 110 V 电源的作用是给控制系统提供电源，同时转化为直流 24 V 给照明、仪表电路供电。机车控制系统要求一个稳定的 110 V 工作电压。在起动阶段，机车的蓄电池保证了电源供电。每台机车配置一个 96 V 直流供电系统（蓄电池），为机车提供直流电源，蓄电池的容量总计为 170 A·h。

直流 110 V 电源主要有两个功能。一个是为机车内部电器提供控制电压，即充电功能：AC/DC 模块将单相交流 220 V 电源变为直流 110 V 电源，为机车提供 110 V 电源，并为蓄电池组充电，同时电源柜上的 DC/DC 模块将机车上的直流 110 V 电源变为直流 24 V 电源，为应急灯、仪表等设备提供电源；直流 110 V 电源的另一个功能针对 110 V 输出和 24 V 输出进行一定的低压配电。

控制电源主要技术参数如下：

额定输入电压	AC（220±11）V，50 Hz
额定输出电压	
快速充电电压/V	DC 115.2±1.152
浮充电压/V	DC 108.0±1.08
直流 24/V	DC 24±0.48
最大持续输出电流/A	90（DC 110 V）
	12.5×2（DC 24 V）
蓄电池最大充电电流/A	DC 35

第三节　HXD$_{1C}$ 型电力机车网络控制系统

HXD$_{1C}$ 型电力机车的车载网络控制系统（TCMS）采用株洲南车时代电气股份有限公司研制的 DTECS 模块式网络控制平台。机车通信采用符合 IEC 61375 标准的 TCN 网络，由 WTB 列车总线、MVB 车辆总线两级构成，部分调试端口采用工业以太网总线。

一、HXD$_{1C}$ 型机车网络控制系统结构

1. DTECS 网络控制平台

DTECS 网络控制平台的硬件模块分为控制模块和 IO 模块。其中控制模块包括：

车辆控制模块 VCM、故障记录模块 ERM、网关模块 GWM；IO 模块包括：数字量输入输出模块 DXM、数字量输入模块 DIM、模拟量输入输出模块 AXM。

1）车辆控制模块 VCM

VCM 主要完成网络的逻辑控制和网络协议的转换，主要功能如下：

（1）过程控制：执行诸如牵引/制动控制、空电联合控制、超速保护和顺序启动等一系列控制功能。

（2）总线管理：具有多功能车辆总线 MVB 的管理能力，并且能够进行主权转移以实现热备冗余。

（3）显示控制：与智能显示单元 IDU 有关的数据传输。

（4）数据通信：与 TOMS 系统的其他设备及非 TOMS 的智能设备的数据交换。

（5）故障对策：两个 VCM 以热备方式工作，一个为主控制环节（主控机），一个为备用控制环节（辅控机）。当主控机发生故障时，系统将自动切换到辅控机上，切换完成后应恢复机车原来工作状态，不能损失功能和动力。

VCM、ERM、GWM 模块的内部电路框图及对外电气接口基本相同，电路框图如图 6.7 所示。

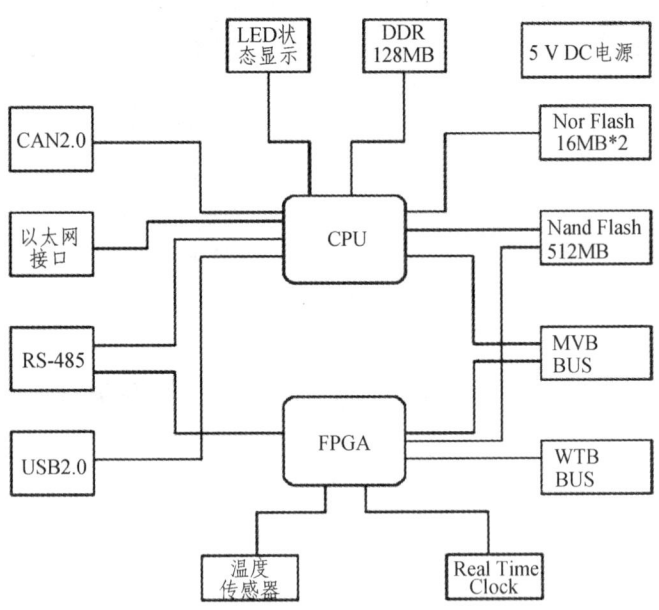

图 6.7　VCM、ERM、GWM 模块的电路框图

2）故障记录模块 ERM

ERM 是完成故障诊断、数据记录与转储的核心模块，主要功能如下：

（1）故障诊断：完成车载的故障诊断，并通过司机显示屏 IDU 报告给司机。

（2）数据记录：司机操作数据、故障数据、事件数据的记录，将 VCM 的故障数据具体化。

（3）数据转储：通过车载的工业以太网将记录的数据下载，供便携式维护工具分析。

3）WTB/MVB 网关模块 GWM

GWM 主要提供列车总线 WTB 和车辆总线 MVB（ESD+）的网关通道，是实现机车重联运行的核心模块，主要功能如下：

（1）列车级过程控制：执行诸如牵引/制动控制等一系列与机车重联运行有关的控制功能。

（2）列车总线管理：具有绞线式列车总线 WTB 的管理能力。

（3）列车级数据通信：与 TOMS 系统的 VCM 进行与机车重联运行有关的数据交换。

4）数字量输入输出模块 DXM

DXM 模块实现现场开关数字量状态信号的采集处理和网络控制指令的输出，并通过 MVB 总线与 MVB 设备互连。

DXM 模块具有 16 路 DC 110 V 数字量输入通道、8 路数字量输出通道，输出通道的电压等级由外接电源决定，通常为 DC 110 V、DC 24 V 或者 DC 12 V。

5）数字量输入模块 DIM

DIM 模块实现现场开关数字量状态信号的采集处理，并通过 MVB 车辆总线与 MVB 设备互连。DIM 模块具有 32 路 DC 110 V 数字量输入通道。

6）模拟量输入输出模块 AXM

AXM 模块实现模拟量的采集和模拟量的输出，通过 MVB 总线与 MVB 设备互联。在 HXD_{1C} 型机车上，AXM 主要用于采集司机控制器的手柄级位信号。

AXM 有 6 个输入通道，4 个输出通道，信号范围是 DC 0～10 V，DC 0～20 mA，精度是 1%。

2. 网络控制系统结构

机车网络控制系统由 1 个中央控制单元 CCU，2 个司机室数据输入输出单元 CIO，2 个智能显示单元 IDU，1 个机械室数据输入输出单元 MIO 等功能单元组成，通过 MVB 总线与传动控制单元 TCU、辅助变流器控制单元 ACU、制动控制单元 BCU 等进行通信。系统的网络拓扑结构如图 6.8 所示。

1）中央控制单元 CCU

CCU 安装在机械室的低压电器柜内，它是机车网络控制系统 TCMS 的核心，由 VCM、GWM 和 ERM 构成，其中 VCM 模块有两个。各个模块之间通过 MVB 车辆总线连接，CCU 具备如下功能：

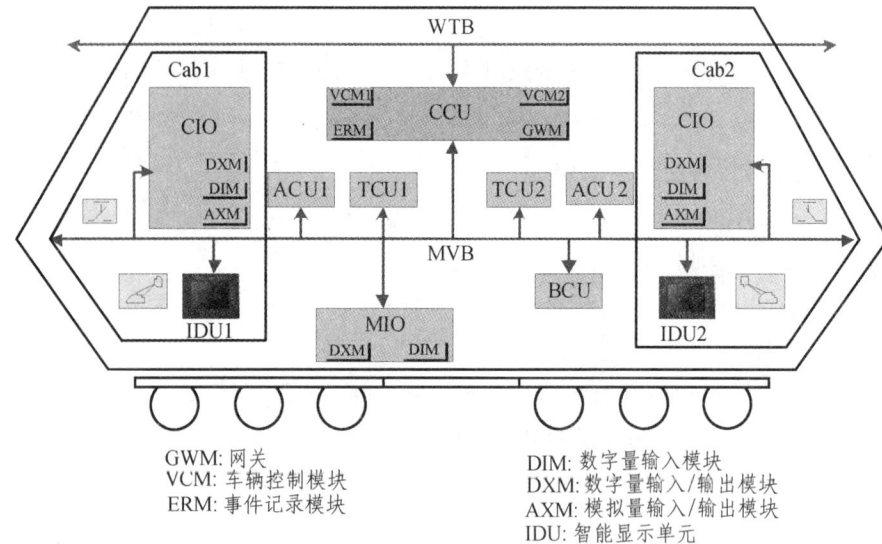

GWM: 网关
VCM: 车辆控制模块
ERM: 事件记录模块
DIM: 数字量输入模块
DXM: 数字量输入/输出模块
AXM: 模拟量输入/输出模块
IDU: 智能显示单元

图 6.8　HXD₁c 机车控制系统拓扑图

（1）车辆级过程控制：执行如牵引/制动控制、空电联合控制、超速保护等控制功能。

（2）通信管理：具有 MVB 的管理能力，并且能够进行主权转移功能。

（3）显示控制：与微机显示屏 IDU 显示有关的数据传输。

（4）故障诊断：状态数据、故障数据的采集处理，并通过 IDU 报告司机。

（5）列车级过程控制：执行诸如牵引/制动控制等与机车重联运行有关的控制功能。

（6）列车总线管理：具有绞线式列车总线 WTB 的管理能力。

（7）列车级数据通信：与车辆控制模块 VCM 进行与机车重联运行有关的数据交换。

（8）数据记录：事件数据的记录，将车辆控制模块 VCM 的事件数据具体化。

（9）数据转储：通过转储接口将记录的数据下载，供便携式维护工具分析。

2）司机室数据输入输出单元 CIO

CIO 安装在每个司机室的操纵台右柜内，每个 CIO 单元由 1 个 DXM、1 个 DIM 和 1 个 AXM 组成，主要用于读取司机的操纵指令（例如司机控制器、扳键开关等），同时还可输出控制信号用于自动换端指示、无人警惕装置声音报警等。

3）机械室数据输入输出单元 MIO

MIO 安装在机械室的低压电器柜中，由 6 个 DXM 和 1 个 DIM 组成，它主要是通过 MVB 车辆总线实现机械间的电气设备与 CCU 的通信连接。

MIO 的主要功能是：负责采集机车部件的状态信息（受电弓、主断路器、电磁阀、接触器和自动开关等）和输出控制逻辑指令，例如断合接触器、电磁阀等控制部件。

4）智能显示单元 IDU

每台机车装有 2 个 IDU，分别安装于每端司机室。IDU 是网络控制的人机界面设备，通过 MVB 与其他设备通信，IDU 的主要功能如下：

（1）列车信息显示：向车辆驾驶人员和维护人员提供车辆综合信息、各设备的工作状态、故障信息的综合与处理等功能。

（2）参数设定：对轮径值、列车重量、站点、时间日期等参数进行设定。

（3）模拟测试：在静止情况下，对辅助变流器系统的相关部件进行模拟测试。

（4）数据转储：通过以太网接口，将故障信息转储地面进行统计分析。

5）传动控制单元 TCU

每台 HXD_{1C} 型机车装有 2 个牵引变流器柜，每个牵引变流器柜内安装 1 个 TCU，每个 TCU 负责 1 个转向架的传动控制。

TCU 的主要功能是完成对机车的牵引/制动特性控制、逻辑控制、故障保护，实现对四象限整流器和牵引逆变器及交流异步牵引电机的实时控制、黏着利用控制。

6）辅助变流器控制单元 ACU

每台 HXD_{1C} 型机车装有 2 个辅助变流器柜，每个辅助变流器柜内安装 1 个 ACU。ACU 通过接收外部控制信号，实现辅助变流器正常启动、停机、故障保护，实现对输入网压的四象限整流、逆变，确保辅助变流器输出稳定。

7）制动控制单元 BCU

BCU 装在制动柜内，负责对空气制动系统进行控制。BCU 到 CCU 的接口设计为 MVB，用来接收和发送到 CCU 的信号，其他的制动信号由 CCU 通过 MIO 进行控制。

二、网络控制系统功能

HXD_{1C} 型机车采用 TCN 列车通信网络，由绞线式列车总线 WTB 和多功能车辆总线 MVB 组成。

1. 主要控制功能

机车网络控制系统可实现列车控制级、机车控制级、部件控制级的功能，主要包括网侧高压部件控制、牵引/电制动控制、空电联合控制、重联运行控制、辅助电路冗余控制、自动过分相控制、无人警惕控制等。

1）网侧高压部件控制

网侧高压部件控制包括受电弓控制、辅助压缩机控制、真空断路器控制、主变压器保护等。

2）牵引/电制动控制

主司机控制器的手柄级位与机车的牵引/制动特性曲线相对应。当机车处于牵引工况时，系统根据司机控制器级位设定速度；机车处于制动工况时，系统根据司机控制器级位设定制动力相对制动黏着限制线的百分比。CCU 根据牵引/制动特性曲线给定的目标牵引/制动力、机车实际速度、实际输出的牵引/制动力，并考虑机车的黏着保护控制及轴重转移等情况，结合重联控制方法进行牵引/制动力的动态分配，实现牵引/制动特性控制。

网络控制系统还支持"定速控制"模式，可以通过内部数学算法自动将机车牵引/制动状态调整到实际运行所需要的牵引/电制动力，以达到或保持实际运行在允许速度整定值误差范围内，实现机车的定速控制功能。

3）空电联合控制

HXD_{1C} 型机车装备有电制动系统和空气制动系统。调速时，一般使用电制动系统。紧急制动和进站停车时，一般使用空气制动系统，空气制动系统包括：自动制动、独立制动和停车制动。

自动制动（间接制动）是机车网络控制系统通过电子制动阀（EBV）进行列车制动操作，通过制动管（BP）排风来实现对整列车的制动。在自动制动期间，机车自身可使用电制动系统进行再生制动，而车辆仍然是空气制动。机车自动制动直到来自 BCU 的电制动设定值有效才缓解。

独立制动是基于位置控制空气制动。当独立制动手柄放置到制动区（本务/切除模式 BCU），CCBⅡ系统直接对手柄位置做出反应，来控制用于在本务和重联机车施加制动的制动缸平均管压力（BCEP）。CCBⅡ系统将对制动缸平均管压力做出反应来控制本机制动缸预控压力。

停放制动是通过弹簧蓄能装置来实现的。每个司机室有两个控制按钮，一个施加停放制动，另一个缓解停放制动。

4）重联运行控制

网络控制系统支持重联牵引模式下完成最多 3 台机车的重联牵引。实现重联牵引，需连接机车重联电缆后，启动所有机车的蓄电池和微机系统。然后在本务机车的司机室进行操作，机车组配置自动进行。操纵端机车的 CCU 通过列车总线 WTB，向附挂机车传输重联牵引所必需的整定值和控制命令。

5）辅助电路冗余控制

辅助电路负载分为 VVVF 负载和 CVCF 负载，分别由两组辅助变流器供电。当一组辅助变流器发生故障时，控制系统通过控制相关接触器实现隔离故障、重组辅助系统负载，使机车维持运行，提高系统的可靠性。在冗余状态，全部辅助负载都工作在恒频恒压状态。

6）自动过分相控制

机车具有自动通过分相区的功能：当机车通过分相区时，系统根据当时机车的速度、位置，自动平滑卸载和分断主断路器。通过分相区后，自动闭合主断路器、控制牵引电流平滑上升，从而实现机车通过分相区时操作的自动化，以减轻乘务员的工作强度。在自动过分相装置故障时，可采用手动或半自动方式通过分相区。

7）无人警惕控制

当机车速度不小于 3 km/h 并且司机控制器的方向手柄不在零位时，启动无人警惕控制功能。间隔 60 s，无人警惕控制装置开始启动声音报警，并且在微机状态显示屏显示提示信息，如果 10 s 后无操作，无人警惕装置实施常用最大减压量制动。

8）其他控制功能

HXD_{1C} 型机车还具有紧急运行、自动换端、微机复位、库内动车、辅机测试等功能。

2. 机车故障诊断、显示及保护功能

机车网络控制系统能够对机车重要功能部件进行故障诊断及触发相应保护功能，诊断信息经系统评估后，按严重程度划分为 A 级、B 级、C 级并在司机台的 IDU 显示。车载诊断系统是机车网络控制系统的重要组成部分，可分为列车级、车辆级及部件级故障诊断。故障诊断建立故障日志，自动存储带有时间、公里数和相关运行数据的故障信息。故障诊断信息可以通过以太网接口，从诊断系统记忆存储器中读出相关信息，方便机车检修人员对机车发生的故障进行深入分析。

第四节　HXD_{1C} 型电力机车控制电路

HXD_{1C} 型电力机车控制电路由控制监视系统（TCMS）、机车行车安全综合信息监控系统、克诺尔的 CCB-Ⅱ 电控制动系统、机车外围电路等构成。TCMS 包括 1 个主控制装置和 2 个显示单元。主控单元采用冗余设计，1 套为主控制环节(Master)，1 套为热备控制环节（Slave）。

HXD_{1C} 型电力机车控制电路的主要功能为：顺序逻辑控制、机车特性控制、定速控制、辅助电动机的控制、机车黏着控制、故障诊断、显示与保护、机车重联控制（最多可以实施同型号的 3 台机车重联）。

一、读图说明

正确地识读电气线路图是使用和维护机车的基础，为了读图方便，对机车电气线路图的标示说明如表 6.1 所示。

表 6.1 电气线路图标示方法说明

标示（举例）	含 义
位置号：+101.01	+——附加符号；101.01——位置描述
电气部件代号：=11–E 08	=11——功能块代码；–E——部件代码；01——序列号
图纸区域：=11/1 .2	=11——功能块代码；/1——功能块中页码；.2——图纸分块(1~8)
线号：34 01 31 .01	34——功能块代码；01——功能块中页码；31——序列号；.01——流水号

机车电气设备种类繁多，电气线路复杂，为了读图方便，对 HXD_{1C} 型电力机车的主要电气设备的代号、种类进行归纳，如表 6.2 所示。

表 6.2 主要电气部件代码及含义

代码	定 义
=01	功能区说明
=02	位置说明
=03	更改记录
=11	主电路
=12	接地方案
=21	辅助压缩机、受电弓、主断路器控制
=22	主司控器信号输入 CIO、网关 1/2、牵引电机隔离选择
=23	牵引变流器控制电源、牵引电机速度检测、牵引电机温度检测、MVB 连接 TCT
=24	CIO 电源、SKS3 电源、MVB 连接 SKS3/CIO、MCB 反馈信号、CIO DC 控制系统
=28	制动系统
=31	辅助电路电源
=32	控制电路、控制电源柜、库内行灯插座
=34	辅助负载电路
=41	网压、原边电流、DC110 V 电压检测、主变压器监控
=42	HIM 电源、力矩表、USB 诊断插座
=43	机车信号、监控信号、无人警惕
=45	机车综合无线通信设备、机车重联电话
=46	重联电缆

二、控制电路

1. 司机室占用

一台机车设置 2 台司机室，司机室占用电路如图 6.9 所示。

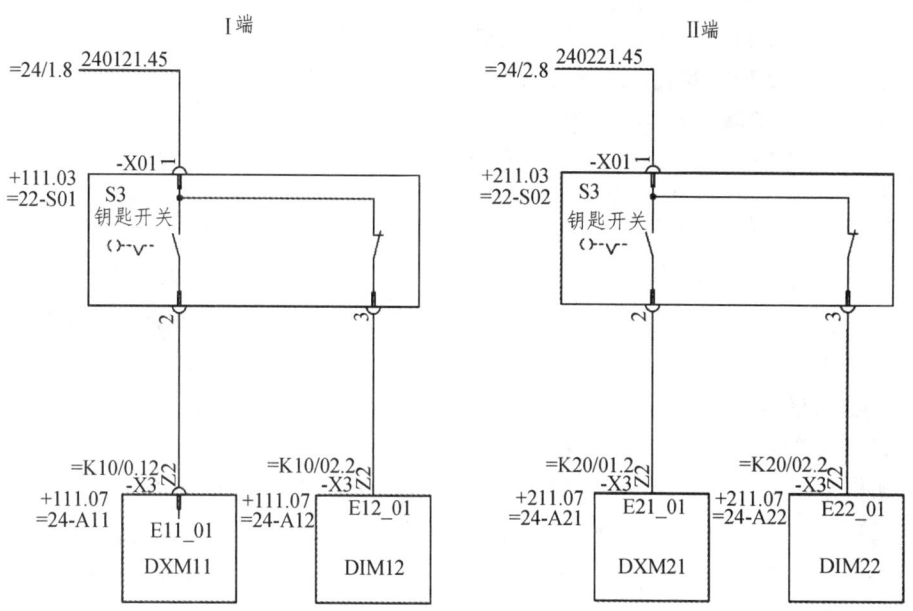

图 6.9 司机室占用电路

闭合Ⅰ端司机室钥匙开关，Ⅰ司机室占用，电路分析如下：闭合=22-S01-S3，E11_01=1，E12_01=0，Ⅰ端司机室占用。

闭合Ⅱ端司机室钥匙开关，Ⅱ司机室占用，即闭合=22-S02-S3，E21_01=1，E22_01=0，Ⅱ端司机室占用。

2. 受电弓控制

1 台机车安装 2 台受电弓，靠近Ⅰ端司机室的受电弓为=11-E07，靠近Ⅱ端司机室的受电弓=11-E08。司机可以通过受电弓模式开关=21-S51 来选择受电弓的升弓模式，受电弓有 4 种模式：受电弓 1、自动、受电弓 2、双弓。

受电弓升起时，在 IDU 上有信息通知司机去改变受电弓模式。在重联模式下，每台机车根据自身选择开关的位置选择受电弓。只有当主断路器断开和受电弓降下时，改变受电弓模式才有效。

1）升弓条件

机车的升弓条件在占用端司机室的 IDU 上采用"状态总览"的方式显示。在受电弓升起之前，以下条件必须完全满足：

（1）低压柜受电弓模式置升弓模式。

215

（2）机车操作模式选择开关在正常位。

（3）Panto/HVB 的自动开关在闭合位。

（4）高压隔离开关闭合。

（5）总风大于 400 kPa。

（6）主断路器 HVB 断开。

（7）传动控制单元 TCU 与中央控制单元 CCU 通信正常。

（8）受电弓切断阀在打开位（cut in）。

（9）"升弓气路隔离"塞门打开。

（10）受电弓自检已经完成。

2）升弓控制

在每端的司机操纵台上都有受电弓扳键开关，它有"升弓"和"降弓"两个自复位和一个锁定的"0"位，在Ⅰ端司机室为=21-S11，Ⅱ端司机室为=21-S11。如果所有升弓条件都满足，在占用端司机室，司机将受电弓扳键开关推至"升弓"位，升弓电磁阀得电，受电弓升起。这个命令在所有重联机车上都有效。如果受电弓已经升起，这个命令将不再起作用。

如果受电弓升起 2.0 s 后 TCU 没有检查到网压，在 IDU 显示信息提示司机无网压，司机应进一步检查受电弓是否升起。如果需要再试一次，司机应先给"降弓"命令，再给"升弓"命令。如果受电弓已经升起 15 min，但没有检测到网压或主断路器没有闭合，CCU 控制受电弓自动降下。

3）降弓控制

降弓操作可以通过推动"降弓"扳键开关=21-S11 或者=21-S21 进行，当升弓条件不满足（受电弓禁止）时，受电弓也会自动降落。降弓时，如果主断路器是闭合的，应先断开主断路器，受电弓延时 0.6 s 后降下。本务机车的降弓命令同样导致重联机车降弓。

4）故障检测

受电弓安装有滑板检测装置，它能得到受电弓的状态反馈信号。

升弓故障：控制受电弓电空阀升弓后，没有检测到压力存在的反馈信号（延时 15 s），故障由 CCU 储存，同时 CCU 封锁故障受电弓。

降弓故障：有降弓请求后，仍然检测到存在压力的反馈信号（延时 15 s），故障由 CCU 储存，同时 CCU 封锁故障受电弓。

如果发生升弓故障、降弓故障，在 IDU 上显示相关信息。

3. 主断控制

每台机车安装 1 台主断路器（高压断路器），主断路器控制由硬件电路和软件部分组成。当传动控制单元 TCU 发生故障时，由 CCU 对故障的 TCU 进行旁路，保持主断路器回路闭合。

1）合闸条件

机车的合主断条件在占用端司机室的 IDU 上采用"状态总览"的方式显示。在主断路器闭合之前，以下条件必须完全满足：

（1）Panto/HVB 的 MCB 闭合。
（2）总风大于 400 kPa。
（3）紧急按钮没有按下，且没有过分相请求。
（4）没有降弓命令，受电弓隔离开关在"cut in"位。
（5）网压在 17.5~31 kV 的范围内。
（6）原边电流保护没有动作，没有"水位"保护信号，且油温在正常范围内。
（7）HVB 自检完成并且没有故障，没有合 HVB 禁止。
（8）司机控制器手柄在"0"位（过分相过程除外）。
（9）机车模式选择开关在"正常操作"位。
（10）没有蓄电池欠压。

2）合主断控制

在每个司机室操作台安装一个主断路器扳键开关。主断扳键开关有一个自复位"ON"、锁定的"0"位和"OFF"位。在Ⅰ端司机室为=21-S12，在Ⅱ端司机室为=21-S22。如果满足所有合主断的条件，在占用端司机室，司机可以通过推动"合主断"扳键开关给出"合主断"命令，这个命令在所有重联机车上都有效。"合主断"命令通过 WTB 传送到重联机车，为了避免给供电网带来过大的合闸电流，在 WTB 重联机车上的主断路器 HVB 延迟 5 s 闭合。如果主断路器已经闭合，"合主断"命令将不起作用。

3）分主断控制

每一个失效的允许合主断条件，都会导致主断路器断开，同时来自司机的指令或者过分相请求也能分断主断路器。如果主断路器已经由 CCU 控制分断，当引起分断的原因消失后，主断路器不能自动合上，应由司机控制手动合上。

机车控制系统有 HVB 分断次数记录，即使在下载了新程序的情况下，这个数据也应保存，同时在 IDU 上显示，只有维修人员才能将此数据重置。

如果已经通过 MIO 发出了合 HVB 命令，1 s 后 HVB 反馈状态还是断开的，当所有的 HVB 条件再次完全满足时，可以再一次合 HVB，如果情况仍一样，就定义为主断路器故障。

如果给出分 HVB 命令或者已经断开 HVB 超过 0.5 s，但原边回路电流大于 30 A，降下受电弓，如果这种故障持续超过 1.3 s，HVB 锁定，定义为主断路器故障。

在每天零点后机车第一次起动时，HVB 自动进行自检；通过断开再闭合"受电弓/HVB"的 MCB 也能使主断路器进行自检。

4. 机车过分相

1）自动过分相

机车安装有自动过分相装置。机车的每端安装两个磁感应线圈（T1、T2 和 T3、T4），一个（Ⅰ端的 T1 和Ⅱ端的 T3）用于检测右侧的磁信号传送器 G1 和 G3，另外一个（Ⅰ端的 T2 合Ⅱ端的 T4）用于检测左侧的磁信号传送器 G2 和 G4，如图 6.10 所示。

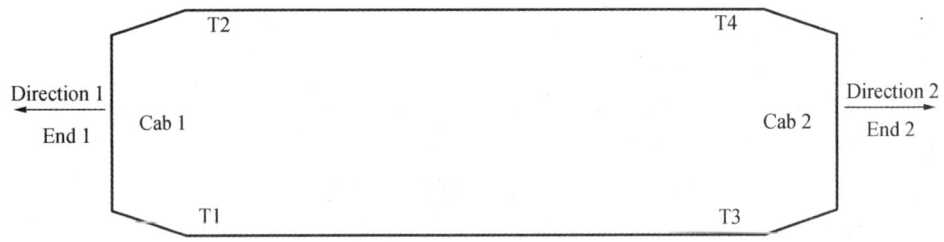

图 6.10　磁感应线圈的配置

磁信号传送器用于指示分相区的位置。沿着轨道，在每个分相区前面有两个磁信号传感器，一个（G1）在右侧，另一个（G2）在左侧，如图 6.11 所示。在每个分相区的尾部，有另外两个磁信号传送器（G3 和 G4）。来自磁信号传送器的信号经过 MIO 传送到 CCU。

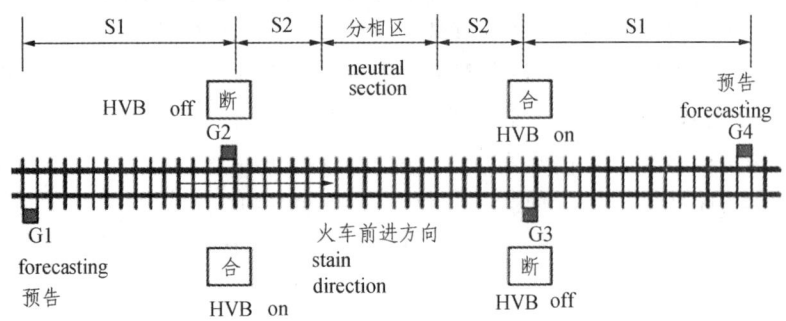

图 6.11　分相区磁信号传送器

自动过分相装置发送到 MIO 的信号如表 6.3 所示。

表 6.3　自动过分相装置发送到 MIO 的信号

信　号	描　述	备注/部件
E37_14	预告/通过	当节点电压为 110 V，表示机车将到达分相区或已经通过分相区。持续时间：3 s
E37_15	主断路器断开	当节点电压为 110 V，表示机车离分相区非常近（60 m）。持续时间：1 s
E37_16	过分相装置故障	当节点电压为 110 V，表示过分相装置在工作
E12_26	1 端过分相手动预告	S04 当节点电压为 110 V，表示已经给出手动过分相预警信号
E22_26	2 端过分相手动预告	S24 当节点电压为 110 V，表示已经给出手动过分相预警信号

当机车按照图 6.11 所示从左向右运动时，过分相过程如下：

（1）机车首先到达 G1 端，T3 将检测 G1 并发信号给信号处理器，信号处理器发送"预告"信号给机车控制系统。在 CCU 接收到预报信号后，牵引/制动设定值将通过斜率 45 kN/s 下降到 0。当牵引/制动力值为 0 时，主断路器断开。

（2）当机车到 G2 点，Ⅱ端的 T4 将检测 G2 并发送信号给信号处理器。如果已经从 T3 接收到预告信号，信号处理器将忽略该信号。如果前面没有从 T3 接收到预告信号，信号处理器将发送一个强迫断主断信号到机车控制系统，主断路器应立即断开。在 CCU 即将断开主断路器之前，牵引/制动立即被封锁。此后，主断路器将立即断开（延时 200~400 ms）。

（3）当机车到达 G3，Ⅱ端的 T3 已经检测 G3 并且再次发送信号给信号处理器。信号处理器将通过预警通道，发送信号给机车控制系统。然后 CCU 闭合 HVB，并再次给出主司控器当前设定值的牵引力或来自定速控制功能的设定力。在这个方向，信号处理器将忽略来自 G4 的信号。然后信号处理器为再次过分相而自动重设。

2）手动过分相

当信号处理器失效（包括 T3 和 T4 或者 T1 和 T2 失效），它将发送一个故障信号到机车控制系统。IDU 显示自动过分相故障信息。机车接收到故障信号后，将忽略所有来自信号处理器的信号，机车自动过分相装置不能再用，过分相必须手动完成。司机可以按手动过分相按钮=21-S04/=21-S24 实现手动过分相。当司机给出手动过分相的指示给 CCU，过分相过程立即启动，此过程与收到从信号处理器发来的预报信号相同。过分相的自动检测将在随后的 90 s 内被忽略。

当机车通过了分相区，如果正确地检测到网压（过完分相区后，网压必须先下降到 0 再升高到正常值），司机应给出"合主断"命令，并再次给出主司机控制器当前设定值的牵引力或来自定速控制功能的设定力。

在分相时，辅助变流器的中间回路不放电。在过分相结束，主断路器闭合后，由辅助变流器供电的辅助负载应立即正常启动。

在重联运行的情况下，如果过分相指令来自处理盒，每台机车将单独动作；如果过分相指令来自手动扳键，WTB 重联的机车将一起动作。如果 WTB 重联的任何一台机车收到了故障信号，在本务机车的 IDU 上有信息通知司机"过分相必须手动完成"。

5. 紧急制动

在 CCBⅡ制动系统中，从外部有两种途径触发紧急制动。一种是使用紧急电空阀得电，另一种是使 RIM 模块的紧急输入继电器得电。当 CCBⅡ制动系统触发或检测到紧急制动时，它通过 RIM 模块的输出继电器发出紧急制动命令。紧急制动回路如图 6.12 所示。

紧急制动由以下条件触发：机车自动保护 ATP 发出紧急指令；制动控制单元 BCU 发出紧急制动请求；中央控制单元 CCU 发出紧急制动指令；司机按下紧急按钮开关；来自重联机车的紧急制动请求。

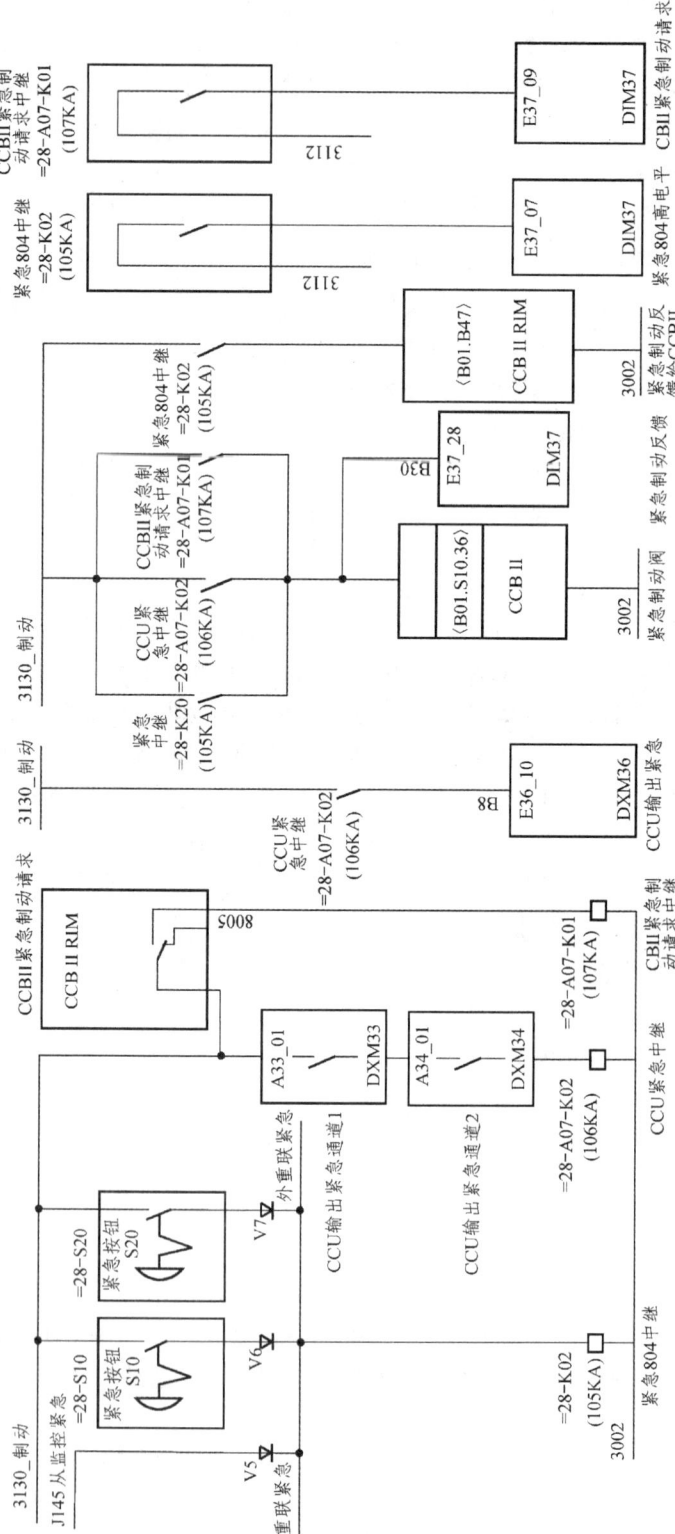

图 6.12 紧急制动回路

制动柜紧急制动阀的得电线路有 3 条，分别是紧急 804 中继、CCU 紧急中继和紧急制动请求中继，无论哪一个紧急中继得电，都会触发紧急制动。机车紧急制动，只有在停车超过 60 s 才能缓解。

1）紧急 804 中继

以下任一条件满足时：按Ⅰ端紧急按钮=28-S10；按Ⅱ端紧急按钮=28-S20；ATP 发出紧急指令（J145）；重联机车产生紧急指令，紧急 804 中继=28-K02（电气柜设备板的 105KA）得电，其常开联锁=28-K02 闭合，紧急制动阀得电。

2）CCU 紧急中继

严重故障（过流、接地故障等）发生，CCU 发出紧急制动指令，A33_01（通道 1）和 A34_01 同时闭合（通道 2），CCU 紧急中继=28-A07-K02（电气柜设备板）得电，其常开联锁=28-A07-K02 闭合，紧急制动阀得电。

3）紧急制动请求中继

CCBⅡ 发出紧急制动请求时，CCBⅡ 紧急中继=28-A01-K01（电气柜设备板的 107KA）得电，其常开联锁=28-A07-K01 闭合，紧急制动阀得电。

6. 惩罚制动

在 CCBⅡ 制动系统中，RIM 模块有 2 个惩罚制动中继。如果机车控制系统或者监控系统想要触发一次惩罚制动，CCBⅡ 将执行这次惩罚制动。

惩罚制动由以下条件触发：无人警惕装置触发惩罚制动请求；监控系统触发惩罚制动请求；CCU 发出惩罚制动请求；停放制动没有缓解同时机车速度大于 5 km/h；制动系统设置模式错误，重联机车发出惩罚制动请求。如果惩罚制动正在实施，全列车的牵引将被封锁。

7. 压缩机控制

1）辅助压缩机控制

辅助压缩机用于辅助风路打风。通常情况下，只有在启动过程中，辅助风路的风压过低不能升起受电弓的情况下辅助压缩机才工作。

辅助压缩机由受电弓扳键开关控制。如果升弓的气压不足，当有"升弓"命令时，辅助压缩机自动启动工作，在 IDU 上有信息通知司机。当气压足够时，CCU 控制受电弓电空阀升起受电弓（升弓条件完全满足）。如果受电弓已经升起同时气压变低，辅助压缩机自动投入工作，防止受电弓降落。如果司机给出了降弓信号，辅助压缩机立即停止工作。

2）主压缩机控制

在机车上安装 2 台主压缩机，压缩机 1 靠近Ⅰ端司机室，压缩机 2 靠近Ⅱ端司机室。司机可以通过Ⅰ端司机室的控制开关=34-S13 或者Ⅱ端司机室的控制开关=34-S23 控制压缩机，此控制开关有 3 个位置："停止""自动"和"强泵"。

辅助系统已经启动完成,并且没有故障或者故障部分已近隔离,压缩机就可以启动。若总风压力低于 750 kPa 时,启动远离操作端的压缩机(如果此时相应的压缩机有故障,应启动另一台压缩机),当总风压力大于 900 kPa 停止;在总风压力低于 680 kPa 时,两端压缩机同时启动,总风压力达到 900 kPa 时同时停止。

在重联运行模式下,启动命令可由任何机车发出,每台机车将根据自己总风缸压力大于 900 kPa 时发出停止命令。

在制动柜有 2 个总风缸压力开关用于主压缩机的控制,一个是单台压缩机启动请求 E37-19(0=>900 kPa,1=<750 kPa),另一个是双台压缩机启动请求 E37-27(0=>750 kPa,1=< 680 kPa)。

强泵模式:如果在占用司机室选择强泵模式,整列车的所有压缩机(可用、无故障)应立即启动。

停止模式:如果在占用司机室选择停止模式,整列车的所有压缩机应立即停止。

如果总风压力小于 650 kPa,CCU 触发牵引封锁,禁止牵引。主压缩机被关闭,在随后的 20 s 内封锁重启压缩机命令。

由 CCU 来监控压缩机每小时的启动次数,如果压缩机超过每小时启动 30 次,这台压缩机被锁定 10 min。每台压缩机总的运行时间在 IDU 上显示并由 CCU 储存。

8. 风机、泵控制

1)牵引风机冷却塔风机控制

辅助变流器启动后,所有的牵引风机和冷却塔风机按照选定的频率启动。在正常情况下,牵引风机和冷却塔风机按照 VVVF 运行,如果 1 台辅助变流器故障,牵引风机和冷却塔风机按照 CVCF 运行。如果机车静止并且选定的频率低于 20 Hz,为了降低噪声,所有的牵引风机和冷却塔风机均停止运行。如果选定的频率高于 20 Hz,所有的牵引风机和冷却塔风机均启动。

2)牵引变流器风机、水泵控制

辅助变流器启动后,牵引变流器风机和水泵以 CVCF 运行。

第五节 HXD_{1C} 电力机车操纵

机车操纵是机车乘务和检修人员必备的专业技能,本节主要介绍 HXD_{1C} 型电力机车的启动和牵引操作步骤。

一、机车运用状态"启动"

1. 闭合蓄电池自动开关,启动控制系统

启动机车的第一步是闭合蓄电池自动开关,它同时启动了控制系统。这就意味着部分控制系统将同时启动,包括:

(1)所有的 CCU 单元、TCU 单元和 IDU 单元。

(2)所有司机室的 CIO 和机械间的 MIO。

(3)制动控制单元/分布式动力控制系统。

(4)蓄电池充电机的监控模块。

当蓄电池电源可用时,DC/DC 逆变器(用于低压电源)闭合。检查蓄电池表(控制电源柜监控单元模块),工作电压不低于 77 V。

在闭合蓄电池自动开关后,两个 CCU 应自动配置,这样总有一个主控 CCU(Master)和一个从控 CCU(Slave)。主控 CCU 控制全车,从控 CCU 仅仅是监控主控 CCU。在主控 CCU 故障时,从控 CCU 取代主控 CCU 的功能。在每次启动 2 个 CCU 后,上一次为从控 CCU 将成为主控 CCU。

在机车状态异常时,可以按动司机台的微机复位按钮=21-S08(21-S28),送复位信号给 CIO,由微机进行处理,同时 CCU 通过 MVB 总线给辅助变流器复位信号。

2. 运用过程

1)选择受电弓

用转换开关(低压电器柜)来选择受电弓的升弓模式,受电弓有 4 种模式:受电弓 1、自动、受电弓 2、双弓。在正常情况下,受电弓选择开关应该在"自动"位,升后弓。

旋转本务机车司机控制器的钥匙开关到闭合位。如果司机钥匙开关在位置"on",整个操纵台激活,方向手柄可以运行移动。

在司机控制器的钥匙开关闭合后,微机显示屏显示主画面。显示器通过提供功能故障或机车限制信息及可能的补救措施来支持司机。

2)升起受电弓

通过按下受电弓扳键开关到"升弓"位来升起受电弓,升弓应满足升弓条件。在升弓命令最晚 15 min 之后,必须闭合主断路器,否则降弓以保护蓄电池,运用时需要新的升弓指令。一旦受电弓区域变白,主断路器准备闭合。

3)闭合主断路器

按下微机显示屏上的软键 0 将主要数据缓慢切换到主画面。检查网压:17~31.5 kV。通过扳键开关来闭合主断路器。

到此,机车启动完成了准备运用,为牵引操作做好准备。

二、启动和牵引操作

1. 司机控制器

司机控制器是机车的主令控制电器,用于转换机车的牵引和制动工况,改变机车的运行方向,设定机车的运行速度,实施机车的启动、调速和电制动。在机车每端司机室安装有1台司机控制器。司机控制器由左、中、右3部分组成,左侧为方向手柄控制单元,中间为机械联锁部分,右侧为调速手柄单元。

1)司机室钥匙开关

在机车运用状态"启动"之后,第一个司机钥匙信号将使相应的司机室设置成占用端,同时另一个司机室为非占用端。这样,占用端司机室的其他控制,如方向手柄、调速手柄、升弓开关等有效。在1台机车或者WTB重联模式下的一列车只有一个司机室被占用,如果有超过一个以上的司机室被占用,操作机车无效。

2)方向手柄

方向手柄有3个位置:"向前""0"和"向后"位。只有当方向手柄在"0"位时,方向手柄才能取出。每台机车只配备一个方向手柄,任何时候只能使用一个方向手柄。只有占用端司机室的方向手柄输入的信号有效。

3)调速手柄

调速手柄也称牵引/制动手柄,用来转换机车的牵引和制动工况,并且调节牵引力和制动力的大小。调速手柄有大零位、小零位、2/3位和满级位等辅助触点。调速电位器输入直流15 V电压,调速手柄在"0"位、"牵引"和"制动"最小位时,输出电压为0 V。调速手柄在"牵引"和"制动"最大位时,输出电压为8.8 V。在牵引和制动区域,电位器输出电压平滑调节。

方向手柄和调速手柄具有机械、电气互锁:只有当方向手柄在"向前"或者"向后"位时,才能移动调速手柄;只有调速手柄在大"零"位时,方向手柄才能从"向前"或者"向后"位移回"0"位;只有当方向手柄不在"0"位时,调速手柄的控制电路才有电,此时调速手柄的输出信号才有效。

4)定速控制

司机可以从司机显示屏获得速度信息,推动牵引/制动手柄,获得牵引力或制动力,调节机车速度。司机显示屏有"定速控制"软键,当主司机控制器的方向手柄处于前位,主司机控制器级位手柄处于牵引区域,机车速度超过5 km/h且无空气制动时,按下一次定速按钮,机车进入定速状态,机车将以当前行驶速度作为定速期望目标值,进入定速控制模式。机车根据实际行驶速度与定速期望目标速度的差异,自动进行牵引和电制动的快速转换,控制机车行驶速度不变。

导致退出定速状态的因素有：主司机控制器级位手柄转至零位或者电制动区域；重新按下定速按钮；投入空气制动；等级故障发生。

2. 牵引操作

1）机车启动要求

机车已进行运用状态"启动"；司机室门已关闭；机械间门已关闭。

2）机车启动过程

（1）司机控制器的方向手柄打到"向前"或者"向后"位。
（2）按下停放"制动缓解"按钮来缓解停放制动。
（3）将电子制动阀控制器 EBV 的两个手柄都置于缓解位来缓解空气制动。
（4）将司机控制器的牵引/制动手柄从零位推到牵引位，机车获得速度。

3）防空转/防滑行控制

防空转/防滑行控制系统安装在 TCU 内，它全程监控机车所有轮的速度。如果轨面条件差（有雨、灰、树叶等），司机要求的牵引力不能施加到轨面，系统自动降级。牵引力设定到降低滑动后所能利用的最大黏着。当牵引力下降超过30%，系统自动开始撒砂。司机在任何时间也可以强制撒砂。

3. 制动操作

机车有电制动、间接/自动空气制动和直接/自动空气制动。

1）压缩空气设备

参见本章第四节中的压缩机控制。

2）电制动

当使用电制动时，牵引电机作为发电机运行，司机可以通过使用司机控制器上的牵引/制动手柄或 EBV 的自动制动手柄来使用电制动。

电制动主要用于降低机车速度，使用电制动可以降低空气制动部件的磨耗。只有在速度≤3 km/h，电制动的制动力大幅降低时，电制动才被空气制动取代。

3）间接/自动空气制动

通过操作 EBV 自动制动手柄来操作机车直接制动，它用于施加和缓解列车的制动。

4）直接/自动空气制动

单独制动可以由司机通过操作 EBV 上的独立制动手柄来实现。由本务机车触发连接到平均管的所有机车的制动。

5）停放制动

为了保证机车不会出现意外滑倒，需施加停放制动。它通过位于操纵端司机室司机台上的两个按钮来实现，一个按钮用于施加停放制动，另一个按钮用于缓解停放制动。

停车制动为弹簧制动，即使在机车停止时也要施加。停放制动的制动指示布置在司机室的两个门下，方便调车人员从外部检查机车的制动情况。

4. 撒砂

在每个转向架安装有 4 个 100 L 的砂箱，每个轮对提供一个可加热的电空撒砂器。当机车防空转或紧急制动时，TCU 撒砂自动激活，将砂子撒在所有转向架的前部。脚踩撒砂脚踏开关可以启动撒砂。

5. 无人警惕装置

无人警惕装置的操作部件位于司机操作台上，用来监控司机的活动能力。从 3 km/h 起，装置通过按下按钮、踩下脚踏开关或移动司机控制器来进行对司机反应的持续监控。在不超过 60 s 的间隔时间不断重复操作，最迟在蜂鸣器响起时按下。否则，在 60 s + 10 s 之后，激发一个惩罚制动。

在无人警惕装置部件的操作中，脚踏开关优先于司机控制器手柄，这就意味着即使连续移动司机控制器内的手柄，额外的脚踏操作也使计数器重置。

无人警惕装置只有在故障时才能切除。在启动无人警惕装置前，机车必须静止。

6. 过分相

机车自动过分相装置，参见本章第四节中的机车过分相。

7. 停止机车操作

机车必须静止。在运用状态"停止"的情况下，所有部件和子系统都断开。在停放机车前，必须执行以下标准步骤：

（1）置司机控制器的牵引/制动手柄在"0"位。

（2）置方向手柄于"0"位。

（3）通过按下操纵台上的按钮（红色）来施加停放制动。

（4）转向架施加制动且微机显示屏上显示信息"停放制动施加"。如果不成功使用止轮器（铁鞋）来保护。

（5）使用操纵台上的"主断"按钮开关，断开主断路器（HVB）。

（6）使用操纵台上的"受电弓"按钮开关，降下受电弓。

（7）旋转司机控制器上的钥匙开关到"OFF"位。方向手柄机械锁死；没有司机室被占用；微机显示屏失电；拿走钥匙。

（8）断开控制电源柜的蓄电池开关，所有仪表和控制系统都同时失电：CCU1、CCU2、TCU1、TCU2、CIO、MIO、微机显示屏、EPCU 等。

（9）关闭位于总风缸的截止阀 A10。

机车停止。

本章小节

HXD$_{1C}$ 型电力机车采用 IGBT 水冷牵引变流器和 1 225 kW 大转矩异步牵引电机；采用牵引电机单轴控制方式；采用下悬式安装方式的一体化多绕组变压器。

机车主电路采用交-直-交传动形式，主要由网侧电路、四象限整流电路、中间直流环节电路、逆变电路等相关电路组成，牵引传动系统采用了先进的直接转矩控制技术和再生制动技术。

机车辅助电气系统由辅助变流器、各辅助机组及辅助加热设备等组成。辅助变流器是为通风机和压缩机等辅助机组提供 3 相交流电源的电源装置，根据负载特性的不同，系统具有 VVVF 控制和 CVCF 控制两种功能。为了保证根据机车运行状况而提供实际所需的冷却风量和降低运转噪声，系统中 2 台冷却塔通风机和 6 台牵引电机通风机设定为 VVVF 控制模式，其他负载采用 CVCF 控制模式。

机车控制监视系统（简称 TCMS）的核心任务是：根据司机指令完成对主变流器及异步电动机的实时控制；辅助变流器的实时控制；牵引/制动特性控制；传动系统的时序逻辑控制；显示机车运行状态；具备完整的故障保护、故障记忆及显示功能；具有一定程度上的故障自排出、自动切换和故障处理指导功能。

机车控制系统的主要功能是：具有恒力矩、恒速和定速控制功能；机车重联控制功能；空转、滑行保护，黏着利用控制和轴重转移补偿；机车故障检测、故障诊断、故障提示的显示和记忆功能；机车运行参数显示和记忆功能；无人警惕控制功能；自动过分相和半自动过分相功能；风机转速自动控制；冗余控制功能。

复习思考题

一、填空题

1. HXD$_{1C}$ 型电力机车是中车_____有限公司自主研发的大功率_____传动六轴 7 200 kW 电力机车。

2. HXD$_{1C}$ 型电力机车采用三相_____牵引电机，_____控制技术。

3. HXD$_{1C}$ 型电力机车牵引工况，采用_____特性控制。制动工况，采用_____特性控制。

4. HXD$_{1C}$ 型电力机车主电路由_____、牵引变压器、_____、牵引电机和库内动车电路组成。

5. 网侧电路的主要功能是从_____获取电能，对主变压器的原边供电，为提高机车原边受流的可靠性，HXD$_{1C}$ 型电力机车设置了_____台相同的受电弓。

6. HXD$_{1C}$ 型电力机车车顶设置了_____个高压隔离开关，连接在受电弓的_____，当受电弓故障时对其进行隔离。

7. HXD$_{1C}$ 型电力机车主断路器具有灭弧功能，用于接通和分断网侧电流。为了避免网侧出现电弧，主断路器在升弓之后_____，并在降弓之前_____。

8. 机车接地装置用于主变压器原边的回流。主变压器原边电流经_____和_____流回牵引变电所。

9. 当 HXD_{1C} 型电力机车出现故障需要切断网侧电源时，可通过给_____分断指令来实现网侧保护。

10. HXD_{1C} 型电力机车中每套主变流器内部由 3 个独立的牵引变流器构成，每个独立的牵引变流器均由_____、中间直流储能电路、_____等环节构成。

11. HXD_{1C} 型电力机车牵引变压器有两个冷却回路，每一个冷却回路包含一个潜油泵用于_____。

12. HXD_{1C} 型电力机车的牵引通风机过流造成_____断开后，其主触点断开对应牵引通风机的供电电路，辅助触点将故障信号送到_____。

13. HXD_{1C} 型电力机车的电气线路主要由主电路、_____、控制电路、_____监控系统电路和空气管路系统电路组成。

14. 在 HXD_{1C} 型电力机车受电弓内装有_____装置，当弓网故障时，可自动降弓保护，通过设置高压接地开关，来实现机车的高压安全_____。

15. HXD_{1C} 型电力机车采用的辅助变流器，能分别提供_____和_____三相辅助电源，对辅助机组进行分类供电。

16. HXD_{1C} 型电力机车某一套辅助变流器发生故障，由另一套辅助变流器承担_____负载时，该辅助变流器按照_____方式工作。

17. HXD_{1C} 型电力机车再生制动时，逆变器工作在_____状态，四象限整流器工作在逆变状态，并通过_____向主变压器牵引绕组馈电，将再生能量回馈至接触网利用。

18. HXD_{1C} 型电力机车正常运行时，辅助变流器 1 工作在_____方式，辅助变流器 2 工作在_____方式，分别为机车辅助电动机供电。

19. HXD_{1C} 型电力机车监控系统硬件构成有：电源模块、_____、_____、模拟量采集、通信部分等组成。

20. HXD_{1C} 型电力机车控制电源电压为直流_____V，由高频电源模块 PSU 与_____并联共同为控制电路提供电源。

二、选择题

1. HXD_{1C} 型电力机车主变流器采用集成（ ）冷却 IGBT 机组。
   A. 风　　　　　　B. 水　　　　　　C. 油

2. HXD_{1C} 型电力机车（ ）牵引变流器的主电路和控制电路相对独立，分别向相应的牵引电动机提供交流变频电源。
   A. 4 组　　　　　B. 5 组　　　　　C. 6 组

3. HXD_{1C} 从字母及数字可以看出该型号机车为：和谐电力机车，且生产地是（ ）。
   A. 大连　　　　　B. 株洲　　　　　C 大同

4. HXD_{1C} 电力机车辅助电气系统采用（ ）辅助变流器。

A. 一组 B. 二组 C. 三组

5. 为了防止损坏辅助压缩机，辅助压缩机打风时间不得超过（　）min。

　　A. 3 B. 5 C. 10

6. HXD$_{1C}$电力机车主变流器内部可以看成由（　）个独立的"整流—中间电路—逆变"环节构成。

　　A. 1 B. 3 C. 6

7. HXD$_{1C}$电力机车库内电源通过单相插座送到（　）位牵引电动机的牵引变流器环节，进行库内动车作业。

　　A. 一、六 B. 二、五 C. 一、四

8. 当牵引变流器的中间电压为零时，主变压器的牵引绕组通过充电（　）向四象限整流器供电，给中间直流回路支撑电容充电。

　　A. 电阻 B. 电感 C. 电容

9. HXD$_{1C}$电力机车有（　）个并联的回流装置，从轮对回流至钢轨。

　　A. 2 B. 4 C. 6

10. HXD$_{1C}$电力机车主变压器的（　）个牵引绕组分别用于两套主变流器的供电。

　　A. 2 B. 4 C. 6

11. HXD$_{1C}$电力机车主变流器含有（　）独立的接地保护电路，可以分别对3组牵引变流器进行接地监测和保护。

　　A. 一套 B. 二套 C. 三套

12. HXD$_{1C}$型电力机车辅助电源插座安装在机车车体两侧，可以通过选择机车模式，连接三相（　）V交流电源且相序正确等操作来进行辅机试验。

　　A. 220 B. 380 C. 440

13. HXD$_{1C}$型电力机车是大功率交流传动（　）7 200 kW电力机车。

　　A. 4轴 B. 5轴 C. 6轴

14. 在辅助变流器启动完成（　）s后，油流继电器开始检测油流。

　　A. 30 B. 60 C. 90

15. HXD$_{1C}$型电力机车采用三相交流异步牵引，（　）控制技术

　　A. 矢量控制 B. 转差频率 C. 直接转矩

第七章

电力机车自动控制系统

学习目标

科学技术的飞速发展，使机车的自动控制日趋完善。SS_{4G} 机车采用电子柜自动控制；SS_9、交流传动机车采用微机控制；动车组则采用列车微机控制系统。本章主要介绍自动控制的基本概念和机车微机控制的基本原理。以 SS_{4G} 机车为例讨论电子柜控制过程和控制作用。最后介绍交流传动机车的微机控制系统并以 HXD_3 机车为例分析交-直-交电力机车的特性。通过本章学习达到以下目标：

电力机车自动控制 PPT

(1) 理解自动控制的基本概念，了解恒流控制系统和恒速控制系统的组成。
(2) 熟悉电力机车微机控制的基本原理和构成，了解微机控制的特点。
(3) 掌握 SS_{4G} 自动控制系统的功能和组成，了解各环节的功能。
(4) 了解交流传动机车的微机控制及列车自动控制系统。
(5) 熟悉 HXD_3 机车的牵引特性和制动特性。

第一节 电力机车自动控制的基本概念

自动控制的特点在于无须人的直接参与，系统可以按照一定的变化规律进行自动调节。自动控制系统一般有 3 个要素，即控制对象、控制器（信息处理机构）和执行机构。控制对象给出控制目标；信息处理机构将目标值和实际情况进行比较运算，给执行机构发出动作指令；执行机构根据发出的动作指令进行调节，以求达到尽量接近控制目标。控制系统有开环控制和闭环控制之分。

一、开环自动控制

在开环控制系统中，输出量对系统本身的执行过程没有影响，当由于某种原因影响了控制过程的进行，输出量不能达到既定目标时，系统本身没有调节能力。开环系统由输入信号、控制器、被控制对象、输出信号等部分组成，其结构如图 7.1 所示。

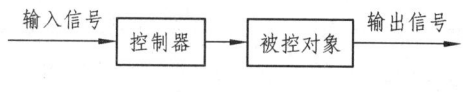

图 7.1 开环自动控制

图中的方框表示部件，箭头表示控制作用的方向，这种图称为方框图。

二、闭环自动控制

在闭环自动控制系统中，将输出量以一定的方式反馈到输入量，控制器根据给定目标和反馈信息的差值进行控制，当输出信号未能按既定目标完成时，系统本身能自动予以调整，闭环系统的方框图如图 7.2 所示。

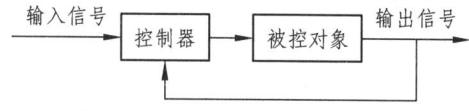

图 7.2 闭环自动控制

应当指出，控制器并不一定是一个单一的设备或元件，在闭环控制系统中，控制器应包括测量机构、比较机构、控制机构和执行机构（在开环系统中没有比较机构和测量机构）。

一个复杂的控制系统可以由多个闭环系统组合而成，如速度环、电流环、电压环等。在 SS 型电力机车微机控制系统中，不论在正常工况还是在故障工况下都采用闭环控制，由系统自动调节，从而减轻了司机的劳动强度，简化了司机的操纵程序。

三、衡量控制系统的指标

在控制系统中，对输出量产生影响的其他方面的因素称为扰动。例如，在压缩机控制系统中，随着压缩空气的消耗以及管路的泄漏，会引起总风缸风压的降低，也就是使系统的输出量发生变化，那么这些因素就是对系统的扰动。

一个控制系统受到扰动时，输出量就要发生变化。对于闭环控制系统来说，可通过自动调节返回它原来的平衡状态，而对开环控制系统则不然。就闭环系统而言，若通过调整能返回平衡状态，那么这个系统便是稳定的。反之，若系统在扰动的影响下，输出量向一个方向连续变化或呈现连续振荡性变化，那么系统就是不稳定的。因此，稳定性是衡量控制系统特性的一个重要指标。对一个系统最基本的要求就是稳定，不稳定的系统是无法正常工作的。

一个稳定的控制系统，当它受到扰动时，返回原来的平衡状态或达到新的平衡状态并不是瞬时完成的，而是需要经过一个过程，需要一段时间。在这段时间内，系统输出量的变化过程称为瞬态响应，可以用输出参数的振荡次数、最大振幅（也叫过调量或超调量）、达到稳定值所需要的时间（也叫调整时间）等来衡量系统的特性，通常将这些衡量系统的因数称为系统的品质因数。

当系统瞬态响应结束达到稳定状态时，输出量与参考输入量并不一定完全符合初始时的情况，可能产生一定的误差。因此误差也是衡量系统特性的重要指标。

综上所述，系统的稳定性，瞬态响应的品质因数以及误差是衡量一个控制系统特性优劣的基本指数。毫无疑问，闭环控制比开环控制更易于稳定并具有较高的精度。

在相控电力机车上，自动控制的目标主要是电机电枢电流和电机转速（机车速度），信息处理机构是微型计算机或电子柜，执行机构是晶闸管变流装置。即电子柜或微机根据司机给定的手柄级位以及实际机车速度来调节晶闸管的触发角，从而使机车稳定运行在司机希望的工况和速度上。自动控制的优越性表现在可以缩短启动时间，充分利用黏着条件，运行平稳，操纵简单，减小司机劳动强度。

第二节　相控电力机车的闭环自动控制

电力机车控制系统的根本任务是控制列车运行速度，列车运行速度由机车加速度调节，加速度可由牵引电动机转矩与车轮轮周空气制动力矩控制。由以上3点可知，机车自动控制系统的基本任务是控制电机与空气制动系统。

一、电力机车主电路的工作原理

为了充分理解相控电力机车的自动控制系统及控制方法，先回顾一下相控电力机车主电路的工作原理。

1. 牵引工况

机车牵引工况下，牵引电机作电动机运行，此时系统的主要特性可表示为：

$$\begin{cases} E_a = C_e \Phi n \\ I_d = \dfrac{U_d - E_a}{R_a} \\ T = C_T \Phi I_a \end{cases} \tag{7.1}$$

式中 I_d、U_d、E_a——牵引电动机电流（A）、输入电压（V）、电势（V）；

T——电动机输出转矩（N·m）；

C_e、C_T——电动机电势、转矩常数；

R_a——电枢回路电阻（Ω），一般在 0.01~0.1 Ω；

n——电动机转速（r/min）。

由上述特性可知，整流器输出端电压 U_d 主要用来克服电动机的反电势 E_a。对于多段桥相控机车，U_d 由二段或三段桥组成，随着机车运行速度的增加，电动机的反电势 E_a 也增加，U_d 需要投入到第二段或第三段桥方可克服电机反电势 E_a。

当电动机电压达到最大限压 U_{max}，而电枢电流小于额定值时，为了充分发挥机车功率，可以实施磁场削弱。当磁场削弱至最深时，由于此时电压仍然维持最大，则电动机电枢电流便随电动机的自然特性下降，此时电动机按自然特性运行。

机车自动控制系统的作用是不断地自动调节整流器输出电压 U_d，使机车在牵引阶段加速到手柄给定速度。

2. 制动工况

在制动工况下，牵引电机作他励发电机运行，以便在较大的范围调节制动力，方便地控制列车运行速度。制动力的调节表达式为：

$$\begin{cases} E_a = C_e \Phi n \\ I_z = \dfrac{U_d + E_a}{R_z + R_a} \\ T = C_T \Phi I_z \end{cases} \tag{7.2}$$

式中 I_z——制动电流（A）；

R_z——制动电阻（Ω）。

从式（7.2）可以看出，在纯电阻制动时（$U_d = 0$），制动转矩 T 随机车速度的下降而减小，因而制动过程中需不断地调节励磁电流 I_L 使磁通 Φ 上升，以维持制动转矩 T 基本不变。当励磁电流达到最大值 I_{max} 时，Φ 也维持最大。为了提高低速时的制动力，可以用外加整流电源 U_d 来补足，维持低速时的制动电流 I_z 不变，即所谓的加馈电阻制动。

机车牵引控制或制动控制都是由机车电子控制系统或微机控制系统来完成的，司机只需给定级位，系统将按照所对应的速度进行自动控制。

在机车电子系统中调节器是一个重要元件，起着关键作用。调节器主要有比例（P）调节器、积分（I）调节器和比例积分器（PI 调节器），由于 PI 调节器一般既能使系统的稳态误差为零，同时又可得到满意的动态性能，因此在电力牵引闭环自动控制系统中应用非常广泛。PI 调节器由高放大倍数直流运放和反馈电容串反馈电阻组成，其输入为给定信号与反馈信号比较后的差值信号，偏差信号送入调节器，通过对反馈环节进行充电或放电，来调节运放的输出。

二、电力机车恒流控制系统

恒流控制系统的结构框图如图 7.3 所示。系统的输入是司机发出的指令即给定电流值，这一给定电流值在误差检测器处与牵引电动机实际电流的反馈信号进行比较，偏差信号作用在电流调节器上，经调节后送到晶闸管的移相触发线路中，调节整流电路输出电压的大小，使牵引电机电流趋于给定电流值。注意在这个控制系统中，给定电流信号是通过司机控制器的电位器给出的一个代表电流大小的电压值，而不是电流值。

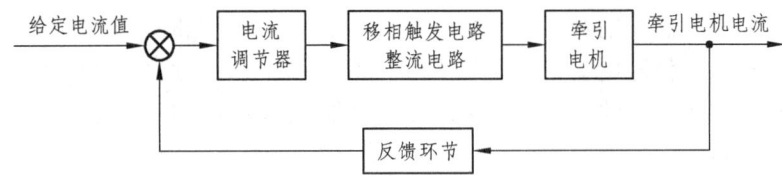

图 7.3　恒流控制系统方框图

三、电力机车的恒流起动与恒速运行控制系统

根据机车自动控制的要求，机车上可以分别装设恒流起动与恒速运行两套独立的自动控制装置，为了简化控制系统与设备，通常将两套自动控制装置合并起来组成具有电流调节器的速度自动调节系统。这种双闭环自动控制系统的结构框图如图 7.4 所示。

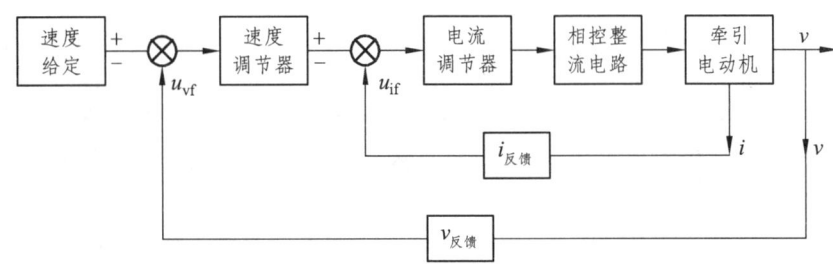

图 7.4　恒流起动恒速运行控制系统

在双闭环控制系统中,速度反馈为外环是主反馈,电流反馈为内环是局部反馈。电流反馈可以保证系统在起动时,以所需的最大起动电流作恒流起动控制,从而大大缩短机车的起动时间。当起动过程结束,机车速度达到给定值时,速度调节器发挥作用,使机车在给定速度范围内作恒速运行。

SS 系列相控电力机车除采用速度与电流的双闭环控制外,还采用电压的限制环节作为辅助控制,其框图如图 7.5 所示。

框图中,虚线框内为电子控制部分,由电子柜或微机柜来完成,其作用是进行比较计算、数值变换——由偏差值控制晶闸管的导通角,以达到机车恒电流起动、准恒速运行,电机限制端电压的控制目的。

比较图 7.4 和图 7.5 可以看出,SS 系列相控电力机车闭环控制系统多了一个电压限制环节。这主要是因为机车牵引变流器的输出有裕度,远高于牵引电机绝缘结构决定的额定电压,加上限制电压环节起到超压保护作用,同时从电机额定电压到限制电压为线性调整,此时电机电流线性下降,可充分利用电机的恒功率范围。

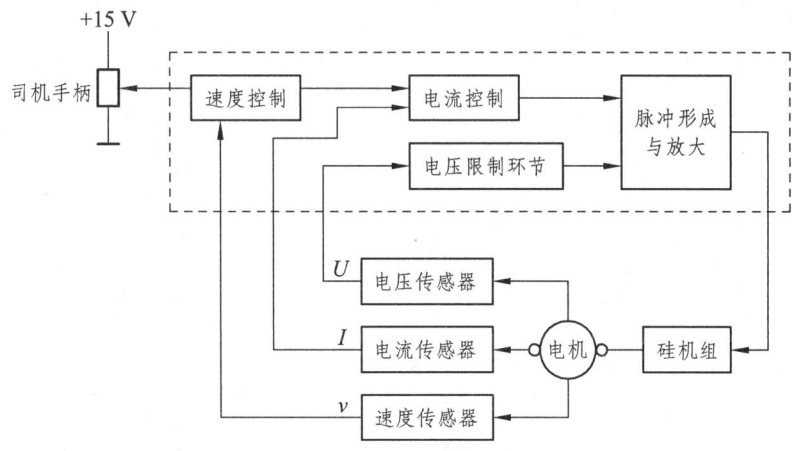

图 7.5 SS 系列相控电力机车双闭环控制

第三节 SS_{4G} 型电力机车的自动控制

SS_{4G} 型电力机车有 A 组电子控制系统和 B 组电子控制系统。其中 A 组控制系统为闭环控制,B 组为开环控制。在正常情况下由 A 组工作控制机车运行,B 组为故障工况的后备控制。本节重点介绍 A 组控制系统的工作原理。

一、自动控制过程说明

A 组控制系统框图如图 7.6 所示,该系统可以实现对机车的牵引控制、制动控制及空转/滑行保护控制。

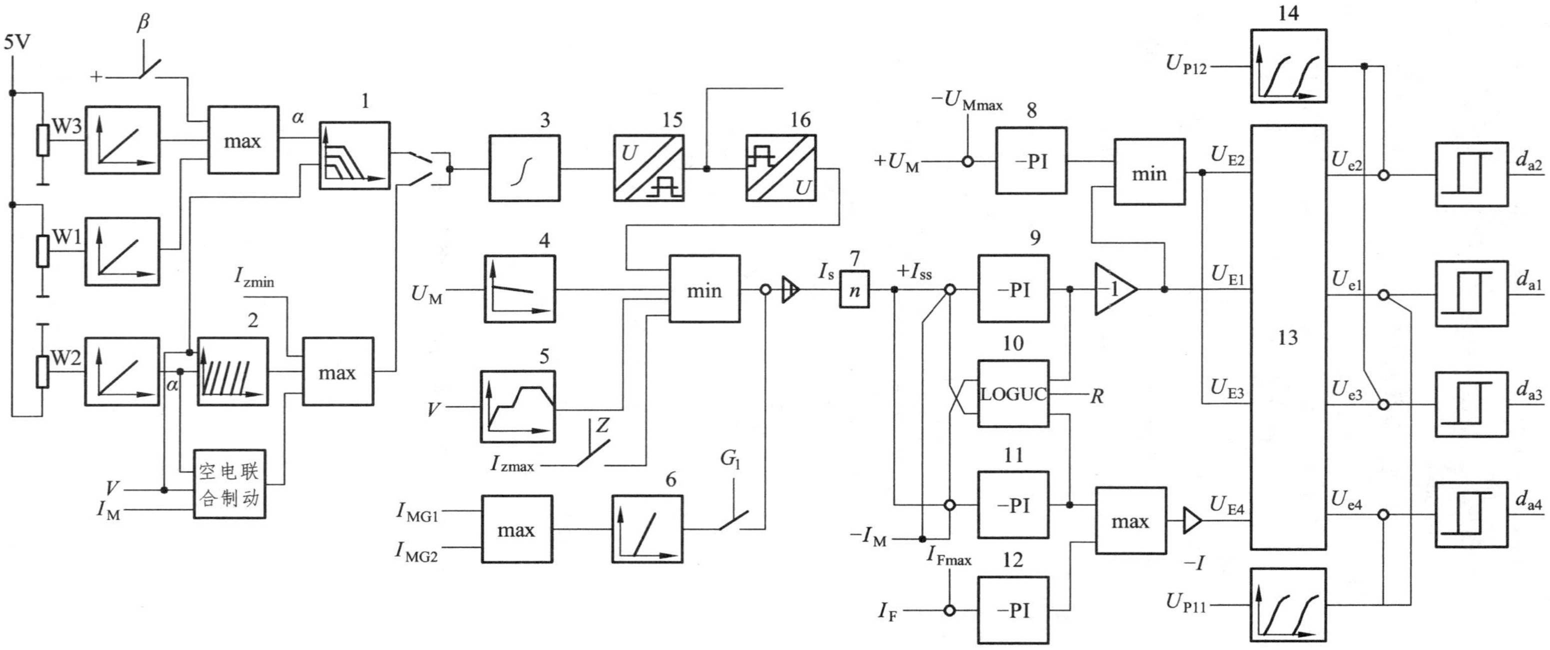

图 7.6 SS₄G 型电力机车恒流起动准恒速运行控制系统框图

1—牵引特性发生器；2—制动特性发生器；3—给定值积分器；4—黏着限制环节；5—制动电流限制环节；6—轴重补偿环节；7—空转防滑运行系统；8—最大电压调节器；9—电枢电压调节器；10—控制逻辑调节器；11—磁场调节器；12—最大励磁电流调节器；13—移相电压变换器；14—同步移相信号；15—调制；16—解调；W1—牵引电位器；W2—制动电位器；W3—调车电位器；α—级位反馈信号；β—制动信号；G_1—前转向架工作信号；I_M—电机电流反馈信号；U_{Mmax}—电机电压最大限制值；U_M—电机电压给定值；I_F—励磁电流反馈信号；I_{Zmin}—制动电流反馈信号值；I_{Zmax}—制动电流最大限制值；I_{Fmax}—励磁电流最大限制值；max—最大值选择；min—最小值选择；+加法；−1—倒相；d_{a1}—一段桥移相触发电平信号；d_{a2}—二段桥移相触发电平信号；d_{a3}—三段桥移相触发电平信号；d_{a4}—励磁桥移相触发电平信号。

1. 牵引控制

由主台牵引用电位器 W1 或调车用电位器 W3 二者中取最大值形成牵引级位指令 α，α 与机车速度反馈信号一起输入至牵引特性形成环节。其输出经给定值积分器后进行脉宽调制，调制成幅值为 110 V 的调制波，调制波送至本务机车及重联机车的解调环节，经解调后又还原成给定值积分器输出的直流电压信号。该电压信号与黏着限制环节的输出比较取最小值即形成牵引给定电流信号 I_s。

当电机电流大于某规定值后，轴重补偿环节就会产生电流差值信号，此信号只加于前转向架，以达到前架减载的目的。

I_s 信号经空转保护系统后即成为 I_{ss} 信号，无空转时 $I_{ss} = I_s$；发生空转时，空转保护系统的减载功能起作用，I_{ss} 瞬时下降，然后再按一定的上升率回升，回升后仍有空转时则再次下降，直至空转被抑制。

正信号 I_{ss} 与负的电机电流反馈信号 I_M 输入至电流调节器，二者不断比较，有差别则有负输出。该输出经倒相后即产生移相信号 U_{E1}、U_{E2}、U_{E3}，经移相电压变换环节后成直流控制电压 U_{e1}、U_{e2}、U_{e3}，该电压与交流同步移相电压比较，其交点决定了主整流装置晶闸管移相角的位置。由于 U_{e1}、U_{e2}、U_{e3} 是顺序衔接的，所以三段桥能顺序开放。

在调压过程中，随着电机电压的不断升高，其反馈信号 U_M 上升。当电机电压达到最大电压限制值 U_{Mmax} 时，最大电压限制调节器的输出小于电流调节器的输出。由于最小值环节的作用，调节第二段、第三段的移相角，使电机电压维持在最大限制值。电机电压达到限制值后，如需继续提高机车速度，则要进行磁场削弱。

2. 制动控制

主台制动电位器 W2 送出制动级位指令。由于制动时是从高速到低速，手柄从高级位到低级位，为此先将 W2 的输出值反比例转换成制动级位信号 α。该级位信号与机车速度反馈信号一起输入至制动特性形成环节，其输出与最小制动电流给定信号比较后取最大值，再经给定值积分环节，然后经调制、解调，再与最大制动电流限制曲线比较，取最小值即形成制动电流给定信号 I_s。

I_s 信号经滑行保护系统后即成为 I_{ss} 信号，该信号与制动电流反馈信号 I_M 输入至磁场电流调节器，I_{ss} 与 I_M 比较后决定调节器的输出，该输出经倒相后形成移相信号 U_{E4}，再变换成直流控制电压 U_{e4} 即可控制励磁桥的移相角。同时逻辑环节还送出一个信号至电枢调节器使之封锁。

随着机车速度的降低，励磁电流不断增加。当达到最大励磁电流限制时，最大励磁电流限制调节器开始工作，磁场调节器不起作用，逻辑环节解除送至电枢调节器的封锁信号，使其工作。同时逻辑环节还送一个信号至磁场调节器使之饱和，以保持最大励磁限制调节器工作，使励磁电流一直为最大值。

电枢调节器输出经倒相后产生 U_{E1}，经移相电压变换环节后与同步电压比较，其交点即决定了第一桥的开放角，此时机车进入加馈电阻制动工况。

3. 空转/滑行保护控制系统

系统通过对机车轮对转速的测量及对转速信号作一次、二次微分处理（即速度差和加速度），检测出各转向架空转/滑行程度，并据此产生校正信号，使各转向架电流自动减少 10%~20%，同时自动撒砂，从而有效地抑制空转/滑行；之后系统能以适当速度及特性恢复电机电流，寻找新的最大黏着点，减小牵引力或制动力损失。系统设有两个给定电流记忆环节，使机车尽量运行在最大的黏着值附近。

空转/滑行保护系统可保证机车在任何轨面起动、加速、制动运行时均不会擦伤车轮及钢轨，不会发生牵引电机超速。机车运行在有可能发生空转/滑行的区段时，由于空转/滑行保护系统的投入，可以使机车平均黏着利用系数提高 5% 以上。

二、各环节的功能简介

（1）牵引特性形成环节。该环节的功能是使机车在牵引工况下运行时具有恒流起动和准恒速运行的特点。

（2）制动特性形成环节。该环节的功能是使机车在制动工况下运行时具有准恒速运行的特点。

（3）给定积分跟踪环节。牵引与制动工况公用该环节，该环节作为一个缓冲环节，可以防止由于给定信号突变时引起的电流冲击。

（4）黏着限制环节。该环节的作用是可以使机车运行过程中牵引力不大于黏着限制线而破坏黏着。

（5）制动电流限制环节。该环节的功能是使机车在制动工况下运行时的制动电流受到限制。

（6）轴重转移电气补偿环节。该环节的功能是使机车电机电流随轴重转移而变化，从而达到黏着不被破坏的目的。

（7）空转/滑行保护环节。通过该环节，机车可以在任何轮对发生空转时削减相应转向架牵引电机电流，使空转/滑行被抑制，然后又可以使电机电流缓慢回升，寻找下一个黏着极限值。用这种方法可以使轮对在较高的黏着值附近运行。该环节还有自动撒砂功能，是维持机车牵引力所采取的辅助手段。

（8）最大电压调节器环节。该环节的功能是通过调节第二段、第三段桥的晶闸管移相角使牵引电机端电压维持在最大限制值。

（9）电枢调节器环节。该环节的功能是自动调节电机电枢电流值使其不过载。

（10）控制逻辑环节。该环节的功能是形成三段桥顺序开放的逻辑信号。

（11）磁场调节器环节。该环节的功能是当机车在制动工况运行时，通过调节励磁电流来调节电阻制动的制动力，使机车具有准恒速的特性。

（12）最大励磁电流调节器环节。该环节的功能是当励磁电流达到最大值时一直维持不变，机车制动力的调节由加馈制动来控制。

（13）移相电压变换环节。该环节的功能是形成移相信号，该信号与同步移相信号比较后可以决定晶闸管控制角的大小。

（14）同步移相信号环节。该环节的功能是使控制系统产生的触发脉冲信号与被控制的信号同步。

（15）调制环节。该环节的功能是对本务机车的电流给定值进行定频调宽的 PWM 调制。脉冲宽度对应给定值，电平为蓄电池电平。

（16）解调环节。调制脉冲经各机车独立解调后形成原司机给定模拟量。

三、控制系统的总体功能

A 组闭环控制系统有 3 方面的控制功能：

1. 牵引控制

（1）对三段桥顺序开放控制，具有电机电压最大限制。当电机电压达到最大值后，可以进行有级磁场削弱。

（2）具有恒流、准恒速的控制特性，电机电流按下式控制：

$$I_a = \min \begin{cases} 150X \\ 600X - 54v \quad (A) \\ 1\,096 \end{cases} \tag{7.3}$$

式中　X——牵引级位数，$X = 0 \sim 10$；

　　　v——机车速度（km/h）；

　　　1 096——最大起动电流（A）。

在黏着限制范围内，机车先按特性的平直段恒流启动（$150X$），待机车速度升高进入特性的斜线段即准恒速控制区（$600X - 54v$）后，机车按准恒速运行，同一级位速度变化范围约 10 km/h；1 096 为牵引电机限制电流。最后输出电流取三者中的最小值。

2. 制动控制

（1）加馈制动控制。当机车速度较高时，首先调节励磁电流来调节制动力。随着机车速度降低，励磁电流达到最大值限制后，自动转入调节加馈整流电压来调节制动电流，从而实现机车制动力调节，即进入加馈制动状态。

（2）具有准恒速的特性，制动电流按下式控制：

$$I_a = \begin{cases} 56v - 560(X-1) + 50 \\ 50 \end{cases} (A) \tag{7.4}$$

式中　X——制动级位数，$X = 10 \sim 0$；

　　　v——机车速度（km/h）；

50——机车最小制动电流（A）。

3. 空转、滑行保护控制

防空转、防滑行控制保护电路对各轮对之间的速度差 Δv、dv/dt 等进行监测，空转时，按转向架分别自动减载并撒砂来抑制空转。

第四节　直流电力机车微机控制系统

一、微机控制的特点

电力机车采用微机控制与以运算放大器为基础的模拟电子控制相比，主要有以下特点。

（1）通用性强。硬件基本通用，依靠软件灵活性来满足不同车型不同的控制要求。

（2）可靠性高。数字控制，使用冗余设计技术。

（3）自动化程度高。充分利用计算机的逻辑判断功能，部分代替司机的工作。

（4）容易实现重联控制。利用网络通信技术，满足机车不同编组方式控制要求。

（5）功能强。除牵引、制动控制功能外，容易实现自动过电分相、保护和空电联合制动等功能。

（6）故障诊断和记录功能。能实现机车出库前的检查诊断，运行中随机诊断并记录各种传感器信号，故障发生时能保存故障发生前后所有模拟量和数字量数据，机车回库后可进行故障原因分析。

微机控制的优点可以概括为：通用性、灵活性、重现性、可靠性和智能性。

二、车载微机的控制结构

电力机车微机控制系统是一个多 CPU，分级实时控制系统。一般采用三级结构，级间通信采用 RS-485 标准，CPU 为 8031。

1. 人机对话级

CPU 为 80486，采用 C 语言编程以提高屏幕响应速度，实现人机对话功能，如时钟调整，累计参数设置，轮径修正，监控信号的选取，故障记录查询及自检项的选择和各种工况参数、自检结果及参数的显示等。人机对话过程如图 7.7 所示。

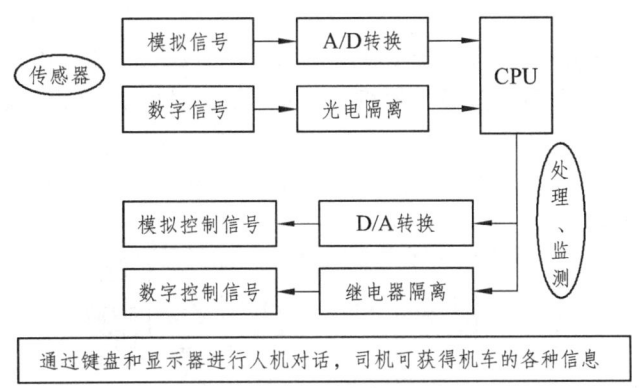

图 7.7 人机对话过程示意图

2. 机车特性控制级

CPU 为 80Cl86，采用 FUPLA 功能块语言编程，以提高编程效率和程序的可靠性，便于以程序段的形式移植到其他类型的机车上。

3. 变流器控制级

CPU 为 80Cl96，采用汇编语言编程，以满足晶闸管快速实时控制的需要，担负晶闸管触发脉冲控制。

三、微机控制系统工作原理

机车微机控制系统的原理如图 7.8 所示，系统采用速度与电流双闭环，电压限制作为辅助手段，其中微机控制系统的作用是进行比较计算、数值变换——由差值去控制整流晶闸管的导通角，以达到恒电流起动、恒速运行、电机限压等控制目的。

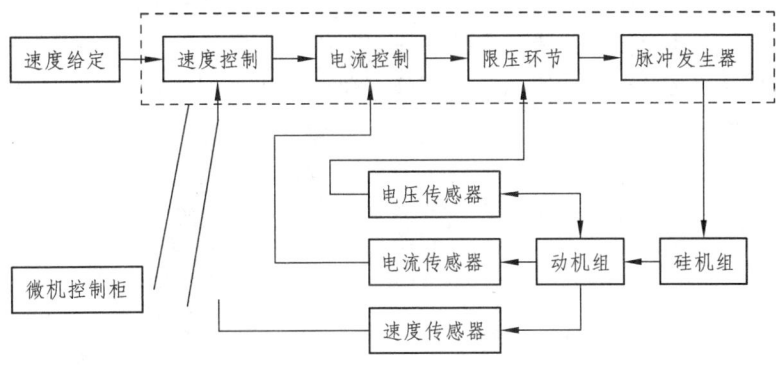

图 7.8 机车微机控制系统原理图

微机控制系统框图如图 7.9 所示。由传感器取得各种模拟信号,经信号调整板使其值适合于模/数转换(A/D)的范围,再供 CPU 采样;数字信号经光电隔离后送 CPU;计算机根据预定的程序对这些模拟量和数字量进行处理和监测,再经数/模转换(D/A)输出模拟控制信号;经脉冲控制器、信号调整和功率放大,输出晶闸管触发所需的脉冲;通过键盘和显示器进行人机对话,司机可从显示屏获得机车的各种信息。

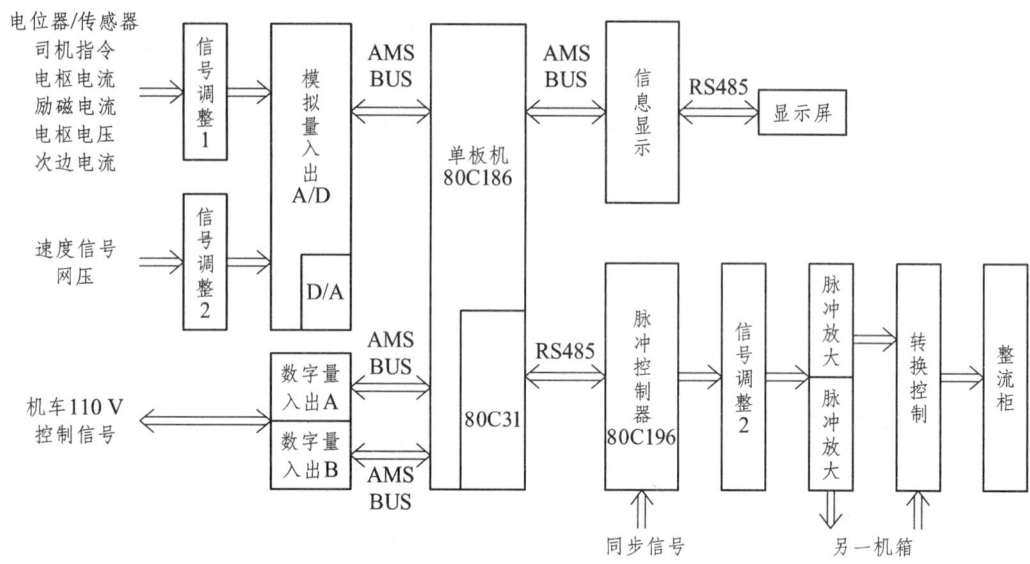

图 7.9 微机控制系统的控制框图

第五节 交流电力机车的微机控制

随着计算机技术、控制技术的不断发展,网络控制也在快速地进入电力机车控制系统。现代列车控制是由挂在列车通信网络(TCN)上的多微机系统来实现的,包括电力机车或动力车中的微机系统和拖车上的微机系统。它们各自耦合在机车或车辆总线上,并通过列车总线相互交换信息和数据。

动力分散的动车组和重联控制的交流传动机车也是通过采用列车通信网络(TCN)获得所需要的指令和状态反馈信息,并发送控制信号。交流电力机车的微机控制一般分为三级:列车控制级、机车控制级和驱动控制级。

一、列车控制级

在重联控制的列车或动力分散的电动车组中,列车控制级涉及与整个列车有关的给定值和控制变量。从司机所在的"本务车"发出的控制指令，通过列车控制级处理后传送到其他各机车或动力车中，实现统一指挥。借助列车控制级的这些指令，司机可以准确地保持列车运行速度，避免加速或减速时出现冲击，并且在目标制动时，能够迅速准确地停靠在站台上。

列车控制级的输入信号来自司机操纵台，包括运行状态子指令，牵引或制动，前进或后退以及速度或牵引力给定值。其中，最重要的输入信号是牵引力或制动力给定值，它直接决定着列车的运行速度。在采用转向架控制及重联的情况下，列车控制级可以保证各个动力单元的负载均匀分配，而无须采取其他附加措施。

二、机车控制级

机车控制级涉及与机车或车辆正常、有效运行的所有功能。在设有列车控制级装置的机车上，机车控制级的主要任务是优化黏着控制，分配制动力，对牵引力和制动力进行处理后发送给驱动控制级装置。机车控制级主要功能如下：

（1）限制冲击。通过限制牵引力或制动力给定值的变化，来提高列车运行的舒适性。
（2）监视主要设备的过电流、过电压、欠电压、过热，必要时可切断主断路器。
（3）通过保护逻辑控制，保证列车在接触网分相处的安全运行。
（4）通过辅助传动控制装置，实现辅助机械的最佳控制方式。
（5）对所测得电压、电流、速度、制动压力等实际数值进行处理。

在没有安装列车控制级的机车上，列车控制级实际上是机车控制级装置。它的任务是处理来自轨道感应装置的指令或给定值，变成驱动控制级装置所需要的转矩给定值。此外还对受电弓、主断路器和辅助传动机械进行控制，监视运行状态，实现人机通话。

机车控制级装置一般采用冗余设计，一套装置出现故障，可由另一套装置继续工作，保证列车运行的可靠性。

三、驱动控制级

驱动控制级可以实现对每个动力单元的开环和闭环控制，包括牵引电机控制和牵引变流器控制。驱动控制级装置有以下基本功能：

（1）输入端变流器。四象限脉冲整流器的开环和闭环控制。
（2）负载端。牵引电动机控制，空转/滑行保护及黏着优化利用控制。
（3）电动机侧变流器（逆变器）的控制。
（4）变流器回路的监视与保护。
（5）整个传动单元的故障检测与诊断。

四、列车信息系统

现代列车的控制和诊断功能主要包含以下几种信息。功能如图 7.10 所示。

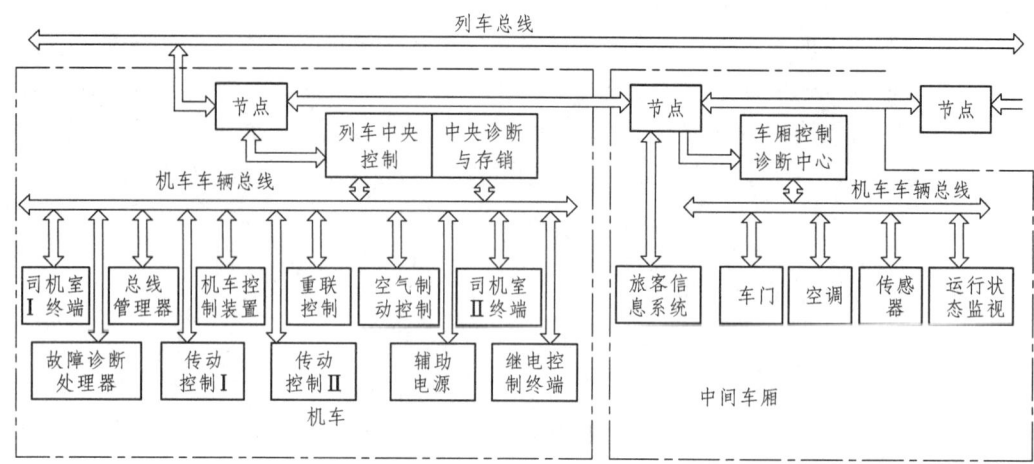

图 7.10 列车的控制和诊断功能

1. 控制信息

列车或机车控制的主指令：牵引力或制动力的给定值，来自机车的司机操纵台或列车自动控制装置。

控制系统和信息传输采取分层管理模式，列车控制级处于最上层，机车控制级处于中间层，驱动控制级处于最底层。控制信息在所有三级之间相互交换，部分信息还参与司机台、诊断及显示装置的信息交换。控制信息的主要任务如表 7.1 所示。

表 7.1 控制信息的主要任务

名 称	控制信息的主要任务
列车控制级	任务一：处理来自司机台或列车自动控制装置的信息，产生相关的控制变量 任务二：实现对总线的控制
机车控制级	主要任务：根据列车控制级传来的指令和给定值，实现对本机车的控制功能
驱动控制级	主要任务：对主变流器和牵引电机实现控制

2. 诊断信息

车载诊断包括发车前（停车状态下）的检测，以确定机车、车辆状态是否良好；运行过程中对被控对象及相关装置进行功能诊断和记忆；在地面与其他设备连接作维修性诊断。

车载诊断分为三级结构，各自提供相应的诊断信息，如表 7.2 所示。

表 7.2 车载诊断信息

名　称	主要诊断信息
部件诊断	由微机控制各部件的自诊断以及对被控对象的监控诊断。部件诊断信息经编码后传输到车辆诊断计算机中
车辆诊断	机车或中间车辆的诊断经计算机通过总线或 I/O 口搜集、分类、评估、存储在本车中，由微机控制各部件的诊断数据，监测处理环境参数和时间标准，编码后传输到列车诊断装置中
列车诊断	搜集、分类、评估、存储全列车的诊断结果，并在本务车上显示

3. 服务信息和语言信息

服务信息是指车厢控制与诊断中心，一方面是对本车厢的服务功能如车门的开闭、空调、照明、旅客信息系统等进行控制，另一方面对这些功能装置的特征量进行诊断和检测，并把结果通过列车总线传送到列车诊断中心。

语言信息是指旅客信息系统向旅客提供运行信息、通信、娱乐和其他服务。

根据信息的结构、功能及传输特点，在列车通信网络中传送 3 类数据，如表 7.3 所示。

表 7.3 列车通信网络传输的数据

名　称	主要数据和信息
过程数据	表征列车状态的过程变量的值，如电机电流、制动力等
消息数据	诊断数据和旅客信息等
管理数据	仅限于同一总线上装置的状态检查或其他管理功能

第六节　HXD$_3$ 型电力机车的特性控制

机车特性控制是按照控制要求，对牵引电机实施恒转矩准恒速控制，满足机车恒牵引力/制动力、准恒速特性控制的要求。

一、牵引特性控制

HXD$_3$ 机车的牵引控制采用恒牵引力、准恒速特性控制方式，其牵引特性如图 7.11 所示。机车牵引力由恒定牵引力 F_{st}、最大牵引力 F_{max} 和准恒速控制牵引力 F_r 3 部分组成。

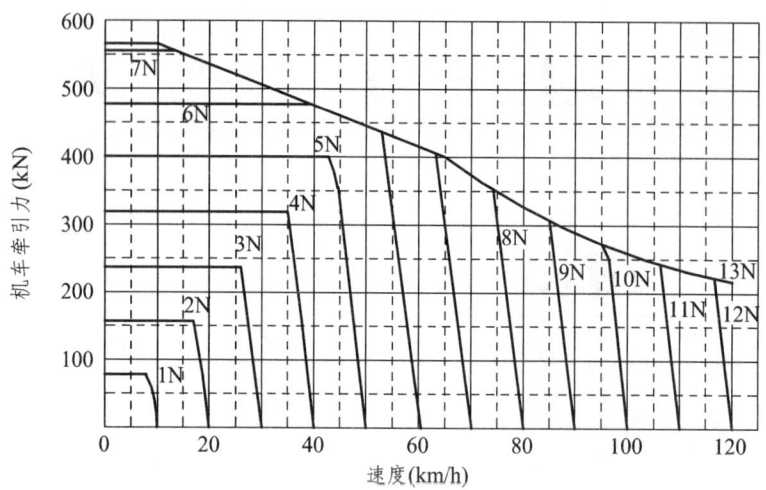

图 7.11　HXD$_3$ 型电力机车牵引特性（25 t）

1. 恒牵引力起动阶段

在低速起动时采用恒牵引力控制，可获得较大的牵引力，充分利用黏着。机车牵引力按照司机控制手柄级位来给定，即：

$$F_{st} = 80N \tag{7.5}$$

式中　N——司机控制器手柄级数，共有 12 级，各级间能平滑调节。

机车司机控制器每个级位的牵引力变化设定为 80 kN。机车按表达式（7.5）的关系起动，输出牵引力与级位成正比例的关系，当级位增加到 6 级以上时，输出牵引力受最大牵引力的限制。最大牵引力按照机车速度分段计算，其计算公式为：

$$F_{max} = \begin{cases} 570 & v < 10 \text{ km/h} \\ 600.9 - 3.09v & 10 \text{ km/h} \leq v < 65 \text{ km/h} \\ 26\,000/v & v \geq 65 \text{ km/h} \end{cases} \tag{7.6}$$

2. 准恒速运行阶段

准恒速控制牵引力按照机车运行速度进行缩减，其表达式为：

$$F_r = 640N - 64v \tag{7.7}$$

机车按照式（7.7）的关系运行，牵引力随着速度的增加线性下降，牵引力不能为负值，若计算值为负值时，则牵引力为零。机车每级速度变化范围在 10 km/h 以内，当机车速度达到 120 km/h 时，将进行速度限制。

牵引力按照特性控制时，对恒定牵引力 F_{st}、最大牵引力 F_{max} 和准恒速控制牵引力 F_r 进行比较，取最小值作为输出牵引力的控制值送入变流器，其表达式为：

$$F = \min\{80N, F_{max}, 640N - 64v\} \tag{7.8}$$

图 7.12 所示的 HXD$_3$ 机车的最高速度为 120 km/h，在 25 t 轴重负荷下，持续速度为 65 km/h，恒功率速度范围 65~120 km/h，恒功率调速比 K_{Pv} = 1.846。

二、电制动特性控制

HXD$_3$ 机车采用恒制动力、准恒速特性控制方式，其制动特性如图 7.12 所示。制动力限制及制动特性控制表达式为：

$$B = \min\{36.4v - 145.6, 26\,000/v, 36.4v - 364(N-1), 400\} \tag{7.9}$$

式中　B——机车轮周制动力（kN）；

　　　v——机车运行速度（km/h）；

　　　N——机车司机控制器手柄级数，共 12 级，各级间能平滑调节。

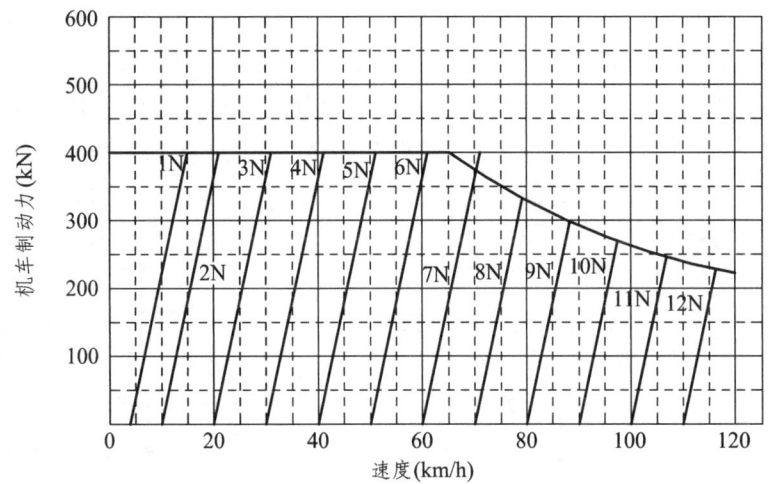

图 7.12　HXD$_3$ 型电力机车电制动特性（25 t）

表达式（7.9）中的前 3 项为机车的制动力限制曲线，当机车速度小于等于 65 km/h 时，机车最大制动力限制为 400 kN；当司机控制器调速手柄级位为 1 时，机车电制动力进入低速限制区，机车速度从 15 km/h 按照 36.4v – 145.6 限制线下降，当机车速度小于 4 km/h 时，机车将无制动力输出；当机车速度大于 65 km/h 时，机车最大制动力按曲线 B = 26 000/v 进行限制，此区段为机车功率限制区。

表达式 B = 36.4v – 364（N – 1）为特性控制函数，机车制动力在上述限制曲线范围内按该函数关系进行控制，制动力不能为负值，当计算结果为负值时，输出制动力为零。机车每级速度变化范围为 10 km/h。

本章小结

电力机车自动控制的主要目的在于缩短起动时间，充分利用黏着条件，运行平稳，同时使操作简单，减小司机劳动量，改善司机的工作条件。电力机车的自动控制系统有电子系统控制系统和微机控制系统。但不管何种控制其控制策略主要有恒流控制、恒速（恒转矩）控制和特性控制。

电力机车采用微机控制主要有以下特点：

（1）硬件通用，软件灵活可变，提高了系统的可靠性。

（2）控制具有记忆功能，可以进行自检、故障检索和故障监控等工作，具有智能的特点。

（3）按一定的节拍时序工作，通过总线传输信息和数据。

微机控制的优点可以概括为：通用性、灵活性、重现性、可靠性和智能性。

SS_{4G}型电力机车采用电子控制系统，能实现牵引控制、制动控制、防空转/滑行保护。

相控机车的微机控制系统是一个多CPU、分时控制系统，分为人机对话级、机车特性控制级、变流器控制级三级控制。

动力分散的动车组和重联控制的交流传动电力机车的微机控制也分为三级控制：列车级控制、机车级控制、传动级控制，它们通过列车信息系统的列车总线传输信息与数据。列车总线传输控制信息、诊断信息、服务和语言信息，数据可分为过程数据、消息数据和管理数据。它们共同构成现代列车的通信网络（TCN），以实现全列车环境下的信息交换，为列车信息化打下基础。

HXD_3型电力机车牵引控制司机控制器设定为13级，级间能够进行平滑调节。在低速区段特性曲线平直，机车按照恒牵引力起动，起动电流大；最大牵引力按照机车速度分段计算；准恒速控制牵引力按照机车运行速度进行缩减。

HXD_3型电力机车的电制动司机控制器手柄共12级，各级间能平滑调节，采用恒制动力、准恒速特性控制方式。

复习思考题

一、填空题

1. 在开环控制系统中，输出量对系统本身的执行过程没有影响，当由于某种原因影响了控制过程的进行，_____不能达到既定目标时，系统本身没有_____。

2. 系统的稳定性、_____的品质因数以及_____是衡量一个控制系统特性优劣的基本指数。

3. 在相控电力机车上，自动控制的目标主要是电机_____和_____，信息处理机构是微型计算机或电子柜，执行机构是晶闸管变流装置。

4. 根据机车自动控制的要求，机车上可以分别装设＿＿＿＿＿与＿＿＿＿两套独立的自动控制装置，通常将两套自动控制装置合并起来组成具有电流调节器的速度自动调节系统。

5. 电力机车特性控制是按照控制要求，对牵引电机实施＿＿＿＿＿控制，满足机车恒牵引力/制动力、准恒速特性控制的要求。

6. HXD_3 型电力机车牵引力由恒定牵引力 F_{st}、＿＿＿＿F_{max} 和＿＿＿＿F_r 3部分组成。

二、选择题

1. 自动控制的特点在于无须人的直接参与，系统可以按照一定的变化规律进行（　）调节。
  A. 手动　　　　　　B. 人为　　　　　　C. 自动

2. 在闭环自动控制系统中，将输出量以一定的方式反馈到输入量，控制器根据给定目标和（　）的差值进行控制。
  A. 输出量　　　　　B. 反馈量　　　　　C. 扰动量

3. 在闭环控制系统中，控制器应包括测量机构、比较机构、控制机构和（　）机构。
  A. 执行　　　　　　B. 反馈　　　　　　C. 传动

4. 电力机车控制系统的根本任务控制列车运行（　）。
  A. 效率　　　　　　B. 速度　　　　　　C. 功率

5. 机车级控制装置一般采用（　）设计，一套装置故障了可由另一套装置继续工作，保证列车运行的可靠性。
  A. 备份　　　　　　B. 冗余　　　　　　C. 余量

6. HXD_3 型电力机车牵引控制司机控制器设定为（　）级，级间能够进行平滑调节。
  A. 9　　　　　　　B. 11　　　　　　　C. 13

三、简答题

1. 什么是开环控制？什么是闭环控制？
2. 闭环自动控制和开环自动控制的主要区别是什么？
3. 什么是扰动？扰动对系统有何影响？
4. 有哪些指标可以衡量一个控制系统的稳定？
5. 电力机车恒流控制系统由哪几个基本环节组成？

四、综合题

1. SS_{4G} 型电力机车自动控制系统有哪些基本功能？
2. 试述交流传动电力机车微机控制系统的功能。
3. 画图分析 HXD_3 型电力机车的牵引特性曲线。
4. 画图分析 HXD_3 型电力机车制动特性曲线。
5. 交流传动电力机车微机控制系统分为哪三级控制？

第八章
电力机车高低压试验与常见故障处理

学习目标

电力机车高、低压试验是机车组装完成后对机车各部件进行调整和整定必不可少的工作。机车电气线路的故障判断与处理是机车检修和乘务人员必备的专业技能。本章主要介绍 SS_{4G}、HXD_{1C}、HXD_3 型电力机车低压试验前的准备工作、低压试验程序及要求,高压试验前的准备工作、高压试验程序及要求。简要介绍 SS_{4G}、HXD_{1C}、HXD_3 型电力机车常见故障的应急处理办法。通过本章学习应达到以下目标:

电力机车
高低压试验PPT

(1)掌握机车高、低压试验目的和试验程序。

(2)能在机车模拟驾驶装置上进行 SS_{4G}、HXD_{1C}、HXD_3 型电力机车高、低压试验。

(3)掌握电力机车故障判断处理的方法,能对 SS_{4G}、HXD_{1C}、HXD_3 型电力机车电气线路常见故障进行分析和应急处理。

第一节 概 述

机车高、低压试验是机车全面检查的一个重要部分,它不仅是对机车检修后及运用前的技术安全检查,而且也是保证机车运用质量的必要手段。通过试验可以确认机车电气部件是否正常工作,相互配合是否正确,可以说,机车试验是用动态检查的方法对机车进行全面的质量检验。

一、机车低压试验

机车低压试验在机车组装完成之后进行,其目的是检查机车各电气设备的连接是否正确、各电气设备的执行机构动作是否正常、相互逻辑关系是否正确,消除检修中造成的错接、漏接等现象。在接通库内辅助电源时,还可以试验各辅助机组的工作状态。

低压试验前应对机车上安装的各种电器部件或组件以及电气线路做一次一般性整备检查,并对某些电气和机械设备进行必要的操作。

进行低压试验的人员必须熟悉机车的电气线路和各部件的位置及其作用。在整个低压试验过程中,参加试验的人员应精力集中、密切配合,使整个试验的过程尽量缩短,以便使机车尽早投入运用。

根据机车所处状态及检修修程的不同,低压试验的具体过程也不完全相同。正常运用的机车,某些试验项目可以简化,某些电器动作仅在司机室内凭听觉即可判断是否正确,但对于检修后的机车,由于在检修过程中某些部件被更换、解体或部分解体,因而可能发生安装及接线错误或者更换后的部件本身不良等现象,对这些电器部件的动作情况必须予以确认。机车的修程越大,所换部件越多,就越容易存在隐患。如果在试验中发现故障,应该安全、准确、迅速地予以处理。

二、机车高压试验

机车高压试验主要是指机车在工频 25 kV 接触网压下进行的升弓试验。高压试验是在完成低压试验的基础上进行的,其主要目的是检查某些在低压试验中无法检查的线路及电器部件,观察仪表的显示情况,检查牵引电机和各辅助机组转向是否正确、工作是否正常,并进行牵引和制动试验。高压试验做完以后才能进行试运行或投入运用。

高压试验前应再次对机车进行检查。对于在低压试验中或排除故障中曾拆除的部分应予以恢复,各闸刀均恢复正常运行位,带有熄弧装置的电器其熄弧装置应齐全,各保护继电器的指示件均应恢复正常位,清理各器室、各柜中的遗留物品,检查完毕后将车顶门、高压室门及各器室门关好。在高压试验中,为了确保人身安全,试验人员在升弓前必须确认各高压室无人,并经高呼和鸣笛后,方可升弓。试验中需进入高压室时,必须确认受电弓已落下。进入高压室的人员应将司机台电源开关钥匙带在身上。任何时候不允许用其他物体代替司机台电源开关钥匙和换向手柄进行操作。在整个高压试验过程中,试验人员要精力集中,加强巡视,从听觉、嗅觉和视觉等发现是否有异常现象,如有异常现象应立即通知司机室内试验人员断电进行故障处理。

三、故障判断与故障处理的一般原则

电力机车在试验或运行过程中一旦出现故障,要求试验人员和乘务人员能安全、准确、快速地予以处理,因此操作人员应熟悉机车电气线路,了解电路中部件及联锁接点的设置结构和具体作用。

在机车发生故障时,首先必须正确地掌握故障时仪表及信号的显示情况、机车内部电器的动作情况及是否有响声、气味等,同时还要注意发生故障时的操作,注意当时各按键和手柄的位置所在以及操作动作与发生故障时的时间间隔等。准确地掌握故障现象是判断和处理故障的基础,如果故障现象掌握不全面就会给判断故障、处理故障带来困难。

在正确掌握故障现象的基础上,要对发生的故障进行分析,判断造成该故障的各种可能,如果有多种故障判断均能引起此种故障现象,则应尽量在司机室内用一些其他方法来缩小可能发生故障的范围。

对于多种故障判断均可能引起的故障,在检查故障时应分段检查或逐个检查,但应本着先易后难的原则去检查故障。也就是说,对于经常容易发生不良现象的部分和容易检查的部分首先进行处理。

对于不同状态下的机车,分析故障的方法也不尽相同。对于运用机车,像各塞门、闸刀等位置均处于正常位,行车中不可能发生变化,一般故障为电路中某部分接触不良或某部件受损发生问题而造成。对于刚检修过的机车,由于部件的互换、拆装等可能有漏接、错接等现象,因而要考虑检修部分存在的问题。此外,在发生故障时,一般均考虑为一处不良而造成,即考虑为单一故障,两处以上同时故障的情况比较少见,一般不考虑,或在单一故障排除后再去考虑。

四、电力机车使用与维护

1. 受电弓与主断路器的操作

(1)一般应升后弓,防止弓网磨耗掉的粉尘污染车顶设备,并可防止刮弓后损坏其他车顶设备。

(2)一般禁止升双弓,尤其对于机车长度大于 30 m 的机车过分相时绝对禁止。

(3)应先升弓,后合主断路器,防止空载电流产生过电压。先断主断路器,后降弓,防止弓网拉弧及过电压。

2. 辅机操作

(1)过分相绝缘时,应先断主断路器后断各辅机,减少辅机接触器分断电流次数。

(2)操纵司机控制器进行低级位牵引时可不开通风机,开风机级位视具体机型而定。

3. 牵引操作运行

（1）SS$_{4G}$ 型电力机车起动时为恒流起动，起动电流与级位成正比，但起动电流不宜过大，否则易发生空转。

（2）起动后准恒速运行，即在某级位时速度差在一定范围内，在此范围内电机电流可从给定值降为零。

第二节　SS$_{4G}$ 型电力机车高低压试验

一、低压试验程序及内容

（一）低压试验准备工作

（1）总风压力在 700 kPa 以上，闸缸压力 300 kPa；关闭两节车车顶门及高压室门；各管路塞门在正常工作位。

（2）闭合整流闸刀 666QS、负载闸刀 667QS；闭合全部自动开关，屏内电压表及副台电压表显示不少于 90 V。

（3）逆变电源置 A 或 B 组，确认 15 V、24 V、48 V 信号灯亮；主台显示屏"前节车、后节车、预备、主断、零压"灯亮。

（4）两节车电子柜转换开关均置"A"组。

（5）将两节车零压隔离开关 236QS 置"故障"位；牵引风速故障隔离开关 573QS、574QS 及制动风速故障隔离开关 589QS、590QS 置"故障"位。

（6）劈相机选择开关 591 置"手动"位。

（7）全车各控制器均在"零"位，非操纵节 570QS 在断开位。

（8）合 412SK，检查信号灯。

（二）低压试验程序及要求

1. 钥匙试验

（1）合 570QS。

① 听：门联锁动作声、287YV 吸合、568KA 吸合；看："零位"灯亮。

② 558KA、539KT、528KT、284KE、569KA、665KA 吸合。如 592QS 在重联位，则 545KA～548KA 吸合。

（2）断 570QS。

① 听：门联锁释放排风声，287YV 释放；看："零位"灯灭，568KA 释放。

② 558KA、539KT、528KT、284KE、569KA、665KA 释放。如：592QS 在重联位，则 545KA～548KA 释放。

（3）合 570QS：现象同（1）项。

2. 主断路器试验

（1）合 401SK。听：主断闭合声；看："主断"灯、"零压"灯灭；自复后，"零压"灯亮。

（2）合 400SK。听：主断断开声；看："主断"灯亮。

（3）合 401SK。现象同（1）项。反复断合 2～3 次，检查 145# 塞门是否关闭。

3. 劈相机试验

（1）手动试验：将 591QS 置"手动"位。合 404SK：

① "劈相机"灯亮，567KA 吸合。

② 同时：533KT、213KM、201KM、526KT、527KT、535KT、536KT 吸合。

③ 10 s 后，283AK 自动吸合（注：大同厂出产机车必须人为闭合 283AK）使 566KA 吸合，"劈相机"灯灭。

④ 同时：533KT、213KM、527KT 释放。

合 400SK。听：主断断开声；看："主断"灯亮。

（2）自动试验：将 591QS 置"自动"位。

合 401SK。主断闭合，"主断"灯灭；1 s 后，528KT 释放，劈相机自起，现象与手动相同。

断 404SK，恢复 591QS 于"手动"位。

（3）牵引风机 1 代替劈相机试验：将 242QS 置"1FD"位，296QS 置"电容"位。

合 404SK：

① 205KM 吸合，"劈相机""辅助回路""牵引风机 1"灯亮。

② 10 s 后，283AK 吸合后，"劈相机"灯不灭。

断 404SK：恢复 242QS 于"1PX"位，296QS 于"电阻"位。

重新闭合 404SK。

4. 压缩机试验

（1）闭合 405SK（当总风压力高于 750 kPa 时，闭合 408SK），203KM 吸合。

（2）断 405SK 或 408SK，203KM 释放。

5. 牵引风机试验

（1）合 406SK。

① 205KM 吸合，"辅助回路""牵引风机 1"灯亮。

② 3 s 后，535KT 释放，206KM 闭合，"牵引风机 2"灯亮。

③ 又 3 s 后，536KT 释放，211KM、212KM 吸合，"油泵"灯亮。

（2）断 406SK。现象与合位相反。

6. 制动风机试验

（1）合 407SK。

① 209KM 吸合，"辅助回路""制动风机 1"灯亮。

② 3 s 后，526KT 释放，210KM 吸合，"制动风机 2"灯亮。

（2）断 407SK。现象与合位相反。

7. 换向及牵引试验

（1）手柄置"后"位。

① 107QPBW、108QPBW、107QPT、108QPT 吸合，使 556KA 吸合，"预备"灯灭。

② 主手轮 1.5 级以上"零位"灯灭，532KT、525KT、549KA、12KM、22KM、32KM、42KM 吸合，牵引风机自起（现象与手动位相同）。

③ 25 s 后，525KT 释放，使 556KA 释放，"预备"灯亮。

④ 573QS、574QS、589QS、590QS 均置"故障"位，530KT、556KA 吸合，"预备"灯灭。

⑤ 主手轮回"0"，"零位"灯亮。

⑥ 合断 406SK。

手柄置"0"位：404 号线失电，使 556KA 释放，"预备"灯亮。

（2）手柄置"制"位。

① 560KA、561KA、530KT、107QPB、108QPB 吸合。

② 合 407SK，闸缸缓至 150 kPa 以内。

③ 主手轮离"0"，"零位"灯灭，牵引风机自起，532KT、12KM、22KM、32KM、42KM、91KM、92KM 吸合，"预备"灯灭。"电制动"灯亮。

④ 闸缸增至 150 kPa 以上，91KM、92KM 释放，电制动失效，"预备"灯亮，"电制动"灯灭。

⑤ 主手轮回"0"，"零位"灯亮。

⑥ 断 407SK，合断 406SK。

（3）手柄置"前"位。

① 107QPF、108QPF、107QPT、108QPT、556KA 吸合，"预备"灯灭。

② 主手轮离"0"，"零位"灯灭。

③ 主手轮 6 级以上，牵引风机自起。

④ 手柄置Ⅰ级：17KM、27KM、37KM、47KM 吸合。

Ⅱ级：18KM、28KM、38KM、48KM 吸合。

Ⅲ级：Ⅰ级和Ⅱ级的接触器同时吸合。

⑤ 手柄回"前"位，手轮回"0"，"零位"灯亮。手柄回"0"，"预备"灯亮。

⑥ 合断 406SK。

8. 辅台试验

（1）"前"位试验。

① 手柄置"前"位，进级1.5级以上，牵引风机自起，"零位""预备"灯灭。

② 手柄取出，"零位""预备"灯亮。

③ 合断406SK。

（2）"后"位试验。

现象与"前"位相同。合断406SK。断开404SK。

9. 保护试验

（1）手动285KE。主断跳闸，"主断""辅助回路""辅接地"灯亮。

重新合401SK，"主断""辅助回路""辅接地"灯灭。

（2）手动557KA。主断跳闸，"主断""牵引电机"灯亮。

重新合401SK，"主断""牵引电机"灯灭。

（3）手动564KA。主断跳闸，"主断""辅助回路""辅过流"灯亮。

重新合401SK，"主断""辅助回路""辅过流"灯灭。

（4）手动565KA。主断跳闸，"主断""原边过流"灯亮。

重新合401SK，"主断""原边过流"灯灭。

（5）手动594SB。主断跳闸，紧急停车，并自动撒砂。

重新恢复594SB。

10. 结　束

恢复试验前状态。

二、高压试验程序及内容

（一）高压试验准备工作

（1）低压试验良好，各机械、电器作用良好。

（2）车顶作业、隔离开关作业完毕，锁好车顶门。

（3）各开关、闸刀、塞门均在正常工作位。

（4）A、B节各室及地沟无人，无工具、杂物，锁闭各室门，拉下锁闭杆。

（5）人员齐全，均处于安全位置，操纵台无禁动牌。

（6）总风压力700 kPa以上，闸缸压力300 kPa。

（二）高压试验程序及要求

1. 闭合570QS

听：门联锁动作声；看："零位"灯亮。

注意确认主断路在断开位,"主断"灯亮。

2. 升弓

(1) 闭合后弓按键402SK。

看:受电弓升起时间不大于8 s,无冲网现象,网压表显示19～29 kV。

注意:升弓前必须高声呼唤××道××机车升弓,并鸣笛一长声方可升弓;升、降必须两人确认升、降到位。

(2) 断开402SK。看:降弓时间不大于7 s,无砸车顶现象,网压表降0。

(3) 断开402SK。同后弓,试验正常后升起双弓。

3. 闭合主断路器按键401SK

听:主断路器闭合声,主变压器交流声。

看:主台"主断"灯、"零压"灯灭,辅助电压表显示310～460 V,辅台控制电压表显示上升至110 V。

4. 启劈相机

闭合劈相按键404SK,另一手扶400SK按键。

听:劈相机启动正常;看:辅助电压表针波动30～60 V,"劈相机"灯亮又灭。

注意:合主断路器,等辅助电压稳定后,再起劈相机;发现异常,立即断电。

5. 闭合压缩机按键405SK(风压高于700 kPa时,闭合408SK)

听:247YV排风声,3 s后停止,压缩机启动正常。

看:网压波动30～40 V,总风压力达到900 kPa时自动停止泵风,如合408SK总风压力达950 kPa时,安全阀喷气,此时应关闭408SK。

6. 电制动试验

(1) 闭合406SK。

听:通风机1、2,变压器风机,油泵依次启动声正常。

看:主台"辅助回路"、副台"牵引风机1"灯亮又灭,3 s后"辅助回路""牵引风机2"灯亮又灭,再3 s后,"辅助回路""油泵"灯亮又灭。

(2) 闭合407SK。

听:制动风机1、2顺序启动正常。

看:"辅助回路""制动风机1"灯亮又灭,隔3 s后,"辅助回路""制动风机2"灯亮又灭。

(3) 换向手柄打"制"位,闸缸压力缓至100 kPa左右,调速手轮离0,移至制区。

听:91KM、92K励磁接触器吸合声;

看:主台"电制动"灯亮,"零位"灯、"预备"灯灭;励磁电流逐渐上升至930 A、电机加馈电流上升至50 A。

注意：闸缸压力不得降 0，以防加馈电流，引起机车后溜。

（4）断开 406SK。

听：牵引风机 1、2 停转，变压器风机及油泵停转。

看："预备"灯亮，励磁电流、电机电流降 0。

因 560KA 制位吸合，常闭打开，530KT 又因风机关闭失电，故预备电路被切断。正常后重新闭合 406SK。看预备灯灭，励磁电流逐渐升至 930 A，加馈电流 50 A。

（5）断开 407SK。

听：制动风机 1、2 停转。

看："预备"灯亮，励磁电流、电机电流降 0。

正常后，闭合 407SK，看"预备"灯灭，励磁电流逐渐升至 930 A，加馈电流 50 A。

（6）小闸制动 300 kPa。

听：91K、92KM 释放声。

看："预备"灯亮，"电制动"灯灭，励磁电流、电机电流降 0。

正常后，小闸缓至 100 kPa，看"预备"灯灭，"电制动"灯亮，励磁电流逐渐升至 930 A，加馈电流 50 A，

（7）正常后调速手轮回"0"，关闭 406SK、407SK，小闸制动 300 kPa。

7. 牵引试验

（1）换向手柄置"前"位，调速手轮进 1 级。

听：两位置开关转换声，线路接触器吸合声。

看："预备"灯、"零位"灯灭，8 台电机电流均升至 150 A。

注意：试验前必须确认闸缸压力 300 kPa，移动调速手轮时，另一手扶 400SK，发现电流非正常上窜，立即断电。

（2）调速手轮回"0"。听：线路接触释放声；看："零位"灯亮，电机电流降 0。

（3）后位试验：同前位。

（4）辅台试验。与主台同。注意：辅台手柄行程短，操纵时应缓慢移动，以防窜车。

8. B 组试验

（1）将两节电子柜 A、B 组转换开关均置 B 组，注意转换时在"零"位停留 3 s 以上，禁止快速转换。

（2）牵引试验方法同前。

（3）电阻试验，试风道继电器作用时，励磁电流不宜过大，取 200 A 左右，B 组无加馈电流。

（4）试验正常后，两节车电子柜 A、B 组选择开关重新恢复 A 组。

9. 保护试验

（1）紧急制动。

自动切除"牵引力"的方法是：手轮离零，大闸非常位，此时"主断"应断开，

列车管压力急剧降零。

（2）自动停车。

① 闭合自动信号开关。

听：警铃响 7 s 后，紧急放风阀排风，主断跳闸。

看：列车管压力急剧降 0，"主断""零压"灯亮。

② 大闸放至重联位解锁，15 s 后缓解，再合"主断"。

③ 试验正常后，关闭自动信号开关。

（3）按紧急按钮。

① 听：紧急放风阀排风，列车管压力急剧降零，主断跳闸。

看：列车管压力急剧降零，"主断""零压"灯亮。

② 大闸放至重联位解锁，15 s 后缓解，合"主断"。

（4）失压保护。

① 降下前、后受电弓。

看：网压降零；听：劈相机停转 2 s 后。

听："主断"跳闸声；看："零压""主断"灯亮。

② 最后关闭"PX"扳钮，取出电源钥匙，试验完毕。

第三节 HXD$_{1C}$ 电力机车高低压试验

一、低压试验程序及内容

（一）准备工作

（1）确认机车车顶门、变流柜锁闭良好，车顶隔离开关在"合"位且锁闭良好，高压接地开关在"运行"位（4 把黄色钥匙插入）、蓝色钥匙插入制动控制柜锁孔，开通受电弓风路，钥匙呈垂直状态。

（2）确认各风路塞门在正常工作位置。

（3）确认低压电器柜、控制电源柜上的自动开关均在闭合位置。

（4）确认总风缸风压不低于 750 kPa，机车控制电路电压不低于 90 V。

（5）实施停放制动。

（6）确认司机室各控制器均在"0"位并打开机械室门。

（7）检查冷却塔水位，油位正常与否。

（8）闭合蓄电池开关。确认电压大于 77 V，（如低于 77 V，2 min 后机车锁定）机车开始内部检查，可听到电器的动作声，大约 60 s 完成。此过程中，计算机系统对全车控制网络进行检测,应禁止其他操作,防止人为误动作而使检测系统进入保护程序。

(二)低压试验顺序及要求

1. 微机显示屏试验

(1)微机显示屏主界面显示正常。

(2)进入微机显示屏"网络"界面,确认所有设备通信正常(绿色)。

(3)进入"辅助系统"界面,所有自动开关均在闭合状态(标识均为绿色)。

(4)进入"现存故障"界面,无任何故障显示。

(5)返回主界面。

2. 停放装置试验

(1)按下"停放缓解"按钮,确认停放制动按钮红灯灭,微机显示屏停放装置框中"停放缓解标识出现"。

(2)按下"停放制动"按钮,确认停放制动按钮红灯亮,微机显示屏停放装置框中"停放缓解标识消失"。

3. 机车照明试验

依次闭合仪表、司机室、走廊、前照灯、辅助灯、标志等照明灯开关,检查各照明灯照明良好、逻辑控制关系正确。

4. 辅助设备试验

(1)检查刮雨器工作状态良好,功能与控制开关指示位置相符合。

(2)按下风笛按钮或踩下低音风笛开关,听鸣笛声音正常;看运记显示屏鸣笛记录标识出现。

5. 机车电钥匙试验

(1)机车电钥匙置"合"位。

(2)进入微机显示屏"主要数据"界面,确认操纵端司机室Ⅰ(Ⅱ)占用。

(3)将大闸置"抑制"位 1 s 后回"运转"位,小闸置"全制"位。观察制动显示屏"动力切除"消除,制动显示屏均衡风缸、列车管风压显示 600(500)kPa、机车制动缸风压显示 300 kPa。

6. 换向手柄试验

(1)换向手柄置"向后"位,确认微机显示屏主界面方向框显示"向后标识"(箭头向右)。

(2)换向手柄置"0"位,确认微机显示屏主界面方向框显示"0 位标识"(箭头指向左、右)。

(3)换向手柄置"向前"位,确认微机显示屏主界面方向框显示"向前标识"(箭头向左)。

7. 调速手柄试验

(1) 缓解停放制动。

(2) 调速手柄离开"0"位，进入牵引区最小位。

① 确认微机显示屏牵引电机输出框显示"允许输出"标识（绿底色，黄牵引电机图形）。

② 确认微机显示屏牵引/制动给定值指示箭头内显示的绿底色+图形。

(3) 缓慢将调速手柄由"0"位阶段推向"牵引"区最大位。

① 确认微机显示屏机车"设定速度"由 0 阶段升至 120 km/h。

② 确认微机显示屏两转向架"给定牵引力输出百分比"阶段升至 90% 以上。

③ 20 s 后，微机显示屏两转向架"给定牵引力输出百分比"逐渐降低到 0。

(4) 调速手柄由"牵引"区最大位回到"0"位。

① 确认微机显示屏机车"设定速度"降低到 0。

② 确认微机显示屏牵引电机输出框显示"禁止输出"标识（黑底色打红斜线的黄牵引电机图形）；

③ 确认牵引/制动给定值，指示箭头内显示底色变为灰色。

(5) 调速手柄由"0"位移至"制动"区。

① 确认牵引电机输出框显示"允许输出"标识（绿底色黄牵引电机图形）。

② 牵引/制动给定值指示剪头内显示红底色+图形。

③ 牵引/制动力输出值（数字）变为红色。

(6) 调速手柄退回"0"位。

8. 撒砂试验

分别将换向手柄"前""后"位，脚踩撒砂开关，确认撒砂装置作用良好。

9. 警惕装置试验

(1) 按下警惕按钮或踩下警惕开关 60 s 后：

① 听蜂鸣器响。

② 看微机显示屏故障信息显示区提示警惕装置部件未操作或持续操作。

③ 10 s 后，机车产生惩罚制动，蜂鸣器声响停止，提示消失。

(2) 大闸手柄移至"抑制"位 1 s 再回"运转"位，消除惩罚制动。

低压试验完毕，确认机车制动、司机控制器、机车电钥匙置"0"位。

二、高压试验程序及内容

（一）准备工作

(1) 检查确认机车走行部各部件正常，防溜设置正确，安全防护符合高压试验要求。

（2）所有维修、检查工作已经完成；没有工具、更换的零部件遗留在工作区域。

（3）确认总风风压不低于 700 kPa、机车制动缸风压不低于 300 kPa、机车已实施停放制动。

（4）确认机车各闸刀、试验开关、故障转换开关、风路塞门、车顶门、各屏柜门均在正常位。

（5）空气管路柜内 B01.U99 上无钥匙。

（6）确认操纵端司机控制器手柄在"0"位，机车电钥匙在"0"位。

（7）确认控制电路电压不低于 90 V。

（8）检查冷却塔水位、油位正常。

（9）机车电钥匙、方向手柄、接地开关的钥匙要求齐全到位。

（10）低压试验已经完成。

（二）高压试验顺序及要求

1. 升降弓试验

（1）后弓试验。高声呼唤"×道×××机车升弓了"并鸣笛一长声，将受电弓扳键开关置"升"位后松手。

① 听升弓电磁阀得电充风声。

② 观察后受电弓上升正常，无冲网现象，升弓时间不得大于 5.4 s（从弓头动作时起）。

③ 确认网压表及微机显示屏网压显示正常。

④ 微机显示屏主界面受电弓框显示后受电弓升起标识。

将受电弓扳键开关置"降"位后松手。

① 观察受电弓下降正常，无砸车顶现象，降弓时间不得大于 4 s（从弓头动作时起）。

② 确认网压表及微机显示屏显示网压低于 5 kV。

③ 微机显示屏主界面受电弓框显示后受电弓降下标识。

（2）前弓试验。在I端司机室操纵时，将受电弓模式开关置"弓1"位；在II端司机室操纵时，将受电弓模式开关置"弓2"位。

试验内容同后弓试验。

（3）受电弓模式开关置"自动"位，升起后弓。

2. 主断路器试验

（1）将主断路器扳键开关置"合"位松手。

① 听主断路器闭合声。

② 看微机显示屏主断框显示主断路器闭合标识。

③ 听辅助变流器 2 启动后，水泵、油泵投入工作声及牵引风机、冷却风机变频启动声。

④ 进入微机显示屏"辅助系统"界面，看辅助变流器 2 输出频率 60 Hz、电压 430 V 左右；辅变流器 1 输出频率、电压逐渐增加至 60 Hz、430 V 左右。约 15 s 后，辅变流器 1 输出电压、频率逐渐降低至 0。

⑤ 观察控制电路电压表，看控制电路电压显示 103 V 以上。

（2）将主断路器扳键开关置"分"位。

① 听主断路器断开声，辅变流器、辅机均停止工作。

② 看微机显示屏主断框显示主断路断开标识。

（3）主断路器扳键开关置"合"位后松手。

3. 压缩机试验

（1）将压缩机扳键开关置"合"位。

总风风压低于 680 kPa 时：

① 听空气压缩机 1、2 同时启动。

② 进入微机显示屏"辅助系统"界面，看压缩机 1 接触器 34-K23、压缩机 2 接触器 34-K23 闭合。

③ 当总风缸风压升至 900 kPa 时，压缩机 1、2 同时停止工作。

总风缸风压高于 680 kPa 但又低于 750 kPa 时：

① 听非操纵端压缩机投入工作。

② 当总风缸风压达到 900 kPa 时自动停止工作。

（2）将压缩机板键开关置"强泵风"位不松手。

① 看压缩机 1、2 投入工作，总风缸风压升至 950 kPa 时听高压安全阀喷气声。

② 松开压缩机板键开关，压缩机均停止工作。

注意：为了保证压缩机的正常启动，要求压缩机停止工作后，必须等待 20 s 后其压缩机接触器才能闭合。故压缩机停止工作 20 s 后，才能使其重新投入工作。

4. 换向手柄"向前"位试验

（1）换向手柄"向前"位。

① 听辅助变流器 1 变频启动后，牵引及冷却风机也随之变频启动。

② 进入微机显示屏"辅助系统"界面，看辅助变流器 1 输出频率逐渐升至 60 Hz，电压升至 430 V 左右，有 15 s 后，辅助变流器 1 输出频率逐渐降至 20 Hz，电压降至 160 V 左右。

（2）换向手柄回"0"位：听牵引冷却风机转速逐渐降低停止工作，确认辅助变流器输出频率逐渐降到 0。

（3）换向手柄置"向前"位。

5. 牵引试验

（1）按下"停放缓解"按钮，看停放制动按钮红灯灭，微机显示屏停放装置框停放缓解标识出现。

（2）确认机车空气制动 300 kPa，调速手柄置"牵引区"，设定速度增加到 10 km/h 时，确认机车牵引力输出值逐渐增加至 40 kN 左右。

（3）调速手柄退回"0"位，看微机显示屏，机车牵引力输出值变为 0，设定速度显示"0"。

6. 连挂试验

（1）换向手柄置"向前"位，微机显示屏"连挂"按钮（软键）弹出。
（2）按压"连挂"（软键），微机显示屏故障信息显示区显示"连挂模式"。
（3）调速手柄置"牵引"区
① 牵引电机输出框显示允许输出标识（绿底色，黄牵引电机图形）。
② 设定速度显示 1～3 km/h（在列车参数界面人为进行设定）。
③ 机车有牵引力输出。
（4）调速手柄回"0"位，确认机车牵引力及设定速度回 0，牵引电机输出框显示禁止输出标识（打红斜线的黄色牵引电机图形）。
（5）换向手柄回"0"位，微机显示屏"连挂模式"显示消失，连挂模式结束。

7. 自动换端试验

（1）司机控制器手柄回"0"位，机车制动后，按下"自动换端"按钮。
① 自动换端按钮白灯亮。
② 微机显示屏提示"停车换端有效"。
③ 看受电弓双弓升起。
（2）拔出机车电钥匙，确认机车产生惩罚制动。
（3）机车电钥匙置"合"位。
① 自动换端按钮白灯灭。
② 微机显示屏提示"停车换端结束"。
③ 确认操作端受电弓降下，自动换端结束。

注意：若受电弓模式开关在"弓 1 位"或"弓 2 位"，自动换端时，受电弓状态不发生变化。

第四节　HXD$_3$型电力机车高低压试验

一、低压试验及程序

（一）低压试验准备工作

（1）确认车顶门、控制电器柜门锁闭良好，高压接地开关在"运行"位（两把黄色钥匙插入）；蓝色钥匙插入制动控制柜锁孔，开通受电弓风路（蓝色钥匙呈垂直状态）。

（2）确认各风路塞门在正常工作位置（空气制动柜：总风塞门 A24、踏面清扫塞门 B50.02、弹停塞门 B40.06、撒砂塞门 F41.02、制动缸塞门 Z10.22 在开放位；干燥器下：控制风缸塞门 U77 在开放位、总风缸排水塞门 A12 在关闭位；压缩机与 I 端变流柜间侧墙：II 端受电弓塞门 U98 在开放位；压缩机与 I 端变流柜间小地板下：弹停风缸排水塞门 A14、控制风缸排水塞门 U88 均在关闭位；控制电器柜与 II 端变流柜间侧墙：主断路器塞门 U94、I、II 端受电弓高压隔离开关塞门 U95、I 端受电弓塞门 U98 均在开放位）。

（3）确认总风缸风压不低于 750 kPa；机车控制电路电压不低于 96 V。

（4）确认控制电器柜上的自动开关位置正确（除直流加热及自动过分相自动开关在"断开"位外，其余自动开关均在"闭合"位）。

（5）实施弹停制动。

（6）司机室各控制器在"0"位，打开机械室门。

（二）低压试验程序及要求

（1）机车照明试验。

依次闭合仪表、司机室、走廊、车底、前（辅）照灯、标志等照明灯开关，检查各照明灯照明良好、逻辑控制关系正确。

（2）辅机系统试验。

检查遮阳帘、风扇、刮雨器、工作状态良好，功能与控制开关指示位置相符合。

（3）机车电钥匙试验。

① 机车电钥匙置"合"位。

观察制动显示屏启动正常，检查制动显示屏各数据、参数设置正确。

② 将自动制动手柄置"抑制"位 1 s 后回"运转"位、单独制动手柄置"全制"位。

观察制动显示屏"动力切除"消除，制动显示屏均衡风缸、列车管风压显示 600 (500) kPa，机车制动缸风压显示 300 kPa。

（4）微机显示屏试验。

① 状态指示屏"微机正常""主断分""零位""欠压""辅变流器""水泵""停车制动"灯亮。

② 按下状态指示屏自检按钮，所有状态指示灯亮。

③ 确认微机显示屏显示正常，其网压、控制电路电压显示与仪表模块显示一致。

④ 主、辅变流器切除试验。

利用微机显示屏触摸开关，分别将主变流器、辅变流器切除、恢复一次。

（5）弹停装置试验。

① 弹停转换开关置"缓解"位：确认弹停制动缓解，状态指示屏"停车制动"红灯灭。

② 弹停转换开关置"制动"位：确认弹停装置制动，状态指示屏"停车制动"红灯亮。

（6）主变流器试验。

将主变流器试验开关（SA75）置"试验"位，进行以下试验：

① 断路器试验：将主断路器扳键开关（SB43 或 SB44）置"主断合"位，听主断路器闭合声；看状态指示屏"主断分"灯灭，微机显示屏显示主断"合"。

将主断路器扳键开关（SB43 或 SB44）置"主断分"位：听主断路器断开声；看状态指示屏"主断分"灯亮，微机显示屏显示"主断分"。

② 牵引试验。

"前"位牵引试验：换向手柄置"前"位。听：充电、工作接触器动作声；看：微机显示屏方向指示与手柄位置一致。

缓慢将调速手柄由"0"推向"牵引"区最大位。看：状态指示屏"零位"灯灭、微机显示屏级位显示从 0.0 升至 13.0，各轴扭矩输出显示由 0 升至约 950 kN。

缓慢将调速手柄退至"0"位。看：微机显示屏级位和牵引力显示逐步回"0"、状态指示屏"零位"灯亮。

换向手柄置"0"位。听：工作接触器断开声。

"后"位牵引试验：试验内容同"前"位牵引试验。

③ 电制动试验。

换向手柄置"前"位，将调速手柄拉向"制动区"并逐渐推至最大位。

看：状态指示屏"零位"灯灭、"电制动"灯亮；听：制动系统短暂排风声（机车制动缸有风时）；看微机显示屏手柄级位由 11.9～1 级变化。

④ 调速手柄退回"0"位。看：状态指示屏"电制动"灯灭、"零位"灯亮。

缓解机车制动，大闸置"初制动"位，将调速手柄置"制动区"。看：状态指示屏"零位"灯灭、"电制动"灯亮；观察机车制动缸缓解。

调速、换向手柄回"0"。试验完毕，主变流器试验开关（SA75）恢复至"0"位。

（7）撒砂试验。

分别将换向手柄置"前""后"位，脚踩撒砂开关 SA83（SA84），确认撒砂装置作用良好。

（8）警惕装置试验。

在微机显示屏牵引/制动画面点击〖检修状态〗→输入密码"000"→点击〖确认〗〖状态〗〖信号信息〗→进入信号信息画面→点击〖DI2〗→进入 DI2 画面第一页，手按警惕按钮或脚踩警惕开关，看 521 线底色变绿；松开后，底色恢复黑色。

二、高压试验及程序

（一）高压试验准备工作

（1）确认机车各闸刀、试验开关、故障转换开关、风路塞门、车顶门、各屏柜门均在正常位。

(2)确认总风风压不低于 700 kPa，机车制动缸风压不低于 300 kPa。

(3)检查控制电路电压不低于 96 V。

(4)通过微机显示屏将主变流器 CI1～CI6 全部切除。

(5)将非操纵端自动制动手柄锁定在"重联"位，单独制动手柄置"全制"位，锁闭非操纵端司机室门窗。

(6)确认操纵端司机控制器手柄在"0"位、机车电钥匙在"0"位。

(7)确认机车停留在有电区且接地线已撤除、隔离开关已闭合，机车两端地面防护牌、信号旗（信号灯）已撤除，机车周围无闲杂人员且均处于安全区域，高压试验人员均在司机室。

(二）高压试验程序及要求

1. 制动显示屏试验

机车电钥匙置"合"位。

(1)确认制动显示屏启动正常，检查制动显示屏各数据、参数设置正确。

(2)将大闸置"抑制"位 1 s 后回"运转"位、小闸置"全制"位，确认制动显示屏"动力切除"消除，制动显示屏均衡风缸、列车管风压显示 600 (500) kPa、机车制动缸风压显示 300 kPa。

2. 升降弓试验

(1)后弓试验。

① 将受电弓扳键开关 SB41（SB42）置"后受电弓"位。

听升弓电磁阀得电充风声，观察受电弓上升正常，无冲网现象，升弓时间不得大于 5.4 s（从弓头动作时起），确认网压表及微机显示屏网压显示正常、状态指示屏"欠压"灯灭。

② 将受电弓扳键开关 SB41（SB42）置"0"位。

观察受电弓下降正常，无砸车顶现象，降弓时间不得大于 4 s（从弓头动作时起），确认网压表及微机显示屏显示网压低于 5 kV、状态指示屏"欠压"灯亮。

(2)前弓试验。

试验内容同后弓试验。

3. 主断路器试验

将主断路器扳键开关 SB43（SB44）置"主断合"位。

(1)听主断路器闭合声及辅变流器 2（APU2）启动后，水泵、辅变流器风机、油泵投入工作声。

(2)看机车状态指示屏"主断分""辅变流器""水泵"灯灭。

(3)进入微机显示屏"风机状态"画面，确认变压器油泵 MA21、MA22 及水泵 MA27、MA28 投入工作。

（4）进入微机显示屏"辅助电源"画面，看辅变流器 2（APU2）输出频率为（50±1）Hz。

（5）观察控制电路电压表及微机显示屏，看控制电路电压显示 110 V。

（6）进入机械室确认冷却系统水流量计显示流量正常（黑色指针在 200 左右）。

4．压缩机试验

（1）总风风压低于 750 kPa（0001~0640 号机车）或 680 kPa（0641 号机车之后）时，将压缩机扳键开关 SB45（SB46）置"压缩机"位。

① 听空气压缩机 1、2 间隔 3 s 依次启动。

② 进入微机显示屏"空制状态"画面，看压缩机 CMP1、CMP2 正常投入工作。

③ 当总风风压升至 900 kPa 时，压缩机 1、2 同时停止工作。

（2）当总风缸风压高于 750 kPa 但又低于 825 kPa 时（0001~0640 号机车）或当总风缸风压高于 680 kPa 但又低于 750 kPa 时（0641 号机车之后），将压缩机扳键开关 SB45（SB46）置"压缩机"位，此时仅操纵端压缩机投入工作，当总风风压达到 900 kPa 时自动停止工作。

（3）将压缩机扳键开关 SB45（SB46）置"强泵风"位不松手。

① 看操纵端压缩机投入工作，总风风压升至 950 kPa 时听高压安全阀喷气声。

② 松开压缩机扳键开关 SB45（SB46），操纵端压缩机停止工作。

5．换向手柄"前"位试验

（1）换向手柄置"前"位。

① 听辅变流器 1（APU1）启动后，牵引及复合冷却风机启动。

② 进入微机显示屏"风机状态"画面，确认牵引风机 MA11~MA16 启动正常。

③ 进入微机显示屏"辅助电源"画面，看辅变流器 1（APU1）输出频率升至 33 Hz。

（2）换向手柄回"0"位。

待 1 min 之后，听各牵引、复合冷却风机停止工作。

6．电制动试验

（1）换向手柄置"前"位、调速手柄离开"0"位至"制"区最大。

① 看机车状态指示屏"零位"灯灭。

② 进入微机显示屏"辅助电源"画面，看辅变流器 1（APU1）输出频率升至 (50±1) Hz。

③ 看微机显示屏显示级位由 11.9~1 级间变化。

（2）调速手柄回"0"位。

看机车状态指示屏"零位"灯亮。

7．牵引试验

（1）弹停转换开关置"缓解"位，看机车状态指示屏"停车制动"红灯灭。

（2）通过微机显示屏触摸开关恢复主变流器 CI1~CI3。

看状态指示屏"预备"灯亮。

（3）将调速手柄置牵引"＊"位。

① 看机车状态指示屏"零位""预备"灯灭。

② 微机显示屏显示"1.0"级、牵引电机 M1~M3 输出扭矩显示 13 kN 左右。

（4）调速手柄退回"0"位。

① 机车状态指示屏"零位""预备"灯亮。

② 看微机显示屏牵引电机 M1~M3 输出扭矩变为 0，手柄级位显示"0"级。

（5）通过微机显示屏触摸开关切除主变流器 CI1~CI3、恢复主变流器 CI4~CI6，将调速手柄置牵引"＊"位。

① 看机车状态指示屏"零位""预备"灯灭。

② 微机显示屏显示"1.0"级、牵引电机 M4~M6 输出扭矩显示 13 kN 左右。

（6）调速手柄退回"0"位。

① 机车状态指示屏"零位""预备"灯亮。

② 看微机显示屏牵引电机 M4~M6 输出力矩变为 0，手柄级位显示"0"级。

（7）换向手柄置"0"位，通过微机显示屏触摸开关切除主变流器 CI4~CI6。

8. 辅变流器故障切换试验

（1）断开主断路器，通过 TCMS 屏"开放状态"栏手动切除 APU1，看 APU1 栏变红。重新闭合主断，听 APU2 启动声，各风机启动运行，通过 TCMS 屏"机器状态"栏"风机状态"界面，确认 WP1~WP2 水泵、MA21~MA22 油泵工作正常，MA11~MA16 牵引风机、MA17~MA18 复合冷却风机启动正常。

（2）通过 TCMS 屏"机器状态"栏"辅助电源"界面看 APU2 输出电源频率为 50 Hz，看 PSU1（PSU2）装置投入工作，观察控制电压表及 TCMS 屏显示控制电压 110 V。

（3）断开主断路器，恢复 APU1，切除 APU2 试验（试验内容及步骤同上）。

9. PSU 装置转换试验

（1）断电降弓拉回电钥匙开关，通过 TCMS 屏确认试验时正常工作的 PSU 单元，并通过 TCMS 屏检修模式修改系统日期，修改完毕后脱开蓄电池开关，30 s 后恢复蓄电池开关。

（2）重新升弓闭合主断，确认控制电压表及 TCMS 显示屏显示控制电压 110 V，通过 TCMS 屏"辅助电源"界面，确认另一组 PSU 投入工作。

（3）断开主断路器，采用手动转换 PSU 单元，将 PSU 装置柜侧面转换开关转至另一组 PSU 单元，重新闭合主断，确认控制电压表及 TCMS 显示屏显示控制电压 110 V，通过 TCMS 屏"辅助电源"界面，确认另一组 PSU 投入工作。

第五节 SS$_{4G}$型电力机车电气线路常见故障处理

电力机车的性能日益完善，可靠性不断提高，但机车是一个复杂的机电一体化系统,设备繁杂，零部件很多，而且在运用中要适应复杂的环境和不同的工况，各零部件会发生不同程度的自然磨损，因此不可避免地出现一些故障的。所以用户除了定期检查维护和保养机车外，还需要熟悉机车的电器设备和电气线路结构，在运用中不断总结经验，遇到故障不要慌张，大多数故障是可以在运行中排除的。

一、机车故障及其分类

通常按照故障所处电路将故障分为主电路故障、辅助电路故障和控制电路故障。

1. 主电路故障

主电路故障主要为机车调压整流电路及牵引电路各高压电器设备如电机、电器及电路的故障，主要有接地故障、过流障及短路故障，此类故障一般无法处理，只能应急隔离，维持故障运行。

2. 辅助电路故障

辅助电路故障主要是指辅助电路内各辅助机组及其相关电器、电热暖设备故障，此类故障主要有辅助机组烧损、接地和短路等，主要处理方法也是隔离故障部件。

3. 控制电路故障

机车控制电路是三大线路中最为复杂、最为关键的线路，由于采用电气联锁和机械联锁来实现机车的逻辑控制，许多故障往往是由于联锁不良造成的。机车控制电路故障是所有故障中比例最高的，可以分为：

（1）整备控制电路故障。整备控制不良主要表现为整备电路某环节未构成，导致下一环节不能继续。

（2）调速控制电路故障。机车整备控制完成后，机车整备电路良好，但调速控制时牵引电动机仍然是无电压、无电流的现象。此时故障处所除了少数为电子控制系统或微机控制系统以外，大部分问题为调速控制电路不良。

（3）机车保护电器误动作和其他控制电路故障。

二、SS$_{4G}$电力机车常见故障处理

1. 受电弓升不起

故障判断：

（1）保护阀287YV及门联锁风路不通。

（2）门联锁重联风压继电器 515KF 不动作。

故障处理：

（1）检查电路，疏通风路。

（2）开关 558QS 置"单机"位，只升本节受电弓，切除其他节车的主断路器。

2. 主断路器不闭合

故障判断：

（1）司机控制器调速手轮不在零位，零位继电器 568KA 未吸合。

（2）劈相机按钮在闭合位。

（3）风压太低。

（4）主断路器机械结构损坏。

故障处理：

（1）两个司机室的司机控制器均回"0"位。

（2）将劈相机按键开关置断开位。

（3）用辅助压缩机打风，确保储风缸压力 500 kPa 以上。

（4）用扳手人为合闸维持故障运行或用主断路器故障隔离开关 586QS 隔离半台机车运行，同时将零压隔离开关 236QS 置故障位。

3. 主断路器断不开

故障判断：分闸线圈 4QFF 烧损。

故障处理：维持故障运行，降弓过绝缘分相区。

4. 劈相机故障

故障判断：

（1）劈相机启动后，"劈相机"信号灯不灭，起动电阻发红或烧断。

（2）劈相机绕组烧损。

故障处理：

（1）劈相机起动继电器 283AK 不动作或动作晚，可以人为按起动继电器按钮。

（2）若起动电阻烧损换另一组。

（3）切除劈相机改由第一牵引通风机电容启动。

5. 牵引通风机故障

故障判断：牵引通风机烧损。

故障处理：切除该牵引通风机及应用牵引电机，维持运行。

6. 一台牵引电动机无流

故障判断：

（1）该牵引电机线路接触器不吸合。

（2）牵引电动机开路。

故障处理：
（1）处理该电机线路接触器及电磁阀。
（2）将牵引电机故障隔离开关置"故障"位，切除该电动机。

第六节　HXD$_{1C}$型电力机车常见故障判断与处理

一、机车应急故障处理应遵循的原则

（1）运行途中机车出现故障时，司机应沉着冷静，首先根据微机、制动、运行显示屏的显（提）示，列车运行状态及随乘（学习）司机的检查汇报，大致判定机车故障的严重程度，立即采取断电、降弓、停车、调速手柄回"0"位，换向手柄回"0"位等不同措施后再做后续处理。如：

① 发生弓网事故、机车火灾，应首先采取断电、降弓、立即停车、调速手柄回"0"位、取出机车电钥匙的措施。

② 需要进行车顶隔离开关转换时，应首先采取断电、降弓，调速手柄回"0"位的措施，再拔出制动控制柜蓝色钥匙，插入高压接地开关蓝色锁孔，将高压接地开关置"接地"位后，再拔出黄色钥匙，用其打开车顶隔离开关锁闭器，才能进行转换。

（2）故障处理过程中遇到下列情况可能使机车产生惩罚制动。

① 机车电钥匙回"0"位。

② 同时断开低压电器柜"VCM1 电源""VCM2 电源"自动开关 22-F101、22-F102。

③ 断开低压电器柜Ⅰ端司机室 I/O 自动开关 24-F103。

④ 断开低压电器柜Ⅱ端司机室 I/O 自动开关 24-F105。

⑤ 断开低压电器柜机械室 I/O 自动开关 24-F107。

⑥ 断开低压电器柜"CCBⅡMIPM 电源"自动开关 28-F131。

⑦ 断开低压电器柜"CCBⅡEPCU 电源"自动开关 28-F132。

⑧ 断开控制电源柜"控制电源输出"自动开关 32-F02。

⑨ 低压断开控制电源柜"蓄电池"自动开关 32-F03。

（3）运行途中，机车出现微机控制、机车保护、制动控制等方面故障，按常规处理方法处理后，若故障仍无法消除时，可在降弓、断电情况下，断开机车控制电源柜"控制电源输出"自动开关，60 s 后再闭合（即大复位方法），以使机车保护恢复、微机复位、重新启动而消除故障。

（4）运行途中，处理机车故障需要断开控制电源柜"控制电源输出"自动开关

前，司机一定要考虑到该操作会导致机车停车，且恢复运行前，还需对"运记"进行重新设定，并需根据牵引重量、线路纵断面、天气综合考虑其对列车再起动时的影响。慎重选择断开控制电源柜"控制电源输出"自动开关的时机，最好将故障机车维持运行到站内，再进行此项操作。

（5）运行途中，机车发生故障，司机应根据线路纵断面、牵引重量，选择合理的处理时机及方法，尽可能维持运行，例如一台受电弓故障，可换升另一台受电弓维持运行。

（6）运行途中，机车发生的故障，若难以处理或处理后也难以维持运行时，应尽量维持到前方站，若确实无法维持运行时，应及时请求救援。

二、机车常见故障判断处理

1. 受电弓升不起来（自动降下）时的处理

进入微机显示屏"受电弓状态"界面，找出受电弓升不起来（自动降弓）的原因（底色变白条目）再对症进行处理。

（1）若"高压隔离开关同时打开"、底色变白，则检查车顶隔离开关位置，至少使一端车顶隔离开关处于"合"位。

（2）若"主断/受电弓自动开关断开"底色变白，则到低压电器柜检查，活动"主断/受电弓"自动开关=21-F114，使其处于闭合位。

（3）若"控制风缸风压不足"底色变白，检查控制风缸塞门在开放位、控制风缸排水塞门在关闭位，消除控制风缸风压低的原因。

（4）若"辅助压缩机自动开关断开（风压不足）"底色变白，则到低压电器柜检查，活动辅助压缩机自动开关=21-F157，使其处在闭合位。

（5）若"辅助压缩机故障（风压不足）"底色变白，检查、消除辅助压缩机故障或设法提高控制风路风压后再升弓。

（6）若"紧急按钮按下"底色变白，检查、消除辅助压缩机故障或设法提高控制风路风压后再生弓。

（7）若"机车模式开关不在正常位或检测到外部供电"底色变白，到低压电器柜检查，恢复机车模式开关=21-S54在"正常"位。

（8）若"受电弓升起15 min后，未检测到网压或主断未闭合"底色变白，其说明受电弓自动下降原因。应待接触网送电后，再升弓和升弓后及时闭合主断路器。

（9）若"TCU自动开关同时断开"底色变白，查找、消除引起TCU1电源、TCU2电源自动开关同时断开的原因。至少恢复一个TCU电源自动开关在"闭合"位。

（10）若"顺序控制降弓"底色变白，说明虽未直接发出降弓指令，但在执行某一控制指令时，必须在降弓情况下才能进行，故微机自动进行了降弓，一般情况下，机车电钥匙重新置"合"位即可消除。

（11）若"CCU与TCU通信故障"底色变白，则恢复与其相关的自动开关，待CCU与TCU通信故障消除，进行复位操作即可。

（12）若"列车未占用"底色变白，闭合操纵端机车电钥匙后即可消除。

（13）若"受电弓隔离塞门关闭"底色变白，检查、确认受电弓隔离塞门开放位（蓝色钥匙处于垂直状态）。

（14）若"降弓指令"底色变白，则需检查、消除存在的所有降弓指令。

（15）若"受电弓1升弓故障"底色变白，应将低压电器柜受电弓模式开关置"弓2"位，切除Ⅰ端受电弓即可。

（16）若"受电弓2升弓故障"底色变白，应将低压电器柜受电弓模式开关置"弓1"位，切除Ⅱ端受电弓即可。

（17）若"主断卡合"底色变白，确认控制电气柜主断路器风路塞门在开放状态后，断开控制电源柜"控制电源输出"自动开关20 s再闭合。

（18）若"蓄电池电压低于77V"底色变白，检查、消除引起蓄电池电压低的原因，使控制电路电压高于77 V。

（19）若"TCU保护性降弓"底色变白，则同时断开低压电器柜"TCU1电源""TCU2电源"自动开关，20 s再闭合后，再进行复位操作。

2. 主断路器不闭合或自动断开时处理

进入微机显示屏"主断状态"界面，查出造成主断路器不闭合或自动断开的原因（底色变白条目）后，再对症进行处理。

（1）若"主断/受电弓自动开关断开"底色变白。到低压电器柜检查，活动主断/受电弓自动开关=21-F114，使其处在闭合位。

（2）若"控制风缸风压不足"底色变白，则检查控制风缸塞门在开放位、控制风缸排水塞门在关闭位，消除控制风缸风压低的原因。

（3）若"紧急按钮按下"底色变白，则检查、恢复两端司机室紧急按钮至"运行"位。

（4）若"受电弓塞门关闭"底色变白，则到制动控制柜检查受电弓隔离塞门，确保其在开放位。

（5）若"过分相"底色变白，则在低压电器柜右侧面的自动过分相处理器上，将过分相故障钮子开关置"故障"位，切除自动过分相装置维持运行。

（6）若"原边电压过压"底色变白，应立即查看接触网网压，若接触网网压过高时，则等待网压恢复正常后再闭合主断路器。

（7）若"原边电压欠压"底色变白，应立即查看接触网网压，若接触网网压过低时，则等待网压恢复正常后再闭合主断路器。

（8）若"变压器油温过高"底色变白，消除变压器油温高的原因，待变压器油温降低后再闭合主断路器。

（9）若"变压器油温过低"底色变白，设法提高变压器油温，待变压器油温提高后再闭合主断路器。

（10）若"主断闭合/断开故障"底色变白，在消除主断路器故障后，进行复位操作。

（11）若"主变流器水位保护"底色变白，切除对应的主变流柜后，进行复位操作。

3. 运行途中，某台牵引电机无扭矩输出时的处理

（1）某台牵引电机无扭矩输出，而其他牵引电机扭矩输出正常时，可维持运行到前方停站或回段后再进行处理。

（2）若某台牵引电机故障，引起主断路器断开时，可利用其对应的牵引电机隔离开关将故障牵引电机切除后维持运行。

（3）若切除该牵引电机即无法维持运行时，应尽量运行到前方停车站后进行处理。

① 检查、恢复该台牵引电机对应的牵引风机自动开关至"闭合"位。

② 进入"现存故障"界面，按其提示对症处理。

③ 无明确故障时的处理办法：

方法 1：司机控制器调速手柄回"0"，断开再闭合其对应的"TCU 电源"自动开关（牵引电机 1、2、3 对应 TCU1；牵引电机 4、5、6 对应 TCU2）后，按压一次"复位"按钮。

方法 2：在停车状态下断开再闭合控制电源柜"控制电源输出"自动开关，使微机复位，消除故障恢复运行。若故障不能消除，应及时请求救援。

4. 运行途中，压缩机三相自动开关断开时的处理

运行途中，微机显示屏故障信息显示区显示"！三相开关"，进入"现存故障"界面，提示某一压缩机三相自动开关断开时，按以下方法及进行处理：

（1）机车正在牵引或电制动（带载）运行，可利用压缩机扳键开关置"强泵风"位，通过另一压缩机泵风维持运行。

（2）机车正在惰行或在车站停车时，则按以下方法进行处理。

① 司机控制器手柄回"0"位，断开主断路器。

② 根据微机显示屏提示，恢复断开的压缩机自动开关后，再闭合主断路器，进行压缩机工作试验，若压缩机工作正常，则恢复正常运行；若压缩机自动开关随即断开，则不再进行处理，利用另一台压缩机维持运行，回段报修。

（3）切除一台压缩机后，全车压缩机的泵风速度将减小一半，故运行中，应随时注意观察总风缸风压，并使其保持在 800 kPa 以上。缓解列车制动前，应将压缩机扳键开关置"强泵风"位提前泵风，以保证缓解用风的需要。对站停列车，可向车站申明，由车站提前通知开车准备，以保证出站信号机开放后，及时将列车开出。

5. 运行途中，主电路接地时的处理

运行途中，主断路器断开，微机显示屏提示"原边接地""TCU1 主回路接地""TCU2 主回路接地"时，机车乘务员应立即将司机控制器手柄回"0"位，按压司

机台"复位"按钮进行复位操作后，重新闭合主断路器，进行牵引、电制动操作。若故障消除或微机控制

系统自动将接地主变流柜隔离时，即恢复或维持运行；若故障仍然存在，则按以下方法处理：

（1）若微机显示屏提示"TCU1（2）主回路接地"时，司机控制器调速手柄回"0"位，断开低压电器柜"TCU 1（2）电源"自动开关，按压3次"复位"按钮。隔离主变流柜1（2），利用主变流柜2（1）维持运行。

（2）经以上处理，故障仍无法消除时，应尽量维持进站，请求救援。若确无法维持运行到车站时，在逼迫停车后，立即请求救援。

6. 运行途中，主断路器断开，"主断状态"提示"原边电压欠压"时的处理

运行途中，主断路器断开，微机显示屏"主断状态"提示"原边电压欠压"时，应立即通过微机显示屏主界面及网压表查看接触网网压，若接触网网压低于17 kV时，即可确定为网压欠压保护动作。此时，应及时向列车调度员汇报，通过调整列车运行次序或调节接触网网压，使接触网网压恢复正常，待接触网网压高于175 kV且超过1 s，立即闭合主断路器，网压恢复正常后继续运行。

特殊情况下，无法维持运行时，可停车待接触网网压恢复正常或按列车调度员的指示办理。

第七节　HXD$_3$型电力机车常见故障判断与处理

1. 主断路器断不开

故障判断：

（1）半自动过分相按钮故障。

（2）微机系统故障。

故障处理：

（1）主手柄回"0"位，使用半自动过分相按钮无效时，手动主断扳键开关SB43（44）至"主断分"位。

（2）仍无效时，将管路柜上的升弓气路阀蓝色钥匙逆时针转动90°置于关闭位，实施紧急降弓。

2. 提牵引主手柄无牵引力

故障判断：

（1）风机未正常启动。

（2）弹停未缓解。

（3）制动显示屏"动力切除"红灯亮。

（4）监控装置发出卸载指令。

（5）电器柜部分断路器未闭合或跳开。

（6）司机控制器 AC41（42）内部触发输出脱线及连线脱落。

故障处理：

（1）确认各风机启动完毕（换向后，风机启动）。

（2）确认停车制动在缓解位，操纵台故障显示屏"停车制动"红色指示灯应熄灭。

（3）确认 CCB-II 制动机显示屏不显示"动力切除"。

（4）确认监控器未发出"卸载"信号。

（5）通过 TCMS 屏查看机车部件的状态，发现异常，检查低压电器柜对应的自动开关是否处于合位。

（6）过完分相，主断已闭合，提牵引手柄，无牵引力，可以回牵引手柄到"0"位，重新再提，并注意手柄的级位与机车速度之间的关系。

（7）确认司机控制器故障时，可以换端操纵维持运行。

3. 牵引风机故障

故障判断：

（1）牵引风机自动开关（QA11~QA16）未闭合或跳开。

（2）牵引风速继电器（KP41~KP46）故障。

（3）牵引风机电机或牵引风机故障。

故障处理：

（1）主手柄和换向手柄回"0"位，并断主断。

（2）在电器控制柜上合上跳开的自动开关后重合主断，并将换向手柄置于前进位，此时若开关不再跳开，为瞬间误动作，可不做处理继续运行。

（3）若故障无法恢复，TCMS 会自动将相对应的一组 CI 切除，也可在微机屏手触切除，即主变流器六组中有一组不工作，机车保持 5/6 的牵引力，可维持运行。

4. 机车发生惩罚制动

故障判断：

（1）A、B 端识别错误。

（2）制动系统管路发生大漏。

（3）监控装置发出常用、紧急制动指令。

（4）机车控制系统相关断路器跳开。

（5）操纵端自阀失效。

故障处理：

（1）确认制动显示屏右下方机车号的 A、B 端是否与 TCMS 的 I、II 端对应，若不对应则进行修改。

（2）由于制动系统泄漏引起的惩罚制动应设法消除泄漏源。

（3）监控装置常用放风引起的惩罚制动，应将自阀制动手柄置于"抑制位"1 s以上并缓解监控装置常用制动。

（4）显示屏黑屏并伴有惩罚制动时，应检查电器柜上电空制动自动开关QA55、司机控制1、2自动开关QA43（44）、机车控制自动开关QA45状态，并断合几次，仍无效，可开关电钥匙几次，看能否激活显示屏。

（5）操纵端处理无效，确认"IPM"上"CPU OK"指示灯绿色显示时，换端操纵维持进站。

5. 警惕装置故障

故障判断：

（1）操纵端按钮SB96（SB97）和脚踏开关SA101（SA102）均接触不良或任意一个卡死在闭合位。

（2）微机控制系统故障。

故障处理：

（1）停车后，自阀置紧急制动位60 s以上缓解紧急制动。

（2）检查确认为警惕装置相关设备故障时，拆下电器柜电表处的面板，将紧急制动控制继电器KE21拔出。

（3）重新升弓合主断，维持运行回段报修。途中报警装置会一直报警，但不会引起放风。

（4）严禁司机在正常情况下或未按规定操作而引起警惕装置动作时切除KE21继电器。

故障现象与故障原因是多种多样的，以上只是一般性的介绍，只有全面了解机车，并在实际运用中积累经验，不断总结和提高，才能做到有的放矢，手到"病"除。

6. 冷却塔风机故障的处理

当一组冷却塔风机故障时，在牵引/制动画面的故障信息中显示复合冷却风机1、或复合冷却风机2故障，并伴随蜂鸣器的响声。可断合几次相应的空气自动开关，如确实故障，只在TCMS显示器上报故障，机车仍能继续工作。

注意：虽然能正常工作，但变压器油温会逐渐升高，最终会因为油温高而停止动力输出。司机可根据牵引吨位、行走路程以及油温升高的情况采取相应的措施。

7. 油泵故障的处理

当两个油泵有一个故障时，在牵引/制动画面的故障信息中显示油泵1、或油泵2故障，并伴随蜂鸣器的响声，先断合几次故障油泵的空气自动开关，如能恢复继续运行，如仍有故障，TCMS检测到信号后会自动将相应的3组变流器隔离，即切除一个转向架的动力。当出现这种故障时，牵引、制动力将降低一半。

本章小结

电力机车高、低压试验与常见故障判断及故障处理是机车检修人员与乘务人员必备的技能之一，要求试验人员熟悉机车的电气线路和各部件的位置和作用。在试验中，参加试验的人员要相互合作使整个试验过程尽量缩短，以便机车尽早投入使用。

机车低压试验是为了检查机车电气线路中的接线是否正确，有无漏接和错接现象。在进行低压试验前，对机车再进行一次整备检查，并对某些电气和机械设备进行必要的操作。高压试验是在完成低压试验之后进行的，目的是检查在低压试验中无法检查的电器部件。机车高压试验之后方可投入运行。

电力机车试验或运行中一旦出现故障，要求试验人员或乘务人员能安全、准确、快速地予以处理。在故障处理过程中，要求工作人员沉着、冷静，有根据地进行分析、处理，切忌凭猜测行事。

本章还选择了 SS_{4G}、HXD_{1C}、HXD_3 型电力机车几种典型的电气线路故障，按照故障现象、故障判断及故障处理的顺序进行分析。

复习思考题

一、填空题

1. 机车低压试验在机车组装完成之后进行，其目的是检查机车各电气设备的_____是否正确、各电气设备的_____动作是否正常、_____关系是否正确，消除检修中造成的错接、漏接等现象。

2. 低压试验前应对机车上安装的各种电器部件或组件以及电气线路做一次_____检查，并对某些电气和_____进行必要的操作。

3. 机车高压试验主要是指机车在工频 25 kV 接触网压下进行的_____试验，高压试验是在完成了_____试验的基础上进行的。

4. 高压试验的主要目的是检查某些在_____中无法检查的线路及电器部件，观察仪表的显示情况，检查牵引电机和各辅助机组转向是否正确、工作是否正常，并进行_____试验。

5. 在高压试验中，为了_____，试验人员在升弓前必须确认_____，并经高呼和鸣笛后，方可升弓。

6. HXD_3 型电力机车低压试验前需要确认：车顶门、控制电器柜门锁闭良好，高压接地开关在"_____"位，即两把_____钥匙插入；一把_____钥匙插入制动控制柜锁孔，开通受电弓风路。

7. HXD_3 型电力机车低压试验前需要确认：总风缸风压不低于_____kPa；机车控制电路电压不低于_____V。

8. HXD_3 型电力机车高压试验前需要确认：机车各闸刀、试验开关、故障转换开关、风路塞门、车顶门、各屏柜门均在_____位。

9. HXD₃型电力机车高压试验前需要通过微机显示屏将_____CI1～CI6全部切除。

10. HXD₃型电力机车高压试验前需确认操纵端司机控制器手柄在"_____"位、机车电钥匙在"_____"位。

二、选择题

1. 电力机车一般应升（ ），防止弓网磨耗掉的粉尘污染车顶设备，并可防止刮弓后损坏其他车顶设备。

  A. 前弓   B. 后弓   C. 双弓

2. 电力机车应（ ）升弓，（ ）合主断路器，防止空载电流产生过电压。

  A. 后 先   B. 先 后   C. 同时

3. 过分相绝缘时，应（ ）断主断路器（ ）断各辅机，减少辅机接触器分断电流次数。

  A. 先 后   B. 后 先   C. 同时

4. HXD₃型电力机车弹停装置试验：弹停转换开关置"缓解"位。确认弹停制动缓解，状态指示屏"停车制动"（ ）。

  A. 绿灯亮   B. 红灯灭   C. 绿灯灭

5. HXD₃型电力机车"前"位牵引试验：换向手柄置"前"位。听：（ ）接触器动作声。

  A. 充电和工作   B. 放电和工作   C. 充电和启动

6. 电制动试验：换向手柄置"前"位，调速手柄拉向"制动区"并逐渐推至最大位。看：状态指示屏"零位"灯（ ）、"电制动"灯（ ）。

  A. 亮 灭   B. 灭 亮   C. 亮 亮

7. HXD₃型电力机车升弓时间不得大于（ ）s（从弓头动作时起）。

  A. 4.5   B. 5.4   C. 6.2

8. HXD₃型电力机车降弓时间不得大于（ ）s（从弓头动作时起）。

  A. 4.0   B. 4.5   C. 5.4

9. HXD₃型电力机车压缩机试验：总风风压低于750 kPa（0001～0640号机车）或680 kPa（0641号机车之后）时，将压缩机扳键开关置"压缩机"位。听空气压缩机1、2间隔（ ）s依次启动。

  A. 2   B. 3   C. 4

10. HXD₃型电力机车将压缩机扳键开关SB45（SB46）置"强泵风"位不松手。看操纵端压缩机投入工作，总风风压升至（ ）kPa时听高压安全阀喷气声。

  A. 900   B. 950   C. 1 000

三、简答题

1. 机车低压试验的目的是什么？

2. 机车高压试验的目的是什么？

3. SS_{4G}型电力机车低压试验前应做好那些准备工作？

4. 用表格来简述SS_{4G}型电力机车低压试验程序。

5. 用表格来简述HXD_3电力机车低压试验程序。

6. 用表格来简述HXD_{1C}电力机车高压试验程序。

7. SS_{4G}型电力机车高压试验前应做好那些准备工作？

8. 简述HXD_3型电力机车高压试验的过程。

四、综述题

1. HXD_3型电力机车低压试验前应做好哪些准备工作？

2. HXD_3型电力机车高压试验前应做好哪些准备工作？

3. SS_{4G}型电力机车受电弓升不起应如何判断处理？

4. HXD_3型电力机车牵引风机故障应如何判断处理？

参考文献

[1] 中华人民共和国铁道部. 铁路技术规程[M]. 北京：中国铁道出版社，2012.
[2] 华平. 电力机车控制[M]. 北京：中国铁道出版社，2012.
[3] 张喜全. 列车电力传动与控制[M]. 成都：西南交通大学出版社，2010.
[4] 张有松，朱龙驹. 韶山$_4$型电力机车[M]（上下册）. 北京：中国铁道出版社，2001.
[5] 蔡庆华. 中国铁路创新技术工程[M]. 北京：中国铁道出版社，2001.
[6] 黄济荣. 电力牵引传动与控制[M]. 北京：机械工业出版社，1996.
[7] 杨永林. 韶山$_{7E}$型电力机车[M]. 北京：中国铁道出版社，2004.
[8] 杨永林. 韶山$_{7C}$型电力机车[M]. 北京：中国铁道出版社，2011.
[9] 沈本荫. 现代交流传动及其控制系统[M]. 北京：中国铁道出版社，1997.
[10] 付娟. 交流调速技术[M]. 北京：电子工业出版社，2000.
[11] 宋中书，常晓玲. 交流调速系统[M]. 北京：机械工业出版社，2006.
[12] 胡崇岳. 现代交流调速技术[M]. 北京：机械工业出版社，2005.
[13] 徐安. 城市轨道交通电力牵引[M]. 北京：中国铁道出版社，2002.
[14] 王兆安. 电力电子技术[M]. 北京：电子工业出版社，2000.
[15] 张曙光. HXD$_3$型电力机车[M]. 北京：中国铁道出版社，2009.
[16] 大连机车有限公司. HXD$_3$交流传动电力机车检修手册. 大连：大连机车有限公司，2007.
[17] 大连机车有限公司. HXD$_3$交流传动电力机车培训资料. 大连：大连机车有限公司，2007.
[18] 铁道部运输局装备部. HXD$_3$型电力机车[M]. 北京：中国铁道出版社，2011.
[19] 甘雄华. HXD$_{1B}$、HXD$_{1C}$电力机车常见故障及处理[M]. 北京：中国铁道出版社，2013.
[20] 康明明，樊运新. HXD$_{1C}$型大功率交流传动电力机车概述[J]. 电力机车与城轨车辆，2011，34（3）：5-8.
[21] 高首聪，刘可安，李鹏. HXD$_{1C}$型电力机车电传动系统设计及运用[J]. 机车电传动，2012（2）：70-73.
[22] 康明明，张彦林. HXD$_{1C}$型大功率交流传动电力机车主电路[J]. 电力机车与城轨车辆，2012，35（5）：35-38.
[23] 蔡海翔，刘宏. HXD$_{1C}$型交流传动电力机车控制电源柜[J]. 电力机车与城轨车辆，2012，35（1）：29-32.
[24] 刘华，蓝正升. HXD$_{1C}$型大功率交流传动电力机车辅助电路[J]. 电力机车与城轨车辆，2011，34（3）：9-11.
[25] 温中建，蔡海翔. HXD$_{1C}$型大功率交流传动电力机车网络控制系统[J]. 电力机车与城轨车辆，2011，34（6）：10-14.
[26] 张铁竹，王秀清. 交流传动机车牵引与控制[M]. 成都：西南交通大学出版社，2014.